# 财税决策仿真综合
# 实验教程

崔 琦 李 莎／主编
杨诗韵 吕林丽 江 芹／参编

西南财经大学出版社
中国·成都

**图书在版编目(CIP)数据**

财税决策仿真综合实验教程/崔琦,李莎主编.—成都:西南财经大学出版社,2023.10
ISBN 978-7-5504-5563-4

Ⅰ.①财… Ⅱ.①崔…②李… Ⅲ.①财税—决策—仿真系统—实验—教材 Ⅳ.①F810-39

中国国家版本馆 CIP 数据核字(2023)第 185241 号

**财税决策仿真综合实验教程**

CAISHUI JUECE FANGZHEN ZONGHE SHIYAN JIAOCHENG

崔琦 李莎 主编

策划编辑:高小田
责任编辑:高小田
责任校对:王甜甜
封面设计:墨创文化
责任印制:朱曼丽

| | |
|---|---|
| 出版发行 | 西南财经大学出版社(四川省成都市光华村街 55 号) |
| 网　　址 | http://cbs.swufe.edu.cn |
| 电子邮件 | bookcj@swufe.edu.cn |
| 邮政编码 | 610074 |
| 电　　话 | 028-87353785 |
| 照　　排 | 四川胜翔数码印务设计有限公司 |
| 印　　刷 | 郫县犀浦印刷厂 |
| 成品尺寸 | 185mm×260mm |
| 印　　张 | 18.75 |
| 字　　数 | 391 千字 |
| 版　　次 | 2023 年 10 月第 1 版 |
| 印　　次 | 2023 年 10 月第 1 次印刷 |
| 书　　号 | ISBN 978-7-5504-5563-4 |
| 定　　价 | 59.80 元 |

# 前言

QIANYAN

党的二十大胜利召开，描绘了全面建设社会主义现代化国家的宏伟蓝图。在党中央集中统一领导下，财政部门深入贯彻党的二十大精神，坚持稳中求进工作总基调，完整、准确、全面贯彻新发展理念，加快构建新发展格局，靠前实施各项财政政策，推动经济总体回稳向好。因此深化财税体制改革，财政管理监督提质增效，是当前以及今后一个时期的重要任务，理解和掌握财税部门的业务流程和决策思路对经济类专业学生尤为重要。同时根据教育部教高函〔2018〕5号文件《关于开展国家虚拟仿真实验教学项目建设工作的通知》的要求，开展国家虚拟仿真实验教学项目建设工作是深化信息技术与教育教学深度融合，拓展实验教学内容广度和深度、延伸实验教学时间和空间、提升实验教学质量和水平的重要举措。《财税决策仿真综合实验教程》正是基于虚拟仿真的高端数据决策实验教程。

《财税决策仿真综合实验教程》以培养经济类专业学生熟练掌握财税理论知识和实践操作能力为目的，以习近平新时代中国特色社会主义思想为指导，结合财政学理论课程与专业实践要求编写而成。本书由县域财税经济运行情况调研分析、财税决策与地方政府仿真运营以及财税决策分析、应用与评价三个模块组成，其中基础知识部分由财政、税收、公共管理等基础理论组成。本书主要有以下特点：

（1）集仿真性、操作性、体验性于一体。本书的实验内容需要学生通过情景模拟、角色扮演、分组对抗完成。学生在这样的实验中可以体会政府行为，加深对财政学和公共管理理论知识的理解。

（2）实验灵活度高。在进行本书实验之前，学生需要自行确定运营目标，结合运营规则，确定初始实验数据。实验过程中，学生的每一个决策及分组对抗结果都会影响实验数据和运营结果。这能够帮助学生了解不同运营目标下，政府的不同行为和可能产生的运营结果。

本书的编写得到西南财经大学出版社和成都杰科力科技有限公司的大力支持以及单位领导与同事的热心帮助。本书的编写工作由贵州商学院崔琦、李莎、杨诗韵、吕林丽、江芹老师共同完成，模块一由李莎编写，模块二由崔琦、杨诗韵、吕林丽、江芹编写，模块三由崔琦编写。全书由崔琦及李莎负责教材体例的确定，教材的修改、总纂与最后审定。借此机会向关心本书出版和为本书出版付出辛勤劳动的人士表示衷心感谢！

由于编者能力有限，在编写时难免出现一些问题。希望读者给予批评和指正，随时将使用本书过程中遇到的问题和改进建议反馈给编者。

**崔琦　李莎**

2023 年 9 月

# 目录

CONTENTS

模 块 一

# 县域财税经济运行情况调研分析

# 项目一 县域财税经济运行情况调研

## 学习目标

- 了解团队协作的重要性。
- 掌握查询、下载、整理、归纳财税经济数据和资料的方法。
- 阅读财税分析相关文件，回顾财税知识，掌握分析要点。

## 项目描述与分析

了解贵州省及贵州省至少五个区县近三年财税经济运行情况，掌握基于调研数据分析财税经济运行现状、问题的方法，理解贵州县域财政预算、决算中各项指标内涵，为下一步撰写分析报告做准备。

## 项目准备

为了更好地达到本项目实训目的，需要做如下准备：

- 组建实验团队（各地方政府），每队由 2~3 人组成。
- 查询及下载所需经济数据和资料的有效途径及方法。
- 确保实验室电脑等设备能正常使用。
- 确保实验室网络正常且稳定。

## 项目实施

以小组为单位，选择贵州省五个区县作为调查对象，调查了解其财税经济运行情况。

## 一、贵州省区县设置情况调查

贵州地处中国西南腹地，与重庆、四川、湖南、云南、广西接壤，是西南交通枢纽。贵州是世界知名山地旅游目的地和山地旅游大省，是全国首个国家级大数据综合试验区、国家生态文明试验区、内陆开放型经济试验区。

截至 2023 年 3 月 31 日，贵州省共有 6 个地级市、3 个自治州，共 9 个地级行政区。贵州省共有 88 个县级行政区，其中：50 个县、11 个自治县、10 个县级市、16 个市辖区、1 个特区，如表 1-1-1 所示。

**表 1-1-1　贵州省行政区划统计表**

（截至 2021 年 12 月 31 日）　　单位：个

| 地级行政区划单位 | | 县级行政区划单位 | | | | | | 乡级行政区划单位 | | | | |
|---|---|---|---|---|---|---|---|---|---|---|---|---|
| 市州 | 合计 | 县 | 自治县 | 县级市 | 市辖区 | 特区 | 合计 | 乡 | 民族乡 | 镇 | 街道 | 合计 |
| 贵阳市 | 6个地级市 | 3 | — | 1 | 6 | — | 10 | 9 | 18 | 45 | 73 | 145 |
| 遵义市 | | 7 | 2 | 2 | 3 | — | 14 | 13 | 8 | 179 | 54 | 254 |
| 六盘水市 | | — | — | 1 | 2 | 1 | 4 | 1 | 25 | 39 | 27 | 92 |
| 安顺市 | | 1 | 3 | — | 2 | — | 6 | 8 | 10 | 48 | 26 | 92 |
| 毕节市 | | 5 | 1 | 1 | 1 | — | 8 | 19 | 72 | 135 | 53 | 279 |
| 铜仁市 | | 4 | 4 | — | 2 | — | 10 | 11 | 38 | 94 | 38 | 181 |
| 黔东南州 | 3个自治州 | 15 | — | 1 | — | — | 12 | 4 | 4 | 79 | 22 | 109 |
| 黔南州 | | 9 | 1 | 2 | — | — | 12 | 4 | 4 | 79 | 22 | 109 |
| 黔西南州 | | 6 | — | 2 | — | — | 8 | 12 | 2 | 83 | 43 | 140 |
| 总计 | 9 | 50 | 11 | 10 | 16 | 1 | 88 | 122 | 192 | 831 | 364 | 1 509 |

## 二、贵州省及各区县经济情况调查（以 2022 年为例）

### （一）2022 年贵州省经济运行情况调查

2022 年，面对前所未有的困难、挑战和压力，贵州省全省上下深入贯彻党的二十大精神和习近平总书记视察贵州重要讲话精神，全面贯彻“疫情要防住、经济要稳住、发展要安全”的重要要求，坚持以高质量发展统揽全局，统筹经济社会发展，统筹发展和安全，全力围绕“四新”主攻“四化”，奋力建设“四区一高地”，千方百计破解多重约束、解决多难问题，全省经济顶压前行、稳中提质，推动高质量发展取得新成绩。

根据地区生产总值统一核算结果，2022 年贵州全省地区生产总值 20 164. 58 亿元，按不变价格计算，比 2021 年增长 1.2%。其中，第一产业增加值 2 861.18 亿元，增长 3.6%；第二产业增加值 7 113.03 亿元，增长 0.5%；第三产业增加值 10 190.37 亿元，增长 1.0%。

1. 农业生产总体稳定，特色优势产业保持较快增长

2022 年，全省农林牧渔业总产值 4 908.8 亿元，比 2021 年增长 4.1%。种植业平稳发展。粮食生产喜获丰收，全年粮食播种面积 4 183.05 万亩（1 亩≈666.67 平方米），比 2021 年增长 0.04%；粮食产量 1 114.64 万吨，增长 1.8%，实现三连增；粮食单位面积产量 266.46 千克/亩，比 2021 年增加 4.64 千克/亩，增长 2.2%。全年茶叶产量比 2021 年增长 8.4%，园林水果产量增长 7.9%，中草药材产量增长 6.4%，蔬菜产量增长 2.3%，食用菌产量增长 1.6%。畜牧业稳定增长。全年猪牛羊禽肉产量 239.05 万吨，比 2021 年增长 5.9%。其中，猪肉产量 178.85 万吨，增长 7.6%。年末生猪存栏 1 542.67 万头，同比增长 0.8%，其中能繁母猪存栏 137.54 万头；生猪出栏 1 984.73 万头，同比增长 7.3%。林业、渔业较快增长。全年林业总产值 340.0 亿元，比 2021 年增长 3.9%；渔业总产值 79.6 亿元，比 2021 年增长 6.5%。

2. 工业生产承压前行，新兴产业蓬勃发展

2022 年，全省规模以上工业增加值比 2021 年下降 0.5%。分行业看，酒、饮料和精制茶制造业增加值比 2021 年增长 32.6%，烟草制品业增长 6.7%，电力、热力生产和供应业增长 2.8%，计算机、通信和其他电子设备制造业增长 45.9%。高技术制造业、装备制造业增加值比 2021 年分别增长 20.3%和 11.0%。新能源电池及材料产业增加值比 2021 年增长 84.7%。分经济类型看，国有控股企业增加值比 2021 年增长 17.8%；股份制企业下降 0.3%，外商及港澳台商投资企业增长 3.8%。分产品看，新能源汽车产量 2.31 万辆，比 2021 年增长 93.4%；光电子器件 7.47 亿个，增长 63.3%；乳制品 21.26 万吨，增长 20.4%；智能电视 271.04 万台，增长 16.1%。

1—11 月，全省规模以上工业企业实现营业收入 9 588.08 亿元，比 2021 年同期增长 4.6%；实现利润总额 1 307.01 亿元，增长 25.5%。工业企业营业收入利润率 13.6%，比 2021 年同期提高 2.3 个百分点。

3. 服务业持续恢复，现代服务业增势较好

2022 年，全省服务业增加值比 2021 年增长 1.0%。规模以上服务业企业营业收入保持较快增长。1—11 月，规模以上服务业企业营业收入比 2021 年同期增长 10.3%，其中，互联网和相关服务营业收入增长 134.7%，多式联运和运输代理业营业收入增长 18.4%，管道运输业营业收入增长 11.6%。金融业加快发展。年末金融机构人民币各项存款余额 32 761.05 亿元，同比增长 9.0%；金融机构人民币各项贷款余额 40 223.09 亿元，增长 12.3%。邮政、电信业增长较快。全年邮政行业业务总量 96.27 亿元，同比增长 9.6%；电信业务总量 447.6 亿元，同比增长 25.4%。

4. 实体经济投资增势良好，高技术产业投资快速增长

2022 年，全省固定资产投资比 2021 年下降 5.1%。基础设施投资稳定增长，全年基础设施投资比 2021 年增长 2.0%，其中，信息传输业投资增长 37.9%，交通运输业和邮政业投资增长 19.7%。工业投资较快增长，全年工业投资比 2021 年增长 9.1%，其中，制造业投资增长 28.0%。高技术产业投资快速增长，全年高技术产业投资比 2021 年增长 58.1%，其中，高技术制造业、高技术服务业投资分别增长 102.3%、19.6%。

5. 市场销售有所下降，基本生活类和升级类商品销售较快增长

2022 年，全省社会消费品零售总额 8 507.14 亿元，比 2021 年下降 4.5%。限额以上消费品零售额 2 565.52 亿元，比 2021 年下降 4.3%，按经营单位所在地分，城镇消费品零售额比 2021 年下降 4.1%，乡村消费品零售额下降 11.0%。基本生活类商品零售稳定增长，限额以上单位粮油类、肉禽蛋类商品零售额比 2021 年分别增长 5.7%和 4.4%。升级类商品需求较为活跃，限额以上单位新能源汽车商品零售额比 2021 年增长 123.6%，计算机及其配套产品增长 66.0%，可穿戴智能设备增长 3.7%。

6. 进口继续快速增长，出口保持平稳增长

2022 年，全省进出口总额 801.24 亿元，比 2021 年增长 22.5%。其中，进口总额 277.64 亿元，增长 66.3%；出口总额 523.60 亿元，增长 7.5%。

7. 财政收入保持同口径增长，民生投入力度不减

2022 年，全省财政总收入 3 194.18 亿元，扣除留抵退税因素后比 2021 年增长 6.2%。一般公共预算收入 1 886.36 亿元，扣除留抵退税因素后增长 6.8%。其中，税收收入 1 021.70 亿元，扣除留抵退税因素后增长 5.3%。

2022 年，全省一般公共预算支出 5 849.17 亿元，比 2021 年增长 4.6%。其中，交通运输支出增长 10.8%，住房保障支出增长 7.7%，卫生健康支出增长 7.6%，社会保障和就业支出增长 7.1%，文化旅游体育与传媒支出增长 5.5%，教育支出增长 2.2%。

8. 就业形势总体稳定，居民收入水平不断提升

2022 年，全省城镇新增就业 60.92 万人，失业人员实现再就业 15.16 万人，就业困难人员实现就业 7.49 万人。

2022 年，全省居民人均可支配收入 25 508 元，比 2021 年名义增长 6.3%。按常住地分，城镇常住居民人均可支配收入 41 086 元，名义增长 4.8%；农村常住居民人均可支配收入 13 707 元，名义增长 6.6%。

9. 居民消费价格温和上涨，工业生产者价格涨幅逐步回落

2022 年，全省居民消费价格比 2021 年上涨 1.6%。其中，交通通信价格上涨 5.4%，教育文化娱乐价格上涨 1.5%，其他用品和服务价格上涨 1.4%，食品烟酒价格上涨 1.0%，生活用品及服务价格上涨 0.8%，衣着价格上涨 0.6%，居住价格上涨

0.5%，医疗保健价格上涨0.3%。

2022年，全省工业生产者出厂价格比2021年上涨5.7%，比1—11月回落0.5个百分点。工业生产者购进价格上涨11.2%，比1—11月回落1.0个百分点。价格“剪刀差”逐步收窄。

10. 人口总量有所增加，常住人口城镇化率持续提高

2022年年末，全省常住人口3 856万人，比2021年年末增加4万人。其中，城镇常住人口2 114万人，占年末常住人口的比重为54.81%，比2021年年末提高0.48个百分点。全年出生人口42.5万人，人口出生率为11.03‰；死亡人口28.2万人，人口死亡率为7.32‰；人口自然增长率为3.71‰。

总的来看，在国内外形势异常复杂严峻的情况下，全省深入实施促进经济恢复提振行动，大力推动复工复产复市，顶住超预期因素冲击，有力稳住了经济基本盘，经济恢复好转势头明显，成绩来之不易。同时也要看到，贵州省经济社会发展还存在不少困难和挑战，经济恢复的基础仍不牢固。下阶段，要坚持以习近平新时代中国特色社会主义思想为指导，全面贯彻党的二十大精神和习近平总书记视察贵州重要讲话精神，全面落实《国务院关于支持贵州在新时代西部大开发上闯新路的意见》（国发〔2022〕2号文件），推动经济运行整体好转，实现经济质的有效提升和量的合理增长，为谱写多彩贵州现代化建设新篇章开好局起好步。

### （二）2022年贵州省各区县经济情况调查

贵州省位于我国西南地区，省会是贵阳，是我国近几年来发展速度最快的省份之一。贵州省虽然面积与周边省份相比较小，但是人口却有3 856万余人，并且分布在大大小小88个区县之中。2022年贵州省各区县地区生产总值排名见表1-1-2。

**表1-1-2　2022年贵州省各区县地区生产总值排名**

| 名次 | 区县 | 2022年地区生产总值/亿元 | 2021年地区生产总值/亿元 | 名义增速/% | 人均地区生产总值/元 | 2021年常住人口/万人 | 属地地区生产总值排名 |
|---|---|---|---|---|---|---|---|
| 1 | 仁怀市 | 1 706.70 | 1 564.49 | 9.09 | 260 884 | 65.42 | 遵义1 |
| 2 | 南明区 | 1 005.43 | 977.65 | 2.84 | 94 124 | 106.82 | 贵阳1 |
| 3 | 云岩区 | 956.82 | 948.83 | 0.84 | 88 825 | 107.72 | 贵阳2 |
| 4 | 花溪区 | 761.04 | 704.12 | 8.08 | 77 271 | 98.49 | 贵阳3 |
| 5 | 观山湖区 | 758.03 | 706.90 | 7.23 | 115 659 | 65.54 | 贵阳4 |
| 6 | 盘州市 | 660.84 | 639.39 | 3.35 | 61 795 | 106.94 | 六盘水1 |
| 7 | 兴义市 | 546.54 | 548.40 | -0.34 | 54 404 | 100.46 | 黔西南1 |
| 8 | 七星关区 | 543.78 | 540.52 | 0.60 | 42 000 | 129.47 | 毕节1 |
| 9 | 红花岗区 | 496.35 | 481.84 | 3.01 | 51 144 | 97.05 | 遵义2 |
| 10 | 汇川区 | 473.99 | 456.97 | 3.72 | 75 621 | 62.68 | 遵义3 |

表1-1-2(续)

| 名次 | 区县 | 2022 年地区生产总值/亿元 | 2021 年地区生产总值/亿元 | 名义增速/% | 人均地区生产总值/元 | 2021 年常住人口/万人 | 属地地区生产总值排名 |
|---|---|---|---|---|---|---|---|
| 11 | 西秀区 | 437.15 | 441.38 | -0.96 | 50 000 | 87.43 | 安顺 1 |
| 12 | 播州区 | 380.35 | 368.33 | 3.26 | 50 033 | 76.02 | 遵义 4 |
| 13 | 钟山区 | 349.55 | 346.70 | 0.82 | 44 196 | 79.09 | 六盘水 2 |
| 14 | 水城区 | 346.45 | 345.42 | 0.30 | 55 646 | 62.26 | 六盘水 3 |
| 15 | 威宁县 | 316.53 | 308.99 | 2.44 | 24 926 | 126.99 | 毕节 2 |
| 16 | 凯里市 | 303.55 | 295.41 | 2.76 | 42 324 | 71.72 | 黔西南 1 |
| 17 | 清镇市 | 301.39 | 298.53 | 0.96 | 47 019 | 64.10 | 贵阳 5 |
| 18 | 开阳县 | 289.20 | 266.14 | 8.66 | 82 534 | 35.04 | 贵阳 6 |
| 19 | 白云区 | 282.17 | 259.78 | 8.62 | 60 695 | 46.49 | 贵阳 7 |
| 20 | 金沙县 | 263.16 | 259.34 | 1.47 | 48 760 | 53.97 | 毕节 3 |
| 21 | 习水县 | 260.12 | 238.49 | 9.07 | 44 556 | 58.38 | 遵义 5 |
| 22 | 碧江区 | 259.90 | 255.37 | 1.77 | 58 052 | 44.77 | 铜仁 1 |
| 23 | 大方县 | 255.41 | 244.76 | 4.35 | 30 020 | 85.08 | 毕节 4 |
| 24 | 黔西市 | 245.09 | 242.24 | 1.18 | 33 750 | 72.62 | 毕节 5 |
| 25 | 都匀市 | 240.93 | 234.48 | 2.75 | 45 613 | 52.82 | 黔南 1 |
| 26 | 织金县 | 238.91 | 235.60 | 1.40 | 29 524 | 80.92 | 毕节 6 |
| 27 | 福泉市 | 238.14 | 217.22 | 9.63 | 80 074 | 29.74 | 黔南 2 |
| 28 | 龙里县 | 226.41 | 250.69 | -9.69 | 96 922 | 23.36 | 黔南 3 |
| 29 | 兴仁市 | 209.85 | 216.55 | -3.09 | 49 645 | 42.27 | 黔西南 2 |
| 30 | 修文县 | 196.09 | 194.82 | 0.65 | 66 834 | 29.34 | 贵阳 8 |
| 31 | 乌当区 | 195.90 | 188.44 | 3.96 | 57 114 | 34.30 | 贵阳 9 |
| 32 | 纳雍县 | 191.03 | 187.24 | 2.02 | 26 868 | 71.10 | 毕节 7 |
| 33 | 思南县 | 189.81 | 190.97 | -0.61 | 41 680 | 45.54 | 铜仁 2 |
| 34 | 松桃县 | 188.64 | 187.01 | 0.87 | 39 275 | 48.03 | 铜仁 3 |
| 35 | 桐梓县 | 182.43 | 176.98 | 3.08 | 34 564 | 52.78 | 遵义 6 |
| 36 | 瓮安县 | 175.99 | 171.31 | 2.73 | 44 668 | 39.40 | 黔南 4 |
| 37 | 息烽县 | 175.11 | 165.82 | 5.60 | 78 209 | 22.39 | 贵阳 10 |
| 38 | 安龙县 | 171.74 | 163.94 | 4.76 | 45 994 | 37.34 | 黔西南 3 |
| 39 | 卢丰县 | 167.75 | 169.67 | -1.13 | 55 018 | 30.49 | 黔西南 4 |
| 40 | 德江县 | 160.32 | 159.26 | 0.67 | 40 752 | 39.34 | 铜仁 4 |
| 41 | 赫章县 | 152.61 | 162.78 | -6.25 | 23 723 | 64.33 | 毕节 8 |
| 42 | 普定县 | 151.70 | 154.63 | -1.89 | 40 692 | 37.28 | 安顺 2 |
| 43 | 惠水县 | 150.39 | 148.78 | 1.08 | 38 054 | 39.52 | 黔南 5 |
| 44 | 六枝特区 | 146.75 | 142.13 | 3.25 | 27 471 | 53.42 | 六盘水 4 |

表1-1-2(续)

| 名次 | 区县 | 2022 年地区生产总值/亿元 | 2021 年地区生产总值/亿元 | 名义增速/% | 人均地区生产总值/元 | 2021 年常住人口/万人 | 属地地区生产总值排名 |
|---|---|---|---|---|---|---|---|
| 45 | 沿河县 | 145.45 | 144.54 | 0.63 | 33 889 | 42.92 | 铜仁 5 |
| 46 | 平坝区 | 144.46 | 145.65 | -0.82 | 41 812 | 34.55 | 安顺 3 |
| 47 | 正安县 | 143.22 | 137.18 | 4.40 | 36 231 | 39.53 | 遵义 7 |
| 48 | 独山县 | 140.74 | 142.63 | -1.33 | 53 452 | 26.33 | 黔南 6 |
| 49 | 贵定县 | 134.46 | 130.14 | 3.32 | 53 870 | 24.96 | 黔南 7 |
| 50 | 湄潭县 | 134.40 | 131.04 | 2.56 | 36 158 | 37.17 | 遵义 8 |
| 51 | 镇宁县 | 132.84 | 129.88 | 2.28 | 45 061 | 29.48 | 安顺 4 |
| 52 | 印江县 | 131.26 | 130.74 | 0.40 | 44 829 | 29.28 | 铜仁 6 |
| 53 | 石阡县 | 129.18 | 126.12 | 2.43 | 44 591 | 28.97 | 铜仁 7 |
| 54 | 绥阳县 | 127.82 | 121.61 | 5.11 | 33 779 | 37.84 | 遵义 9 |
| 55 | 赤水市 | 119.37 | 117.97 | 1.19 | 48 348 | 24.69 | 遵义 10 |
| 56 | 关岭县 | 119.36 | 117.00 | 2.02 | 42 326 | 28.20 | 安顺 5 |
| 57 | 望谟县 | 115.99 | 112.22 | 3.36 | 49 760 | 23.31 | 黔西南 5 |
| 58 | 普安县 | 112.21 | 112.14 | 0.06 | 46 541 | 24.11 | 黔西南 6 |
| 59 | 黎平县 | 106.60 | 103.85 | 2.65 | 26 057 | 40.91 | 黔东南 2 |
| 60 | 玉屏县 | 105.85 | 104.82 | 0.98 | 70 993 | 14.91 | 铜仁 8 |
| 61 | 平塘县 | 101.41 | 97.72 | 3.78 | 43 524 | 23.30 | 黔南 8 |
| 62 | 凤冈县 | 100.76 | 95.98 | 4.98 | 33 243 | 30.31 | 遵义 11 |
| 63 | 三都县 | 98.33 | 95.90 | 2.53 | 35 614 | 27.61 | 黔南 9 |
| 64 | 余庆县 | 98.14 | 94.72 | 3.61 | 43 950 | 22.33 | 遵义 12 |
| 65 | 长顺县 | 97.52 | 93.25 | 4.58 | 48 590 | 20.07 | 黔南 10 |
| 66 | 紫云县 | 95.42 | 90.39 | 5.56 | 32 972 | 28.94 | 安顺 6 |
| 67 | 晴隆县 | 95.40 | 95.56 | -0.17 | 41 103 | 23.21 | 黔西南 7 |
| 68 | 榕江县 | 92.98 | 89.90 | 3.43 | 31 519 | 29.50 | 黔东南 3 |
| 69 | 道真县 | 90.76 | 88.57 | 2.47 | 37 365 | 24.29 | 遵义 13 |
| 70 | 罗甸县 | 90.59 | 90.64 | -0.06 | 35 332 | 25.64 | 黔南 11 |
| 71 | 册亨县 | 89.19 | 87.88 | 1.49 | 47 316 | 18.85 | 黔西南 8 |
| 72 | 天柱县 | 88.82 | 87.31 | 1.73 | 32 751 | 27.12 | 黔东南 4 |
| 73 | 万山区 | 87.54 | 86.46 | 1.25 | 54 204 | 16.15 | 铜仁 9 |
| 74 | 务川县 | 86.80 | 91.19 | -4.81 | 28 237 | 30.74 | 遵义 14 |
| 75 | 从江县 | 83.13 | 80.62 | 3.11 | 26 721 | 31.11 | 黔东南 5 |
| 76 | 江口县 | 79.25 | 77.35 | 2.46 | 43 188 | 18.35 | 铜仁 10 |
| 77 | 荔波县 | 77.28 | 74.65 | 3.52 | 50 280 | 15.37 | 黔南 12 |
| 78 | 黄平县 | 75.29 | 72.67 | 3.61 | 31 112 | 24.20 | 黔东南 6 |

表1-1-2(续)

| 名次 | 区县 | 2022 年地区生产总值/亿元 | 2021 年地区生产总值/亿元 | 名义增速/% | 人均地区生产总值/元 | 2021 年常住人口/万人 | 属地地区生产总值排名 |
|---|---|---|---|---|---|---|---|
| 79 | 镇远县 | 69. 45 | 67. 02 | 3. 63 | 36 922 | 18. 81 | 黔东南 7 |
| 80 | 剑河县 | 64. 67 | 62. 35 | 3. 72 | 34 601 | 18. 69 | 黔东南 8 |
| 81 | 岑巩县 | 62. 89 | 62. 78 | 0. 18 | 37 681 | 16. 69 | 黔东南 9 |
| 82 | 锦屏县 | 61. 11 | 60. 12 | 1. 65 | 39 708 | 15. 39 | 黔东南 10 |
| 83 | 三穗县 | 55. 65 | 54. 20 | 2. 68 | 34 480 | 16. 14 | 黔东南 11 |
| 84 | 雷山县 | 48. 04 | 46. 22 | 3. 94 | 38 805 | 12. 38 | 黔东南 12 |
| 85 | 麻江县 | 47. 50 | 47. 12 | 0. 81 | 36 538 | 13. 00 | 黔东南 13 |
| 86 | 丹寨县 | 47. 07 | 44. 90 | 4. 83 | 34 258 | 13. 74 | 黔东南 14 |
| 87 | 台江县 | 44. 98 | 40. 79 | 10. 27 | 36 899 | 12. 19 | 黔东南 15 |
| 88 | 施秉县 | 41. 36 | 39. 78 | 3. 97 | 33 221 | 12. 45 | 黔东南 16 |

1. 南明区成为贵州省第一个千亿元级区

南明区是贵阳市的一个下辖区，是贵阳市的中心城区之一。2022 年南明区地区生产总值达到了 1 005. 43 亿元，成为贵州省第一个突破千亿元的市辖区，也是贵阳市第一个千亿元级区，具有划时代的意义。虽然仁怀市在早些年地区生产总值也突破了千亿元，但是其毕竟不是传统意义上的主城区。

南明区地区生产总值突破千亿元之后，贵州省在西南地区的主城区的竞争力上又提高了一个台阶，不再被认为贵阳主城区不如其他省的地级市。南明区是贵州省的政治、经济、文化、科技和教育中心，是贵州省首批建设的经济十强县区。在未来，南明区将引领贵阳乃至贵州的发展。

2. 贵阳市四个区进入全省前五位

贵阳是贵州省省会，综合实力较强。在贵州省 88 个区县的 GDP 排名中，除了遵义的仁怀强势成为第一之外，前五位贵阳市就占了四个，分别是南明区、云岩区、花溪区和观山湖区。这四个区如今都是贵阳的主城区，正在带动贵阳市和贵州全省发展。

贵阳市作为我国西南地区的城市，近几年来经济发展取得了很大的进步，在西南地区其经济总量仅次于重庆市、成都市和昆明市。而这些优异的成绩都来源于贵阳市下辖的各区县。按照这样的增速，再过几年贵阳的云岩区的地区生产总值也将突破千亿元级别，成为贵州省第二个千亿元级区。

3. 贵州省 88 个区县“头尾”相差比较大

贵州省 88 个区县的地区生产总值有上升的，也有下降的，其中增速最快的为黔东南州的台江县，增速 10. 27%，为贵州省增速第一县。而从增量来看，贵州省增量最大的仍然是遵义的仁怀市，以 142. 21 亿元的增量排名全省第一，将成为西南地区地区生产总值首个突破两千亿元的县市。

从排名来看，贵州省排名上升最快的县为安顺市的紫云县，上升三位位列全省第66位。而下降最快的县为遵义市务川县，在2022年被10个区县市超越，排名贵州省第74位。但是，县域经济的竞争本来就很激烈，稍不注意就可能被其他县市超越。总体来看，贵州省88个区县在头部的几个县市区和尾部的几个县市区差距较大，地区生产总值相差了近几十倍。比如排名第一的仁怀市的地区生产总值是排名第88的施秉县约41倍，这也是贵州省区域发展不平衡的原因。

## 链接：延展阅读

### 南明区2022年财政预算执行情况（节选）

#### 一、2022年财政预算执行情况

##### （一）一般公共预算执行情况

南明区十八届人大一次会议审议通过的2022年一般公共预算收入为281 200万元，一般公共预算区级支出为443 915万元。执行中，根据南明区2022年经济发展实际状况，报经区十八届人大常委会第九次会议通过，对2022年一般公共预算做出调整：一般公共预算区级收入年初预算数由281 200万元调整为226 900万元（调减54 300万元），其中：税收收入由238 600万元调整为152 500万元（调减86 100万元），非税收入由42 600万元调整为74 400万元（调增31 800万元）；一般公共预算区级支出由443 915万元调整为503 622万元（调增59 707万元）。

2022年，全区一般公共预算收入按自然口径完成233 940万元，为调整预算226 900万元的103.10%，为2021年273 018万元的85.69%；返加增值税留抵退税27 922万元后完成261 862万元，为上年同口径完成数282 963万元的92.54%。一般公共预算支出完成602 380万元，为上年566 578万元的106.32%（其中：区级支出495 211万元，为调整预算503 622万元的98.33%，为上年区级支出450 794万元的109.85%）。

1. 一般公共预算收入执行情况

2022年一般公共预算收入完成233 940万元。

（1）税收收入完成154 457万元，其中：

增值税完成50 237万元；

企业所得税完成22 730万元；

个人所得税完成12 111万元；

城市建设维护税完成14 097万元；

房产税完成21 739万元；

印花税完成 15 856 万元；
城镇土地使用税完成 2 833 万元；
土地增值税完成 3 267 万元；
耕地占用税完成 325 万元；
契税完成 11 403 万元；
环境保护税完成 5 万元；
其他税收收入完成-146 万元。
（2）非税收入完成 79 483 万元，其中：
专项收入完成 15 106 万元；
行政事业性收费收入完成 2 288 万元；
罚没收入完成 10 979 万元；
国有资源（资产）有偿使用收入完成 51 117 万元；
其他收入完成-7 万元。
2. 一般公共预算支出执行情况
2022 年一般公共预算支出完成 602 380 万元，其中：
（1）一般公共服务支出 61 174 万元；
（2）公共安全支出 51 582 万元；
（3）教育支出 133 079 万元；
（4）科学技术支出 15 544 万元；
（5）文化体育与传媒支出 7 796 万元；
（6）社会保障和就业支出 90 266 万元；
（7）卫生健康支出 41 362 万元；
（8）节能环保支出 12 224 万元；
（9）城乡社区支出 52 009 万元；
（10）农林水支出 6 885 万元；
（11）资源勘探信息等支出 3 518 万元；
（12）商业服务业等支出 4 070 万元；
（13）自然资源海洋气象等支出 1 193 万元；
（14）住房保障支出 21 030 万元；
（15）粮油物资储备支出 312 万元；
（16）灾害防治及应急管理支出 14 131 万元；
（17）债务付息支出 5 939 万元；
（18）债务发行费用支出 38 万元；
（19）其他支出 80 228 万元。

3. 结转资金使用情况

2021 年结转资金 30 172 万元，全部为专项资金结转，2022 年已按规定用途结转使用。

4. 资金结余情况

全区一般公共预算收入（自然口径）完成 233 940 万元，加上级转移支付补助 277 017 万元（其中：返还性收入 67 858 万元、一般性转移支付 187 080 万元、专项转移支付 22 079 万元），上年结转 30 172 万元，预算稳定调节基金调入一般预算收入 29 000 万元，政府性基金收入调入一般公共预算 105 624 万元，国有资本经营收入调入一般公共预算 36 万元，一般债券收入 13 143 万元，一般债券转贷收入 27 441 万元，收入总计 716 373 万元。一般公共预算支出完成 602 380 万元，上解上级支出 39 387 万元，地方政府一般债务还本支出 27 441 万元，地方政府向国际组织借款还本支出 2 909 万元，补充预算稳定调节基金 27 780 万元，年终结转 16 476 万元（均为上级专项），全年财政收支平衡。

5. 上级财力性转移

年初预算中含有固定的上级财力性转移支付补助 125 597 万元，已计入当年财力统一安排支出，年终上级实际下达南明区财力性转移支付 179 747 万元，其中新增财力性转移支付资金 44 663 万元（包括：均衡性转移支付资金 5 397 万元、县级基本财力保障机制奖补资金 1 106 万元、结算补助 1 439 万元、重点生态功能区转移支付资金 1 063 万元、民族地区转移支付资金 297 万元、增值税留抵退税转移支付资金 15 651 万元、其他退税减税降费转移支付资金 7 887 万元、补充县区财力转移支付资金 11 823 万元）已列入 2022 年调整预算安排支出，其余超过调整预算的部分 9 487 万元补充预算稳定调节基金，在 2023 年编制财政预算时统筹安排使用。

6. 本级预备费使用情况

2022 年年初预算安排预备费 10 000 万元，动用情况已报南明区十八届人大常委会第九次会议批准。具体情况如下：

卫生健康类支出：疫情防控经费 10 000 万元。

7. 预算稳定调节基金设立情况

按照《中华人民共和国预算法》的规定，本年继续设立预算稳定调节基金。南明区预算稳定调节基金在 2022 年年初预算中调出 29 000 万元安排使用后余额为 6 324 万元。2022 年超收收入以及 2022 年未执行完毕的区级一般公共预算支出全部调入预算稳定调节基金，预算稳定调节基金余额为 34 104 万元，在 2023 年安排预算时统筹使用。

### （二）政府性基金预算执行情况

1. 政府性基金预算情况

南明区十八届人大一次会议审议通过的 2022 年政府性基金预算收入为 496 212 万

元，基金预算区级支出为 539 869 万元。执行中，根据南明区 2022 年土地出让尾款入库、新增政府专项债券及新增抗疫特别国债情况，经区十八届人大常委会第九次会议通过，对 2022 年政府性基金预算做出调整：基金收入由 496 212 万元调整为 204 411 万元，基金预算区级支出由 539 869 万元调整为 255 995 万元。

2. 政府性基金收入执行情况

2022 年，政府性基金收入完成 205 784 万元，为调整预算 204 411 万元的 100.67%。

3. 政府性基金支出执行情况

政府性基金支出完成 796 334 万元。其中：

（1）区级支出 228 419 万元，为调整预算 255 995 万元的 89.23%，具体支出为：国有土地使用权出让收入安排的支出 136 030 万元，国有土地收益基金收入安排的支出 15 000 万元，轻轨基金支出 8 300 万元，专项债务付息和发行费用支出 15 609 万元，新增政府专项债券资金支出 47 587 万元，抗疫特别国债资金支出 5 893 万元。

（2）其他上级专项补助支出 567 915 万元。

4. 政府性基金结余情况

政府性基金收入完成 205 784 万元，加上年结转资金 110 294 万元，加上级补助资金 607 736 万元，加新增专项债券收入 47 587 万元，加专项债券转贷收入 246 148 万元，收入合计 1 217 549 万元。政府性基金支出 796 334 万元，地方政府专项债务还本支出 246 148 万元，将 105 624 万元调入一般公共预算，上解支出 10 057 万元，政府性基金余额 59 386 万元（其中：上级专款结转资金 40 227 万元，本级资金 19 159 万元）。

…………

## （四）债务情况

1. 债务限额情况

南明区 2022 年年末政府债务限额为 1 358 976.75 万元，其中一般债务 192 738.74 万元，专项债务 1 166 238.01 万元。

2. 到期债务偿还情况

2022 年南明区到期债券 273 589.50 万元，通过申请再融资债券资金偿还 273 589 万元，年初预算资金偿还 0.5 万元，其中偿还一般债券 27 441.10 万元，偿还专项债券 246 148.40 万元。2022 年南明区支付贵阳省财政厅政府债券利息及兑付费 21 348.76 万元，其中一般债券利息及兑付服务费 5 842.24 万元，专项债券利息及兑付服务费 15 506.52 万元。

2022 年南明区偿还外债本金人民币 2 909 万元，支付外债利息人民币 98 万元。

南明区政府债务风险总体可控。

3. 新增债券情况

为发挥规范举债融资促进投资的积极作用，南明区积极开展地方政府新增债券申报工作，2022 年南明区获得 16 个项目的新增一般债券资金 13 143 万元，获得 4 个项目的新增专项债券资金 47 587 万元，合计获得新增债券 60 730 万元。

4. 债务余额情况

截至 2022 年 12 月底，南明区政府债务 1 346 202.47 万元（其中：一般债务 181 338.42 万元，专项债务 1 164 864.05 万元）。政府债务 1 346 202.47 万元中实际应归属于双龙航空港经济区的债务为 700 996.66 万元，应归属于南明区本级的债务为 645 205.81 万元。

2022 年政府债务余额未突破批准的债务限额。

### （五）2022 年财政主要工作

（1）突出重点，保障民生民利。南明区民生支出 379 768 万元，占一般公共预算支出的 63.04%。

（2）筹措资金，保障项目实施。

（3）强化监管，用好直达资金。

（4）深化改革，完善体制机制。

（5）评价绩效，提高资金效益。

（6）严肃纪律，提升监管水平。

…………

2023 年 2 月 15 日

贵阳市南明区第十八届人民代表大会第二次会议

贵阳市南明区财政局

资料来源：南明区人民政府. 南明区 2022 年财政预算执行情况及 2023 年财政预算（草案）报告 [EB/OL].（2023-3-28）[2023-6-3]. http://www.nanming.gov.cn/zwgk/zdlygk/czzj/czyjs/202303/t20230308_78395369.html，有少量改动。

## 链接：延展阅读

## 贵州省 2022 年预算执行情况和 2023 年预算草案的报告（节选）

### 一、2022 年全省和省本级预算执行情况

2022 年是党和国家历史上极为重要的一年，也是贵州发展进程中极不平凡的一年。全省各级各部门以习近平新时代中国特色社会主义思想为指导，全面贯彻党的十九大、十九届历次全会和党的二十大精神，坚决落实习近平总书记视察贵州重要讲话精神，

按照“疫情要防住、经济要稳住、发展要安全”的要求，围绕省第十三次党代会和省委经济工作会议安排部署，在省委的坚强领导下，在省人大、省政协有力监督和支持下，认真执行省十三届人大五次会议审查批准的预算，财政部门落细落实积极的财政政策，加强财政资源统筹，全力保障重点领域支出，兜牢兜实基层“三保”底线，有效防范化解政府债务风险，全省预算执行情况总体较好。

### （一）一般公共预算

全省财政总收入 3 194.18 亿元，比上年减收 220.67 亿元，下降 6.5%，扣除增值税留抵退税因素后同口径（以下简称“同口径”）增长 6.2%。全省一般公共预算收入 1 886.36 亿元，为调整预算的 103.9%，减收 83.04 亿元，下降 4.2%，同口径增长 6.8%。加上中央转移支付 3 649.1 亿元、一般债务收入 1 061.33 亿元（含再融资债券）、调入预算稳定调节基金 359.03 亿元、调入资金 584.93 亿元、上年结转 254.8 亿元，收入合计 7 795.55 亿元。全省一般公共预算支出 5 849.17 亿元，增支 259.16 亿元，增长 4.6%。加上一般债务还本支出 938.87 亿元、上解中央支出 45.49 亿元、补充预算稳定调节基金 405.66 亿元、调出资金 17.12 亿元、结转下年支出 539.24 亿元，支出合计 7 795.55 亿元。收支平衡。

省本级一般公共预算收入 582.4 亿元，为调整预算的 103.1%，减收 38.47 亿元，下降 6.2%，同口径增长 10.4%。加上中央转移支付 3 649.1 亿元、调入预算稳定调节基金 252.9 亿元、调入资金 141.78 亿元、市县上解收入 83.61 亿元、上年结转收入 99.97 亿元、一般债务收入 1 061.33 亿元（含再融资债券），收入合计 5 871.09 亿元。省本级一般公共预算支出 1 433.84 亿元，增支 299.43 亿元，增长 26.4%。加上省对市县补助支出 3 000.07 亿元、一般债务还本支出 227.34 亿元、上解中央支出 45.49 亿元、补充预算稳定调节基金 279.71 亿元、一般债券转贷市县支出 766.13 亿元、结转下年支出 118.51 亿元，支出合计 5 871.09 亿元。收支平衡。

### （二）政府性基金预算

全省政府性基金预算收入 2 041.26 亿元，为调整预算的 95.4%，减收 339.44 亿元，下降 14.3%。加上中央补助 23.82 亿元、调入资金 36.35 亿元、专项债务收入（含再融资债券）1 022.79 亿元、上年结转收入 247.25 亿元等，收入合计 3 374.48 亿元。全省政府性基金预算支出 2 290.9 亿元，减支 388.5 亿元，下降 14.5%。加上调出资金 376.44 亿元、专项债务还本支出 540.28 亿元、结转下年支出 164.76 亿元等，支出合计 3 374.48 亿元。收支平衡。

省本级政府性基金预算收入 21.21 亿元，为调整预算的 52.7%，减收 159.02 亿元，下降 88.2%。加上中央补助 23.82 亿元、市县上解收入 14.06 亿元、调入资金 13.58 亿元、专项债务收入 1 022.79 亿元（含再融资债券）、上年结转收入 116.91 亿元等，收入合计 1 214.4 亿元。省本级政府性基金预算支出 125.21 亿元，减支 122.32 亿元，下降 49.4%。加上省对市县补助支出 52.74 亿元、专项债务转贷支出 914.34 亿元、专项债务还本支出 10.32 亿元、调出资金 83.37 亿元、结转下年支出 26.39 亿元等，支出合计 1 214.4 亿元。收支平衡。

…………

### （五）地方政府债务限额及债务收支

全省政府债务限额 12 962.35 亿元，其中：一般债务限额 6 895.27 亿元，专项债务限额 6 067.08 亿元。省本级债务限额 2 354.62 亿元，其中：一般债务限额 1 729.07 亿元，专项债务限额 625.55 亿元。

全省政府债务余额快报数 12 470.11 亿元，其中：一般债务余额 6 588.69 亿元，专项债务余额 5 881.42 亿元。省本级政府债务余额 2 034.75 亿元，其中：一般债务余额 1 549.66 亿元、专项债务余额 485.09 亿元。全省及省本级政府债务余额均未超过本地区政府债务限额。

## 二、2022 年和过去五年工作回顾

刚刚过去的 2022 年，需求收缩、供给冲击、预期转弱“三重压力”持续增大，财政收入一度下滑，收支矛盾加剧，财政工作面临前所未有的挑战。各级财政部门以高质量发展为统揽，坚持围绕“四新”主攻“四化”主战略和“四区一高地”主定位，按照“改进作风、狠抓落实”年各项具体要求，统筹经济社会发展，统筹发展和安全。认真落实积极的财政政策要提升效能、更加注重精准可持续要求，充分发挥跨周期和逆周期调节作用，狠抓稳经济一揽子政策落实，这些措施助力稳住了全省经济运行基本盘，扎实保障改善民生，全面防范化解债务风险，切实强化财政监督管理，各项财政事业保持了高质量发展态势。

（一）顶住超预期因素冲击，助力保持经济大盘总体稳定。各级财政部门迅速制定出台 43 项财政政策，全面贯彻落实国务院稳经济一揽子政策和接续措施。落实组合式税费支持政策。累计完成增值税留抵退税 528.48 亿元、惠及全省 2.4 万户市场主体，减税降费 101.05 亿元，缓缴社保费 18.65 亿元，全省党政机关和国有企事业单位减免房租 10.35 亿元。省级统筹 288.31 亿元支持基层落实税费政策，市县因留抵退税和其他减税降费造成的减收得到全额弥补。全力拉动有效投资。统筹安排政府投资项目资金 1 858 亿元，其中，争取新增一般债券 150 亿元、专项债券 483 亿元，统筹中央和省级有关专项资金 810 亿元，其他财政性资金 125 亿元，新增 290 亿元注入“四化”、生态环保和新动能产业等 6 只基金（带动银行贷款及社会资本投入 750.57 亿元），有效支持交通、水利等重大基础设施建设，以及产业发展等项目实施。财金联动助企纾困。建立健全国有融资担保体系，提升支小支农效果，支持重大产业发展，全省国有融资担保机构新增担保额 443.67 亿元，在保余额 1 317.34 亿元，扶持中小微企业、三农等

各类主体 14.46 万户。制定 4 个方面 13 条财政金融政策措施，统筹普惠金融发展专项资金、政策性农业保险保费补贴资金等 20.88 亿元，缓解市场主体融资难、融资贵问题。促进恢复和扩大消费。省级统筹安排 3.9 亿元，各市州统筹 6.77 亿元，开展“多彩贵州・助商惠民”促消费专项行动，推动零售、住宿、餐饮、旅游等领域消费加快恢复。

（二）抢抓重大政策机遇，狠抓国发〔2022〕2 号文件精神落地落实。财政支持高质量发展的政策取得新突破。财政部出台的《支持贵州加快提升财政治理能力奋力闯出高质量发展新路的实施方案》，从加大财政资金支持、防范化解债务风险、完善生态文明建设、构建高质量发展格局、加快建立现代财政制度五个方面提出了 43 条支持贵州的具体措施。争取到中央各项转移支付 3 674 亿元，增长 14.9%，为闯新路、开新局、抢新机、出新绩提供有力的财政保障。衔接推进乡村振兴取得新成效。投入教育、医疗卫生、农危房改造、农村饮水安全等资金 363.99 亿元，持续巩固提升“3+1”保障成果。统筹安排衔接推进乡村振兴补助资金 243.55 亿元，整合财政涉农资金 147.63 亿元，持续巩固拓展脱贫攻坚成果，衔接推进乡村振兴。深入推进农村综合改革，统筹安排 22.17 亿元，扶持壮大村集体经济、支持农村公益事业和美丽乡村建设。数字经济发展取得新进展。安排大数据发展专项资金 12.32 亿元，支持壮大数字产业，推进大数据与实体经济深度融合，鼓励企业上云用云和开展 5G 场景应用，大数据信息制造业增加值增长 44.8%，数字经济增速连续 7 年居全国第一。生态文明建设取得新成绩。出台财政支持碳达峰碳中和政策措施，制定深化生态保护补偿制度改革的实施意见，投入生态环保领域资金 51.92 亿元，支持打好污染防治攻坚战和做好生态环境保护治理。统筹安排 83.01 亿元推进森林资源保护发展，苗岭山脉历史遗留废弃矿山生态修复项目、毕节市乌江重点生态区国土绿化试点项目成功申报中央示范项目。

…………

（四）坚持量力而行、尽力而为，切实保障和改善民生。提高民生保障标准。省级新增 9 亿元对农村低保、城市低保、城乡居民基本养老保险、重度残疾人补贴等 6 项保障标准偏低的民生项目进行提标，进一步改善我省民生保障状况。统筹 25.18 亿元支持实施就业优先政策，落实高校毕业生就业创业二十条措施，推动做好重点群体就业工作。加大教育投入力度。积极统筹各类资金支持教育事业发展，投入 344.2 亿元，增长 8.6%，推动实施整体提升教育水平“七大提升工程”，推进高校布局调整，支持各学段教育工作补短板、强弱项，促进全省教育高质量发展。全省九年义务教育巩固率、高中阶段毛入学率首次超过全国平均水平。整体提升卫生健康水平。统筹 21.48 亿元开展整体提升卫生健康水平攻坚行动，加快补齐医疗短板，2 个国家区域医疗中心项目落户贵州，2 个省级区域医疗中心项目获批建设。统筹 30.38 亿元重点推进城乡居民免费建立健康档案、健康教育和传染病防治，基本公共卫生服务人均补助标准从 79 元提高到 84 元。因时因势抓好疫情防控，全省各级用于疫情防控直接投入达 74.88 亿元（其中省级投入 23. 61 亿元），全力保防控、保供应、强诊疗、防重症，支持防控能力提升和重点区域重点人群疫情防控。着力解决“一老一小”问题。统筹 21. 57 亿元落实 65 岁以上老年人免费健康体检，推进标准化养老院及养老护理型床位建设，每千人口拥有 3 岁以下婴幼儿托位数达 2. 56 个。

（五）牢固树立绩效理念，切实加强成本控制。深入实施预算绩效管理。将事前评估作为项目入库的先决条件，审批项目支出绩效目标 4 513 个，预算绩效管理更加规范。以事中监控提升预算执行质量，对 4 738 个项目进行绩效运行日常监控，及时纠正预算执行偏差和管理漏洞。通过事后评价问效支出责任，对 3 个部门整体、31 个重点项目、5 只政府投资基金等 1 506. 93 亿元资金开展重点绩效评价，重点专项资金使用效益不断提高，政府投资基金运作初显成效。从严安排预算资金。省级党政机关带头过紧日子，压减一般性支出 2. 52 亿元，清理盘活存量资金 29. 52 亿元，全部统筹用于民生急需上和发展紧要处。健全“五个结合、五个挂钩”的预算编制审核机制，2022 年核减资金需求 661. 71 亿元，核减率 25. 5%。开展省人民医院观山湖院区建设项目和贵州医科大学等三所高校建设项目等 62 个重点项目支出预算评审，平均审减率 20%，有效控制政府投资成本，提升财政支出的精准性、有效性。建立健全支出标准体系。建立通用标准以项目类型分类，专用标准以支出功能分类的 26 个大类、168 个明细类别支出标准框架体系，形成 204 项财政支出标准目录清单，预算安排依据更加充分。

（六）多措并举防范化解风险，全力以赴维护安全稳定。着力防范化解债务风险。滚动监测各地隐性债务风险，分类有效妥善处置隐患，着力防范债务违约风险。推动金融机构开展存量债务展期、重组，缓释债务短期偿付风险。合法合规稳妥有序化解债务，疏堵并举降低风险等级。强化债务管理监督，坚决遏制违规新增隐性债务。兜牢兜实“三保”底线。加大财力下沉力度，下达市县转移支付 3 066 亿元，增长 12. 5%。强化市县财政运行监测和风险预警，做实“三保”风险应急预案，严防发生“三保”保障风险。完善预警监测体系，推进预算执行全生命周期监管，强化财政资金直达机制，促进财政资金快速落实到位、安全规范使用。全面推进财经秩序专项整治。重点聚焦落实减税降费政策、政府过紧日子、加强“三保”保障、规范国库管理等 6 个领域，以及审计发现问题整改，扎实开展严肃财经纪律专项整治，进一步强化财政专项资金管理，推动财经秩序持续好转。加大力度保障安全生产。统筹安排防灾减灾资金 41. 09 亿元，支持做好自然灾害生活救助、防汛抗旱、森林防火、抢险救灾应急、水毁灾害修复、水库安全运行等重点工作，推动开展安全生产专项整治三年行动、全省煤矿安全生产综合督查，以及实施地质灾害避险搬迁和地质灾害综合防治。安排 1. 21 亿元支持气象事业高质量发展，提升气象防灾减灾能力。设立省级安全生产举报奖励资金，对举报重大风险隐患和非法违法行为的人员予以奖励。

…………

五年来，财政各项改革发展成效进一步显现，这些成绩来之不易，是中央关怀厚爱、大力支持的结果，是省委坚强领导、科学决策的结果，是省人大有效监督、有力指导的结果，是各级财政部门团结奋进、苦干实干的结果。在肯定成绩的同时，我们也清醒地认识到，财政运行和管理还存在一些需要着力解决的问题，主要表现在："三重压力"仍然较大，对财政收入增长形成制约，传统产业持续健康发展面临挑战，新兴产业尚在成长阶段，对财政收入贡献有限，全省财政自给率不高，财政增收后劲不足；支持全省经济社会高质量发展，巩固拓展脱贫攻坚成果，以及教育、医疗、养老、托育等民生领域补短板任务还需投入大量资金，财政收支矛盾突出，基层"三保"保障压力大；债务总体规模较大，部分地方防范化解债务风险任务艰巨。我们高度重视这些问题，将继续采取积极有效措施加以改进和解决。

## 三、2023 年全省和省本级预算草案

2023 年全省和省本级预算编制坚持以习近平新时代中国特色社会主义思想为指导，全面贯彻党的二十大、中央经济工作会议精神，深入落实习近平总书记视察贵州重要讲话精神，牢牢把握国发〔2022〕2 号文件重大机遇，按照省委经济工作会议部署，全力实施围绕"四新"主攻"四化"主战略、实现"四区一高地"主定位，落实加力提效的积极财政政策，更加注重精准和可持续；加强财政资源统筹，保持必要的财政支出强度；牢固树立"过紧日子"思想，更好保障和改善民生，兜牢基层"三保"底线，有效防范化解债务风险，推动经济运行整体好转，实现质的有效提升和量的合理增长，为谱写多彩贵州现代化建设新篇章开好局起好步。

### （一）一般公共预算

综合研判分析，今年国家宏观政策更趋积极，经济恢复环境趋好，企业生产经营逐步恢复，加之去年实施增值税留抵退税改革后基数较低，预计财政收入将实现恢复性增长。同时考虑保障和改善民生、防范化解债务风险等重点支出需求，兼顾高质量发展导向，与全省主要经济指标增长相匹配，按照"积极稳妥、稳中求进"的原则，2023 年全省一般公共预算收入按增长 6%的预期目标安排，为 1 999. 54 亿元。加上中央提前下达转移支付 3 180. 42 亿元，新增一般债券 88 亿元，以及各级动用预算稳定调节基金、调入资金、上年结转收入等 1 246. 78 亿元，全省收入合计 6 514. 74 亿元。全省一般公共预算支出按 5 620 亿元安排（含中央提前下达转移支付相对固定部分），比 2022 年年初预算 5 300 亿元增加 320 亿元，增长 6%。年度预算执行中，中央非固定专项补助下达后，实际支出还会增加。加上一般债务还本支出、上解中央支出等 894. 74 亿元，支出合计 6 514. 74 亿元。收支平衡。

2023 年省本级一般公共预算收入按增长 6%的预期目标安排，为 617. 34 亿元。省本级一般公共预算支出为 1 466. 9 亿元，比 2022 年年初预算增加 193. 78 亿元，增长 15. 2%。

省本级一般公共预算收入 617.34 亿元，加上中央提前下达转移支付 3 180.42 亿元、新增一般债券 88 亿元、上年结转 118.51 亿元、调入资金 70.39 亿元、动用预算稳定调节基金 241.29 亿元，以及市县上解收入 58.44 亿元等，省本级收入合计为 4 374.39 亿元。省本级一般公共预算支出 1 466.9 亿元，加上省对市县相对固定补助支出 2 617.46 亿元、上解中央支出 45.52 亿元、一般债务还本支出 90 亿元、新增一般债券转贷市县 36 亿元，以及结转资金安排支出 118.51 亿元等，省本级支出总计为 4 374.39 亿元。收支平衡。

…………

## 四、2023 年财政主要任务

2023 年是全面贯彻落实党的二十大精神的开局之年，做好财政经济工作意义重大。我们将坚持以习近平新时代中国特色社会主义思想为指导，全面贯彻落实中央和省委经济工作会议、全国财政工作会议精神，紧扣政府工作报告明确的目标任务，坚持稳字当头、稳中求进，落实积极的财政政策要加力提效要求，加强财政资源统筹，更好服务产业发展和市场主体，加大基本民生保障投入，持续防范化解债务风险，扎实兜牢“三保”底线，为高质量发展提供坚强的财政保障。重点抓好以下工作：

### （一）更加注重加力提效，扩大有效需求，提振信心

优化完善助企纾困政策。严格落实国家税费支持政策，更进一步释放市场主体活力。持续整治违规涉企收费，防止乱收费、乱罚款、乱摊派。发挥政府性融资担保机构作用，继续实行融资担保降费奖补，促进中小微企业和“三农”主体融资增量、扩面、降息。增强助企纾困政策的精准性针对性，突出对中小微企业、个体工商户以及特困行业的支持，促进企业纾困发展、渡过难关。强化政府投资对社会投资的引导带动。紧盯关键环节抓实项目谋划和储备，加快预算执行速度，加快专项债券发行使用，推动尽快形成实物工作量，更好发挥财政资金引导和撬动作用，形成强劲投资拉动力，通过政府投资和政策激励有效带动全社会投资，为经济运行营造良好的基础环境，提振高质量发展的信心，推动经济实现量的合理增长与质的有效提升。加快恢复和扩大消费。多渠道增加居民收入，支持提高消费能力，改善消费条件。积极筹集资金支持发放消费券等提振消费的政策，推动开展“新能源汽车下乡”“绿色智能家电下乡”等活动，全面助推恢复和扩大消费。

### （二）更加突出产业发展，依靠发展夯实财源税源基础

紧紧围绕“四新”主攻“四化”主战略，树牢产业为先、项目为王、效益为本理念，大力推动产业强省战略实施。强化财政政策协同支撑。不折不扣落实各类助企发展、培育壮大市场主体的政策措施，鼓励和引导企业技术创新、转型升级，大力培育“专精特新”中小企业。注重财政政策与金融、就业、招商、外贸、科技、人才等政策

协调配合，切实打好政策组合拳。做好存量政策和增量政策有序衔接，努力提升政策实施效果。强化财政资金投入保障。继续安排200亿元注入“四化”及生态环保基金、新动能基金，吸引市场化基金管理公司等社会资本加大投入，持续做大基金规模，支持支柱产业、风口产业、新兴产业发展。统筹安排工业和信息化发展、能源结构调整等专项资金，持续为发展基础产业、推动传统产业改造升级等提供资金保障。统筹专项债券资金、预算内投资资金、各类专项资金支持“六大基地”等重大产业配套基础设施建设项目。强化财政资金使用管理。引导部门做好项目谋划储备，优先支持成熟度高的项目和在建项目，提高政府投资效益。严格专项债券使用管理，适当提高资金使用集中度，努力实现融资和收益平衡。优化财政资金投入方式，综合运用奖补、贴息、担保、股权投资等多元化方式，促进实体经济发展。进一步完善政府投资基金“募、投、管、退”体制机制，重点加强投资后的管理和监督，更好发挥财政撬动社会资金的杠杆作用。

### （三）更加聚焦中心大局，推动重大战略部署落到实处

强化重大基础设施建设保障。聚焦省委、省政府决策部署，加大对重大基础设施建设的投入力度，重点保障交通、水利、能源、物流、生态环保等领域建设，持续推进基础设施补短板。树牢“投资必问效、无效必问责”理念，严格落实政府投资项目管理办法，提升项目质量和成熟度，前移政府投资评审关口，杜绝低效无效投资。全面推进乡村振兴。把农业农村作为优先保障领域，稳步提高土地出让收益用于农业农村的比例，保持衔接资金投入力度不减，继续支持脱贫县统筹整合使用财政涉农资金。推动农业农村基础设施建设、乡村特色产业发展、易地搬迁后续扶持及乡村建设行动。全面落实各项财政惠民惠农补贴政策，积极拓宽农民增收渠道，不断支持巩固提升“3+1”保障成果，守住不发生规模性返贫底线。继续支持高标准农田建设，健全种粮农民收益保障机制，发挥政策性农业保险作用，提升粮食收储调控能力，夯实粮食安全根基。推进生态文明建设。持续完善云贵川三省赤水河流域横向生态补偿机制，鼓励全省八大流域各市县签订上下游横向生态保护补偿协议。支持深入打好污染防治攻坚战，推进武陵山区山水林田湖草沙一体化保护和修复工程、苗岭历史遗留矿山生态修复和乌江重点生态区国土绿化试点示范项目，支持碳达峰碳中和相关产业发展，促进全省绿色低碳发展。推动区域协调发展。深入推进实施“强省会”行动，支持贵阳—贵安—安顺为引擎的黔中城市群加快发展，支持黔东南州“黎从榕”[①] 打造对接融入粤港澳大湾区“桥头堡”，支持毕节示范区和民族地区高质量发展。助推教育科技人才发展。持续优化教育支出结构，深入推进整体提升教育水平攻坚行动，支持学前教育普及普惠发展、义务教育优质均衡发展、普通高中特色多样发展、职业教育扩容提质

---

① 指黎平、从江、榕江三县。

与职业技能双提升，继续推动高校布局调整，全面提升教师能力素质，持续增加优质教育资源供给。加大基础研究投入，优化应用技术研究与开发专项资金投向，健全研发经费投入机制，积极推动“六大科技战略行动”，为实施科技强省战略提供有力保障。支持实施“百千万人才引进计划”，落实重点人才“蓄水池”政策，围绕引才、育才、用才、留才“四大工程”，保障新时代人才强省战略实施。

（四）更加用心为民服务，在发展中保障和改善民生

树牢以人民为中心的发展思想，把为民造福作为最重要的政绩，把民生优先作为最鲜明的导向，既尽力而为又量力而行，着力解决好人民群众急难愁盼问题，扎实推进共同富裕。促进重点群体就业增收。落细落实稳岗扩岗促就业各项政策措施，统筹运用税费减免、资金补助、贷款贴息等政策，多渠道支持企业稳岗扩岗、个人创业就业。支持高校毕业生、进城务工人员、退役军人等重点人群就业。支持开展多层次职业技能培训，缓解结构性就业矛盾。加大力度促进居民增收，推动开展根治欠薪行动。加快提升医疗卫生水平。继续推动实施整体提升卫生健康水平攻坚行动，促进优质医疗资源扩容和区域均衡布局，落实村医财政定额补助，支持深化医药卫生体制改革，推进公立医院高质量发展，完善疾病预防控制体系，加快重大传染病医院及综合医院传染病区、定点救治医院建设。落实新型冠状病毒感染实施“乙类乙管”总体方案，做好保障药品供应，提升救治能力，支持开展重症患者医疗救治，加强农村地区疫情防控。持续提高社会保障水平。落实退休人员基本养老金适度上调政策，继续提高重度残疾人补贴、老年福利补贴、城乡居民养老保险、城乡居民低保等基本民生保障标准。积极推动个人养老金发展，推进多层次、多支柱养老保险体系建设。加强社保基金保值增值和安全监管体系建设。聚力解决“一老一小”问题，增加普惠性养老和托育服务供给。推动文化旅游事业发展。统筹各级各类资金，推进长征国家文化公园贵州重点建设区建设，完善公共文化服务体系建设，支持优秀文艺作品生产，推进优秀传统文化传承与保护，推动省属文化企业深化改革。加强文旅融合，促进旅游业全面复苏，推动盘活闲置低效旅游项目，支持旅游产业提质增效。统筹财力继续办好新建和改扩建幼儿园等“十件民生实事”。

（五）更加强化财政统筹，提高财政资源配置效率

用好用足政策红利。紧紧抓住国发〔2022〕2号文件政策“窗口期”，最大限度挖掘政策空间、放大政策效应，持续加大向上对接力度，把各项支持政策进一步具体化、项目化、清单化。坚持党政机关过紧日子。从严控制一般性支出，加强“三公”经费预算管理，努力降低行政运行成本。省级继续按6%压减党政机关行政经费，按15%压减省级机关事业单位公用经费，结合预算执行进度，按比例分档压减非刚性非重点项目支出，为保障重大政策落地和民生事业发展腾出更多财力空间。持续推动财力下沉。加大省对下转移支付支持力度，向困难地区和欠发达地区倾斜，持续提高市县“三保”

等重点支出保障能力。促进转移支付资金分配与公共服务成本相衔接，增强资金分配科学性合理性。督促市县将“三保”支出足额纳入预算安排，严防基层“三保”风险，兜牢市县“三保”底线。提升财政资金使用效率和效益。加大力度实施预算评审，确保把每一笔钱都用在刀刃上、紧要处、关键点。加强预算执行管理，加快支出进度，优化完善财政拨款结转结余资金管理。完善常态化直达资金监督管理机制。

### （六）更加稳妥化解风险，牢牢守住不发生系统性风险底线

系统谋划防范化解债务风险体制机制。通过争取中央支持、金融机构展期降息、盘活资源资产等方式，推动各地将债务利息足额纳入预算，为基层财政秩序回归正常、提高其在资本市场信用奠定基础，力争用 3~5 年时间，建立健全系统解决和防范化解政府债务风险体制机制，逐步推动地方发展进入良性轨道。分类防范化解风险。强化法定政府债务管理，严格落实政府债券本息偿付约束机制。协调金融机构支持债务重组、展期降息，积极有序缓释债务风险。压实压紧责任，依法依规稳妥有序推进化债。坚决遏制违规新增隐性债务，严格开展政府投资项目立项前财政承受能力评估，严禁国有企事业单位变相举债，坚决制止违法违规举债行为。加强融资平台公司治理，分类推动平台公司市场化实体化转型发展。强化制度约束。加强财政、审计、纪检监察监督，建立健全债务风险防范化解专项监督协作机制，对违规新增隐性债务、不实化债、套取挪用专项债券资金等问题，严肃追责问责。同时，协同做好粮食、能源、金融、安全生产等领域风险防范化解工作。

### （七）更加深入推进改革，全面提升财政管理现代化水平

深化省以下财政体制改革。立足于建立健全权责配置更为合理，收入划分更为规范，财力分布相对均衡，基层保障更加有力的省以下财政体制，进一步理顺省以下政府间财政关系，着力构建“1+N”政策体系，健全与发展产业相适应的财政体制，激发市县发展产业、涵养税源内生动力，形成省市县共抓高质量发展的合力。优化预算管理制度。完善预算支出标准体系，健全基本公共服务保障制度和标准，加强财政承受能力评估。提高预算绩效管理各环节质量，抓实抓细重点绩效评价，加大绩效信息公开力度。深化预算管理一体化建设，将政府债务、资产、绩效等业务逐步纳入一体化系统。统筹协调财政库款管理、政府债券发行与国库现金运作，进一步盘活财政间歇性资金，提高财政资金管理效益、控制财政筹资成本。健全行政事业性国有资产管理制度体系，强化资产全生命周期管理，下大力气推进资产盘活。持续严肃财经纪律。严格执行预算法及其实施条例，硬化预算约束，规范财政收支管理，巩固拓展财经纪律专项整治成果，持续推动专项整治发现问题和审计指出问题整改，坚决制止挤占挪用专项资金行为。制定加强财会监督工作的实施意见，全面强化财会监督，健全财会监督体系和工作机制，加强与各类监督贯通协调，提升财会监督效能。

我们将更加紧密地团结在以习近平同志为核心的党中央周围，坚持以习近平新时代

中国特色社会主义思想为指导，深刻领悟“两个确立”的决定性意义，进一步增强“四个意识”、坚定“四个自信”、做到“两个维护”，坚决落实中央决策部署和省委工作要求，迎难而上、扎实进取，踔厉奋发、勇毅前行，奋力谱写多彩贵州现代化建设新篇章！

2023 年 1 月 13 日

贵州省第十四届人民代表大会第一次会议

贵州省财政厅

资料来源：中华人民共和国财政部. 贵州省 2022 年预算执行情况和 2023 年预算草案的报告[EB/OL].（2023-02-14）［2023-06-02］. http://www.mof.gov.cn/zhuantihuigu/2023ysbghb/202302/t20230214_3866414.htm? eqid=8d573cba00294aaf00000006643ac6e0，有少量改动。

## 项目评价

对贵州省及贵州省五个区县财税经济运行情况进行调研，请根据表 1-1-3 对所学内容进行自检。

**表 1-1-3　县域财税经济运行情况调研评价表**

| 序号 | 鉴定评分点 | 分值 | 评分 |
|---|---|---|---|
| 1 | 能高效通过各种途径查找相关数据及资料 | 2 | |
| 2 | 能够将查找到的数据及资料进行筛选、整理及归纳 | 3 | |
| 3 | 能够了解贵州省及贵州省至少 5 个区县近三年财税经济运行情况 | 3 | |
| 4 | 能够掌握贵州省及各县域财政预算、决算中各项指标的内涵 | 1 | |
| 5 | 在查找数据资料过程中，小组成员相处融洽，高效合作 | 1 | |
| 总结（收获与反思）： | | | |

## 延展探索

1. 你的家乡在哪里？当地经济发展状况如何？
2. 贵州省经济区域发展不平衡的原因是什么？
3. 地方经济的发展与国家财税政策的关系？财税政策如何促进经济发展？
4. 财政预算与财政决算的区别与联系是什么？

# 项目二 县域财税经济运行情况分析与汇报

## 学习目标

- 对贵州省及其五个区县相关资料进行财政收入分析。
- 对贵州省及其五个区县相关资料进行财政支出分析。
- 对贵州省及其五个区县相关资料进行财政预决算分析。
- 对贵州省及其五个区县相关资料进行政府债务分析。
- 对贵州省及其五个区县相关资料进行区域政策分析。
- 撰写“贵州县域财税经济发展前景分析报告”。

## 项目描述与分析

在了解贵州省及其五个区县近三年财税经济运行情况的基础上，掌握基于调研数据分析财税经济运行现状、问题的方法，从财政收入、财政支出、预决算、政府债务、财税政策等方面进行区域经济发展前景分析，最后撰写分析报告。

## 项目准备

为了更好地达到本项目实训目的，需要做如下准备：

- 掌握基于调研数据分析区域财税经济运行现状、问题的方法。
- 确保实验室电脑等设备能正常使用。
- 确保实验室网络正常且稳定。

## 项目实施

### 一、根据贵州省及其五个区县相关资料进行财政收入分析

#### （一）财政收入

财政收入，亦称政府收入或公共收入，是指政府为履行职能而筹集的一切资金的总和。从根本上说，财政收入产生于社会公共利益的需要，是为了满足社会共同需要而由政府筹集的收入。

广义的财政收入是指各级政府所支配的全部资金，其范围与政府收入一致，包括全口径财政预算的所有收入、权力机关收入、公共安全和国家安全收入、司法检察收入、外交外事收入和国际组织收入。

狭义的财政收入是指一般公共预算收入，以税收为主体，也包含纳入一般公共预算的非税收入、债务收入和转移性收入等。

#### （二）财政收入的分类

将财政收入进行分类，可以反映财政收入的来源和性质。

按收入形式，财政收入分为税收收入和非税收入两大类。

税收收入是政府凭借其公共权力无偿占有的一部分社会资源或收入，包括所得税、商品税、财产税、资源税等各项税收。从数量上看，税收收入通常也是一个国家主要的财政收入来源，它在财政总收入中具有绝对的主体地位。

非税收入是相对于税收收入而言的，是指国家（政府）在依照税法征税取得税收收入以外，各级行政机关、司法机关和代表政府行使管理职能的事业单位，以专项收入、公共债务收入、规费和使用费等形式向法人、社会团体和居民个人取得的收入，以及依据财产权利收取的国有资本经营收入、国有资源（资产）有偿使用收入等项收入。

#### （三）财政收入的结构

从人类社会发展史考察，财政收入结构呈现出由单元向多元变化的趋势；从理论角度分析，财政收入结构的变化，主要是由经济制度、经济形态和经济发展状况所决定的。

从总体趋势看，财政收入形式随着经济社会的演进和发展不断变化并且逐渐多样化，形成了税、费、债、利、租、捐并存的格局，财政收入也由单元结构向着多元结构转变。

### 二、根据贵州省及其五个区县相关资料进行财政支出分析

财政支出是指各级政府通过预算形式安排、支配的资金量，这个资金量是指一个

预算年度终了时政府所累积支出的总量。财政支出是各级政府在一个预算年度内持续分配预算资金的活动过程。

政府安排财政资金的根本目的是满足其履行职能的需要，因此，财政支出规模是否适度、财政支出结构安排合理与否，直接关系到政府能否充分、有效地履行其职能。

### （一）财政支出分类

1. 按政府职能分类

由于财政支出是为了实现国家职能而安排的，职能分类是比较常用且非常重要的分类方法，它提供关于某项财政支出的目的信息。财政支出职能分类方法是目前我国编制执行财政预算、进行预算拨款采用的分类方法。这种分类法可以较为明确、具体地体现财政支出在各项职能或事业间的分配格局和各项职能的实现程度，并反映各项财政职能在不同时期的变动情况，以这种方法研究财政支出结构可以反映一国政府在某一时期的工作重点。

2. 按经济性质分类

按经济性质分类，财政支出可分为购买性支出和转移性支出。

购买性支出是指政府为开展政务活动的需要，按照等价交换原则，从市场上购买商品和服务而发生的支付活动。具体包括政府部门的消费支出和投资支出，前者诸如国防支出、行政支出，后者如各级政府公共投资支出。政府在付出这类支出的同时，获得了相应的商品和服务的所有权和使用权。政府只有购买这些商品和服务，才能生产出公众所需的公共产品和服务。它是政府对经济资源的一种消耗，因此又称为消耗性支出。

转移性支出是指政府单方面地、无偿地支付给其他经济主体的财政资金，不相应地获得商品和服务。具体包括社会保障支出、财政补贴支出和税式支出等。它体现的是政府在收入分配方面的职能和作用。

购买性支出的影响集中在社会资源配置状况、社会总供给与总需求的平衡上，因此，购买性支出成为政府履行其资源配置职能和经济稳定发展职能的工具。

转移性支出的影响集中在分配领域，因此，转移性支出成为财政履行收入再分配职能的重要工具。

经济性质分类是按支出的经济性质和具体用途所做的一种分类。与支出职能分类相比，支出经济分类从不同侧面、以不同方式反映政府支出活动，使得政府的财政支出更加全面、规范、公开、透明。

3. 按行政级次分类

按照行政级次可将财政支出分为中央财政支出和地方财政支出。我国有五级政府，根据预算法“一级政府一级预算”的原则，财政支出也分为五级，分别为中央财政支出，省、自治区、直辖市财政支出，设区的市、自治州财政支出，县、自治县、不设区的市、市辖区财政支出，以及乡、民族乡、镇财政支出，后四项财政支出通常统称为“地方财政支出”。

财政支出的行政分类反映了中央与地方在财政资源配置中的地位和相互关系。从我国历年的改革实践来看，在财政体制中，中央和地方之间的财政分配关系一直是财政体制的核心问题。这一问题的焦点在于中央与地方各级政府在财政资源配置上是否与其职能定位和权责划分相适应。

### （二）财政支出的结构类型

财政支出结构，是指在一定的经济体制和财政体制下，财政资金用于行政各部门、国民经济和社会生活各方面的数量、比例及其相互关系。

财政支出结构建立在财政支出分类之上，只有在一定的支出分类基础上，才能对因此而形成的各项支出数额及其所形成的关系做出分析研究。

财政支出结构的实质是财政支出的分类组合和配置比例，其目标是确定科学的、合理的和优化的财政支出结构。

1. 财政支出的职能结构

按政府职能分类的财政支出所呈现出的结构状态，各项支出占全部财政支出的比重恰恰能够反映政府职能的侧重点。

从财政各项支出占财政总支出的比重看，无论是发达经济体还是转轨或发展中经济体，排在前五位的支出均为一般公共服务、经济事务、医疗保健、教育、社会保障。对于转轨或发展中的经济体，一般公共服务和经济事务支出明显排位更靠前。我国同年各项功能支出占比从高到低排列分别为：经济事务（27.7%），社会保障（22.0%），教育（12.3%），医疗保健，一般公共服务，住房和社会福利设施，公共秩序和安全，国防，环境保护，娱乐、文化和宗教。

2. 财政支出的经济性质结构

按照经济性质的不同，财政支出可以分为购买性支出和转移性支出，从二者在全部财政支出中的占比能够看出政府财政支出的方式，这对分析政府职能具有重要意义。

3. 财政支出的行政级次结构

不同级次的政府所承担的财政支出情况。这种财政支出结构能够看出各级政府在财政支出中的责任，对分析中央与地方政府之间以及各地地方政府之间的财政关系具有重要意义。

## 三、对贵州省及其五个区县相关资料进行财政预决算分析

政府预算，亦称国家预算，是各级政府依据法律和制度规定编制，并经法定程序审核批准的政府年度收支计划，是政府组织和规范财政分配活动的重要工具，在现代社会，它还是政府调节经济的重要杠杆。政府决算，是财政年度终了以后，对政府预

算的归纳总结。我国政府预算的组成体系如下：

### （一）一般公共预算

一般公共预算是对以税收为主体的财政收入，安排用于保障和改善民生、推动经济社会发展、维护国家安全、维持国家机构正常运转等方面的收支预算。

### （二）政府性基金预算

政府性基金预算是对依照法律、行政法规的规定在一定期限内向特定对象征收、收取或者以其他方式筹集的资金，专项用于特定公共事业发展的收支预算。

### （三）国有资本经营预算

国有资本经营预算是指国家以所有者身份依法取得的国有资本收益，并对所得收益进行分配而产生的各项收支预算。

### （四）社会保险基金预算

社会保险基金预算是将社会保险缴款、一般公共预算安排和其他方式筹集的资金，专项用于社会保险的收支预算。

## 四、对贵州省及其五个区县相关资料进行政府债务分析

公债是国家或政府以其信用为基础，在向国内外筹集资金的过程中所形成的债权债务关系，即国家或政府以债务人的身份，采取信用方式，通过借款或发行债券等方式取得资金的行为。公债的用途有：

### （一）弥补财政赤字

发行公债弥补财政赤字是公债最原始和最基本的用途。从历史上看，公债本身就是同财政赤字相联系的经济范畴，是作为弥补公共收支差额的手段而产生的。公债其他方面的用途大都是随着公债的发展而派生出来的。与其他弥补赤字的方式，如增税和向银行透支等弥补财政赤字的方式相比，这种方式的副作用较小，一般不会影响经济发展，但也不能把公债视为医治财政赤字的灵丹妙药。

### （二）筹集建设资金

通过发行公债筹集国家重点建设项目资金是许多国家通行的做法。我国从 1987 年开始发行的重点建设债券和重点企业建设债券（其中包括电力债券、钢铁债券、石油化工债券和有色金属债券）就是这一用途的体现。有一些国家则从法律上对公债弥补财政赤字和筹集建设资金这样两种不同用途做出明确规定。如日本在法律上将公债明确分为建设公债和赤字公债两种。

### （三）执行经济政策

利用公债，政府可以灵活地执行不同时期的经济政策，以稳定经济。在现代经济条件下，公债的发行常常被称为政府执行“反衰退”政策的手段。

### （四）调剂季节性资金余缺

许多国家都把发行期限在一年之内（短至几个月，最长不超过 52 周）的短期公债，作为一种季节性的资金调剂手段，以求解决暂时的收支失衡。一般地，政府在公共收入"淡季"，发行短期公债，取得资金，而在公共收入"旺季"，便以盈余资金偿还债务，从而使收入淡季不淡，旺季不旺，与以较为均衡的速率进行的公共支出相适应。

## 五、对贵州省及其五个区县相关资料进行区域政策分析

广义的区域政策，是以政府为主体，以协调区域经济发展为对象，为弥补市场在空间范围配置资源失灵而采取的相应对策的总称。从覆盖内容上看，区域政策包括区域经济政策、区域社会政策、区域环境政策、区域政治政策、区域文化政策等。我们在研究经济问题时所述的区域政策，为狭义的概念，即与经济发展相关的区域经济政策。

## 六、撰写"贵州县域财税经济发展前景分析报告"

各组根据分析的内容及结果，结合国家经济实际，对贵州省及其五个区县近三年实行的财税政策进行分析，了解财税政策对各地经济社会发展所起到的重要作用（分析的时候要求尽量具体）。各组结合分析结果、政府实行的具体财税政策，从各地经济发展、政府财政收支、政府债务项目及资金的运用等角度，撰写"贵州省及县域财税经济发展前景分析报告"。

## 链接：示例

# 贵州省及县域财税经济发展前景分析报告

## 1　财力对比分析

### 1.1　财政收入分析

财政收入是政府正常运行和满足财政支出需要的基础，是衡量一国政府财力的重要指标。政府在社会经济活动中提供公共物品和服务的范围和数量，在很大程度上取决于财政收入的充裕状况。政府财政收入主要来源于税收收入，在我国的税收收入结构中，流转税和所得税居于主体地位。具体有以下来源：增值税、消费税、企业所得税、个人所得税、资源税等。

1.1.1　财政总收入对比分析

1.1.1.1　贵州省概况

2018 年，贵州省财政总收入 2 973.36 亿元；2019 年，贵州省财政总收入 3 051.52

亿元；2020 年，贵州省财政总收入 3 082.03 亿元。2018—2020 年，贵州省地区生产总值逐年上升，增速较快。2018 年贵州省地区生产总值为 14 806.45 亿元，2019 年贵州省地区生产总值为 16 769.3 亿元，2020 年贵州省地区生产总值为 17 826.56 亿元。

由以上数据可以得出 2018—2020 年贵州省财政收入占国内生产总值的比重分别是：20.08%、18.20%、17.29%。贵州省近三年财政收入随经济的不断增长而增长，但增长幅度不明显。从纵向看，近三年贵州省财政收入占 GDP 的比重较高，但是逐年下降。

1.1.1.2　五区县对比

我们选取了贵州省播州区、观山湖区、黔西县、息烽县、锦屏县五个区县来进行对比。2020 年这五个区县地区生产总值分别为播州区全省排名第十二，354.67 亿元，观山湖区全省第四，653.52 亿元，黔西县全省排名第二十三，223.94 亿元，息烽县全省排名第三十七，152.81 亿元，锦屏县全省排名第八十一，59.73 亿元。

播州区 2018 年全年财政总收入为 37.45 亿元，2019 年全区财政总收入为 39.8 亿元，2020 年全区财政总收入为 39.2 亿元。观山湖区 2018 年财政总收入为 142.51 亿元，2019 年全区财政总收入为 138.42 亿元，2020 年全区财政总收入为 150.02 亿元。黔西县 2018 年财政总收入为 31.23 亿元，2019 年财政总收入为 40.92 亿元，2020 年财政总收入为 41.42 亿元。息烽县 2018 年全县一般公共预算收入为 45 649 万元，2019 年全县一般公共预算收入为 48 489 万元，2020 年全县一般公共预算收入为 52 120 万元。2018 年受供给侧结构性改革等减税降费政策影响，锦屏县财政收入增收困难。2018 年，锦屏县一般公共预算收入为 24 162 万元；2019 年一般公共预算收入为 20 836 万元；2020 年全县财政总收入为 49 622 万元。

1.1.2　各部分财政收入对比分析

1.1.2.1　贵州省概况

2018 年，贵州省财政总收入为 2 973.36 亿元，其中一般公共预算收入为 1 726.8 亿元，政府性基金收入为 1 249.89 亿元，省本级国有资本经营收入为 47.91 亿元，全省社会保险基金收入为 1 146.49 亿元。

2019 年，贵州省财政总收入为 3 051.52 亿元，其中一般公共预算收入累计为 1 767.47 亿元，政府性基金收入为 1 710.93 亿元，全省国有资本经营预算收入为 97.94 亿元，全省社会保险基金收入为 1 283.28 亿元。

2020 年，贵州省财政总收入为 3 082.03 亿元，其中一般公共预算收入累计为 1 786.78 亿元，政府性基金收入为 2 047.12 亿元，全省国有资本经营预算收入为 340.65 亿元，全省社会保险基金收入为 1 218.51 亿元。

根据以上数据，我们可以发现，贵州省财政总收入逐年增加，增幅不明显；一般公共预算收入同样逐年增加，增幅不明显；政府性基金收入逐年增加，增幅较大，

2018—2019 年增加了近 500 亿元，2019—2020 年增加了 300 亿元左右；国有资本经营收入逐年增加，2020 年增加较为明显；社会保险基金收入逐年增加，增幅不明显。

我们知道政府财政收入是衡量一个国家政府财力的重要指标，财政收入可以分为税收收入、国有资产收益、国债收入、收费收入以及其他收入等。从近几年的数据来看，政府财政收入主要来源于税收，税收收入占财政收入的 80%~90%。贵州省政府统计的一般财政预算的主要项目有：增值税、企业所得税、个人所得税、地方其他税种（比如城市维护建设税、土地增值税、资源税等）、非税收入。

增值税是我国第一大税种，同时也是税收收入的重要来源之一。2018 年贵州省增值税完成 485.24 亿元，增长 16.8%。原因主要是工业经济转型升级、提质增效，工业品价格处于较高水平，服务业景气持续提升带动。2019 年贵州省增值税完成 474.17 亿元，下降 2.3%。原因主要是深化增值税改革，增值税税率下调。而 2020 年贵州省增值税完成 417.54 亿元，下降 12%，下降幅度较大。主要是因为受新冠病毒感染疫情影响，当年增值税收入明显减少。另外，根据数据分析，2018—2020 年，贵州省非税收入逐年增加，2020 年增幅较大，是因为当年受新冠病毒感染疫情影响，为减少公民税赋负担，于是减少税收收入，增加非税收入。

1.1.2.2　五区县对比

2018 年播州区全年财政总收入 37.45 亿元，一般公共预算收入 17.61 亿元，政府性基金预算收入完成 158 418 万元，区本级国有资本经营预算收入为 210 万元，区级社会保险基金预算收入为 95 812 万元。2019 年全区一般公共预算收入完成 146 420 万元，政府性基金预算收入完成 81 654 万元，国有资本经营收支预算年初安排为 260 万元，因经济下行，国有企业生产经营困难，特别是国有企业债务风险防范压力较大，该年度未实现国有资本经营收益，社会保险基金预算收入完成 87 267 万元。2020 年播州区全区一般公共预算收入完成 13.26 亿元，政府性基金预算收入完成 468 681 万元，国有资本经营预算收支年初安排为 1 500 万元，社会保险基金预算收入完成 48 847 万元。

2018 年观山湖区财政总收入完成 142.51 亿元，一般公共预算收入完成 50.43 亿元，政府性基金收入完成 4.49 亿元，国有资本经营预算收入完成 1 000 万元，社会保险基金收入完成 18 561 万元。2019 年全区一般公共预算收入完成 53.8 亿元，政府性基金收入完成 94 189 万元，国有资本经营预算收入完成 1 000 万元，社会保险基金收入完成 9 840 万元。2020 年全区一般公共预算收入完成 539 140 万元，政府性基金收入完成 59 554 万元，国有资本经营预算收入完成 1 500 万元，社会保险基金收入完成 10 225 万元。

2018 年黔西县一般公共预算收入完成 90 152 万元，政府性基金收入完成 143 984 万元，国有资本经营决算收入完成 91 万元，社会保险基金决算收入完成 87 526 万元。2019 年黔西县财政总收入为 40.92 亿元，比上年同期增长 31.1%，其中：一般公共财政预算收入为10.53亿元，增长16.8%。2020年财政总收入为41.42亿元，比上年同期增长1.2%，其中一般公共财政预算收入为12.15亿元，增长15.4%。

2018年息烽县全县一般公共预算收入完成45 649万元，基金预算收入完成40 413万元，国有资本经费收入完成0万元，社会保险基金收入完成19 926万元。2019年全县一般公共预算收入完成48 489万元，政府性基金收入完成202 048万元，国有资本经营收入完成372万元，社会保险基金收入完成19 897万元。2020年全县一般公共预算收入完成52 120万元，政府性基金收入完成234 079万元，国有资本经营预算收入完成440万元，社会保险基金收入完成13 184万元。

2018年锦屏县一般公共预算收入完成24 162万元，政府性基金收入完成6 069万元，该年锦屏县没有编制国有资本经营收支预算，社会保险基金收支由州级统筹，收支执行情况由州级统筹安排。2019年锦屏县一般公共预算收入完成20 836万元，政府性基金收入完成23 058万元，国有资本经营收入完成130万元，社会保险基金收入完成24 761万元。2020年锦屏县一般公共预算收入完成21 310万元，政府性基金收入完成14 556万元，全县基金预算收入完成14 556万元，国有资本经营收入完成1 570万元，全县社会保险基金收入完成11 365万元。

### 1.2 财政支出分析

财政支出是指国家为实现其各种职能，由财政部门按照预算计划，将国家集中的财政资金向有关部门和方面进行支付的活动，因此也称预算支出。

#### 1.2.1 财政总支出对比分析

##### 1.2.1.1 贵州省概况

贵州省2018—2020年财政支出逐年增加，特别是2020年受新冠病毒感染疫情的影响，贵州省乃至全国财政支出较上一年财政支出均明显增加。

##### 1.2.1.2 五区县对比

播州区2018年一般公共预算支出为54.30亿元；观山湖区2018年一般公共预算支出为65.25亿元；黔西县2018年一般公共预算支出为392 252万元；息烽县2018年全县一般公共预算支出为231 452万元；锦屏县2018年一般公共预算支出为182 322万元。

#### 1.2.2 各部分财政支出对比分析

##### 1.2.2.1 贵州省概况

2018年，全省一般公共预算支出为5 017.32亿元，全省政府性基金支出为1 075.92亿元，省本级国有资本经营支出为47.91亿元，全省社会保险基金支出为993.71亿元。

2019年，全省一般公共预算支出累计5 921.4亿元，全省政府性基金支出为1 359.89亿元，全省国有资本经营预算支出为58.30亿元，全省社会保险基金支出为

1 125.60 亿元。

2020 年，全省一般公共预算支出累计 5 723.27 亿元，全省政府性基金预算支出为 2 829.72 亿元，全省国有资本经营预算支出为 224.89 亿元，全省社会保险基金支出为 1 227.83 亿元。

根据以上数据，我们可以发现，2018—2020 年，贵州省一般公共预算支出逐年增加，增幅不明显，但 2020 年有所下降；政府性基金预算支出逐年增加，增幅较大，特别是 2020 年受新冠病毒感染疫情影响，政府性基金预算支出明显增加，相较于上一年增加了近 1 500 亿元；国有资本经营支出逐年增加，2020 年增加较为明显；社会保险基金支出逐年增加，增幅不大。

1.2.2.2 五区县对比

播州区 2018 年一般公共预算支出为 54.30 亿元，政府性基金支出为 139 982 万元，国有资本经营预算支出为 210 万元，社会保险基金预算支出为 78 983 万元。2019 年一般公共预算支出调整为 49.59 亿元，政府性基金支出为 83 349 万元，国有资本经营收支预算年初安排为 260 万元，社会保险基金预算支出完成 91 673 万元。2020 年全区一般公共预算支出执行 51.89 亿元，政府性基金支出执行 456 379 万元，国有资本经营预算收支年初安排为 1 500 万元，社会保险基金预算支出完成 45 554 万元。

观山湖区 2018 年一般公共预算支出为 65.25 亿元，政府性基金支出为 45.22 亿元，国有资本经营预算支出为 1 000 万元，社会保险基金支出为 6 955 万元。2019 年一般公共预算支出为 78.98 亿元，政府性基金支出为 261 330 万元，国有资本经营预算支出为 1 000 万元，社会保险基金支出为 7 822 万元。2020 年全区一般公共预算支出为 749 618 万元，政府性基金支出为 340 162 万元，国有资本经营预算支出为 1 500 万元，社会保险基金支出为 7 732 万元。

黔西县 2018 年一般公共预算支出为 392 252 万元，政府性基金支出为 124 119 万元，国有资本经营决算支出为 75 万元，社会保险基金决算支出为 77 259 万元。2019 年一般公共财政预算支出为 48.57 亿元，增长 23.8%，其中：财政八项支出为 37.99 亿元，增长 29.0%。2020 年一般公共财政预算支出为 52.4 亿元，增长 8%，其中财政八项支出为 37.27 亿元，下降 1.9%。

息烽县 2018 年全县一般公共预算支出为 231 452 万元，基金预算支出为 44 087 万元，国有资本经费支出为 0 万元，未完成预算数为 227 万元，社会保险基金支出为 20 613 万元。2019 年一般公共预算支出为 245 589 万元，政府性基金支出为 155 400 万元，没有国有资本经营支出，社会保险基金支出为 19 470 万元。2020 年一般公共预算支出为 247 333 万元，政府性基金支出为 331 086 万元，国有资本经营预算支出为 4 953 万元，2020 年社会保险基金支出为 13 555 万元。

锦屏县 2018 年一般公共预算支出为 182 322 万元，政府性基金支出为 13 454 万元，该年锦屏县没有编制国有资本经营收支预算，社会保险基金收支由州级统筹，收支执行情况由州级统筹安排。2019 年一般公共预算支出为 248 504 万元，政府性基金支出为 7 712 万元，国有资本经营支出为 92 万元，社会保险基金支出为 16 893 万元。2020 年一般公共预算支出为 199 710 万元，政府性基金支出累计 70 805 万元，国有资本经营支出为 1 201 万元，社会保险基金支出为 11 948 万元。

## 1.3 财政预决算分析

财政预算也称为公共财政预算，是指政府的基本财政收支计划，是按照一定的标准将财政收入和财政支出分门别类地列入特定的收支分类表格之中，以清楚反映政府的财政收支状况。公共财政预算，既可以使人们了解政府活动的范围和方向，也可以体现政府政策意图和目标。

### 1.3.1 财政预决算概述

#### 1.3.1.1 贵州省概况

2018 年全省一般公共预算收入按增长 7%的预期目标安排为 1 726 亿元左右。全省一般公共预算支出按 4 400 亿元安排。全省政府性基金预算收入为 848.07 亿元，全省政府性基金预算支出为 848.07 亿元。省本级国有资本经营预算收支均为 18.7 亿元。全省社会保险基金预算收入为 1 027.86 亿元，社会保险基金预算支出为 953.12 亿元。

2019 年全省一般公共预算收入按增长 2%的预期目标安排为 1 761 亿元。全省一般公共预算支出根据中央提前预告知的各项补助等情况，按增长 6%安排为 4 660 亿元。年度预算执行中，中央非固定专项补助下达后，实际支出还会变化。全省政府性基金预算收入为 1 127.4 亿元，全省政府性基金预算支出为 1 127.4 亿元。省本级国有资本经营预算收支均为 50 亿元。全省社会保险基金预算收入为 1 214.16 亿元，全省社会保险基金预算支出为 1 100.84 亿元。

2020 年全省一般公共预算收入按增长 2%的预期目标安排，为 1 802 亿元左右，全省一般公共预算支出按 4 800 亿元安排。全省政府性基金预算收入合计 2 291.02 亿元，全省政府性基金支出预算合计 2 291.02 亿元。全省国有资本经营预算收入合计 123.43 亿元，全省国有资本经营预算支出合计 123.43 亿元。全省社会保险基金预算收入为 1 362.35 亿元，社会保险基金预算支出为 1 229.22 亿元。

从上述贵州省 2018—2020 年政府预算数据来看，一般公共预算收入小于支出，而政府性基金预算、国有资本经营预算、社会保险基金预算几乎每年保持收支平衡，极少数会出现收支不平衡的情况，收支差距不大。

#### 1.3.1.2 五区县对比

2018—2020 年贵州省播州区、观山湖区、黔西县、息烽县、锦屏县这五个区县，横向对比来看，五个区县的财政收入随地区生产总值的多少依次排列，财政预决算也是地区生产总值大的，预决算的数值大。五个区县财政“四本账”的财政预决算更多是预算数大于决算数，但是差额几乎不大。2020 年受新冠病毒感染疫情影响，各地区当年的支出决算数普遍大于预算数。

1.3.2 财政预决算差异分析

1.3.2.1 贵州省概况

从查找数据来看，贵州省 2018 年一般公共预算收入和支出的决算数都大于预算数，但是决算数与预算数差值不大；政府性基金预算收入和支出的决算数都大于预算数，但是决算数与预算数数同样差值不大；国有资本经营预算的收支决算数，为预算的 100%；社会保险基金收支的决算数大于预算数，差值不大。

2019 年贵州省全省一般公共预算收入预算数大于决算数，差值不大；一般公共预算支出决算数大于预算数，差值较大；政府性基金预算收入决算数大于预算数，差值较大，支出的预算数大于决算数，差值不大；国有资本经营收入的预算数为上年决算数的 136.7%，支出为上年的 153.5%；社会保险基金预算收支的预算数小于决算数，差值均不大。

2020 年贵州省全省一般公共预算收入的预算数大于决算数，差值不大，支出的决算数大于预算数，差值较大；政府性基金预算收入的决算数大于预算数，差值不大，支出的决算数大于预算数，差值较大；国有资本经营收入的预算数为上年决算数的 347.8%，支出为上年的 386.8%，相较于上一年增加幅度较大；社会保险基金预算收入的预算数明显大于决算数，支出的预算数大于决算数，差值不大。

1.3.2.2 五区县对比

由于五区县预算数和决算数数据多且复杂，我们选取了五区县 2018 年的预决算数据进行分析。

2018 年播州区全区完成一般公共预算收入 176 111 万元，完成调整预算的 83.9%，全区执行一般公共预算支出 543 000 万元。政府性基金预算收入完成 158 418 万元，完成调整预算的 94.8%，政府性基金支出为 139 982 万元，同比增长 90.8%，增加 66 612 万元。区本级国有资本经营预算收入为 210 万元，为年初预算的 135.5%；国有资本经营预算支出为 210 万元，为年初预算的 135.5%，收支平衡。区级社会保险基金预算收入为 95 812 万元，为年初预算的 122.8%；社会保险基金预算支出为 78 983 万元，为年初预算的 104.3%。

2018 年观山湖区一般公共预算收入完成 50.43 亿元，为预算的 109.8%；一般公共预算支出完成 65.25 亿元，同比增长 15.1%。全区政府性基金收入完成 4.49 亿元，为预算的 121.2%；政府性基金支出完成 45.22 亿元，减上级专款 38.97 亿元，完成 6.25 亿元，为预算的 99%。国有资本经营预算收入完成 1 000 万元，国有资本经营预算支出完成 1 000 万元，收支平衡。社会保险基金收入完成 18 561 万元；社会保险基金支出完成 6 955 万元。

黔西县2018年一般公共预算收入完成90 152万元，为预算数的90.09%，一般公共预算支出完成392 252万元。政府性基金收入完成143 984万元，较2017年增加45 310万元，增长45.92%，政府性基金支出完成124 119万元。国有资本经营决算收入为91万元，为预算的91.00%，国有资本经营决算支出为75万元。社会保险基金决算收入为87 526万元，社会保险基金决算支出为77 259万元。

息烽县2018年全县一般公共预算收入完成45 649万元，为预算数的109.86%，一般公共预算支出完成231 452万元，下降10.72%。全县基金预算收入完成40 413万元，为预算的101.03%，增长17.52%，基金预算支出完成44 087万元，为预算的106.64%，下降14.23%，收支相抵结余995万元。国有资本经费收入为0万元，未完成预算数为227万元，支出为0万元，未完成预算数为227万元。社会保险基金收入完成19 926万元，为预算的90.49%，社会保险基金支出完成20 613万元，为预算的107.72%。

2018年锦屏县一般公共预算收入完成24 162万元，超额完成预算任务；全县一般公共预算支出完成182 322万元，完成预算数的106.53%。政府性基金收入完成6 069万元，占预算数的103.13%；政府性基金支出完成13 454万元，占预算的176.90%。

## 2 政府债务分析

### 2.1 债务余额分析

#### 2.1.1 贵州省概况

2018年，财政部下达贵州省政府债务限额为9 361.5亿元，政府债务余额为8 368.43亿元，加上利用置换政策转化的债务，合计余额为8 834.15亿元；2019年，财政部下达贵州省的政府债务限额为10 193.34亿元，全省政府债务余额9 673.38亿元，2019年全省及省本级政府债务余额均未超过本地区政府债务限额。2019年全省政府债务余额较上年增加，主要原因是2019年中央下达贵州省的新增地方政府债券和建制县置换债券等增加较多，有力地支持了全省易地扶贫搬迁和脱贫攻坚建设，债务风险化解压力得到有效缓释。2020年，财政部下达贵州省的政府债务限额11 658.35亿元，全省政府债务余额为10 989.02亿元，全省及省本级政府债务余额均未超过本地区政府债务限额。

#### 2.1.2 五区县对比

纵向看，五个区县2018—2020年债务余额差值不大，但是2020年受新冠病毒感染疫情影响，当年债务余额增加明显。横向看，根据当地经济发展情况的不同，债务余额也不同，经济较发达的地区，债务余额相应较多，见表1-2-1。

表 1-2-1 贵州省五区县债务余额对比 单位：亿元

| 年份 | 贵阳市观山湖区 | 遵义市播州区 | 息烽县 | 黔西县 | 锦屏县 |
|---|---|---|---|---|---|
| 2018 | 234.82 | 72.82 | 21.24 | 108.08 | 8.05 |
| 2019 | 234.491 4 | 74.62 | 21.60 | 109.01 | 9.08 |
| 2020 | 244.05 | 83.05 | 30.37 | 113.97 | 9.33 |

资料来源：贵州省统计局官方网站。

## 2.2 债务项目分析

### 2.2.1 贵州省概况

贵州省近十年奉行“举债—投资—发展”的基建路径，因此发行债务数额较大，债务率也位居全国前列。

政府债务余额是指现有的政府债务余额，政府债务限额是某一时期内未偿债务的最高额。从表 1-2-2 数据可以看出，贵州省 2018—2020 年每一年的债务余额均没有超过债务限额。2018—2020 年，贵州省政府债务余额逐年增加，同时随着贵州省经济的发展，政府财政支出也逐年增加。贵州省债务余额大主要有投资回报小且慢，贵州产业主要是烟酒等基本产业，高新技术产业匮乏等原因。

表 1-2-2 贵州省债务余额 单位：亿元

| 项目 | 2018 年 | 2019 年 | 2020 年 |
|---|---|---|---|
| 一般债务余额/限额 | 5 340.12/5 601.41 | 5 945.73/6 210.28 | 6 210.03/6 579.27 |
| 专项债务余额/限额 | 3 509.69/3 760.03 | 3 727.65/3 983.06 | 4 780.61/5 079.08 |
| 合计（余额/限额） | 8 849.81/9 361.50 | 9 673.38/10 193.34 | 10 990.64/11 658.35 |

资料来源：贵州省统计局官方网站。

### 2.2.2 五区县对比

地方债务是指地方政府和有财政收入的地方事业单位发行的债券，是地方政府基于信用原则，在承担还本付息责任的前提下发行的债务凭证，也称地方公债。它是地方显性债务的一种，是地方政府为了增加财政收入而发行的，其收入纳入地方政府预算，由地方政府安排使用，如表 1-2-3 所示。

**表 1-2-3　五区县 2020 年地方政府债务限额及余额情况表**　　单位：亿元

| 五区县 | 2020 年政府债务限额 | | | 2020 年年末政府债务余额（决算数） | | |
|---|---|---|---|---|---|---|
| | 小 计 | 一般债务 | 专项债务 | 小 计 | 一般债务 | 专项债务 |
| 观山湖区 | 244. 99 | 25. 47 | 219. 52 | 244. 05 | 25. 14 | 218. 91 |
| 播州区 | 84. 26 | 57. 11 | 27. 15 | 83. 05 | 56. 76 | 26. 29 |
| 黔西市 | 114. 22 | 71. 48 | 42. 74 | 113. 97 | 71. 23 | 42. 74 |
| 息烽县 | 26. 66 | 18. 55 | 8. 06 | 30. 37 | 18. 94 | 11. 43 |
| 锦屏县 | 14. 25 | 5. 06 | 9. 18 | 13. 98 | 4. 97 | 9. 01 |

资料来源：贵州省统计局官方网站。

在此我们以 2020 年为例，从表 1-2-3 中我们可以看出，观山湖区政府债务最高，锦屏县最低。发行债务的情况也与各区县的地区生产总值相对应，地区生产总值越大的区县所举借的债务也相对较多。我们可以从表中看出观山湖区的专项债务远远大于一般债务，近年来观山湖区各方面产业都处于高速发展的阶段，2020 年其地区生产总值的增速达到了 6. 50%，在全省 88 个区县中排名第 11 位。由此可见，专项债在地方政府融资活动中扮演着极其重要的角色，逐渐成为政府化解债务危机、稳定经济增长的重要融资渠道。在国家稳投资、扩内需大的背景下，以投资拉动经济成为主基调，政府投资成为绝对主力，地方政府专项债成为拉动投资稳定增长的重要手段。

## 3　区域政策分析

### 3. 1　引才政策分析

人才引进指因工作需要，当地的单位录用一个外省、市的在职的，且就业至少达到一定年限的人员，学历高于当地人才引进的最低要求的人才来当地就业。引进人才可以间接影响财政收入，在政府预算中这也是需要考虑的因素之一。

3. 1. 1　贵州省概况

贵州省人才引进的政策主要有：

一是加强人才队伍建设。对大数据企业员工，在贵州省工作时间超过 1 年、年缴纳个人所得税在 3 万元及以上的，按其个人所得税地方留存部分，第 1~5 年给予 90%的奖励，第 6~10 年给予 60%的奖励。大数据产业急需的重要人才，经认定后其缴纳的个人所得税省内留存部分奖励给个人。大数据企业高管人员和核心技术人才，在贵阳市和贵安新区购买住房并签订 5 年以上本地服务协议的，经认定后由所在地政府每人给予 10 万元一次性购房补贴。大数据企业高管人员和核心技术人才，在户籍和就医等方面享受优惠和便利，子女在义务教育阶段入学可在省内居住地辖区学校就读。

二是强化数字经济人才保障。加大数字经济人才引进力度。将数字经济高层次人才纳入全省急需紧缺高层次人才引进计划，对引进的高层次人才，可享受国家和贵州省人才引进相关规定的优惠政策。加大数字经济人才培育力度。鼓励企业与国内外知名高校院所开展合作，重点培养数字经济领域紧缺技能人才。对高校、科研院所等专业技术人员经同意离岗的，可在三年内保留人事关系。积极支持和指导数字经济高层次人才入选贵州省百人领军人才、千人创新创业人才，优先向国家推荐“国家百千万人才工程”人选。加大数字经济人才培训力度。鼓励有条件的职业院校、社会培训机构和数字经济企业开展网络创业培训。将数字经济相关职业（工种）纳入就业技能培训和高技能人才培训补贴范围。对参加网络创业培训、职业培训和职业技能鉴定的人员，以及组织职工培训的数字经济企业，可按规定享受创业培训、职业培训补贴和职业技能鉴定补贴政策。

三是加大人才引进力度。深入实施“百千万人才引进计划”“黔归人才计划”“黔灵访问学者计划”三大引才计划和“人才乐业工程”。有针对性地引进国家“千人计划人才”、高级管理人员和高级专业技术人员。采取挂职、任职、市场化招聘和柔性引才等多种方式，引进一批大数据、云计算、人工智能领域的人才。运用大数据、“互联网+”打造没有围墙的科研院所，推广“智力收割机”模式，推行技术榜单制，开展百项重大关键技术攻关等，广纳天下英才。

3.1.2　五区县对比

黔西县加强宏观指导，创新抓好政策落实；拓宽引才渠道，打造人才发展引擎；抓好人才培育，提升各支队伍素质；抓好管理使用，彰显人才队伍活力；抓好协调服务，优化人才工作环境。

观山湖区引进人才人数逐年递增，从2016年的49名增长至2020年333名，五年增长5.8倍。2020年，该区人才资源总量上报数为17万人，是全省人才密度最高的县区，人才综合发展指数居于全省前列。“十三五”规划以来，观山湖区落实领导干部，推进人才引进、培养、服务工作，采用问卷、入户调查、召开人才座谈会等方式，了解人才需求，建立人才服务台账；坚持党管人才原则，把人才工作和人才队伍建设纳入年度目标考核体系，压紧压实人才领导小组成员单位的责任，着力开创齐抓共管人才工作的良好局面；分类制定《观山湖现代服务产业试验区2020年人才引进初审测评工作实施方案》《观山湖区教育人才引进办法》《关于大力推动医疗卫生事业改革发展的实施方案》等产业人才政策10余个，着力搭建人才集聚平台。观山湖区积极探索科技创新供给侧结构性改革，通过注重科技人才挖掘、科技人才引进、科技人才培育，打造科技人才聚集高地。2020年，“科技进步水平指数”由2015年的84.65%上升到93.86%，提高了9.21个百分点，超过“十三五”目标8.86个百分点，为“十四五”经济社会高质量发展提供了有力的科技支撑。

## 3.2 招商引资策略分析

招商引资是指地方政府吸收投资的活动，属于各级地方政府的主要工作，并且在各级政府工作报告和工作计划中出现。各地的招商引资正从吸收外资为主过渡到同时吸收内外资，从吸收第二产业投资为主过渡到同时吸收第三和第一产业。招商引资可以促进地方经济总量增长，地方财政收入增长，地方就业增加，地方政府基础设施投入增加，地方官员升迁比例加大。

### 3.2.1 贵州省概况

为加大招商力度，贵州省人民政府1998年1月24日制定了《贵州省进一步放宽政策改善投资环境的若干规定》。

比如：一些外商投资可以获得免征或减征企业所得税；外商及外省投资企业利用非耕地资源兴办农业开发项目，可以免征或减征农业税；中方投资者以自有房地产作价与外商和外省投资者合资、合作兴办开发性生产性项目，在办理房地产过户时免征契税；外省投资者到贵州兴办符合国家产业政策、发展贵州省支柱产业、促进科技进步的项目，经主管税务机关批准，在征收固定资产投资方向调节税等方面给予特别照顾。鼓励外商和外省投资者参与贵州国有企业的改组、改制、改造；外商和外省投资者收购、兼并贵州企业，既可以重新申请企业名称，也可继续使用原名称；外商在中国境内已投资3个以上具有一定规模的企业或实际到资3 000万美元以上，即可在贵州申报建立投资性公司；外商投资企业产品的内外销比例，除国家有特殊规定的以外，不受限制，由企业自主确定；对到贵州投资办企业的外省客商放宽户口限制，并对其中投资数额较大的客商子女入学、升学给予照顾。

### 3.2.2 五区县对比

播州区2018年新签约引进省外产业类招商项目133个，总投资248.8亿元。累计实施省外招商项目207个，引进到位资金284.7亿元。其中一产项目35个，到位资金14.77亿元；二产项目58个，到位资金42.06亿元；三产项目40个，到位资金139.99亿元。引进恒大集团、福耀集团等500强企业投资项目6个，其中新入黔500强企业1个。引进福建富贵红、陕西华山教育、重庆紫阳纸业等优强企业投资项目12个，总投资75亿元。

观山湖区实施产业大招商三年倍增行动计划，力争到2023年累计引进优强企业120家以上。观山湖区制定并实施《观山湖区产业大招商三年倍增行动计划（2021—2023）》（以下简称《行动计划》），旨在推动观山湖区产业大招商实现大突破，围绕“四新”主攻“四化”，全面落实省、市关于产业大招商决策部署，以高质量招商服务经济社会高质量发展。观山湖区将围绕做大做强实体经济，深入实施《行动计划》，进一步加强主导产业招商、重点领域招商、重点区域招商、重点平台招商等重点工作，全力引进一批投资额度大、带动能力强、落地效益好的项目，力争资金总量、工业占比、质量效益实现新突破，为经济社会高质量发展提供有力支撑。接下来观山湖区将强化主导产业招商，通过抓实现代制造业、数字经济、金融会展业、中高端商贸业、都市精致农业、文旅产业、医养产业、总部经济、建筑产业招商等，扎实推进《行动计划》，推动招商引资工作更加高质高效，推动招商引资服务保障更加到位，确保目标任务圆满完成。

息烽县表示，只要符合国家法律法规及产业政策规定，符合生态环境保护要求，有利于地方经济、社会发展，均对其敞开大门，欢迎投资商来息烽县考察、落地兴业。息烽县结合地方实际，按照省、市要求，对招商引资项目引进事前评估的范围进行扩大，要求各招商产业组、职能部门及乡镇自主招商的项目，均需提交县招商引资项目引进事前评估委员会进行评估。此举既是对全县招商引资工作整体统筹的强化，拓宽了招商引资项目范围，又有效落实了精准招商、选商的相关要求，推动招商工作更加精准化、效率更高。息烽县坚持招商重点方向和重点项目。围绕县域发展及规划目标，选定招商引资工作重点方向，谋划编制相关招商引资项目，推动开展有关前期工作，完善相关招商宣传资料，促进有利要素聚集，有效夯实招商引资基础工作。息烽县坚持探索新型有效的招商方式，适应形势发展，用活社会资源，不断创新招商方式，拓宽招商渠道。

### 3.3 债务化解措施分析

贵州省地方金融监督管理局在上交所举办了贵州省债券市场投资者恳谈会。贵州省原副省长谭炯总结称，我们会坚持把防范化解金融风险作为实现高质量发展必须跨越的重大关口，按照谁举债、谁负责，市场化、法治化、平等和风险共担的原则，加快推进投资转入，盘活债务对应资产，着力化解债务风险；会进一步利用省级的资本运营公司，通过资本管理运作、股权运作、产业培育等方式，助力化解政府隐性债务风险；进一步拓宽资金的来源渠道，省级债务风险化解周转金，将重点用于融资平台公司偿还到期债务；积极协调市场机构参与到风险化解之中，推动金融资产管理公司对融资平台到期的债务进行收购重组、整体化解。

## 项目评价

对贵州省及贵州省五区县财税经济运行情况进行分析与汇报，请根据表 1-2-4 对所学内容进行自检。

**表 1-2-4　县域财税经济运行情况分析与汇报评价表**

| 序号 | 鉴定评分点 | 分值 | 评分 |
|---|---|---|---|
| 1 | 能够基于调研数据对贵州省及其五个区县相关资料进行财政收入分析 | 1.5 | |
| 2 | 能够基于调研数据对贵州省及其五个区县相关资料进行财政支出分析 | 1.5 | |
| 3 | 能够基于调研数据对贵州省及其五个区县相关资料进行财政预决算分析 | 1.5 | |
| 4 | 能够基于调研数据对贵州省及其五个区县相关资料进行政府债务分析 | 1.5 | |
| 5 | 能够基于调研数据对贵州省及其五个区县相关资料进行区域政策分析 | 1.5 | |
| 6 | 能够在基本分析的基础上撰写“贵州县域财税经济发展前景分析报告” | 2.5 | |
| 总结（收获与反思）： | | | |

## 延展探索

1. 地方政府债务的用途是什么？影响债务规模的经济因素有哪些？地方政府如何控制债务规模？
2. 地方政府区域政策包括哪些方面？
3. 如何推动当地经济的发展？
4. 各区县的财政收入与财政支出，有何异同？原因是什么？
5. 地方政府财政预算与财政决算的差异主要由什么原因造成？

# 模块二

# 财税决策与地方政府仿真运营

# 项目一 系统介绍与规则解读

## 学习目标

- 掌握财政学（财政管理与政府预算）决策仿真系统的操作流程。
- 掌握财政学（财政管理与政府预算）决策仿真系统的运营规则。

## 项目描述与分析

本项目将对财政学（财政管理与政府预算）决策仿真系统的操作和运营规则进行介绍，学生只有熟练掌握规则并运用规则，才能更好地在分组对抗竞争环境中体验政府管理过程。

## 项目准备

为了更好地达到本项目实训目的，需要做如下准备：

- 对财政学知识进行回顾。
- 确保电脑等设备能正常使用。
- 确保网络正常且稳定。

## 知识提示

### 知识点一：财政政策内容

#### 一、预算政策

预算调节经济的作用主要表现在财政收支的规模及其差额上。当社会总供给大于总需求时，政府预算一般采取扩大支出规模、保持一定赤字规模的做法来扩大社会总需求；当社会总供给小于总需求时，政府预算一般采取缩小支出规模、保持预算盈余的做法来抑制社会总需求；当社会总供给与总需求基本平衡即经济稳定发展时，政府一般实行中性的预算平衡政策，保持预算收支规模的基本平衡。

### 二、税收政策

首先，税收是国家凭借政治权力参与社会产品分配的方式，是保持经济稳定运行的重要手段。其次，税收是调节收入分配的重要工具。

### 三、公债政策

在现代市场经济中，公债是政府实施宏观调控的重要政策工具。首先，通过调整公债的流动性程度，改变社会经济资源的流动状况，可以对经济运行产生扩张性或者紧缩性的影响。其次，公债期限不同，流动性差异较大。

### 四、公共支出政策

公共支出是指政府用于满足纯公共需要的一般性支出，主要包括狭义的购买性支出和转移性支出两大部分。

### 五、政府投资政策

政府投资是指财政用于资本项目的建设性支出，它最终将形成各种类型的固定资产。

### 六、财政补贴政策

首先，财政补贴政策是保持经济平衡运行的重要手段之一。其次，财政补贴还是国家实行公平收入分配政策的重要手段。一般来讲，享受财政补贴的对象大多是低收入群体。增加财政补贴，可以提高低收入群体的可支配收入水平，促进社会公平分配。

## 课程介绍

本课程既是财政税收专业的专业实验课之一，也是财政学课程的后续实验课。本课程的主要内容是通过在财政学（财政管理与政府预算）决策仿真系统中进行角色扮演，模拟地方政府运营过程，营造真实外围项目环境、公共资源，让学生分组扮演各个地方政府，面对统一的外部经济环境和国家政策法律环境，通过招商引资、发展工业和商业服务业、投资公共事业，提升就业率、增强当地居民的幸福感。本课程集实战性、操作性、体验性于一体，通过情景模拟、角色实践的方法让学生体验政府行为，让每个学生都有针对性的收获。

本次实验环节，要求学生完成以下任务：贵州县域财税经济运行情况调研；区域环境与财政职能认知；财政预算与平衡；财政收入支出规模与结构分析；财政政策设计、执行和评估；实验区县域财税经济运行情况报告；小组总结分享和撰写实验报告。

## 一、实验目标

本次实验环节，要求学生达成如下目标：理解现实中财政部门与其他职能部门之间的联系与职责分工；理解财政支出政策对区域发展的影响；树立正确的政府绩效观；根据不同区情，掌握财政预算与平衡策略；参与各项政府财政实战决策，掌握各项工作要点；站在区域发展高度反思现实，既见树木又见森林；理解政府的各项经济扶持政策与民生发展政策；掌握以上核心理论与相关模型在现实工作中的应用。

## 二、课程设计

本课程的总体流程及实验运营流程见表 2-1-1、表 2-1-2。

表 2-1-1　课程总体流程设计

| 课程背景、流程和规则学习 | | |
|---|---|---|
| 阶段 | 讲解要点 | 互动设计 |
| 课前准备 | 自我介绍；介绍课堂规则，签到互动；建立讨论组 | 老师询问组长是否全员到齐 |
| 正式上课 | 本节课的课程安排 | — |
| 课程导入 | 视频案例观看+问题<br>卖地收入减少、地方政府该怎么办？ | 如果你是政府部门负责人，你会怎么做呢？如开源（招商引资，增加税收）、节流（减少政府部门运营开支，提高效率，裁减冗员等） |
| 课程背景 | 背景介绍 | 学生分成若干个小组，远程上课，每个小组不超过 4 人，分别扮演不同的区县政府开展招商引资、市政工程投资、高端人才引进、公共事业投资等业务 |
| 分组 | 分组和各团队角色和职责介绍 | 每个小组讨论组名、分工、口号。需在群里留言团队名称+口号 |
| 初始状态 | 各政府初始状态 | — |
| 规则学习 | 老师规则的讲解+学生规则的学习 | 利用微信公众号“上课宝”进行规则对战<br>上课宝使用教学视频：https://ke.qq.com/course/2677047?taid=9598002073753911&tuin=37970970 |
| 流程讲解 | 运营流程介绍 | 抛出思考题：你们希望成为哪种类型的政府？ |

表 2-1-2 实验运营流程设计

| 课程运营流程、讲解要点及互动设计 | | | | |
|---|---|---|---|---|
| 进度 | 教师端 | 学生端 | 讲解要点 | 互动设计 |
| 财政预算 | 讲解财政预算的收入/支出项（第3年才需要做） | 根据运营情况进行财政收入/支出的预算 | 政府收入/支出的构成 | 如何提高财政预算的准确性？（可请上年财政预算准确度高的小组进行分享） |
| 税收返还 | 设置税收返还比例 | 查看税收返还金额 | — | 现实中税收返还是怎样的？ |
| 政府融资（地方债） | 老师作为上级政府，决定是否同意审批 | 根据当前政府资金情况选择融资期限和金额 | 考虑融资策略、成本和流动性 | 如何判断当前政府的资金缺口？<br>如何选择融资期限？ |
| 土地征收和规划 | 进行规划设置和土地数量设置 | 根据当前政府情况决定征地补偿费用和征地数量，并进行土地规划 | | 土地用途有哪些类型？征地价格的高低有什么影响？ |
| 主导型招商竞标 | 设置得分权重并开启竞标 | 自行决策主导型招商引资竞标的地价、最低工资及招商引资奖励，并根据竞标结果选择招商项目 | 考虑不同决策对结果的影响，不同类型项目的税收强度、投资强度、就业强度 | 招商引资额的高低对政府绩效有何影响？<br>为什么要这样选择招商引资项目（请学生分享）？ |
| 腾笼换鸟 | — | 根据招商引资情况，选择是否要进行腾笼换鸟 | — | 为什么要进行腾笼换鸟（请学生分享）？ |
| 市政工程投资 | 开启竞标 | 根据政府目前情况决定政府直接投资市政工程金额和购买政府服务比例 | 现实中市政工程投资的模式 | 政府投资市政工程有哪些技巧？ |
| 配套型与服务业招商引资 | 配置得分权重并开启竞标 | 根据目前小组情况参与配套型与服务业招商引资竞标，填报配套型与服务业地价，并根据竞标结果选择招商项目 | 分享PPT：如何进行配套型与服务业招商引资？ | 配套型与服务业招商引资的影响因素有哪些？ |

表2-1-2(续)

| 课程运营流程、讲解要点及互动设计 | | | | |
| --- | --- | --- | --- | --- |
| 进度 | 教师端 | 学生端 | 讲解要点 | 互动设计 |
| 高端人才竞标 | 配置得分权重并开启竞标 | 各小组决定高端人才引进补贴及人数上限 | — | 现实中各地区的人才引进政策有哪些? |
| 企业补贴 | 配置得分权重并开启竞标 | 各小组决定企业扶持补贴金额 | 现实中政府对企业有哪些扶持或补贴政策? | 对企业的扶持政策会给政府带来哪些好处? |
| 企业迁移 | 开启企业迁移 | 各小组根据实际情况选择迁入/迁出的企业类型 | — | 企业迁移对政府有哪些影响?会如何影响政府的财政收支? |
| 风险管理 | 开启风险 | 各小组查看风险并处理 | — | 面临风险该如何应对? |
| 公共事业投资 | 开启业务 | 各小组根据招商引资及现有资金情况选择公共事业投资 | 讲解不同类型的公共事业机构规则 | 公共事业投资对政府绩效的影响是什么?<br>公共事业投资对政府财政的影响有哪些? |
| 住宅用地拍卖 | — | 各小组根据小组情况决定本年住宅用地供地规模 | | 住宅用地的供应量对政府绩效的影响有哪些? |
| 成绩查看 | 进入下一年后点击教学评分进行查看 | 进入下一年后点击得分查看即可查看 | — | 再次思考:<br>怎样才能实现政府目标? |

## 实验系统介绍

### 一、登录系统流程

(1)云服务网址:http://jsp.shapanyun.com/web。

(2)进入网站或者桌面双击仿真实验系统学生端应用程序图标,进入登录界面。

(3)在相应的输入框中分别输入“账号”“密码”,进入后可以选择“加入新班级”和“已有班级”。选择“已有班级”和“小组”,则会直接进入仿真实验系统学生端主界面,如图2-1-1和图2-1-2所示。

图 2-1-1　选择已有班级和小组

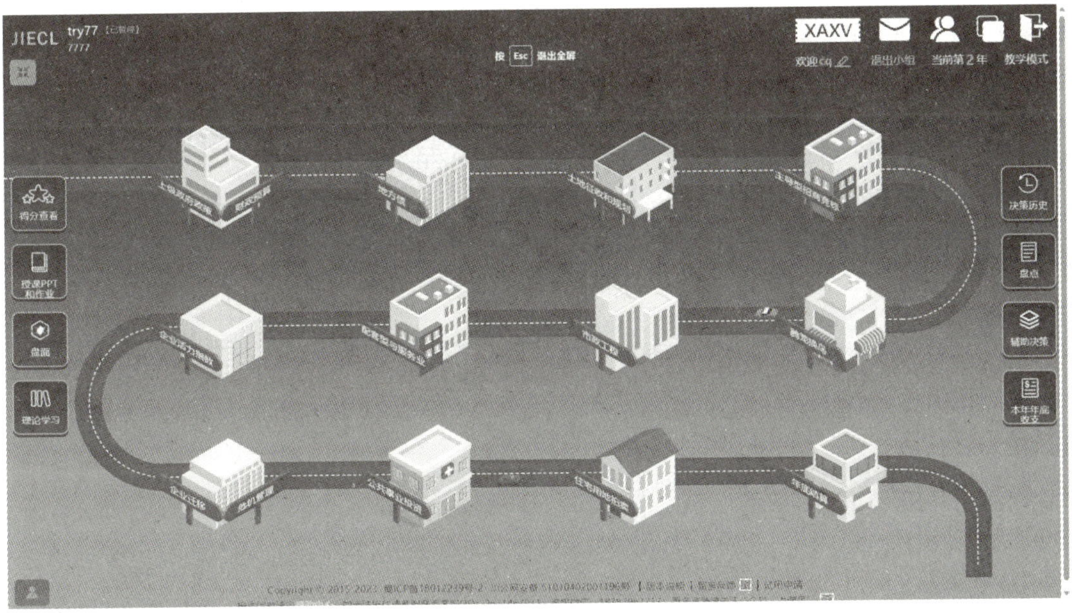


图 2-1-2　仿真实验系统学生端主界面

（4）如果登录时的选项是“使用邀请码加入班级”，系统会弹出“请输入邀请码”对话框，如图 2-1-3 所示。在对话框中输入具体的班级邀请码后，进入仿真实验系统学生端主界面。

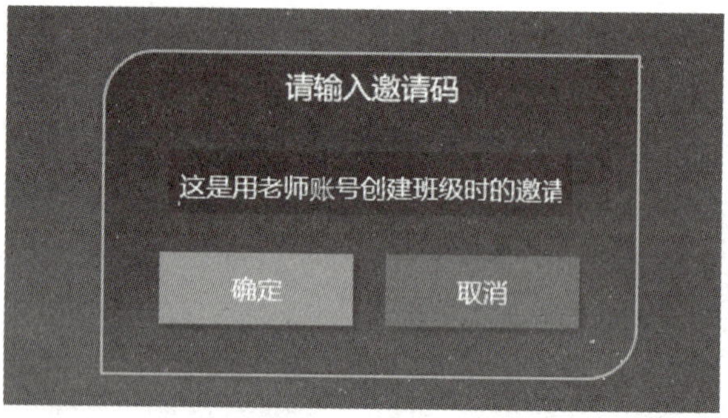


图 2-1-3 “请输入邀请码”对话框

（5）如果学生账号或者密码输入有误，系统会将提示信息反馈给用户。这时学生需要返回登录界面，输入正确的用户名、密码或者更换当前登录用户后重新登录。

## 二、仿真实验系统界面介绍

### （一）共用按钮

在仿真实验系统学生端主界面中，顶部显示相关班级信息和导航按钮，左边和右边是辅助按钮，中间是主操控区，如图 2-1-4 所示。

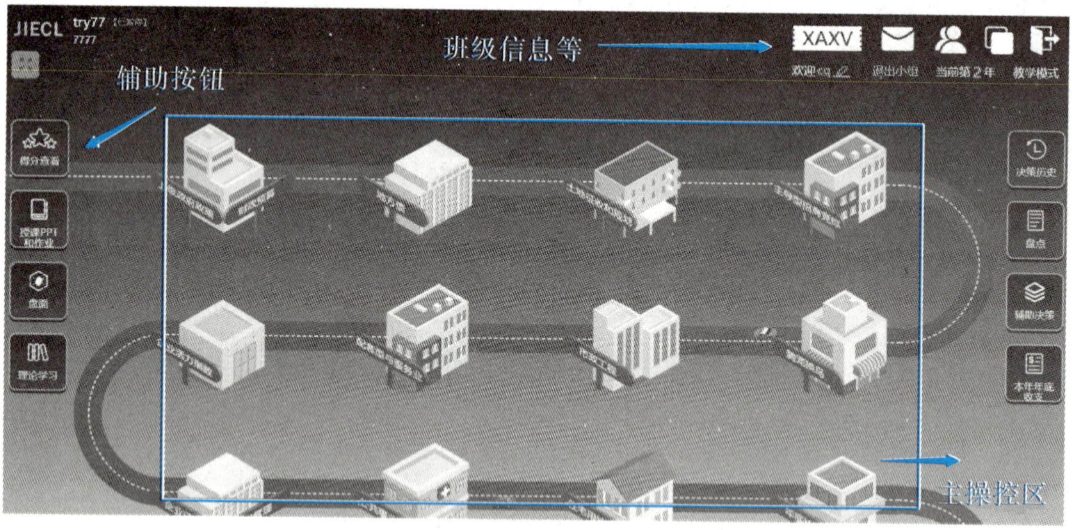


图 2-1-4 仿真实验系统学生端主界面分区介绍

1. 邀请码

在虚拟仿真实验系统学生端主界面中，点击顶部的“邀请码”按钮，学生在这里可以看到本班班级邀请码，如图 2-1-5 所示。

图 2-1-5　班级邀请码

2. 消息

在虚拟仿真实验系统学生端主界面中，点击顶部的消息按钮。学生在这里可以获知详细的班级实验消息，如图 2-1-6 所示。

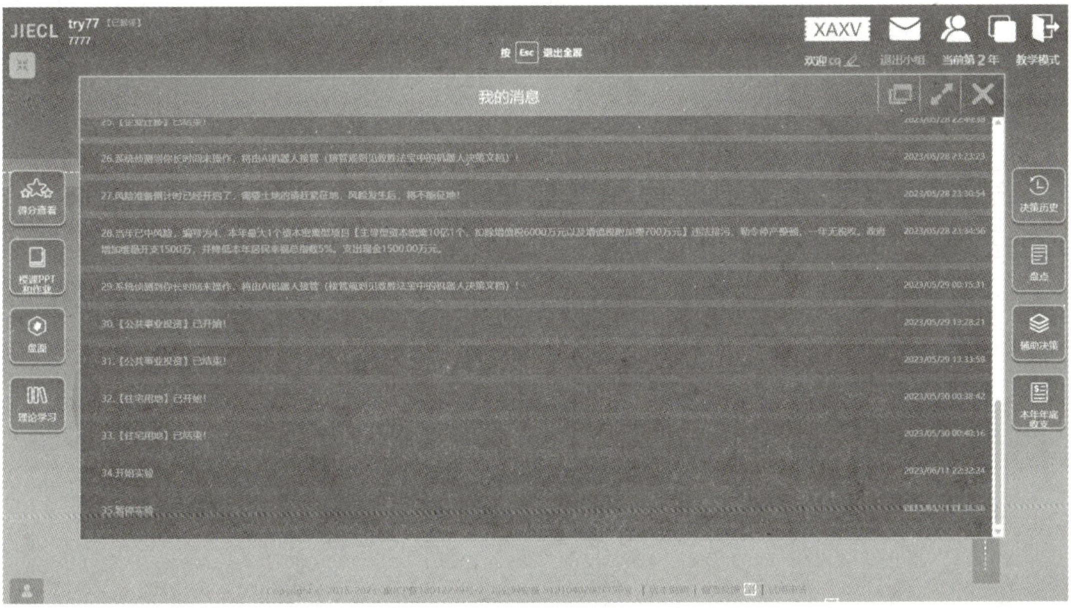


图 2-1-6　消息界面

3. 小组管理

在虚拟仿真实验系统学生端主界面中，点击顶部按钮中的“小组管理”按钮，然后显示小组管理界面，如图 2-1-7 所示。

请组长先创建小组/选择小组，再邀请成员加入该小组，组长也可在此界面批量添加组员。在小组设置板块可以更改小组名称，如图 2-1-8 所示。

注意：学生组长账号具有决策提交、数据查看和数据模拟的权限；组员账号无决策提交权限，仅有数据查看和数据模拟权限。

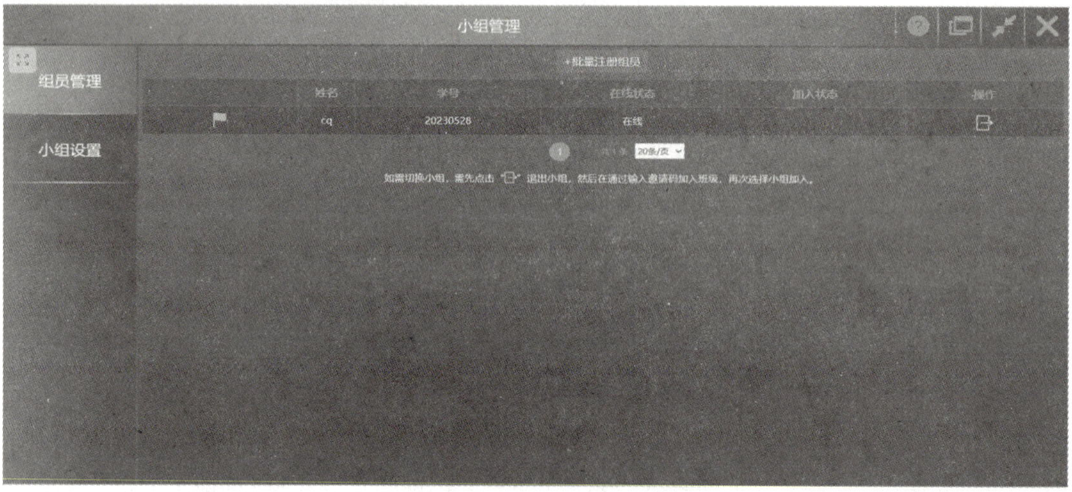


图 2-1-7　小组管理

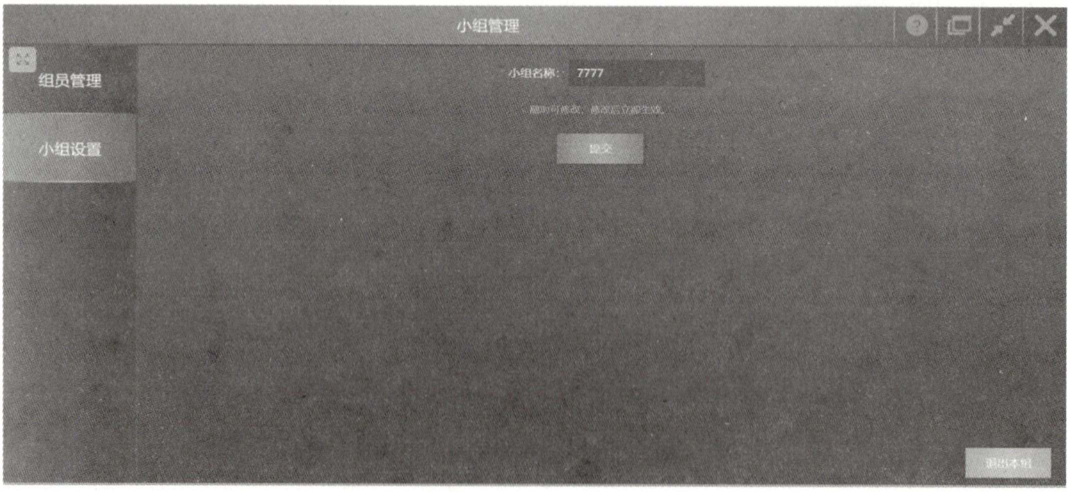


图 2-1-8　小组设置

4. 切换班级

在仿真实验系统学生端主界面顶部的共用按钮中，点击如图 2-1-9 所示的“切换班级”按钮，则退回到班级选择界面中，重新选择所需的班级。

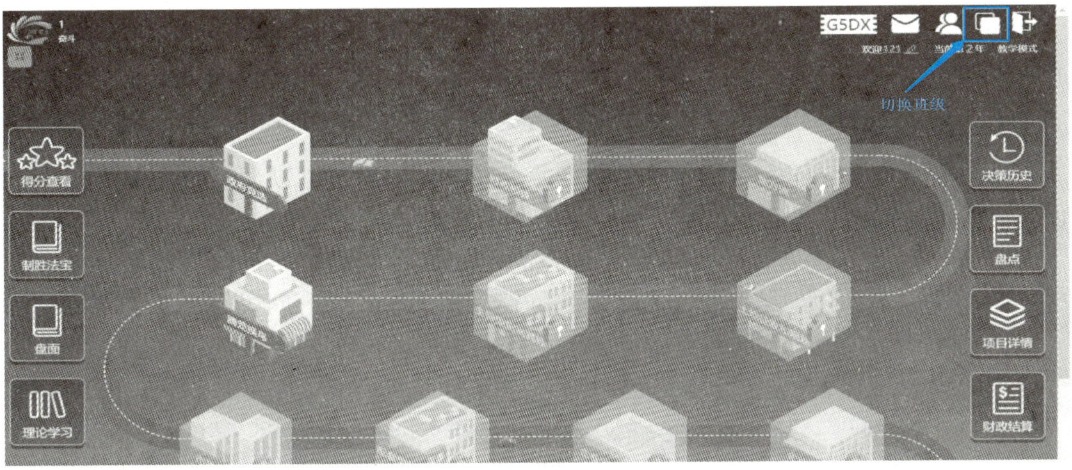


图 2-1-9　切换班级

5. 退出登录

在虚拟仿真实验系统学生端主界面顶部的共用按钮中，点击“登录”按钮，则退回最初的登录界面。

6. 个人设置

在虚拟仿真实验系统学生端主界面中，点击顶部个人设置按钮。学生在这里可以获知详细的个人信息，并修改个人信息中的学号、用户名、密码等，如图 2-1-10 所示。

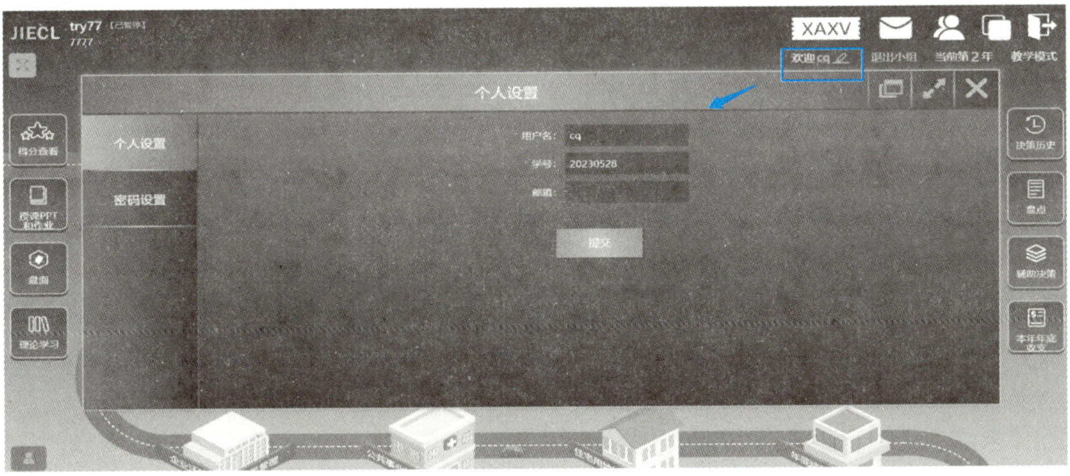


图 2-1-10　个人设置

### （二）辅助按钮

在虚拟仿真实验系统学生端主界面中，左右两边是辅助按钮。

1. 得分查看

在仿真实验系统学生端主界面中，点击“得分查看”按钮，可以查看小组和个人的历年累计得分情况。

（1）小组排名。

点击“小组排名”按钮，出现小组排名界面，在该界面可以看到所在班级的小组排名、小组得分详情，以及学生排名，如图 2-1-11 所示。

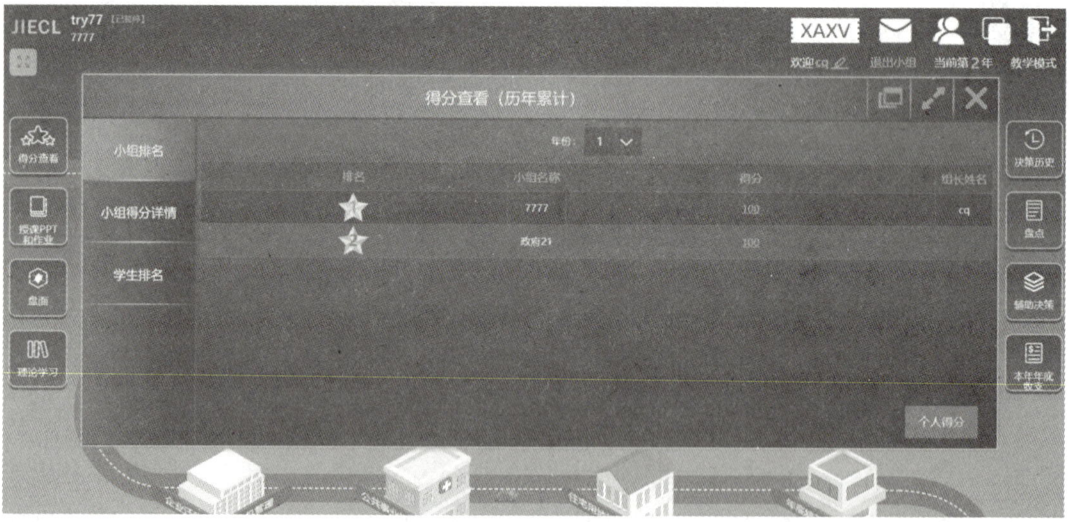


图 2-1-11　小组得分

（2）小组得分详情。

点击“小组得分详情”按钮，出现得分详情界面，可以在这里看到所有小组的得分详情、得分构成等，如图 2-1-12 所示。

图 2-1-12 小组得分详情

（3）学生排名。

点击“学生排名”按钮，进入学生排名界面，在这里可以查看班级所有同学的排名和得分情况，如图 2-1-13 所示。

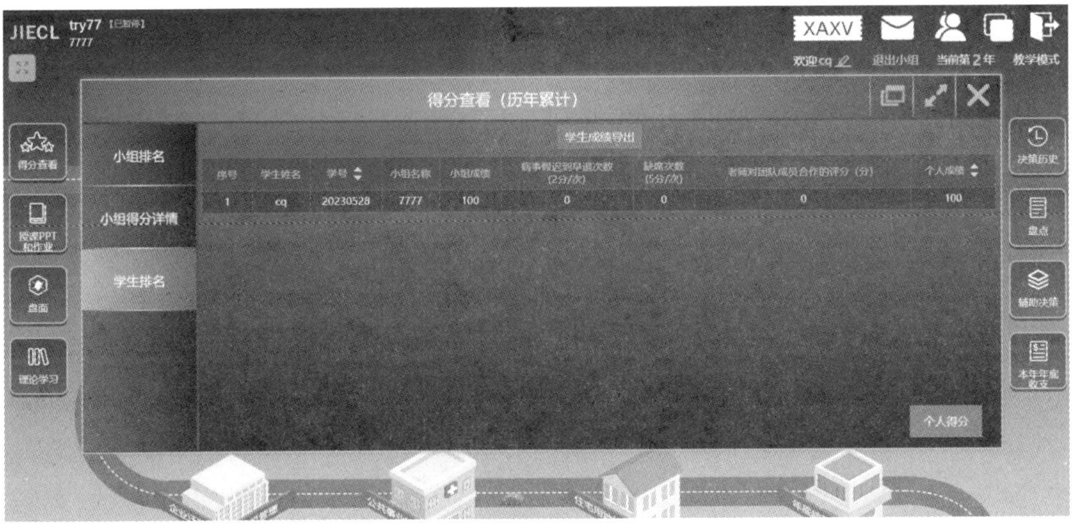

图 2-1-13 学生排名

（4）个人得分。

点击页面底部的“个人得分”按钮，出现个人得分详情界面，可以在这里看到自己的得分详情、得分构成等，如图 2-1-14 所示。

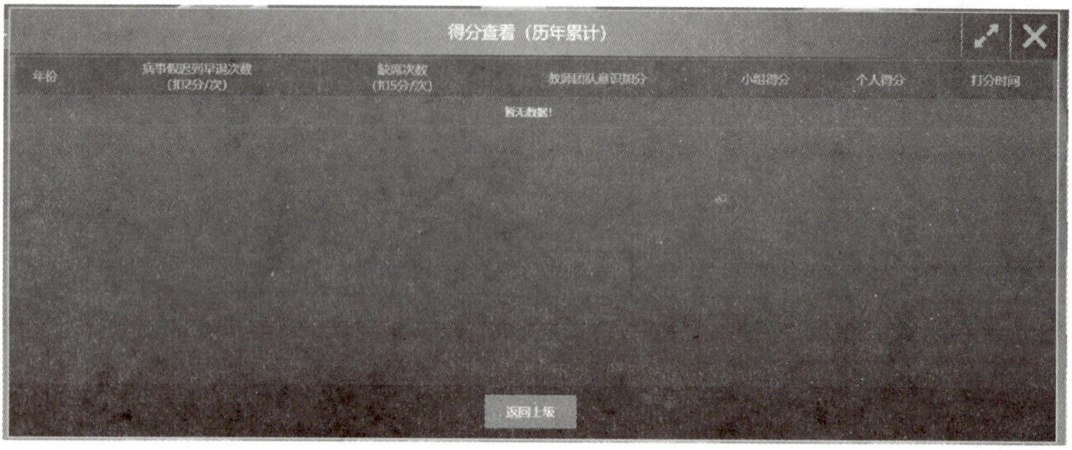


图 2-1-14　个人得分

2. 授课 PPT 和作业

在虚拟仿真实验系统学生端主界面中，点击辅助按钮中的“授课 PPT 和作业”按钮，会弹出授课 PPT 和作业窗口。在此窗口，可以查看授课 PPT 和作业、帮助中心、推送历史、实验报告、机器人决策规则等。

（1）授课 PPT 和作业。

在授课 PPT 和作业窗口，会显示出该门实验课程的操作视频与录像讲解、学员手册以及相关知识点 PPT。既可以在线查看，也可点击右边的“点击下载”按钮，下载文件，离线查看，如图 2-1-15 所示。

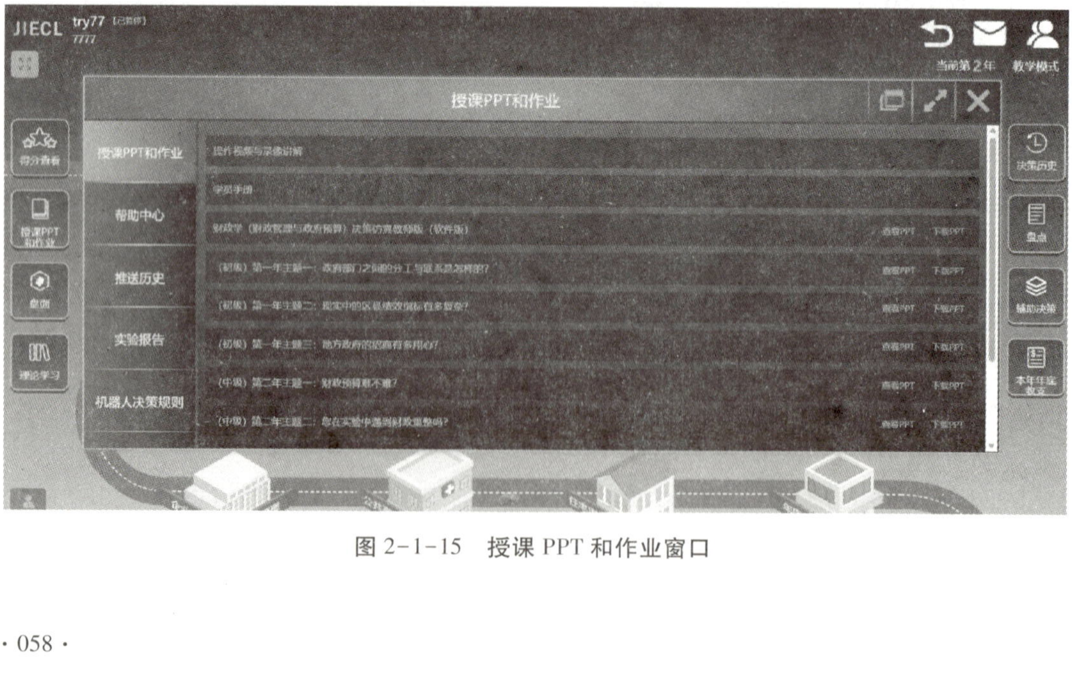


图 2-1-15　授课 PPT 和作业窗口

（2）帮助中心。

点击“帮助中心”按钮，跳转到帮助中心窗口，学生可在帮助中心模块界面中获取详细的帮助信息，如图 2-1-16 所示。

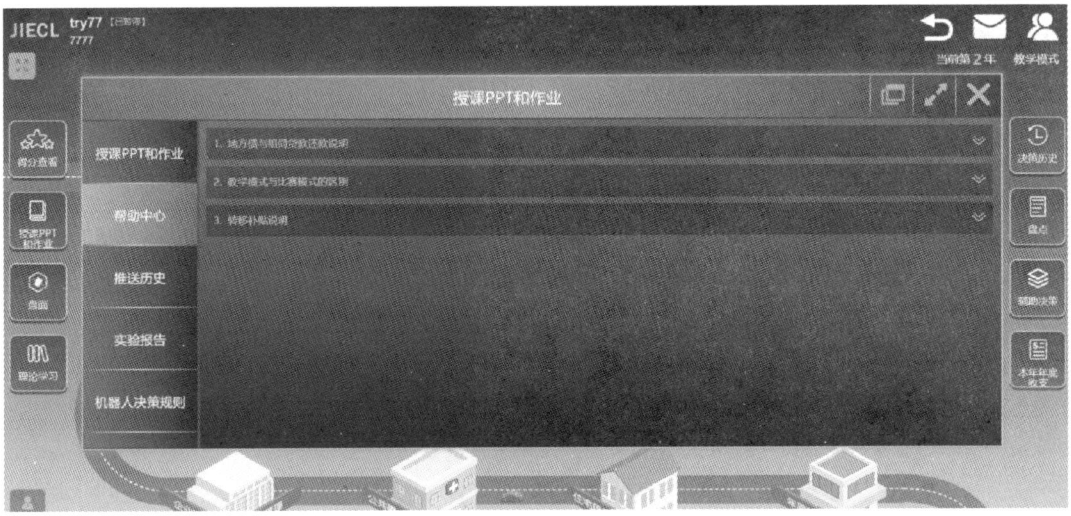


图 2-1-16　帮助中心窗口

3. 盘面

在仿真实验系统学生端主界面中，点击左侧辅助按钮区域的“盘面”按钮，会出现模拟沙盘图，沙盘图的相应区域的数据会随业务进行而变化，如图 2-1-17 所示。

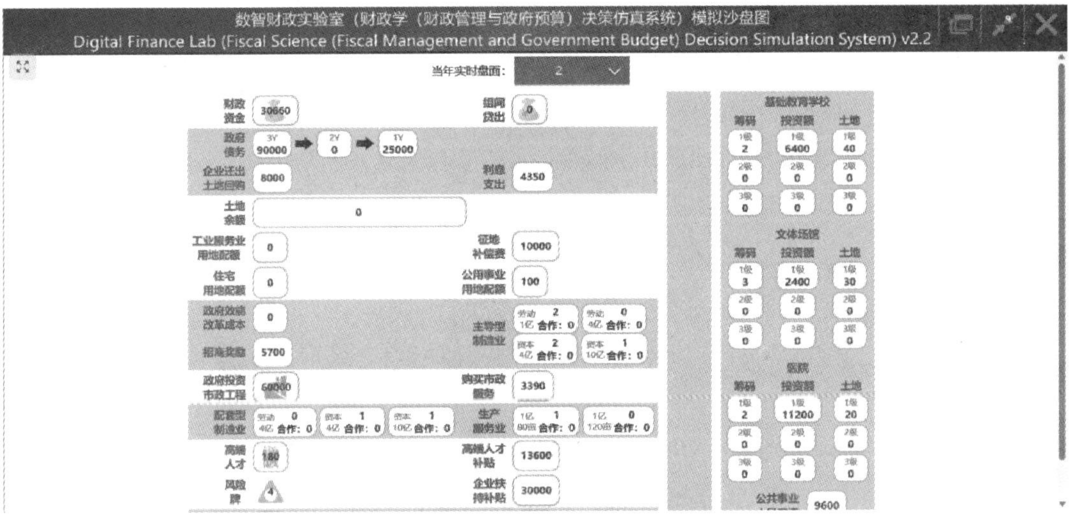


图 2-1-17　仿真实验系统模拟沙盘图

4. 理论学习

在虚拟仿真实验系统学生端主界面中，点击左侧辅助按钮区域的理论学习，会出现财政学课程相关的习题资源二维码，扫码即可查看，如图 2-1-18 所示。

图 2-1-28　**理论学习**

5. 决策历史

在虚拟仿真实验系统学生端主界面中，点击辅助按钮中的“决策历史”，即可显示出每一步的决策数据信息。学生可以查询每年已经执行过的每一步决策信息，如图 2-1-19 所示。

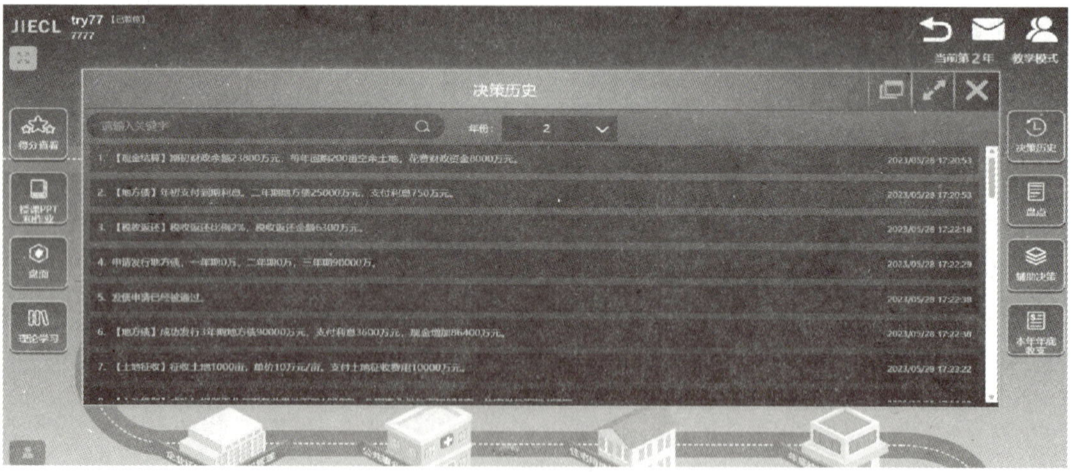


图 2-1-19　**决策历史**

6. 盘点

在虚拟仿真实验系统学生端主界面中，点击辅助按钮中的“盘点”按钮，然后显示出实时盘点列表。学生可以查询每一个地方政府详细的盘点信息，如图 2-1-20 所示。

图 2-1-20　**盘点列表**

7. 辅助决策

点击如图 2-1-21 所示的“辅助决策”按钮，在这里会显示各区县政府目前的当前现金、当年项目变化以及当年项目库存。

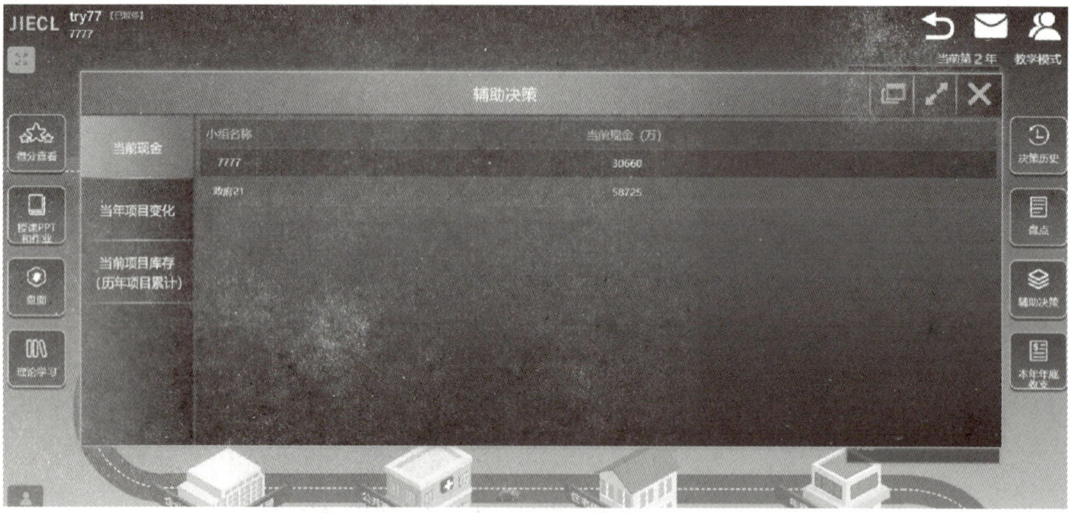


图 2-1-21　项目详情

8. 本年年底收支

点击如图 2-1-22 所示的“本年年底收支”按钮，在这里会显示各区县政府当年的财政结算详情。

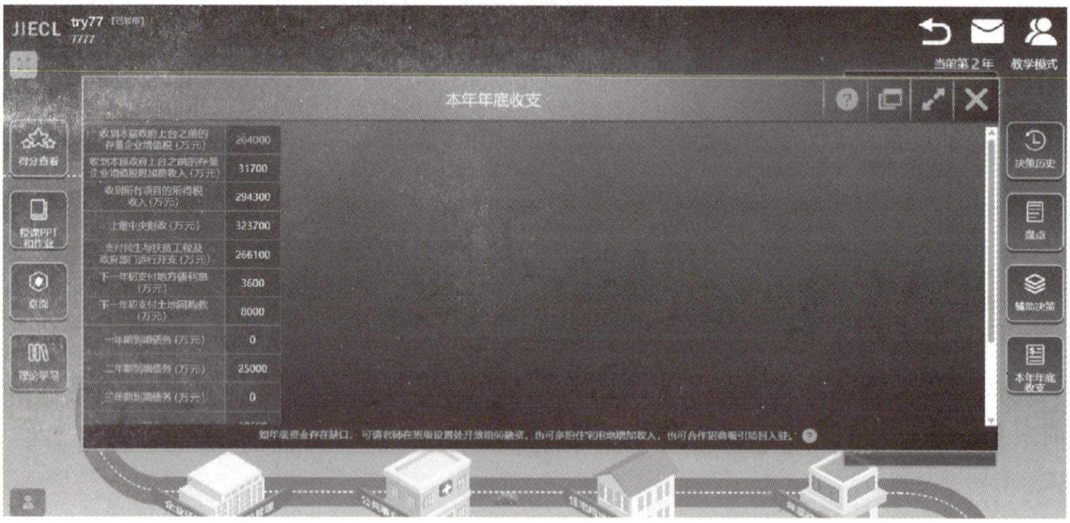


图 2-1-22　财政结算详情

## 规则解读

全班分成多组，每组代表一个县级（区级）地方政府，每组成员分别扮演：招商局、发改局、财政局、人保局、规划和自然资源局、公共事业局。

各区域将面对统一的外部经济环境和国家政策法律环境，上一届政府已实现财政平衡，其税收能维持基本公共事业运转与政府各部门经费开支，现任期届满，您这一届新政府将通过招商引资、发展工业和各类服务业、投资公共事业，提升企业活力、增强当地居民幸福感。

### 一、各组初始状态

常住人口：100 万人。

以前年度该区域存量企业每年增值税约为 26.7 亿元（所得税根据企业活力指数每年不同），上缴中央财政后，再加上当年土地拍卖与转让收益，支付完本区域各项民生支出及政府日常运行费用 26 亿元（每年固定支出，以后每年新增就业 1 000 人会带来 400 万元的支出）。

以后每期会有以前年度企业自然关闭或迁出，税收减少 3 000 万元和失业 3 000 人，空出土地 200 亩（政府需支付当年土地出让价 8 000 万元回收）。地方政府会有招商引资任务。

财政现有资金、现有待偿地方债、剩余可用土地请见软件界面的盘点信息。

### 二、地方政府收入

现实中，地方政府收入分为地方政府公开预算收入、中央税收返还和转移支付三部分，其中地方政府公开预算收入又分为税收与非税收入。本实验中，假定税收及各种附加税费、土地使用权拍卖收益、上级政府税收返还和转移支付作为本实验政府的全部收入。

土地使用权拍卖收益：工业用地出让收入，住宅用地拍卖。政府可从住宅土地出让中获利。但住宅用地价格过高，会降低本年居民幸福度指数。

税收及各种附加税费：现实中，增值税由中央和地方各分享 50%。制造业和服务业增值税附加按增值税 12%征收，全部归地方。所得税 60%归中央，40%归地方。本实验中，企业所得税与个人所得税与企业活力指数有关，企业活力指数最高的地区，所得税＝增值税，其他地区所得税＝该地区增值税×该地区企业活力指数÷最高地区的企业活力指数。

## 三、上级政府税收返还与转移补贴

从第二年开始，上级政府可以决定：是否针对所有组上期上缴税收按某个比例返还、征地数量上限、全班发行债券总额占上年财税收入比例、最低工资下限。

对资金链断裂小组，由上级政府给予转移补贴。转移补贴不用归还，但每 1 亿元扣小组成绩 1%。

注意：为保证地方财政收支的平稳，每年财政赤字不应超过当年财政收入的 15%，否则每 1 亿元扣小组成绩 1%。当年产生赤字，即使后续年份有盈余也不能补回此扣分。

## 四、地方政府融资方式

各组可以通过政府融资平台或发行债券融资，不同期限利率不同，采取竞价发行（大赛模式）或申请审批（教学模式）的方式。债券余额不超过上年财政收入的 30%，可提前还债。最后一年结束时，应偿还所有地方债：剩余未偿还的地方债，每 1 亿元扣小组成绩 1%（如有资金结余，可抵扣未偿还地方债）。

## 五、土地规则

土地征收：各组获得土地的方式是现金支付征地补偿。土地来源有两类：一是农村集体用地，每年征地补偿价格自定，但不低于上一年，初始年征地补偿是 10 万/亩，征地上限为 2 500 亩（自第二年，由上级政府规定征地数量上限），上年未征完的土地累积到下年额度。二是企业迁出遗留的国有土地可进行补偿后回收利用。

土地规划：土地分为工业与生产服务业用地（用于制造业与生产服务业项目）、住宅用地（用于建设居民住宅与商业）、公共事业用地（用于综合医院、文体场馆、基础教育学校），各地政府年初应确定三类用地规模。当年规划未使用的土地，次年重新规划。

住宅用地规划过少会导致房价过高，会降低本年居民幸福度指数。若住宅用地小于本年需要住宅用地的一半，政府将无法获得住宅用地收入且影响居民幸福度指数。本年所需住宅用地数量取决于本年招商引资的新增就业、市政工程和公共事业投资新增就业、引进高端人才数量。

## 六、政府效能改革模式

各地方政府每年可选择进行政府效能改革，如表 2-1-3 所示。

表 2-1-3 政府效能改革模式

| 改革模式 | 每年花费金额 | 对政府效能影响 | 影响 |
| --- | --- | --- | --- |
| 试点型 | 6 000 万元/年 | 个别关键部门效能提升 | 无法提升居民幸福度指数，增强企业活力 5% |
| 温和型 | 12 000 万元/年 | 转变各部门思想观念，缓慢提升效能 | 增强企业活力 5%，增加居民幸福度指数 5% |
| 全面型 | 20 000 万元/年 | 制定制度，强力推进，面貌一新 | 提升企业活力 5%，增加招商引资得分 5%，增加居民幸福度指数 5% |

注：以上三种改革模式可以每年中断或更换，以当年改革模式为准。

## 七、招商引资

各地方政府可进行招商引资，项目包括主导型制造业、配套型制造业与生产服务业。

招商引资竞标：主导型招商受各组制定地价、招商引资奖励、最低工资等招商引资政策影响。最低工资越高，通常意味着当地经济越发达，住宅地价相应较高。但最低工资过高，会影响本年项目招商。

招商项目选择：每年外部制造业各类项目及数量由老师决定，老师可以每年调整资本密集型与劳动密集型项目的比例。各组可自行选择项目，项目分为劳动密集型与资本密集型两种。不同类型项目的投资及用地规模不同，预计增值税与新增就业也不相同。

土地合作招商：工业与服务业用地可委托其他小组招商，合作招商引进项目的税收归负责招商的小组，就业归原土地所属小组，并对该组后期的高端人才、市政工程、公共事业、配套型招商产生影响。

## 八、市政工程投资

主导型制造业的落户，需建设市政配套工程，如公共道路建设与绿化、污水处理等环保工程，及需要大规模投资的高速公路、城轨地铁等，可由政府投资运营也可由民间投资运营。

当政府无钱投资自建市政工程时，可采用购买服务的形式吸引民间投资，如政府对污水处理按每吨价格补贴一定比例，或对民间投资市政工程（如路桥等）每年按一定比例补贴。民间投资的政府购买服务系数由各组竞标报出，系数越高获得的民间投资越多，每年由政府按此比例支付购买金额。但政府购买系数如低于 5%，则民间投资将选择放弃；如高于 20%，则政府无法承受。

市政工程投资额影响配套型制造业与生产服务业招商引资。累计市政工程完成比例越高，意味着投资环境越好，如表 2-1-4 所示。

表 2-1-4 市政工程项目投资类型

| 投资类型 | 就业岗位 | 其他 |
|---|---|---|
| 政府负责投融资，国有运营 | 市政工程投资金额（万）/50 | 不分红，无投资回报 |
| 民间投资运营，政府购买服务 | | 每年按市政工程投资金额（万）×系数购买服务 |

注：现实中，政府是按服务数量购买，不是按投资金额购买；同时，现实中是民间投资参与政府购买招标并以最低价中标。

## 九、企业成长扶持政策

高端人才补贴：各组填报高端人才补贴（一次性安家补贴和三年内每年的科研补贴）争夺高层次人才。高端人才竞争还要考虑本年制造业招商引资总额。

企业活力：政府每年针对企业技改、上市、研发、节能等提供各种专项补贴，补贴总金额占纳税总金额比例越高，企业活力越强。

当年该类企业活力指数比各组所有制造业活力指数平均值每少 10%，该类企业会有 10%迁移到得分较高的区域县。迁入迁出地政府按本年主导与配套产业土地均价结算土地款。有企业迁出，地方政府要用现金回购其空出土地。

## 十、公共事业投资

公共事业投资分为三类：综合医院、文体场馆（如体育场馆、博物馆、公园、图书馆、少年宫等）、基础教育学校。各类投资强度分为三级：一级是扩建、二级为小型新建、三级为大型新建。

不同等级的公共事业建设导致投资强度、占用土地规模、最大服务能力、带来新增就业不同，规则详见系统界面。其中，各类公共事业的就业人员需要财政全额拨款每人每年 10 万元工资及事业单位运营费。

公共事业运营机构数量与级别不足，将降低居民幸福度指数。但各类公共事业覆盖率超过 200%时，不能再乱花财政资金，新增公共机构数量，且学校、医院、文体场馆覆盖率超过 200%时，超出部分会冲减覆盖率，例如覆盖率 230%，反而会按 170%计算。

## 十一、政府合作规则

各组可以互相拆借资金、土地合作招商、高端人才互相挖角、招商项目腾笼换鸟。

政府对各类主导型、配套型与生产服务项目，可随时主动进行腾笼换鸟：迁出方可回收土地、减少就业以提升公共事业覆盖率；迁入方可提升就业、增加土地财政收入。迁出方收回土地需支付土地款：土地款双方均以“迁入与迁出方的地价”均值计算（类似于现实中政府主动要求企业迁入或迁出，一般会补偿部分土地价差）。迁入和迁出方地价取当年对应的主导型和配套型地价。迁入地和迁出地双方均可主动挂牌。

高端人才挖角：需支付 1.1 倍的安家补贴与科研补贴才能成功挖角，同时还需支付高端人才原所在小组补偿款，金额自行商定。

各组可互相拆借资金：组间融资均为 1 年期，借入方次年底只要有现金即自动偿还。

## 链接：知识拓展

### 探析财政税收体制改革

#### 一、推行分级、分权财政体制

当前我国社会经济的高质量发展提出要不断提高社会的公平性，而为了达到这些要求，就必须不断提高资源配置的合理化、科学化。而这一目标的实现，需要我国在进行财政税收体制改革的过程中，积极推行分级、分权财政体制。分级、分权财政体制就是指中央将权力进行下放，结合各地区的经济发展情况，制定切实合理的税收法规和优惠政策。允许各地方政府从当地实际情况出发，进行直接的财政支出管理。通过这种方式，不仅能够有效提高财政税收管理工作的效率，同时，将权力下放到地方政府，也就意味着将责任落实到地方政府，能够有效提高地方政府的财政支出责任感。通过此种方式，在中央和地方政府的共同协作下，能够更好地推进财政税收工作的高质量开展，从而有效保障民生。

#### 二、不断加强财政税收监督管理

由于财政税收监管不到位，许多企业为了提高自身收益，会编制虚假财务报表以减少税款缴纳，这些违法行为已经给我国造成了极大的税收损失。为了确保财政税收工作的高质量完成，必须不断提高对财政税收监督管理工作的重视。应该密切各部门之间的联系，加强各部门之间的监督管理，使各部门之间形成良好的约束和监督关系，避免各种贪污腐败现象的发生。通过实行严格的奖罚制度，严厉打击各项违法犯罪行为。除此之外，可对外开放公众平台，将整个财政税收流程完全透明公开，接受大众的监督，通过大众监督来不断优化相关政府部门财政税收管理工作的开展，以此来不断提升财政税收监督管理工作的质量。

### 三、进一步优化税收结构

我国税收种类繁多，从宏观层面上来说其税负比较大。因此，进一步优化税收结构对于我国高质量财政税收工作的开展至关重要。相关部门可以尝试增加直接税种的数量，减少间接税种数量，通过此种方式来减轻税负。除此之外，还应不断加大区域税收政策的推广力度，结合各地区的实际情况，积极推进高质量税收工作的开展。通过进一步优化税收结构，能够有效减少税收工作预期目标无法实现的情况，从而有效避免不必要问题的出现。因此，相关部门必须不断提高对税收结构优化工作的重视，通过解决现有税收制度所存在的问题，确保后续相关工作的高质量开展。

### 四、完善预算管理机制

在预算管理机制的完善过程当中，相关政府部门必须不断加强对审核部门、核算部门及管理部门的建设，通过三者协调配合，不断加强预算管理工作的高质量开展。通过对预算结果进行科学核算，对预算过程进行严格监督，对预算落实进行稳定推进，能够不断增强核算管理工作高质量开展的效果。在这一过程中，相关政府部门应不断加强对预算资金支出流向的监督，避免被不法分子占有从而降低资金的使用效率。为了保障预算管理的有效性，可以适当减少资源开发性项目的财政支出，加大对能够直接提升居民生活水平与质量项目的资金投入，如社会基础设施建设等。始终以提高居民生活水平为出发点和落脚点，以提高资金的利用效率为标准，不断完善预算管理机制。

### 五、规范财政转移支付

我国各区域之间的经济发展水平存在较大差异，这些差异的存在会使我国整体经济的发展受到严重阻碍。因此，新形势下进行区域间的财政转移是必然趋势，这就要求相关政府要从中央财政收入及各地实际发展情况出发，不断建立规范的财政转移支付体系。通过合理控制普通转移支付与专项转移支付，实现财政税收的合理分配。为不断提高转移支付的科学性和合理性，相关部门要科学把控转移支付来源，对于转移支付过程当中的不合理行为要及时纠正，避免后续严重后果的发生。除此之外，还要不断端正相关人员的态度，提高其专业素养，从而实现转移支付的高质量开展。通过更好地推动区域间的平衡发展，最终实现我国经济的可持续发展。

### 六、提高财税工作人员的综合素质

财政税收工作人员的综合素养对财政税收工作的高质量开展发挥着非常重要的作用。因此，我国必须及时进行财税工作人员招聘及培养制度改革，结合当前新时代发展需求，选聘更高质量的人才参与税收管理工作。首先，在进行人员招聘时，应该从专业素养、思想道德水平、社交沟通能力等方面进行综合考量。其次，对于通过培训考核的人员，在其后续工作开展过程当中，也要对其进行定期考核，督促相关人员按时参与相关技能培训会等，以此来不断提高工作人员的综合素质。在廉洁意识基础之上，选聘有能力、有思想的专业人员从事相关工作。

资料来源：于晶. 探析财政税收体制改革［J］. 老字号品牌营销，2023（7）：88-90.

## 项目评价

学习仿真实验系统的操作流程和运营规则，请根据表 2-1-5 对所学内容进行自检。

**表 2-1-5　操作流程和运营规则评价表**

| 序号 | 鉴定评分点 | 分值 | 评分 |
|---|---|---|---|
| 1 | 掌握仿真实验系统的操作流程 | 3 | |
| 2 | 掌握仿真实验系统的运营规则 | 3 | |
| 3 | 能够将运营规则很好地运用在实验中 | 2 | |
| 4 | 在模拟仿真实验系统中操作无失误 | 1 | |
| 5 | 小组成员相处融洽，高效合作 | 1 | |
| 总结（收获与反思）： | | | |

## 延展探索

1. 仿真实验系统和实际生活中的财税决策有哪些不同？
2. 如何运用这些规则做出更好的决策？

# 项目二　政府措施与财政预算实验

## 学习目标

■ 理解在现实经济环境中，政府政策措施的影响。
■ 掌握在本次实验中财政预算的编制方法。
■ 掌握在本次实验中政府效能改革的内容和作用，做出本区域的政府效能改革决策。

## 项目描述与分析

本项目将进行通过查看上级政府政策，制定本年度运营决策和编制本年度财政预算。通过该项目，学生将能够理解税收返还比例、征地数量上限、发债限制以及最低工资上限对地方政府的影响，为自己所管辖的区域做出正确改革决策，并编制地方财政预算。

## 项目准备

为了更好地达到本项目实训目的，需要做如下准备：
■ 了解上级政府政策对盘面的影响。
■ 确保能够合理计划本区域政府目前的财政收支。
■ 确保电脑等设备能正常使用。
■ 确保网络正常且稳定。

# 知识提示

## 知识点一：税收返还

税收返还，即指国家或地方政府将部分纳税人的税款返还给纳税人或企业的一种政策措施。在税收返还政策的帮助下，可以有效减轻纳税人和企业的负担，增加他们的经济收益。

### 一、税收返还的形式

税收返还的形式主要有以下几种：

#### （一）现金返还

现金返还是指政府将部分纳税人的税款按一定比例返还给纳税人或企业。这种形式的优点是迅速、直接，能够让纳税人或企业尽快享受到税收优惠的实际收益。

#### （二）税收抵免

税收抵免是指纳税人、企业在申报税金时，既可以按照政策规定抵免税金，也可以将抵免的税金转化为现金返还给纳税人或企业。

#### （三）路桥费等费用返还

当地政府还可以通过免除纳税人或企业的部分费用来返还税款。比如可以将国家或地方收取的公路通行费、桥梁通行费等费用减免，以减轻企业的负担。

### 二、税收返还的作用

税收返还政策具有以下几个作用：

#### （一）促进经济发展

税收返还政策可以减轻企业的负担，提高其盈利能力，进而促进经济的发展。

#### （二）改善社会财富分配

税收返还政策可以改善社会财富分配，让低收入者得到更多实惠，帮助他们提高生活水平。

#### （三）促进社会公平

税收返还政策可以促进社会公平，优化税务制度，提高行业市场竞争力和社会财富分配的公正性。

### 三、税收返还的适用范围

税收返还政策适用于享受税收优惠政策的企业和个人，包括未被纳税人认定为享受税收优惠政策的企业和个人。税收返还政策的实施由国家或地方政府进行。

### 四、如何申请税收返还

申请税收返还需要符合相关政策规定，要按照规定时间向财政部门递交申请材料，并按照相关程序进行审批。

在申请过程中，纳税人或企业需要注意规定的时限、申报事项和申报流程等相关细则，确保自己的申报资料真实准确。同时，政府也需要及时处理申报资料，保证资金得到及时返还，提高纳税人或企业的满意度。

总之，税收返还作为一种政策措施，对于减轻企业负担、促进经济发展具有积极作用。但纳税人或企业在申请过程中需要注意相关细则，规范自身行为，促进政府和市场的公平与公正。

## 知识点二：国家预算体系

政府预算是指经法定程序审核批准的具有法律效力的政府年度财政收支计划。国家预算是指经法定程序审核批准的一个国家各级政府预算的总和。

我国实行一级政府一级预算，设立中央，省、自治区、直辖市，设区的市、自治州，县、自治县、不设区的市、市辖区，乡、民族乡、镇五级预算。不具备设立预算条件的乡、民族乡、镇，经省、自治区、直辖市政府确定，可以暂不设立预算。国务院编制中央预算草案，并由全国人民代表大会批准后执行。地方各级政府编制本级预算草案，并由同级人民代表大会批准后执行。地方各级预算收支统称地方财政收支。

从预算体系看，目前我国各级政府预算由公共财政预算、政府性基金预算、国有资本经营预算、社会保险基金预算共同构成。政府各类收入反映政府以行政权力和国有资产所有者身份集中社会资源的规模和份额，都应纳入政府预算体系管理，完整的政府预算体系包括公共财政预算、国有资本经营预算、政府性基金预算，以及社会保障预算。这四类预算并非完全独立，而是有机衔接的整体。要按照各自功能和定位，科学设置政府预算。将应当统筹安排使用的资金统一纳入公共财政预算；将具有专款专用性质且不宜纳入公共财政预算管理的资金纳入政府性基金预算；将国家以所有者身份依法取得的国有资本经营收益，并对所得收益进行分配而发生的各项收支统筹纳入国有资本经营预算；将通过一般性税收、社会保障费（税）及其他渠道筹集和安排的、专门用于社会保障的各项收支纳入社会保障预算，目前的重点是编制社会保险基金预算。公共财政预算是国家预算体系的基础，政府性基金预算、国有资本经营预算和社会保障预算相对独立，各预算可进行适当调剂。

### 一、一般公共预算

一般公共预算是对以税收为主体的财政收入，安排用于保障和改善民生、推动经济社会发展、维护国家安全、维持国家机构正常运转等方面的收支预算。根据《中华人民共和国预算法》第二十七条的规定，一般公共预算收入包括各项税收收入、行政事业性收费收入、国有资源（资产）有偿使用收入、转移性收入和其他收入。

### 二、政府性基金预算

政府性基金预算是对依照法律、行政法规的规定在一定期限内向特定对象征收、收取或者以其他方式筹集的资金，专项用于特定公共事业发展的收支预算。政府性基金预算与财政预算一样，同属于政府预算的范畴。但两者之间又有所不同，主要表现为资金的管理方式不同。政府性基金预算的收入具有指定用途、专款专用的特征。

### 三、国有资本经营预算

国有资本经营预算是国家以所有者身份依法取得国有资本收益，并对所得收益进行分配而发生的收支预算，是政府预算体系的重要组成部分。建立国有资本经营预算制度，是党中央、国务院从完善社会主义市场经济体制的全局出发采取的一项重要举措，主要目的是规范国家与国有企业的分配关系，增强政府的宏观调控能力，完善政府预算管理体系，继续深化国有企业改革，推进国有经济结构和布局的调整，集中解决国有企业发展中的体制性、机制性问题。

### 四、社会保险基金预算

社会保险基金预算指将社会保险缴款、一般公共预算安排和其他方式筹集的资金，专项用于社会保险的收支预算。社会保险基金预算按照统筹层次和社会保险项目分别编制，做到收支平衡。社会保险基金包括企业职工基本养老保险、失业保险、城镇职工基本医疗保险（含生育保险）、工伤保险、城乡居民基本养老保险、城乡居民基本医疗保险和机关事业单位基本养老保险七项基金。

## 项目实施

### 一、政府措施

政府的宏观经济措施保障了我国市场经济和社会的稳定发展，有利于保持我国宏观经济的平稳运行，加快转变经济发展方式，实现稳就业、稳金融、稳外贸、稳外资、稳投资、稳预期的政策目标，促进经济发展质量变革、效率变革、动力变革。

在本项目中，由教师扮演上级政府进行政府措施的制定，主要针对税收返还比例、最低工资下限、土地征收亩数上限以及发债比例进行设置。税收返还比例将影响各组下一年的财政收入；最低工资将影响各地方政府的住宅地价和项目招商；土地征收亩数将影响各地方政府的征地上限，进而影响主导型招商、配套型招商等项目，政府政策制定窗口如图 2-2-1 所示。

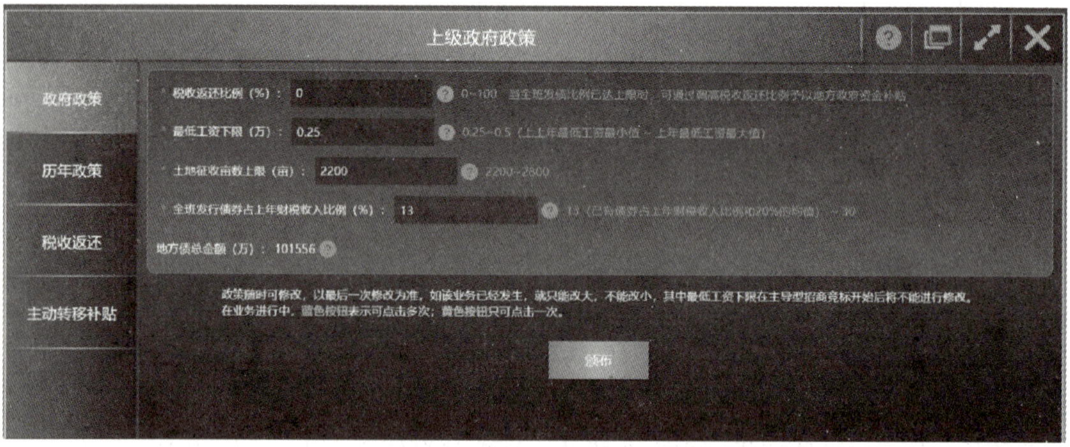


图 2-2-1　政府政策制定窗口

### （一）政府政策制定规则

在虚拟仿真系统中，从第二年开始上级政府可以决定：是否针对所有地方政府上期上缴税收按某个比例返还、征地数量的上限、全班发行债券总额占上年财税收入比例、最低工资的上限。

1. 税收返还比例

税收返还比例越低，各政府获得税收返还的金额越小，每年上级政府可根据各地方政府的运营情况以及地方债的额度决定相应的税收返还金额，当全班发债比例已达上限时，可调高税收返还比例予以地方政府补贴。

税收返还金额=上年上缴中央财政税收×税收返还比例（其中税收返还比例的范围为 0%~100%）

2. 最低工资下限

上级政府设置了最低工资下限后，各地方政府在招商引资的过程中的工资设置不得低于该下限，最低工资越高，通常意味着当地经济越发达，住宅地价越高。但最低工资过高，会影响本年项目招商。工资设置范围为 0.25 万~0.5 万元。

3. 土地征收亩数上限

在虚拟仿真实验系统中，土地征收亩数上限越低，各地方政府的招商总额就越低，同时可用于主导型招商引资、配套型与服务业招商引资、公共事业投资以及住宅的用地就越少。土地征收亩数范围为 2 200~2 800 亩。

4. 全班发行债券占上年财税收入比例

所有地方政府发行债券占上年财税收入比例越低，地方债总额越小，各政府地方债竞争越激烈，招商可能会受限，财税收入受到影响。甚至可能有政府资金链断裂，产生转移补贴或投资被限制。所有地方政府地方债发行总金额=上一年所有地方政府总收入×发行比例，包括已审核通过的地方债。

### （二）学生端操作

该项目主要由教师模拟上级政府进行操作，学生只需选择相应的年份，对历年政府政策以及税收返还比例进行查看，以便后续做出相应决策，如图 2-2-2 和图 2-2-3 所示。

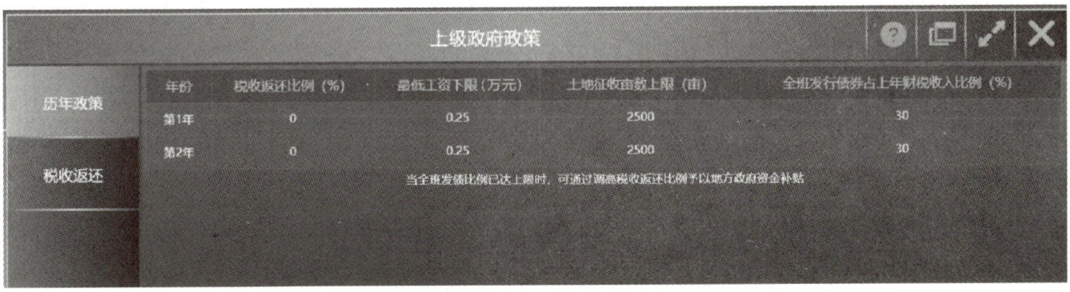


图 2-2-2　历年政策窗口

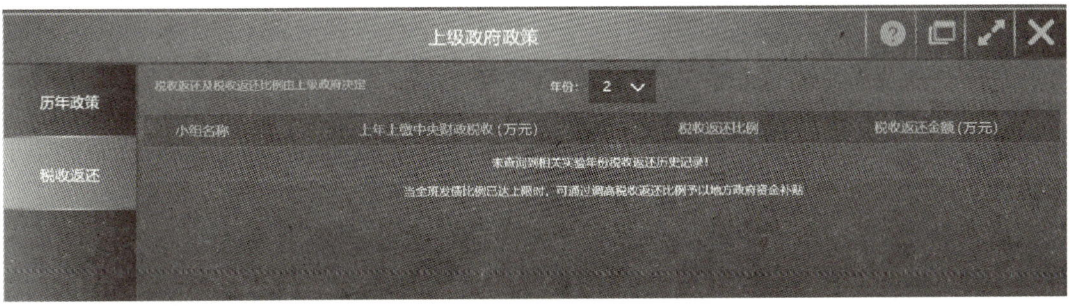


图 2-2-3　税收返还窗口

### （三）教师端操作

（1）进入各地方政府端，即学生端，查看该地方政府的各项决策、运营情况等，并根据各地方政府的运营数据发布上级政府政策。

（2）当全班发债比例已达上限时，可调高税收返还比例予以地方政府补贴。

## 二、财政预算

财政预算也称为公共财政预算，是指政府的基本财政收支计划，是按照一定的标准将财政收入和财政支出分门别类地列入特定的收支分类表格之中，以清楚反映政府的财政收支状况。公共财政预算，可以使人们了解政府活动的范围和方向，也可以体现政府政策的意图和目标。它作为一种管理工具，在日常生活乃至国家行政管理中被广泛采用。就财政而言，财政预算就是由政府编制、经立法机关审批、反映政府一个财政年度内的收支状况的计划。

### （一）财政预算编制规则

1. 财政支出编制规则

实验中各地方政府需要每年年初开始财政预算的编制，在编制财政预算的过程中，上年各项实际值为本年预算默认值，可进行多次的修改，以最后提交的修改为准。但在地方债申请、土地征收或规划、主导型招商竞标之后将不能进行修改，因此在进行地方债申请、土地征收或规划、主导型招商竞标操作前一定要确定本年财政预算编制的准确性和合理性。

财政预算主要包括支出与收入两方面，在现实生活中，财政支出可以分为四个部分，一是一般公共预算支出，按其功能分类可以分为一般公共预算支出，外交、公共安全、国防支出，农业、环境保护支出，教育、科技、文化、卫生、体育支出，社会保障及就业支出和其他支出。二是政府性基金预算支出，主要用于特定的公共事业，具体支出科目与一般公共预算相同。三是国有资本经营预算支出，需要按照当年的预算收入规模安排，不列赤字，主要包括国有经济和产业结构调整、企业灾后恢复生产重建、企业重大技术创新、节能减排、境外矿产资源权益投资以及改革重组补助支出等。四是社会保险基金预算支出，主要包括社会保险待遇支出、转移支出、补助下级支出等。

而在本系统中的财政支出项目与实际生活中的有所区别，所有支出项目需要由各地方政府填写，主要包括：利息支出、农村集体用地征地补偿支出、政府效能改革成本、招商奖励支出、政府投资市政工程、市政工程购买服务支出等项目，如表 2-2-1 所示。

表 2-2-1　财政支出项目

| 财政支出 | |
|---|---|
| 利息支出 | ① |
| 每期企业自然关闭，回购土地支出 | ② |
| 农村集体用地征地补偿支出 | ③ |
| 政府效能改革成本 | ④ |
| 招商奖励支出 | ⑤ |
| 政府投资市政工程 | ⑥ |
| 市政工程购买服务支出（每年累积） | ⑦ |
| 医院、学校、文体场馆投资支出 | ⑧ |
| 医院、学校、文体场馆就业人员的财政拨款（每年累积） | ⑨ |
| 吸引高端人才补贴（每年累积） | ⑩ |
| 企业扶持补贴 | ⑪ |
| 支付迁出项目土地回购款 | ⑫ |
| 危机事件政府增加维稳开支 | ⑬ |
| 危机事件政府增加征地补偿 | ⑭ |
| 支付民生工程及政府部门运行开支（每年固定） | ⑮ |
| 到期负债还本 | ⑯ |

在本次实验中，财政预算支出的具体编制方法如下，以第一年任务清单的数据为例，计算第二年资金预算表的情况：

（1）利息支出。

方法：第一年发行了 2 年期的地方债券 1 亿元，到第二年年初变为一年期的。

第二年需要支付的利息 =（今年预计发行 1 年期债券规模）×2%（一年期年利率）+（今年预计发行 2 年期债券规模+往年发行 2 年期剩余债券规模 1 亿元）×3%（二年期年利率）+（今年预计发行 3 年期债券规模+往年发行 3 年期剩余债券规模）×4%（三年期年利率）

（2）每期企业自然关闭，回购土地支出。

方法：以后每个政府都会有以前年度企业自然关闭或迁出，空出土地 200 亩（政府需支付当年土地出让价 8 000 万元回收）。

第二年每期企业自然关闭，回购土地支出 8 000 万元。

（3）农村集体用地征地补偿。

方法：每年征地补偿价格自定，但不低于上一年，初始年征地补偿是 10 万元/亩。此类土地每年征地上限为 2 500 亩。

第二年农村集体用地征地补偿=第二年农村集体土地征收数量×土地征收价格

（4）政府效能改革成本。

方法：效能改革的三种类型和投资额度如表 2-2-2 所示。

第二年政府效能改革成本=第二年选择的效能改革类别及对应的投资额度

效能改革三种模式分别为试点型、温和型、全面型，三种模式的花费金额不同，对政府效能、企业活力以及居民幸福度的提升程度也不同，各地方政府可以根据自己的具体情况进行选择。

**表 2-2-2　政府效能改革模式**

| 改革模式 | 每年花费金额 | 对政府效能的影响 | 影响 |
|---|---|---|---|
| 试点型 | 6 000 万元/年 | 个别关键部门效能提升 | 无法提升居民幸福度指数，增强企业活力 5% |
| 温和型 | 12 000 万元/年 | 转变各部门思想观念，缓慢提升效能 | 增强企业活力 5%，增加居民幸福度指数 5% |
| 全面型 | 20 000 万元/年 | 制定制度，强力推进，面貌一新 | 提升企业活力 5%，增加招商引资得分 5%，增加居民幸福度指数 5% |

注：以上三种改革模式可以每年中断或更换，以当年改革模式为准。

（5）招商奖励支出。

第二年招商奖励支出=第二年吸引的招商引资额度×政府第二年招商引资奖励百分比

（6）将政府投资市政工程、市政工程购买服务支出和医院、学校、文体场馆投资支出三项填入今年该政府的决策数据即可。

（7）医院、学校、文体场馆就业人员的财政拨款（每年累积）。

方法：新增文体场馆和基础教育学校的就业人员需要财政全额拨款每人每年 10 万元工资。

（8）吸引的高端人才补贴（每年累计）。

第二年吸引的高端人才补贴（每年累计）=第一年吸引的高端人才数 230 人×三年内每年的科研补贴 20 万元/人+第二年吸引高端人才人数×（第二年一次性安家补贴+三年内每年的科研补贴）

（9）企业扶持补贴。

企业扶持补贴填入今年该政府的决策数据即可。

（10）支付迁出项目土地回购款。

方法：数据来源于教师端企业迁移模块。

第二年没有企业迁出迁入，土地回购款为 0。

（11）危机事件。

政府是否增加维稳开支和遇到危机事件政府是否增加征地补偿取决于本年上级政

府是否启动风险模块，如启动数据来源于上级政府外部风险模块。

（12）支付民生工程及政府部门运行开支。

支付民生工程及政府部门运行开支是每年固定的。

（13）到期负债还本。

第二年到期负债还本=第一年发行了2年期的地方债券1亿元+今年发行的一年期债券额度

2. 财政收入编制规则

现实生活中，财政预算收入主要包括三个部分：一是一般公共预算收入，包括各项税收收入、行政事业性收费收入、国有资源（资产）有偿使用收入、转移性收入和其他收入。二是政府性基金预算收入，其收入来源主要是向特定对象征收的基金、收费，出让土地以及发行彩票等。三是国有资本经营预算收入，主要包括从国家出资企业取得的利润、国有产权（股权）转让收入、清算收入以及其他收入等。本实验中，假定税收及各种附加税费、土地使用权拍卖收益、上级政府税收返还和转移支付作为本实验政府的全部收入。

现实中，增值税由中央和地方各分享50%。制造业和服务业增值税附加按增值税12%征收，全部归地方。所得税60%归中央，40%归地方。本实验中，企业所得税与个人所得税与企业活力指数有关，企业活力指数最高的地区，所得税=增值税，其他地区所得税=该地区增值税×该地区企业活力指数÷最高地区的企业活力指数。

在本实验中，需要由各地方政府填写的具体收入项目有工业与服务业土地出让收入、住宅用地出让收入、收到本年新增项目增值税、所得税收入指数，其余项目均由系统根据已做的决策自动生成，如表2-2-3所示。

**表2-2-3　财政收入项目**

| 财政收入 | |
|---|---|
| 年初剩余资金 | ① |
| 上级税收返还 | ② |
| 工业与服务业土地出让收入 | ③ |
| 住宅用地出让收入 | ④ |
| 收到本届政府执政之前的存量企业增值税 | ⑤ |
| 收到本届政府执政后历年（不含本年）招商引资项目累计增值税 | ⑥ |
| 收到本年新增项目增值税 | ⑦ |
| 收到所有项目的增值税附加费收入（12%×以上增值税之和） | ⑧ |
| 所得税收入指数 | ⑨ |
| 收到所有项目的所得税收入 | ⑩ |
| 减：上缴中央财政 | ⑪ |

在本次实验中，财政预算收入具体编制方法如下，以第一年任务清单的数据为例，计算第二年资金预算表的情况。

（1）年初剩余资金。

第二年剩余资金来源于第一年年末盘面的现金盘点。

（2）上级税收返还。

第二年上级税收返还取决于上级政府今年是否给予返还政策。

（3）工业与服务业土地出让收入。

第二年工业与服务业土地出让收入=第二年主导型制造业招商引资需要的土地×相应的土地价格+配套型制造业招商引资需要的土地×所对应的土地价格

（4）住宅用地出让收入。

方法：平均每人所需的住宅占地为 0.04 亩。

第二年新增就业人数=主导型项目新增就业+市政就业+配套型项目新增就业+公共事业新增就业+高端人才+人才挖角流入-人才挖角流出+迁入项目就业-迁出项目就业-中风险项目减少的就业-每年自然迁出就业（3 000 人）

第二年住宅用地出让收入=今年所需要的住宅用地土地亩数×每亩土地的价格（80 万/亩-130 万/亩）

（5）收到本届政府执政之前的存量企业增值税。

方法：以后每期会有以前年度的企业自然关闭或迁出，税收减少 3 000 万元。

第二年收到本届政府执政之前的存量企业增值税=本届政府上台之前的存量企业增值税 18 亿元-3 000 万元-3 000 万元。

（6）收到本届政府执政后历年（不含本年）招商引资项目累计增值税

第二年收到本届政府执政后历年（不含本年）招商引资项目累计增值税=第一年政府招商引资所创造的增值税

（7）收到本年新增项目增值税。

第二年收到本年新增项目增值税=盘面上所有招商引资筹码上的增值税之和。

（8）收到所有项目的增值税附加费收入（12%×以上增值税之和）。

第二年收到所有项目的增值税附加费收入（12%×以上增值税之和）=（表 2-2-3 中⑤+⑥+⑦项之和）×12%。

（9）所得税收入指数。

所得税收入指数取决于当年企业活力指数的高低。

（10）收到所有项目的所得税收入。

方法：企业所得税、个人所得税与企业活力指数有关，企业活力指数最高的地区，所得税=增值税，其他地区所得税=该地区增值税×该地区企业活力指数÷最高地区的企业活力指数。

第二年收到所有项目的所得税收入=收入×所得税系数

（11）上缴中央财政。

第二年中央财政=增值税（来源于表 2-2-3 中第⑧项）的 50%+所得税的（来源于表 2-2-3 中第⑨项）的 60%

最后通过资金预算表确定今年发行地方债券的规模，即预计发行地方债额度=第二年政府总支出-第二年政府总收入。地方政府在发行债券的时候一定要考虑期限错配的因素，还需注意在实验中不能一味地靠发行债券来获得资金，因为有的政府长时间超财力举债，因债务不堪重负导致无法按期归还债务本息，只好借新债还旧债，使债务规模越来越大，降低了政府在人民群众中的威信，损害了政府的公信力。

注意：对资金链断裂的地方政府，由系统给予转移补贴。转移补贴不用归还，但每 1 亿元扣地方政府成绩 1%。为保证地方财政收支的平稳，每年财政赤字不应超过当年财政收入的 15%，否则每 1 亿元扣地方政府成绩 1%。

### （二）学生端操作

（1）在财政预算模块界面中，点击“财政预算”按钮（如图 2-2-4 所示），进入财政预算界面，研究学习财政预算规则。

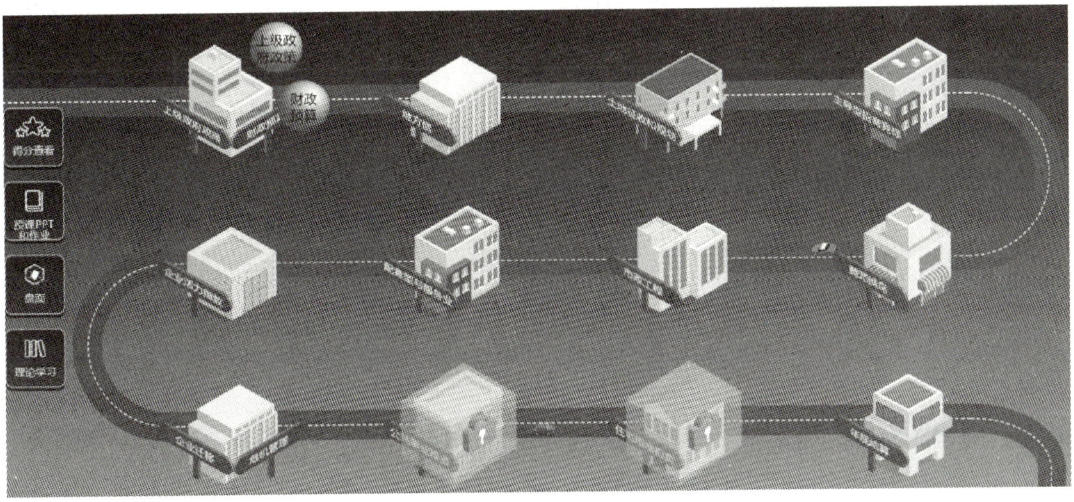


**图 2-2-4 财政预算界面**

该界面下有三个功能窗口：财政预算、参与状态和预算结果。

财政预算：在该窗口可以进行财政收入与支出预算的编制。

参与状态：在该窗口可以查看各地方政府是否已经完成财政预算的编制。

预算结果：在该窗口可以查看各地方政府的本年支出和本年收入额，支出和收入预算偏离度。

（2）所有地方政府完成财政预算，本项目结束，在下一年年初的时候，可以查看本年的预算结果（如图 2-2-5 所示），预算结果中的本年支出和本年收入均可以通过点开详情页查看具体的数据，各地方政府可根据收支具体情况和收支预算偏离度评估本年度预算主要在哪些方面出现了偏离，以便于优化下一年的预算编制。

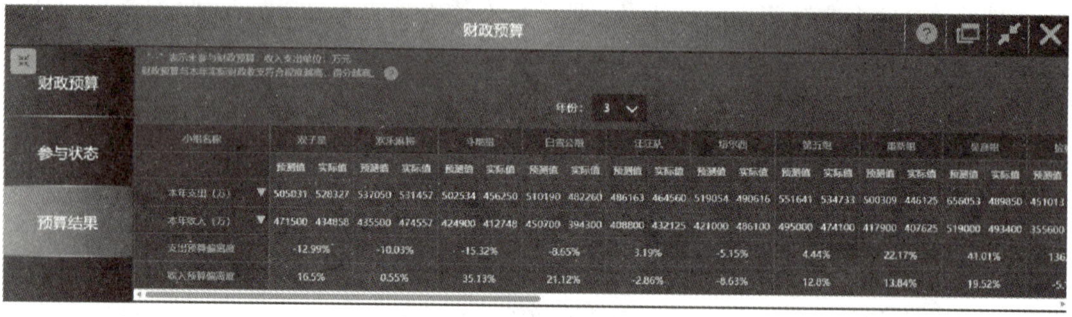


**图 2-2-5　财政预算——预算结果**

需要注意的是财政预算与本年实际财政收支符合程度越高，各地方政府得分越高，收支符合程度通过收入与支出预算偏离度进行衡量。支出预算偏离度=各个支出单项偏离度的均值，支出单项偏离度=该项预算值÷实际值-1，单项偏离度公式中实际值为 0，预算值也为 0 且相关业务未被托管时，偏离度按 0 计算，否则按 100%计算，收入预算偏离度同理。

### （三）教师端操作

财政预算环节不需要教师在虚拟仿真实验系统上进行特殊操作，只需要线下设定编制预算的开始和结束时间，财政预算的全过程由学生自行完成，教师可以在学生进行线下操作时给予相应指导或设定相应线下规则。

在虚拟仿真实验系统上，教师可通过参与状态窗口实时了解各地方政府的预算提交情况，下一年也可以通过预算结果查看各组本年的预算偏离度。

## 链接：知识拓展

### 浅析地方政府的资金来源

1994 年国家分税制改革以来，在经营城市的理念的驱动下，各个城市竞相开展了大规模的城市化、工业化浪潮。地方政府只有通过各种方法，实现资金在区域的汇集，才能形成产业、基础设施、民生等项事业的良性滚动发展。那么在现有的政策和法律框架下，地方政府如何才能汇聚更多的资金用于地方的经济和社会发展？

## 一、税收收入

税收收入是政府财政一般预算收入的主要部分，经济越发达的地区地方税收收入就越高，政府通过对企事业单位的经营活动征收增值税、所得税及其各类附加费（税）取得收入。地方政府要想增加财政收入，必须通过招商引资，增强区域的经济总量和提升区域企业质量来获得更多的税收来源。因此大力引入和发展产业，特别是规模大、就业量大的产业成为地方政府竞相努力的方向。

## 二、基金性收入

基金性收入是指国家通过向社会征收以及出让土地、发行彩票等方式取得收入，并将这些收入专项用于支持特定基础设施建设和社会事业发展。在2004年确认土地招拍挂后，土地出让收入成为地方政府财政的第二支柱，在全国基金收入中的占比接近80%，是地方财力的重要来源。地方政府低成本地征收农村的土地，再以较高的价格出让给地产商，加上房地产的各类税费收入，可以让地方政府迅速积累资金，各地政府以此再投入新的城市扩张，实现滚动发展。这是过去几十年中国城市规模急剧扩张的巨大推动力。

## 三、政府债

2014年《国务院关于加强地方政府性债务管理的意见》（国发〔2014〕43号）和新预算法的实施，拉开了新一轮财税改革，赋予了地方政府适度举债的权限。2015年地方债置换启动，地方政府债券开始大规模发行，当年累计发行38 351亿元，是2014年的9.6倍，2016年进一步增加到60 458亿元，达到历史峰值。2015年，财政部发布《关于对地方政府债务实行限额管理的实施意见》（财预〔2015〕225号）规范地方政府的举债行为，专项债开始推行，地方政府债券被分为一般债券和专项债券。一般债券指省、自治区、直辖市政府（经省级政府批准自办债券发行的计划单列市政府）为没有收益的公益性项目发行的、约定一定期限内主要以一般公共预算收入还本付息的政府债券。专项债券是为有一定收益的公益性项目发行的、约定一定期限内以公益性项目对应的政府性基金或专项收入还本付息的政府债券。

## 四、城投公司利润和借款

从城投公司的类型来看，大致可以分为园区类平台公司、国有资产管理公司、城市投资建设公司、土地储备中心类公司、交通运输类政府融资平台以及其他类型。其中，由于城市投资建设公司、交通运输类政府融资平台、园区类平台公司以委托代建方式从事基础设施建设，其以政府购买服务合同进行抵押融资的较多。城投公司作为政府投融资的一个重要平台和手段，在实现“脱钩”并移除监管名单后，可以使用市场化的手段，充分利用“市场和市长”两只手，做大做强，通过股权和债权为区域的经济和社会发展募集大量的资金。

### 五、上级政策性扶持资金

1994 年的分税制改革让中央和地方的财权和事权分离，中央围绕国家的整体发展战略，每年都会有多达几万亿元的政策性扶持资金，定向扶持包括基础设施、科技创新、农村农业、节能环保、医疗卫生等重点领域。

### 六、社会资本

自 2013 年以来，国家倡导政府和社会资本合作（PPP）模式，吸引社会资本参与政府性项目的投资建设，为区域的经济发展形成了巨大的推动力。此外棚改等项目可以让地方政府合法地利用自身的财力做杠杆，吸引更多的资金投入本地的基础设施等项目建设领域。除此之外，通过设立产业投资基金、基础设施投资基金等方式，利用资本的趋利动机，引导社会资本投入地方产业和基础社会建设。近年来风起云涌的 F+EPC、ABO 片区开发、DBO 等创新模式，也成为地方政府吸引资本投资于区域发展的手段。

总的来说，一个城市的资金（政府可以利用的资金）来源主要有如下六个方面：税收收入、基金收入、政府债、城投公司利润和借款、上级政策性扶持资金、社会资本。

资料来源：中建政研智库. 浅析地方政府的资金来源于哪？[EB/OL].（2022-06-27）[2023-06-02]. https://baijiahao.baidu.com/s? id=1736753757060987598&wfr=spider&for=pc.

## 链接：新闻热点

### 新增地方债发行进行时 财政为下半年留足后劲

（2023 年 5 月 24 日新闻）

近日，部分省份迎来新一批新增地方政府债券限额下达。福建省政府常务会议已于 5 月 19 日审议 2023 年第二批新增政府债务限额分配方案，这意味着地方新一轮的新增地方债发行准备工作正在开展。

地方债尤其是专项债在扩大有效投资、支持基础设施投资保持较快增长方面始终发挥关键的作用。今年以来，新增地方债延续前置特征，一季度新增专项债发行规模大于过去三年同期发行规模，积极护航年初经济复苏。

但是，去年财政部门在 3 月底就已下达剩余新增专项债限额，在 4 月要求年新增专项债在 6 月底前基本发行完毕，在 8 月底前基本使用完毕。而今年财政部门尚未对新增地方债发行使用提出任何时限要求。由于当前新增地方债提前批额度尚未用完，且债务限额从下达到开展发行工作存在滞后，新一批的新增专项债限额或需等到 6 月中下旬才能发出，更多将可能在三季度发出。这保证了年初时靠前发力的规模，却在整体发行使用节奏上有所放缓，反映出财政在发挥新增专项债稳增长职能的同时，也在发力上有所保留。以至于有观点认为，今年以来“提质增效”的财政政策力度不足，市场上呼吁财政扩张的声音也不绝于耳。

不过，应当注意的是，去年积极的财政政策推动新增地方债靠前发力，在上半年基本发完，甚至在下半年下达专项债结存限额，背后是去年为应对新冠病毒感染疫情等超预期因素对经济冲击而不得不实施的扩张性财政政策。由于在上半年内“不遗余力”发行，项目储备质量能否跟上、“萝卜快了不洗泥”等风险问题能否规避，都会成为挑战。随着我国经济社会全面恢复常态化运行，经济增长好于预期，财政政策继续实施超常规手段已无必要，利用好有限的新增地方债额度，将“好钢用在刀刃上”，带动更多有效投资、形成更大实物工作量，而非“一拨了之”，才是地方债发行使用工作的重点。

2023 年上半年行将结束，根据全年预算安排限额与提前批限额测算，当前剩余的新增地方债、新增专项债额度约为 1. 89 万亿元和 1. 61 万亿元。这意味着，下半年财政依然可以通过相当规模的新增专项债资金来稳固经济大盘。考虑到后续可能有新一轮的“准财政”工具与专项债配合使用，近日新一批的新增地方债限额下达，已经在为下半年的稳投资、稳增长留足后劲。

资料来源：证券时报. 新增地方债发行进行时 财政为下半年留足后劲［EB/OL］.（2023-05-24）［2023-06-02］. https://baijiahao.baidu.com/s? id=1766716428154076676&wfr=spider&for=pc.

## 链接：延展阅读

### 2022 年我国财政收支情况

#### 一、全国一般公共预算收支情况

##### （一）一般公共预算收入情况

2022 年，全国一般公共预算收入 203 703 亿元，比上年增长 0. 6%，扣除留抵退税因素后增长 9. 1%。其中，中央一般公共预算收入 94 885 亿元，比上年增长 3. 8%，扣除留抵退税因素后增长 13. 1%；地方一般公共预算本级收入 108 818 亿元，比上年下降

2.1%，扣除留抵退税因素后增长 5.9%。全国税收收入 166 614 亿元，比上年下降 3.5%，扣除留抵退税因素后增长 6.6%；非税收入 37 089 亿元，比上年增长 24.4%。

主要税收收入项目情况如下：

（1）国内增值税 48 717 亿元，比上年下降 23.3%，扣除留抵退税因素后增长 4.5%。

（2）国内消费税 16 699 亿元，比上年增长 20.3%。

（3）企业所得税 43 690 亿元，比上年增长 3.9%。

（4）个人所得税 14 923 亿元，比上年增长 6.6%。

（5）进口货物增值税、消费税 19 995 亿元，比上年增长 15.4%。关税 2 860 亿元，比上年增长 1.9%。

（6）出口退税 16 258 亿元，考虑动用以前年度结转资金等因素后，全年实际办理出口退税 18 678 亿元。

（7）城市维护建设税 5 075 亿元，比上年下降 2.7%。

（8）车辆购置税 2 398 亿元，比上年下降 31.9%。

（9）印花税 4 390 亿元，比上年增长 7.7%。其中，证券交易印花税 2 759 亿元，比上年增长 11.4%。

（10）资源税 3 389 亿元，比上年增长 48.1%。

（11）土地和房地产相关税收中，契税 5 794 亿元，比上年下降 22%；土地增值税 6 349 亿元，比上年下降 7.9%；房产税 3 590 亿元，比上年增长 9.5%；耕地占用税 1 257 亿元，比上年增长 18%；城镇土地使用税 2 226 亿元，比上年增长 4.7%。

（12）环境保护税 211 亿元，比上年增长 3.9%。

（13）车船税、船舶吨税、烟叶税等其他各项税收收入合计 1 309 亿元，比上年增长 6%。

### （二）一般公共预算支出情况

2022 年，全国一般公共预算支出 260 609 亿元，比上年增长 6.1%。其中，中央一般公共预算本级支出 35 570 亿元，比上年增长 3.9%；地方一般公共预算支出 225 039 亿元，比上年增长 6.4%。

主要支出科目情况如下：

（1）教育支出 39 455 亿元，比上年增长 5.5%。

（2）科学技术支出 10 023 亿元，比上年增长 3.8%。

（3）文化旅游体育与传媒支出 3 905 亿元，比上年下降 2%。

（4）社会保障和就业支出 36 603 亿元，比上年增长 8.1%。

（5）卫生健康支出 22 542 亿元，比上年增长 17.8%。

（6）节能环保支出 5 396 亿元，比上年下降 3.2%。

(7) 城乡社区支出 19 415 亿元，比上年下降 0. 2%。
(8) 农林水支出 22 490 亿元，比上年增长 2. 3%。
(9) 交通运输支出 12 025 亿元，比上年增长 5. 3%。
(10) 债务付息支出 11 358 亿元，比上年增长 8. 7%。

## 二、全国政府性基金预算收支情况

### (一) 政府性基金预算收入情况

2022 年，全国政府性基金预算收入 77 879 亿元，比上年下降 20. 6%。分中央和地方看，中央政府性基金预算收入 4 124 亿元，比上年增长 3%；地方政府性基金预算本级收入 73 755 亿元，比上年下降 21. 6%，其中，国有土地使用权出让收入 66 854 亿元，比上年下降 23. 3%。

### (二) 政府性基金预算支出情况

2022 年，全国政府性基金预算支出 110 583 亿元，比上年下降 2. 5%。分中央和地方看，中央政府性基金预算本级支出 5 544 亿元，比上年增长 76. 8%；地方政府性基金预算支出 105 039 亿元，比上年下降 4. 7%，其中，国有土地使用权出让收入相关支出 63 736 亿元，比上年下降 17. 8%。

## 三、全国国有资本经营预算收支情况

### (一) 国有资本经营预算收入情况

2022 年，全国国有资本经营预算收入 5 689 亿元，比上年增长 10%。分中央和地方看，中央国有资本经营预算收入 2 343 亿元，比上年增长 17. 2%；地方国有资本经营预算本级收入 3 346 亿元，比上年增长 5. 5%。

### (二) 国有资本经营预算支出情况

2022 年，全国国有资本经营预算支出 3 395 亿元，比上年增长 29. 5%。分中央和地方看，中央国有资本经营预算本级支出 1 661 亿元，比上年增长 79. 6%；地方国有资本经营预算支出 1 734 亿元，比上年增长 2. 2%。

资料来源：国库司. 2022 年财政收支情况 [EB/OL]. (2023-01-30) [2023-06-04]. http://gks.mof.gov.cn/tongjishuju/202301/t20230130_3864368.htm.

# 项目评价

在虚拟仿真实验系统中完成财政预算决策操作，请根据表 2-2-4 对所学内容进行自检。

表 2-2-4　政府措施与财政预算实验操作评价表

| 序号 | 鉴定评分点 | 分值 | 评分 |
| --- | --- | --- | --- |
| 1 | 理解现实经济环境中，政府政策措施的影响 | 2 | |
| 2 | 掌握在本次实验中财政预算的编制方法 | 4 | |
| 3 | 掌握在本次实验中政府效能改革的内容和作用，做出本区域的政府效能改革决策 | 2 | |
| 4 | 在模拟仿真实验系统中操作无失误 | 1 | |
| 5 | 在决策过程中，小组成员相处融洽，高效合作 | 1 | |
| 总结（收获与反思）： | | | |

## 延展探索

1. 政府的宏观经济政策包括哪些？对整个经济发展有什么影响？
2. 地方财政预算编制流程是什么？
3. 结合现实，分析我国政府预算管理制度的改革方向和要求。
4. 现实生活中，政府会采取哪些方式进行效能改革？
5. 如何降低政府财政预算的收支偏离度？

# 项目三 政府融资实验

## 学习目标

■ 理解在现实经济环境中，政府融资的方式。
■ 理解在现实经济环境中，政府融资的目的。
■ 掌握在本次实验中如何确定地方债的发债数量。
■ 掌握在本次实验中如何确定地方债的发债期限。

## 项目描述与分析

本项目中各地方政府将通过上一项目财政预算的结果，根据其资金缺口以及本年度的经济发展目标，确定地方债的发行金额以及发行期限。通过该项目，学生将能够理解如何确定地方债的发行数量和发行期限，为自己所管辖的区域做出正确的改革决策。

## 项目准备

为了更好地达到本项目实训目的，需要做如下准备：
■ 提前对本年度运营目标和经济发展目标做出谋划。
■ 确保对本地方政府目前的财政收支现状以及资金缺口了然于胸。
■ 确保电脑等设备能正常使用。
■ 确保网络正常且稳定。

## 知识提示

### 知识点一：地方政府的融资方式

#### 一、地方政府融资的主要方式

近年来，随着市场经济的快速发展，政府间仅靠财政拨款的融资方式显然不能满足城市经济发展的需要。对此，地方政府在近年来把债务性融资作为了主要的融资方式。具体途径如下：

（一）金融机构贷款

由于银行贷款程序简单，资金到位快，因此这是地方政府普遍采取的一种方式。加之近些年来众多民间银行的出现，更为地方政府的贷款提供了诸多便利和支持。但对于地方政府还贷而言，其期限短、要求多，这也为地方政府还贷带来了不小的压力。

（二）发行地方政府债券

地方政府可将隶属政府的企业作为融资窗口，发行债券投资。这种方式有地方政府做保障，相比于股票融资和一般企业融资而言，其风险更小。

（三）资源型融资

地方政府通过所拥有的公共资源来进行融资。这种方式土地资源的开发是最大、融资最多的一大渠道。地方政府在整合土地资源的基础上加以规划，通过公开招标、拍卖、挂牌、抵押贷款、资本化融资等方式供应土地。除了利用有形资源外，地方政府还可利用无形资产如特许经营权来进行融资。

（四）国企改革

近年来随着国有企业不断深化改革，地方政府也利用这一机会进行了融资，其主要是通过整合优势资源、改革产权制度和分离经营权来实现的。

（五）民间融资

这需要公众对地方政府有足够的信任。政府需要结合本地实际情况制定适合本地发展、市民满意的政策，并不断对外公布规划进展，鼓励市民积极投资，提升参与感。除此之外，政府还可通过社会投资和企业捐赠的方式来进行民间融资。

（六）项目融资

作为一种新兴融资手段，项目融资在近几年也备受欢迎，其主要是通过开展项目来筹集资金的。项目融资的主要融资渠道有融资租赁、BOT（建设-经营-转让）融资、民间融资等。

## 二、地方政府项目融资的模式

### （一）地方政府项目融资问题

1. 融资比例与金额与发达地区差距大，地方融资发展不平衡

调查表明，政府对于经济发达地区的投资较少，较大程度依赖于其他融资方式。这也是由于经济发达地区的私营企业规模较大、资金实力雄厚引发的差距。

2. 融资模式单一，融资成本和风险较大

地方政府由于资金来源有限，城市项目不断，造成资金筹集压力较大。原因如下：

第一，政府未对资金利用和债务进行科学规划，进而造成资金投入不合理，影响项目正常开展。

第二，缺乏统一的债务管理体系。地方政府内对政府债务并未进行统一管理，对于债务风险、偿还期限也没有进行科学分析，容易造成政府债务混乱与危机。加之很多项目以政府财力做担保，一定程度上加大了政府财政风险。

### （二）地方政府项目融资模式

1. BOT 模式

BOT 模式是英文单词“build-operate-transfer”的简称，即“建设-经营-转让”的模式，这是私营企业参与城市建设提供社会公共服务的主要方式，我国称之为“特许权”。政府通过向企业一定期限地授权特许经营权的方式使企业经营特定的公共基础设施来获得利润，到期后再转移给政府。这种方式有以下优点：

第一，减小政府财政支出压力，缩小政府外债范围，有利于政府平衡财政支出，开展更多项目。

第二，加快项目进展，提高项目质量，将项目风险转移。

第三，促进地方经济发展。由于 BOT 模式主要运用于城市基础设施建设中，因此对城市经济发展有较大的推动作用。

2. TOT（移交-经营-移交）模式

TOT 模式是“transfer-operate-transfer”的简称，代表“移交-经营-移交”，这是 BOT 模式的演化模式，是指政府将已投入运行的公共设施项目直接转交民间第三方，并一次性地向经营者收取未来经营者经营时期内该设施可能带来的利益。这一模式省去了建设这一环节，从而减少了政府和投资者在建设环节的冲突。

TOT 主要运用于我国的交通基础建设中，这是缓解我国交通基础建设压力，完善我国基础交通建设的有利方式。

3. PPP 模式

PPP 代表“public-private-partnership”，即“公共-私人-合伙企业”，这是政府和

企业共同利用公共资源合作的一种新型融资模式。政府和民营企业在此模式中是伙伴关系，两者通过对公共资源的共同开发、合作经营来获取利润。这一模式一方面利用了政府的公信力降低投资风险，另一方面也利用了民营企业的产业化优势。

目前这一模式虽然在我国仍在初步发展阶段，但为地方政府项目融资体制改革提供了方向指引。

4. PFI 模式

PFI 代表“private-finance-initiative”，即“私人融资活动”，我国称之为“民间主动融资”。在我国，较多资源归于国家，政府无法放弃其所有权，所以这一方式多用于社会福利性质的融资项目。由此可见，由于发展中国家在基础设施建设上尚需完善，因此这一模式的运用还不太现实。

这一模式源自英国，也发展于英国。其主要应用形式有：向私营企业出售国有企业所持有的股份；政府和私营企业签订长期购买公共服务的合同；向市场销售公共服务，转移政府资金投入。具体运用如公路照明、事业单位管理等。

## 知识点二：地方政府债务风险的防范与化解之策

### 一、实现高质量发展，为防范化解地方政府债务风险提供最有力的支持

现实中的许多问题，需要通过发展来解决。地方政府债务风险的防范化解，也不例外。要树立正确的发展观，按照高质量发展的要求，推动经济社会的发展。用发展的眼光看问题，好多问题都可以迎刃而解。地方政府债务风险的问题，最终要靠发展来解决。发展可以让债务融资的公益性项目正常运行，这样，项目的风险就不会外溢。所有项目都可能有风险，这种状况是整个社会都无法承受的。但经济发展一旦停滞，没有风险的项目都可能有风险。只要用发展的眼光审视，我们就会发现，随着时间的流逝，随着经济的增长，原先看上去很大的债务规模，也相应缩小了。因此，除了发展，别无选择。要让项目可持续地进行下去，让项目尽可能通过自身的调整来消化项目遇到的风险。发展，还会带来更多的经济增量，这些增量也为防范化解风险提供财力支持。要直面发展型政府的固有特征，按照高质量发展的要求，转变地方政府观念。隐性债的产生与地方政府的发展观有着密切关系。谋发展，是地方政府应有之义，但是，发展不是盲目地发展，发展更不是只为了经济总量。发展只能是高质量的发展，要实现质的有效提升和量的合理增长。地方政府的债务融资项目投入与产出不匹配，就容易引发债务风险。发展型政府所推动的发展必须是有限度的，是在财力约束下的发展，相应地，地方政府投资也要有限度。

## 二、守住地方政府债务风险底线，为高质量发展争取更多的时间和空间

守住风险底线，就是守住安全，意义非同小可。地方政府债务风险底线守住，就意味着为问题的全面解决争取了时间和空间，为统筹发展和安全提供了强有力的支持。要直面局部地区短期内出现或可能出现的风险，以迅雷不及掩耳之势化解风险。经济体量较小的市县政府发生债务风险时，也不能轻视。风险具有传染性，小风险也可能变成大风险。实际上，经济体量小的地方政府发生债务风险，如果省级政府统筹应对得当，完全有把握解决，而不会进一步扩大。要用好政府财力统筹机制，通过有效的财政转移支付，防范化解基层政府债务风险。地方政府债务风险的化解，切忌用引发其他风险的方式来进行。防范化解地方政府债务风险要与防范房地产行业引发系统性风险和防范化解金融风险统筹进行。土地、金融、财政关系密切。房地产市场出问题，会引发金融风险，也会直接影响土地出让金收入，进而影响政府可支配财力。要密切关注地方政府债务风险的动态变化。隐性债风险与公益性项目的推进密切相关。市场在不断发生变化，市场利率也在发生变化，项目的收益和成本费用同样在发生变化，债务风险也相应发生变化。应从减少不确定性入手，探索一条代价最小的路，让公益性项目自身可持续。

## 三、进一步规范地方政府和地方国有企业的关系，从根本上切断地方政府的企业债务融资通道

地方政府和地方国有企业之间有着密切关系。随着全面深化改革的不断深入，地方政府行为将不断得到规范，政府职能也必然按照高水平社会主义市场经济的要求做出相应的调整。市场在资源配置中发挥决定性作用，更好地发挥政府作用，是规范地方政府和地方国有企业关系的根本遵循。让企业是企业，让政府是政府，不要让融资平台公司或地方国有企业承担地方政府融资的职责，也不要让地方国有企业承担地方政府的职责。地方国有企业，实行分类管理。市场化的国有企业，其行为遵循市场规则。只有承担政府职责的国有企业，才能承担政府延伸出来的职责。地方国有企业的债务融资，应该视为企业债务融资，而不能视为地方政府融资，否则地方债限额就会失去意义。没有政府职责的地方国有企业，是市场经济中参与公平竞争的市场主体，按照市场信号的指引，按照国有经济定位目标行事。地方政府和地方国有企业各司其职，各尽所能，在合作中分工，在分工中合作，形成规范的政企关系。因此，切断地方政府的企业债务融资通道是问题的关键。进一步完善政府信息公开机制，让地方政府的行为得到更有效的监督，将为这一目标的实现提供有力的支持。

### 四、加快预算改革，进一步加强预算的约束力和全口径预算管理

地方政府隐性债务问题与预算支出的控制机制不够完善有关。为此，要进一步加强预算的约束力，让编制好的预算得到切切实实的执行。预算应当有必要的权威，“无预算不支出”的法规要得到真正的落实。地方政府隐性债，在很大程度上是地方政府收支行为没有严格按照预算管理的产物。加强全口径预算管理，理想的做法是真正做到让政府的全部收支行为都能在预算体系中得到全面充分的反映。中国已经建立了包括一般公共预算、政府性基金预算、国有资本经营预算和社会保险基金预算在内的政府预算体系，全口径预算的基本框架已经形成。但目前看来，这一预算体系仍然需要进一步完善。并不是所有的政府收支都能在预算体系中得到充分的反映。从预算体系的完善来看，政府预算体系中的“四本预算”各有特点。其中，国有资本经营预算的收入只反映国有资本经营的收益，而不是所有国有资本的收入。这与国有资本经营预算的特点有关。全面反映国有资本经营收入，涉及所有国有资本投入企业的财务报表合并问题，这有一定技术难度，但是无论如何，国有资本经营预算应该全面反映国有资本经营的全部财务信息，因此在预算报表披露财务信息技术有难度的背景下，需要进一步增加国有资本经营的附注信息，以作为预算报表的补充。

## 项目实施

政府融资是指政府以实现调控经济活动为目标，依据政府信用为基础筹集资金并加以运用的金融活动，是政府财政的重要组成部分。政府融资的主体是地方政府或代表政府从事融资活动的，具备法人资格的国有独资企业。

在本实验中，地方政府融资的主要方式为发行地方债。由教师扮演上级政府，对各地方政府的发债申请进行审批，在剩余的地方债额度内，各地方政府可以无限次申请，其中剩余审批额度=全班总额度-已审批额度，这里的全班总额度就是在项目二里面由上级政府设置的全班发行债券占上年财税收入的比例。全班发行债券占上年财税收入的比例越低，地方债总额越小，各政府地方债竞争越激烈，招商可能会受限，财税收入受到影响，甚至可能会有地方政府资金链断裂，产生转移补贴或投资被限制。如果地方债额度用完，各地方政府需要资金，则可以向上级政府申请转移支付，但是这么做会影响地方政府的最终分数。政府融资界面如图 2-3-1 所示。

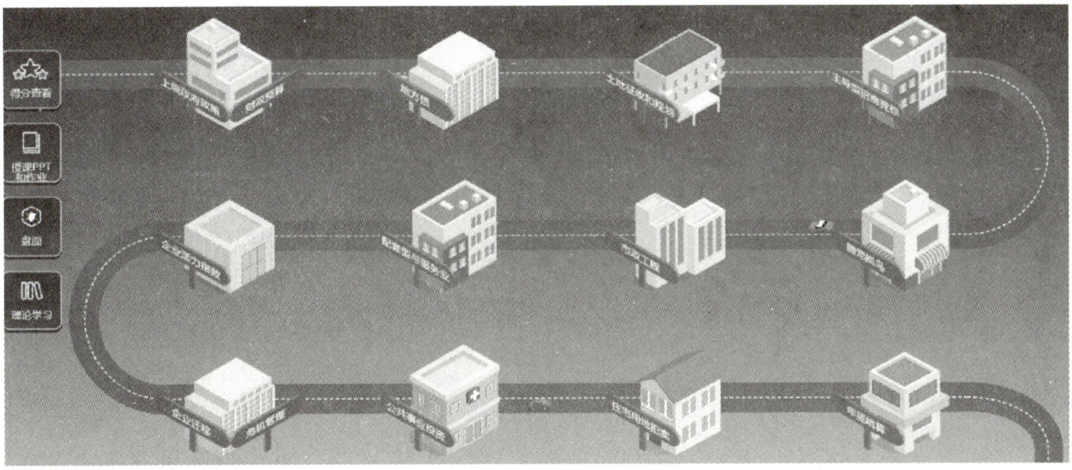


图 2-3-1　政府融资界面

## 一、地方债

### （一）发行地方债的规则

各地方政府可根据自己的需求随时发行债券融资，并注明发债用途，然后由上级政府进行审批。地方债期限可以分为一年期、两年期和三年期，不同期限的年利率不同，一年期最低年利率 2%，两年期最低年利率 3%，三年期最低年利率 4%，采取竞价发行模式。各地方政府申请的债券余额不超过上年财政收入的 30%，可提前还债。

各地方政府剩余申请额度=上年该组财税收入的 30%-已有债券余额

上级政府剩余审批额度=全班总额度-已审批额度

各地方政府每年需要用财政收入偿还利息和本金，同时为了防止“末日效应”，贷款时须支付当年利息，以后每年年初付息，年底偿还本金。最后一年结束时，应偿还所有地方债。剩余未偿还的地方债，每 1 亿元扣各地方政府 1%的成绩（如有财政盈余，可抵扣未偿还地方债）。债券余额不超过上年财政收入的 30%，可提前还债。

地方政府申请发行地方债和上级政府审批地方债的窗口如图 2-3-2 和图 2-3-3 所示。

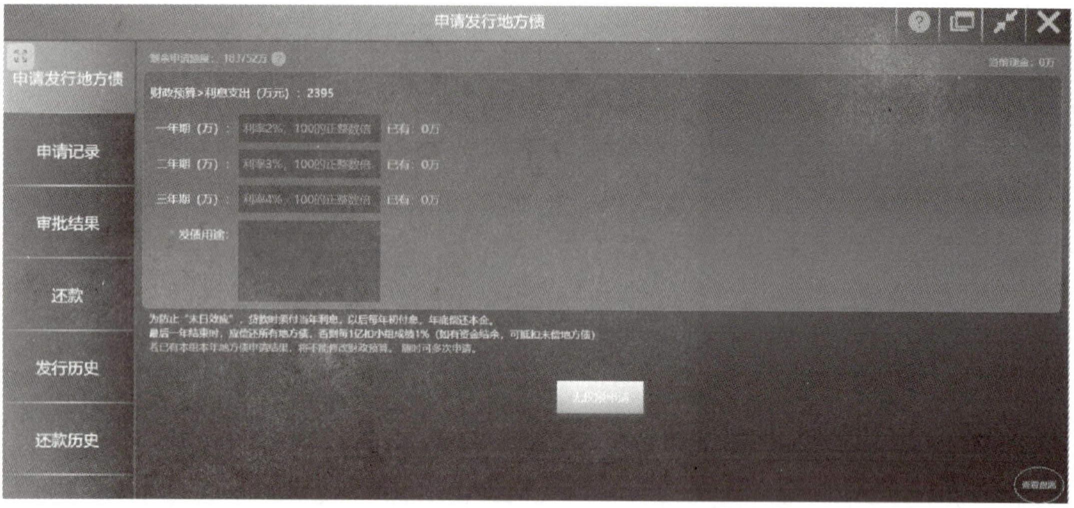


图 2-3-2　地方债——申请发行地方债

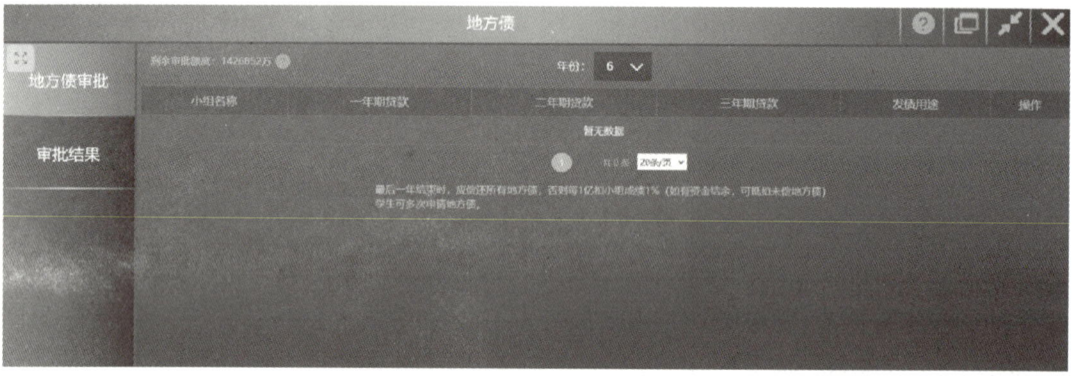


图 2-3-3　地方债——审批地方债

## （二）学生端操作

该项目由各地方政府根据资金缺口以及剩余申请额度申请发行地方债，再由上级政府审批。

在虚拟仿真系统主界面中，点击导航按钮中的“地方债”按钮，进入地方债窗口，在这里可以进行地方债的详细操作。该窗口主要分为六个部分，包括申请发行地方债、申请记录、审批结果、还款、发行历史和还款历史。

1. 申请发行地方债

在弹出的发行地方债窗口，点击左侧的“发行地方债”按钮，即可将竞标到的地方债分一年期、两年期、三年期进行发行，在窗口上方可以看到剩余的申请额度。各地方政府填入期望发行的不同期限的地方债数额，并备注清楚发债用途后，点击“提交”按钮，即可完成发行。需要注意的是若已有本组本年地方债申请结果，将不能修改财政预算，地方债可在发行额度以及审批额度内多次申请。但是如果在时间限制内没有完成发债申请，将会触发机器人自动决策发行地方债，机器人决策的规则如下：

一年期：如果总额小于 20 000 元，则为 100%申请，否则为 60%。

二年期：30%。

三年期：10%。

申请发行地方债的窗口如图 2-3-4 所示。

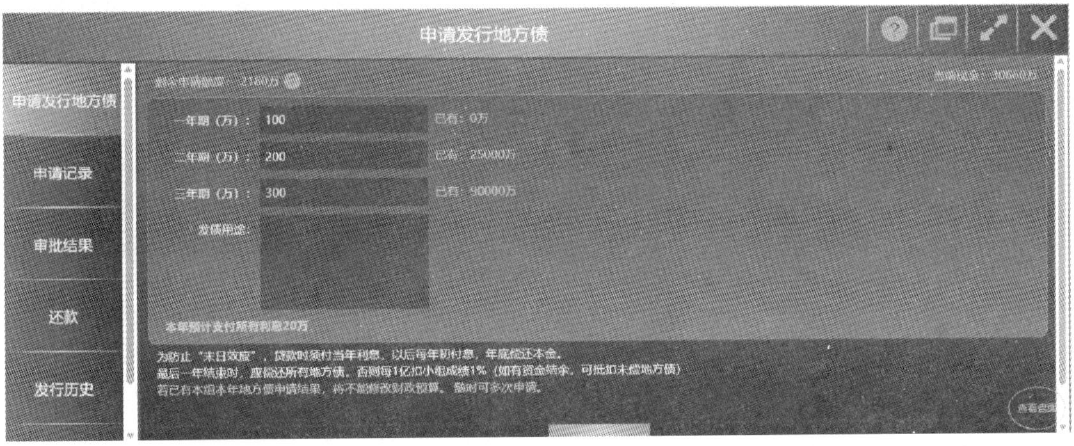


图 2-3-4　地方债——申请发行地方债

2. 申请记录

在申请记录窗口可以看到各地方政府已经申请的地方债额度、期限以及用途，该窗口显示的是地方政府已经申请，但上级政府尚未通过的地方债，如图 2-3-5 所示。

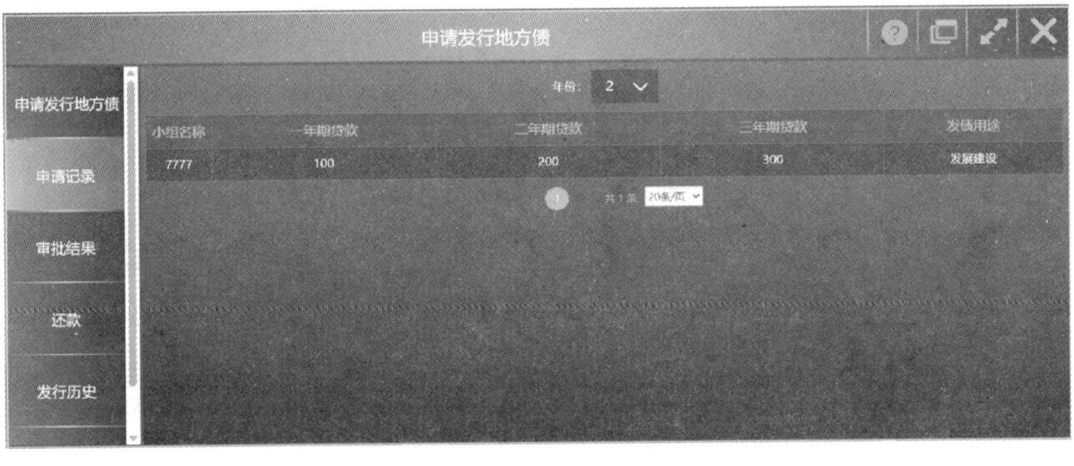


图 2-3-5　地方债——申请记录

3. 审批结果

在审批结果窗口可以看到各地方政府已经申请的地方债额度、期限以及用途，该窗口显示的是地方政府已经申请，并且上级政府已经通过的地方债，如图 2-3-6 所示。

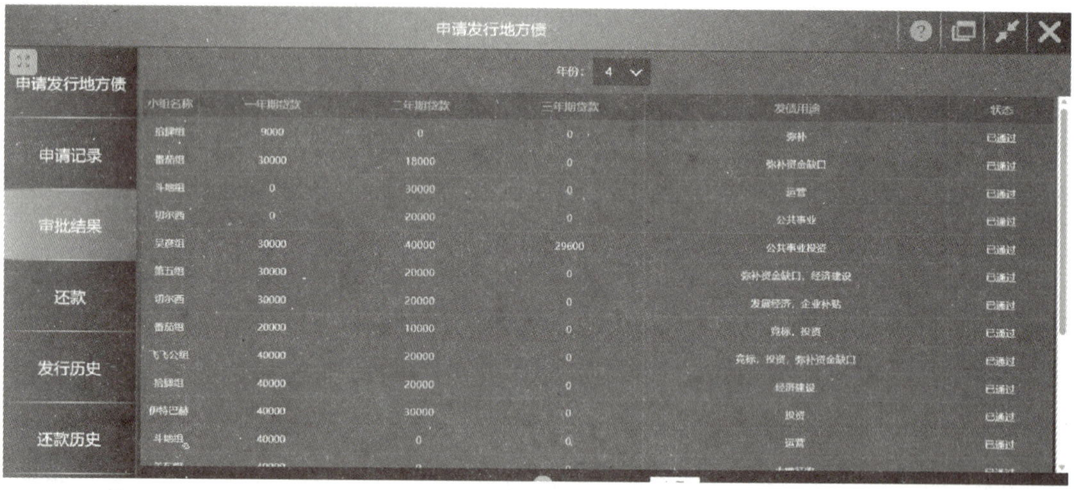


图 2-3-6　地方债——审批结果

4. 还款

在还款窗口可以看到本地方政府地方债的发行年份、债券类型、债务总余额以及到期年份，在本窗口上方，还可以查看到今年、明年以及后年的还款总额。在地方债发行窗口中，选择想要提前还款的地方债，点击“提前还款”按钮，可对发行债券进行提前还款，如图 2-3-7 所示。

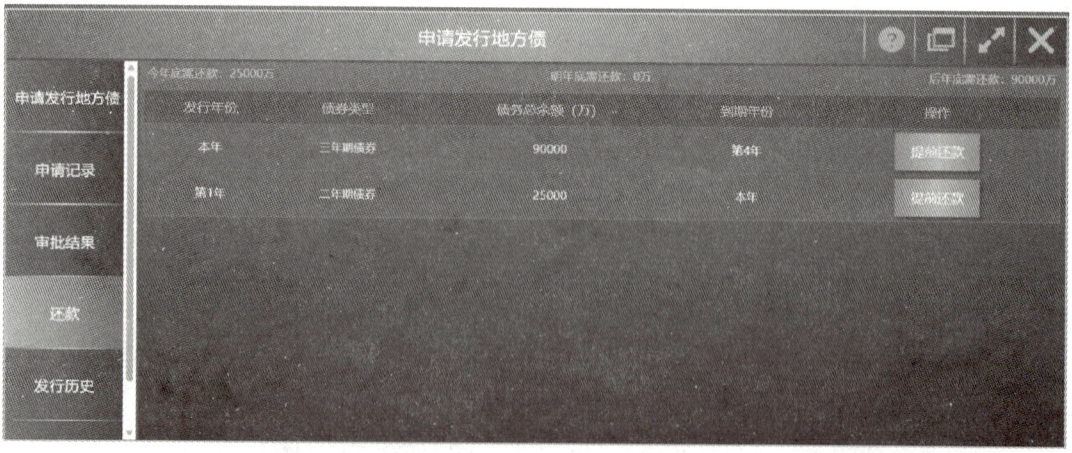


图 2-3-7　地方债——还款

5. 发行历史

在发行历史窗口可以查看本地方政府地方债的发行历史，主要包括发行年份、债券类型、发行金额以及到期年份的信息，如图 2-3-8 所示。

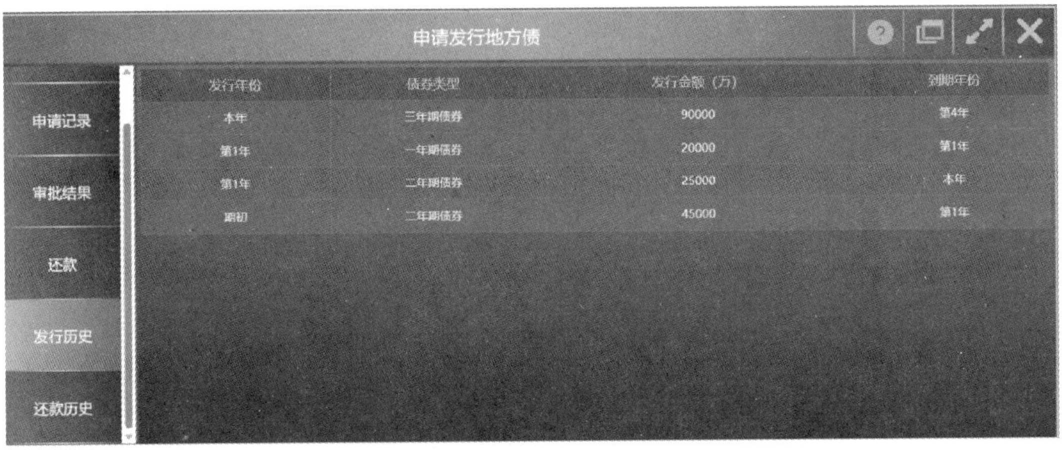


图 2-3-8 **地方债——发行历史**

6. 还款历史

在还款历史窗口可以查看本地方政府地方债的还款历史，主要包括还款年份、发行年份、债券类型以及还款金额的信息，如图 2-3-9 所示。

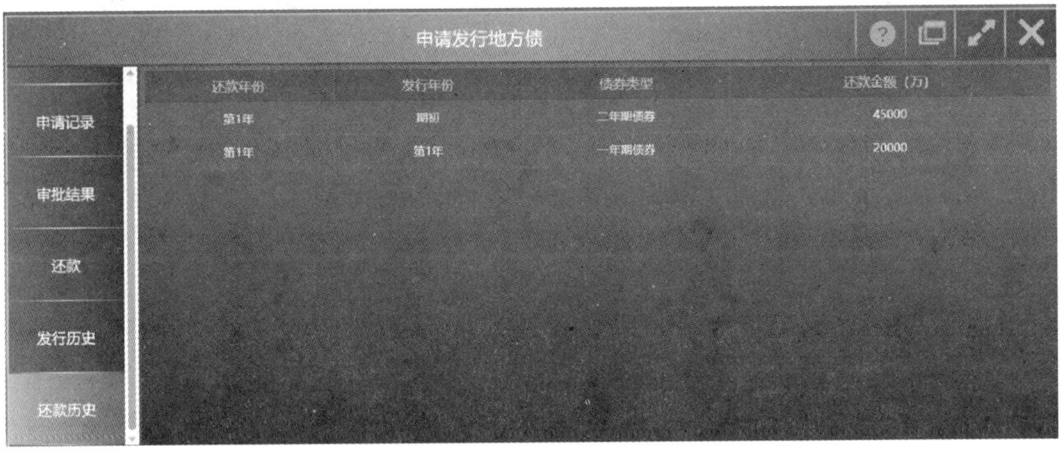


图 2-3-9 **地方债——还款历史**

### （三）教师端操作

该项目由教师根据资金缺口以及剩余申请额度对各地方政府发行地方债的申请进行审批。

在虚拟仿真系统主界面中，点击导航按钮中的“地方债”按钮，进入地方债窗口，在这里可以进行地方债的详细操作。该窗口主要分为两个部分，包括地方债审批和审批结果。

1. 地方债审批

在地方债审批窗口，上级政府可以看到各地方政府申请的地方债年限、金额以及发债用途，并选择同意或者拒绝，但需要随时关注剩余审批额度（剩余审批额度＝全班总额度-已审批额度）。各个地方政府可以随时并且多次地进行地方债发债申请，因此如果剩余额度太少应谨慎审批地方政府的发行地方债申请，否则会导致申请时间靠后或者申请次数较少的地方政府没有剩余额度可以再申请。地方债审批窗口如图 2-3-10 所示。

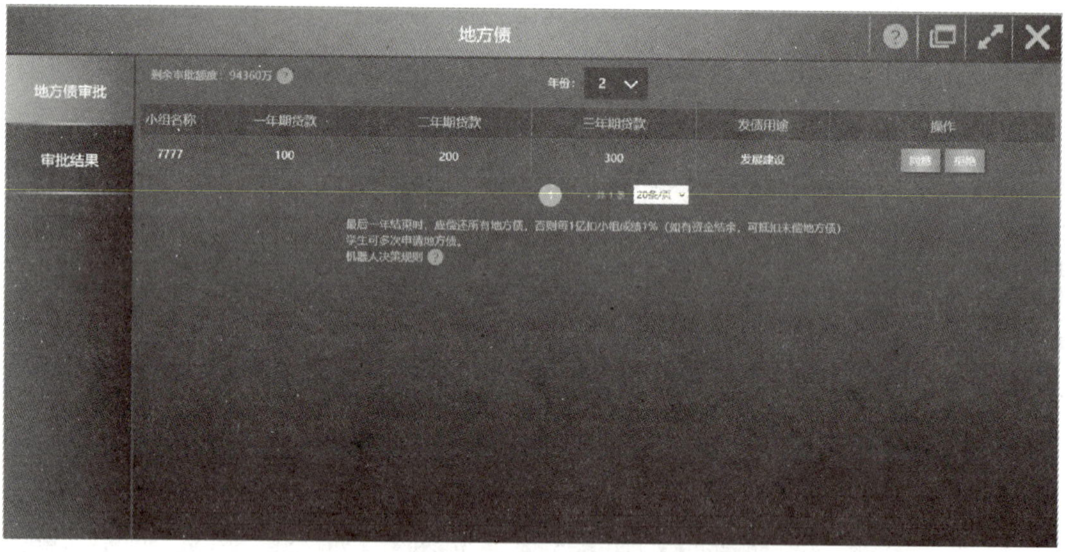


图 2-3-10　地方债——地方债审批

2. 审批结果

在审批结果窗口，上级政府可以看到每年审批通过的记录，包括年限、发债用途和审批状态的具体信息。审批结果窗口如图 2-3-11 所示。

图 2-3-11　地方债——审批结果

## 链接：知识拓展

### 2023 年一季度地方债数据释放信号

2023 年以来，积极财政政策靠前发力导向明显，一季度地方债发行前置力度明显加大。数据显示，2023 年一季度，全国发行地方政府债 21 096 亿元，比去年同期增长约 15.6%，其中新增专项债 13 707 亿元。今年政府工作报告提出，拟安排地方政府专项债券 3.8 万亿元，依据上述数据进行测算，一季度新增地方政府专项债发行进度已达 36%，超过三分之一。

地方政府债券是目前地方政府唯一合法的举债渠道，地方政府债券按资金用途和偿还来源分类，通常可以分为一般债券和专项债券。其中，一般债券主要以缓解财政资金紧张为目的发行，以本地区一般公共预算收入作为担保；而专项债券则主要以筹集资金支持重大工程或项目为目的发行，以所建设项目未来产生的现金流作为还款保证。Wind 数据显示，一季度一般债券占比约为 28%，专项债券占比约为 72%。从发行结构来看，今年一季度地方债发行主要以专项债券为主。

近年来，专项债成为促投资、扩内需、稳定宏观经济大盘的重要手段。特别是自新冠病毒感染疫情冲击以来，总需求不足成为经济运行中的突出矛盾。目前，信心、预期与总需求扩张仍是宏观政策需要发力加码的重点。今年一季度以来，宏观经济保持积极向好态势，但基础仍不牢固。3 月制造业采购经理指数（PMI）有所回落，生产与新订单指数均比 2 月下降，产需虽仍扩张，但扩张力度却有收敛趋势，值得高度重视。而自春节效应消退之后，2 月消费者物价指数（CPI）同比仅增长 1%，生产价格指数（PPI）同比下降 1.4%，物价上涨乏力背后折射出总需求扩张动能不足的问题。

在经济增长动能方面，尽管 1—2 月消费有所回暖，但依据央行一季度城镇储户问卷调查报告，倾向于“更多消费”的居民占比 23.2%，仅比上季度微增 0.5 个百分点，而倾向于“更多储蓄”的居民占比仍高达 58%，反映出居民目前边际消费倾向仍在修复阶段，消费预期和信心尚需提振。因此，一季度实现经济回稳，依旧需要投资发挥“稳定器”与“压舱石”的重要作用。财政部特别提到，要加强政府投资对全社会投资的引导作用，专项债的前置加速发行恰好契合了这一方向。积极财政政策的重要手段之一便是增加政府投资，利用乘数与加速效应，发挥带动与示范作用，挖掘社会资本投资潜力与效能。

结合上述经济运行背景，专项债投向必定以基建领域为主。根据财政部数据，今年前两个月新增专项债分别用于市政和产业园区基础设施、社会事业、交通基础设施、保障性安居工程、农林水利以及仓储物流基础设施建设等专项用途项目等。再结合专项债发行规模远大于一般债的特征事实，表明专项债支持基建投资扩张、带动总需求回稳的导向十分突出。

不过，当前专项债资金仍以投入传统基建领域为主，新基建和新能源两大细分前沿领域投资规模不足，表明专项债的投向与结构仍待继续优化。新基建以及新能源的项目，普遍存在投资周期长、现金回收慢、资产周转率低、风险承担高的特点，除少数经济大省之外，多数省份出于项目与财政可持续性的考虑，对新领域保持相对谨慎的投资态度。高质量发展、发展实体经济与数字经济以及新旧动能加速切换的政策导向，高新技术、前沿科技、战略性新兴产业、“卡脖子”技术等是国家重点支持的新赛道，这些领域后期投资与建设的规模还有充足的潜力可以挖掘。

尽管专项债在扩大有效投资，推动经济回升方面的作用重要，但依旧需要高度重视两方面的潜在风险。一是资金使用效率。具有稳定净现值（NPV）与合理内部回报率（IRR）的优质投资项目仍旧相对稀缺，因此要避免“钱等项目”的情况出现，以免因资金与项目的匹配失位造成资金使用效率低下。二是地方政府的偿债压力。根据公开数据，今年一季度发行再融资债券约 4 400 亿元，同比增长约 73%。特别在前期经济增长中枢下移以及财政紧平衡的情况下，缓解还本付息压力不能过度期待利率下行，而应做好优质项目提前储备、健全项目管理机制与加强投后管理监督。二季度稳增长压力不大，预计专项债的发行工作上半年可大体完成，未来中长期利率上行风险仍然存在，需要投资者加以高度关注。

资料来源：胡光旗. 一季度地方债数据释放哪些信号？[EB/OL].（2023-04-10）[2023-06-04]. http://cxxs.hzlib.net/DRCNet.Mirror.Documents.Web/docview.aspx？docid=6796216.

## 链接：新闻热点

### 政府性融资担保撬动资金流向小微企业、“三农”等领域

发展政府性融资担保是促进实体经济发展的重要逆周期调节工具。在近日举行的全国财政工作视频会议上，财政部提出2022年将继续实行小微企业融资担保降费奖补。

政府性融资担保体系如何自上而下撬动更多担保资金去支持、引导信贷资源流向小微、“三农”等普惠领域？未来如何进一步发挥政府性融资担保体系的作用？

#### 一、畅通融资担保链条，放大财政资金杠杆

受小麦价格涨幅影响，山东浩翔面业有限公司一度资金紧张，公司负责人荆俊青想贷款，却因缺乏抵押物被拒贷。得知她的难处，山东省农业发展信贷担保有限责任公司联合邮储银行，为其办理了“鲁担巾帼贷”，给予其198万元的资金支持。2021年5月，荆俊青第二轮支用“鲁担惠农贷”，仅用两天时间就拿到了贷款。公司新建了粮仓，扩大了生产规模。

浩翔面业能顺利渡过难关，得益于自上而下的政策性农业信贷担保体系。为支持政府性融资担保体系，2016年，财政部会同原农业部、银监会建立了全国农业信贷担保体系。这些年，由国家农业信贷担保联盟有限责任公司牵头，建成了紧密可控、完整高效的全国农担机构框架体系。截至2021年9月末，该公司设立自有分支机构1 041家，对全国县域范围的业务覆盖率达到97%；截至2021年12月末，33家省级农担公司累计担保项目超217万个，累计担保金额超6 800亿元。

2018年，财政部出资并联合有关金融机构设立了国家融资担保基金。由这一担保基金牵头建立的政府性融资担保体系硕果累累。截至2021年年底，该基金体系内市县级担保机构达1 203家，覆盖25个省（区、市）、5个计划单列市的2 136个县区，形成了“国家—省—地市三级联动”的政府性融资担保体系。

截至2021年年末，融担基金累计完成再担保合作业务14 631. 53亿元，服务各类市场主体118. 10万户。2021年支小支农再担保合作业务规模达7 449. 76亿元，单户500万元及以下支小支农业务规模达到4 570. 01亿元，规模占比分别为98. 78%、60. 59%，较国家政策要求分别高出18. 78、10. 59个百分点。一条条从中央到县市的担保、再担保链条畅通，发挥出财政资金四两拨千斤的作用，激活了小微、“三农”金融的“一池春水”。

#### 二、完善政策支持环境，创新支小支农产品

近年来，我国政府性融资担保体系“边干边建”，逐步完善制度政策框架，不断推

出新模式、新产品和新服务。

2019 年，国务院办公厅印发《关于有效发挥政府性融资担保基金作用切实支持小微企业和“三农”发展的指导意见》；2020 年，财政部印发《政府性融资担保、再担保机构绩效评价指引》等多个文件，银保监会等七部门联合发出通知，明确对政府性融资担保机构的监管细则。一系列制度政策的密集出台，为行业发展创造了良好的政策支持环境。

首先，央地高效贯通。在由国家融资担保基金牵头建成的政府性融资担保体系内，国家、省、市多级再担保风险分担机制无缝对接。有了自上而下的支持，各级担保机构就有底气扩大业务规模、减费让利。2021 年前三季度，国家融资担保体系内再担保合作业务平均担保费率已降至每年 0.82%，已实现政策要求的“逐步将平均担保费率降至 1%以下”的目标。同时，融担基金还引导体系内机构取消资产抵（质）押反担保措施，对新冠病毒感染疫情期间到期不能还款的，只要银行续贷、展期，就无条件给予自动担保再担保。

其次，银担充分联动。政府性融资担保机构与银行开展“总对总”合作，提高银行支农支小的积极性。各地“总对总”批量担保业务规模已超过 300 亿元，较好地发挥了政府性融资担保的逆周期宏观调控政策工具作用。

国家农业信贷担保联盟有限责任公司负责人认为，政策性农业信贷担保工具通过财政资金打造合理的“政银担”风险分担机制，既能有效缓解商业性金融机构的风险管理难题，增强投入“三农”领域的内生动力，又能够很好地体现政府的政策性目的和政策导向，有效弥补“市场失灵”。

有了政府性融资担保“加持”，近年来各地面向小微企业、“三农”领域不断创新金融产品。在上海，从 2020 年起，中小微企业的政策性融资担保费率从原来最高每年 1.5%的“五档费率”降至每年 0.5%的“一档费率”，再担保费率减半收取，继续免收创业担保费。截至 2021 年 11 月底，重庆农担公司累计支持柠檬、三峡柑橘等优势特色产业集群项目 2 150 个，担保金额近 4 亿元。今年的重庆市政府工作报告提出，将健全面向小微企业、覆盖所有区县的政府性融资担保体系。

此外，政府性融资担保机构支持借助大数据、物联网等进行数据采集应用，打通金融场景与乡村场景，进一步实现业务高效审批、风险可防可控、规模快速增长。

### 三、完善风险补偿机制，鼓励商业机构参与

未来，如何进一步发挥政府性融资担保体系“放大器”功能，更好地服务实体经济？

中国财政科学研究院研究员白景明认为，应加快完善担保费收入免征增值税政策和担保行业企业所得税优惠政策，以鼓励商业性融资担保机构从事政策性业务。他建

议，将一些龙头商业机构纳入国家融资担保基金体系，使之与政策性担保机构形成合力，提高小微企业、“三农”领域融资担保业务的规模和质量。

此外，还要加快担保模式创新，推广以大数据为基石的智能风控。“打通大数据，创新以智能风控为核心的融资担保模式，是分散风险和抑制风险的关键，能大幅降低融资担保成本，提升政策性融资担保机构服务小微、‘三农’主体的能力。”白景明认为，中央和地方政府应为智能风控提供大数据支撑，监管部门也要制定相应的监管政策。

资料来源：人民日报. 政府性融资担保撬动资金流向小微企业、“三农”等领域［EB/OL］.（2022-01-22）［2023-06-04］. https://www.gov.cn/xinwen/2022-01/22/content_5669833.htm.

## 项目评价

在虚拟仿真实验系统中完成发行地方债决策操作，请根据表 2-3-1 对所学内容进行自检。

**表 2-3-1 政府融资实验操作评价表**

| 序号 | 鉴定评分点 | 分值 | 评分 |
|---|---|---|---|
| 1 | 理解现实经济环境中，政府的融资渠道 | 2 | |
| 2 | 掌握在本次实验中如何做出不同年限和金额的地方债发行决策 | 4 | |
| 3 | 掌握在本次实验中发行地方债的作用 | 2 | |
| 4 | 在模拟仿真实验系统中操作无失误 | 1 | |
| 5 | 在决策过程中，小组成员相处融洽，高效合作 | 1 | |
| 总结（收获与反思）： | | | |

## 延展探索

1. 现实中地方债债务风险的成因是什么？应如何预防地方债债务风险？
2. 地方政府举债的方式有哪些？
3. 一般债券和专项债券是什么？有什么区别？
4. 如何提升地方债绩效管理？

# 项目四 土地征收和规划实验

## 学习目标

- 理解在现实经济环境中，如何进行土地征收。
- 理解在现实经济环境中，如何进行土地规划。
- 掌握在本次实验中如何确定土地征收的补偿单价。
- 掌握在本次实验中如何分配和规划各个类型的土地。

## 项目描述与分析

本项目中各地方政府将对土地进行征收，并对征收的土地进行规划，在虚拟仿真实验系统中可以将土地规划为生产服务业用地、住宅用地和公共事业用地。通过该项目，学生将能够理解如何进行土地征收，以及根据本地方政府的发展目标进行土地规划，为自己所管辖的区域做出正确改革决策。

## 项目准备

为了更好地达到本项目实训目的，需要做如下准备：

- 提前对本年度经济发展侧重点进行谋划。
- 确保熟悉各个类型土地面积的征收与规划规则。
- 确保电脑等设备能正常使用。
- 确保网络正常且稳定。

# 知识提示

## 知识点一：土地征收流程

土地征收流程主要包括预申请、申请、拟订方案并上报、审批、公告及落实。

### 一、预申请

对建设项目进行可行性研究论证或编制项目建议书时，建设单位应当向建设项目批准机关的同级土地行政主管部门提出建设用地预申请。建设用地预申请的内容应当包括建设项目的前期论证情况，拟占用土地的区域位置、用地数量、地类，拟用地的时间及年度土地利用计划、耕地开垦方案及经费的落实等。土地行政主管部门对建设单位用地预申请，应依据土地利用总体规划和国家土地供应政策，对建设项目的有关事项进行预审，并出具建设项目用地预审报告。

### 二、申请

建设用地项目在可行性研究报告或项目建议书批准后，建设单位应当持有关文件向土地所在地的市、县人民政府土地行政主管部门提出用地申请，并填写“建设用地申请表”。该“建设用地申请表”应当附具如下材料：①建设单位有关资质证明；②项目可行性研究报告批复或者其他有关批准文件；③土地行政主管部门出具的建设项目用地预审报告；④初步设计或者其他有关批准文件；⑤建设项目总平面布置图；⑥占用耕地的，必须提出补充耕地方案；⑦建设项目位于地质灾害易发区的，应当提供地质灾害危险性评估报告。

### 三、拟订方案并上报

市、县人民政府土地行政主管部门对材料齐全、符合条件的建设用地申请，应当受理，并在收到申请之日起 30 日内拟订农用地转用方案和供地方案，编制建设项目用地呈报说明书，经同级人民政府审核同意后，报上一级土地行政主管部门审查。有关土地行政主管部门收到上报的建设项目呈报说明书和有关方案后，对材料齐全、符合条件的，应当在 5 日内报经同级人民政府审核。同级人民政府审核同意后，逐级上报有批准权的人民政府，并将审查所需的材料及时送该级土地行政主管部门审查。省、自治区、直辖市人民政府批准农用地转用。国务院批准征收土地的，省、自治区、直辖市人民政府批准农用地转用方案后，应当将批准文件和下级土地行政主管部门上报的材料一并上报。

### 四、审批

有批准权的人民政府土地行政主管部门应当自收到上报的农用地转用方案、补充耕地方案、征收土地方案和供地方案并按规定征求有关方面意见后 30 天内审查完毕。征收土地方案符合规定条件的，土地行政主管部门方可报人民政府批准。建设项目施工和地质勘查需要临时使用农民集体所有的土地的，依法签订临时使用土地合同并支付临时使用土地补偿费，不得办理土地征收手续。

### 五、公告及落实

征收土地方案和征地补偿、安置方案应当在被征收土地所在地的村、组内以书面形式公告。其中，征收乡（镇）农民集体所有土地的，在乡（镇）人民政府所在地进行公告。被征收土地所在地的市、县人民政府应当在收到征收土地方案批准文件之日起 10 个工作日内进行征收土地公告，该市、县人民政府土地行政主管部门负责具体实施。市、县人民政府土地行政主管部门会同有关部门根据批准的征收土地方案，在征收土地公告之日起 45 日内以被征收土地的所有权人为单位拟订征地补偿、安置方案并予以公告。被征地农村集体经济组织、农村村民或者其他权利人对征地补偿、安置方案有不同意见的或者要求举行听证会的，应当在征地补偿、安置方案公告之日起 10 个工作日内向有关市、县人民政府土地行政主管部门提出。

## 知识点二：加强城镇土地利用规划的有效策略

### 一、根据实际发展需求提升土地利用率

在加强城镇土地利用规划的策略探究中发现，城镇土地利用规划应当按照当前城镇实际情况来制定规划计划。对于城镇人口数量因素，应当做好充分的调查工作，将人口变化原因带来的土地规划瓶颈问题良好解决。城镇相关土地规划部门应当充分挖掘土地资源潜力，提升土地利用率，将土地最大化地节约，并通过集中规划节约土地的方式来解决土地资源短缺的问题。城镇土地规划部门应当根据当地实际发展情况，对当地土地资源与人员比例有充分的调查和了解，从而做出符合实际生产的土地规划计划。结合当前城镇经济发展现状，对未来的城镇发展趋势做出预判，实现科学的土地利用规划方案，主动根据实际需求完成城镇土地规划的重要任务，使城镇经济发展更加有利。但在一系列土地利用规划中应当注意适量调整，坚持保证农业发展为主的原则，尽可能集中管理以达到节约土地的目的，使农业用地更好地规划。同时，不宜大幅度地改变土地用途，在原有土地规划的基础上进行优化，帮助当地城镇充分利用

土地，提升城镇整体经济效益。

### 二、坚持保护耕地节约利用土地

在城镇化的发展理念中，要坚持保护耕地原则。土地规划应当高效率地节约土地利用，明确土地用地规划的原则，并不是要求一味地扩张土地用地规模，以粗犷的形式利用土地。而是将城镇土地合理规划，保证耕地使用，将城镇土地规划细致划分，理性发展城镇用地。在城镇规划发展中既要保证土地合理使用，又要满足人们需求，在双重因素考虑下科学制定规划方案，形成完善的城镇土地规划体系。城镇规划土地用地，应当保证粮食安全，在满足建设用地的同时注重耕地保护，保证土地在规划过程中不被破坏。土地资源是城镇重要的自然资源，对城镇各方面的发展有重要意义，在一些人口众多且耕地集中的城镇，需要严格制定土地利用规划方案，考虑多方面的制约因素，妥善地解决城镇土地规划矛盾。这需要相关土地规划部门调整土地制度，为当地土地规划提供有利政策。从美国城镇土地规划中可以看出，当地土地资源十分丰富，但在城镇的发展规划中仍需理性规划，精细化的管理和利用可大幅度地提升城镇的经济发展水平和城镇面貌。

### 三、提升城镇土地利用规划的资金投入

城镇土地利用规划的资金问题如下：一是政府对城镇的资金投入过少，对城镇土地资源规划的扶持力度不大；二是当前城镇引资渠道较少，为城镇规划带来阻碍。对于城镇企业整体结构的不完整问题，应当进一步调整城镇产业结构，提升城镇企业整体实力，为城镇建设提供新鲜资源与活力，提高城镇产业竞争力，从而提升城镇的经济条件。对于当前的发展环境，城镇应当与时俱进，采用先进的管理办法，提升城镇土地管理水平，促进新兴企业的发展，为城镇经济指标提升做出巨大努力。另外，政府部门应当重视城镇的建设，加大资金的投入，使当地土地资源规划工作更加顺利。推出有利于城镇发展的优惠政策，促进城镇土地合理规划，帮助城镇拓宽资金引入渠道，调整相关土地制度，为城镇土地规划助力。政府部门应保证城镇规划后的良好管理，使城镇土地规划产生良好的效果和作用，加强基础设施的建设，从而促进新城镇的经济发展。

## 项目实施

土地征收是指国家为了公共利益需要，依照法律规定的程序和权限将农民集体所有的土地转化为国有土地，并依法给予被征地的农村集体经济组织和被征地的农民合理补偿和妥善安置的法律行为。

在土地利用方面，由国土资源部组织修订的国家标准《土地利用现状分类》，秉持满足生态用地保护需求、明确新兴产业用地类型、兼顾监管部门管理需求的思路，完善了地类含义，细化了二级类划分，调整了地类名称，增加了湿地归类，将在第三次全国土地调查中全面应用。

新版标准规定了土地利用的类型、含义，将土地利用类型分为耕地、园地、林地、草地、商服用地、工矿仓储用地、住宅用地、公共管理与公共服务用地、特殊用地、交通运输用地、水域及水利设施用地、其他用地 12 个一级类、72 个二级类，适用于土地调查、规划、审批、供应、整治、执法、评价、统计、登记及信息化管理等。

在本仿真模拟实验系统中，土地分为工业与生产服务业用地、住宅用地、公共事业用地，各地政府年初应确定三类用地规模。当年规划未使用的土地，次年重新规划。土地征收和规划界面如图 2-4-1 所示。

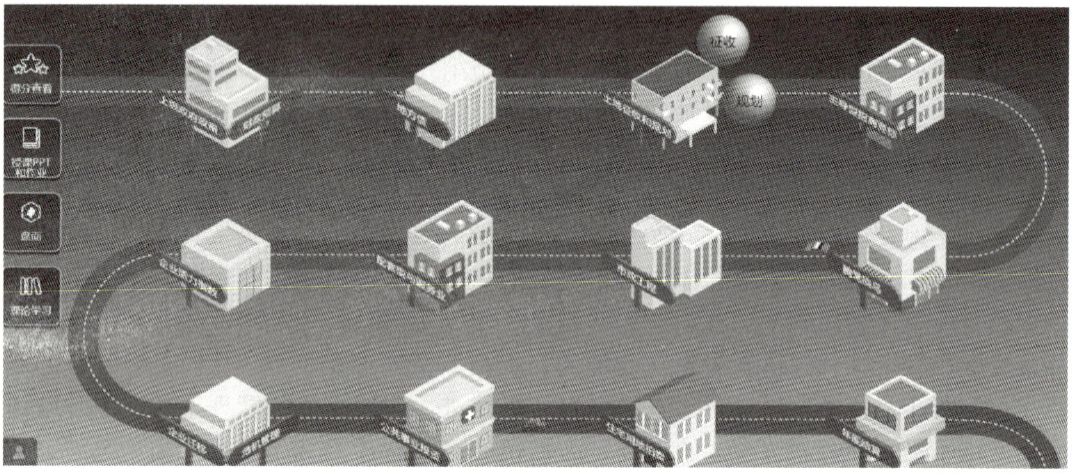


**图 2-4-1　土地征收和规划界面**

## 一、土地征收

### （一）土地征收规则

本系统的土地分为工业与生产服务业用地（用于建设制造业与生产服务业项目）、住宅用地（用于建设居民住宅与商业）、公共事业用地（用于建设综合医院、文体场馆、基础教育学校），各地政府年初应确定三类用地规模。各地方政府获得土地的方式是现金支付征地补偿。土地来源有两个：一是农村集体用地，每年征地补偿价格自定，但不低于上一年，初始年征地补偿是 10 万元/亩，征地上限为 2 500 亩（自第二年，由上级政府规定征地数量上限），上年未征完的土地累积到下年额度。二是企业迁出遗留的国有土地可进行补偿后回收利用。

政府可从住宅土地出让中获利。但住宅用地价格过高，会降低本年居民幸福度指数。若住宅用地少于本年需要住宅用地的一半，政府将无法获得住宅用地收入且影响居民幸福度。

1. 确定征地数量

各地方政府可以根据自己的区域发展规划，对土地进行征收。在本实验中，政府每年征地上限为 2 500 亩，上年未征收完的土地累计至下年额度。每年有部分因地方政府经营不善而导致企业迁出空出的土地，同时征地也是可以多次进行的，因此在第一次征地的时候，一般不将全部额度征完。每年可征地数量 = 本年供应上限 2 500 亩+之前年未征收的亩数-今年已征收的亩数。

2. 确定征地补偿价

由《中华人民共和国土地管理法》（以下简称《土地管理法》）第四十八条可知，征收土地应当给予公平、合理的补偿，保障被征地农民原有生活水平不降低、长远生计有保障。征收土地应当依法及时足额支付土地补偿费、安置补助费以及农村村民住宅、其他地上附着物和青苗等的补偿费用，并安排被征地农民的社会保障费用。征收土地应当依法及时足额支付土地补偿费、安置补助费以及农村村民住宅、其他地上附着物和青苗等的补偿费用，并安排被征地农民的社会保障费用。

在本系统中，每年征地补偿价格自定，但是不能低于上一年，初始征地补偿价格为 10 万元/亩。如果征地补偿单价过低，会严重降低居民幸福值，相反，如果征地补偿单价过高会使得财政压力过大。从图 2-4-2 可以看出，本年征地补偿价格越高的地方政府，本年征地补偿幸福值得分越高。

| | | | | | | | | | | | |
|---|---|---|---|---|---|---|---|---|---|---|---|
| 本年征地补偿幸福值得分（20%）▲ | 8.45 | 10.89 | 7.2 | 6.05 | 7.2 | 6.05 | 16.2 | 12.8 | 5.95 | 9.8 | 5 |
| 本年征地补偿价格（万元/亩） | 13 | 14.76 | 12 | 11 | 12 | 11 | 18 | 16 | 10.91 | 14 | 10 |
| 历年累计征地补偿幸福值得分 | 27.25 | 34.69 | 25 | 25 | 27.2 | 25 | 26.05 | 31.25 | 34.43 | 27.2 | 25 |

图 2-4-2　各地方政府居民幸福指数统计表

各地方政府需要在限时内做出土地征收的决策，如果倒计时结束，地方政府未征收，也未点击放弃本次征地，且后续未做规划，那么将触发土地征收机器人。机器人决策规则为按“2 700-当前库存”征收土地。届时如资金不足，会触发地方债机器人（见项目三）。

注意事项：土地征收或规划后不能修改财政预算。在上级政府开启危机管理之后不可再进行土地征收。

### （二）学生端操作

在虚拟仿真系统的土地征收和规划界面中，点击“征收”按钮，如图 2-4-3 所示。

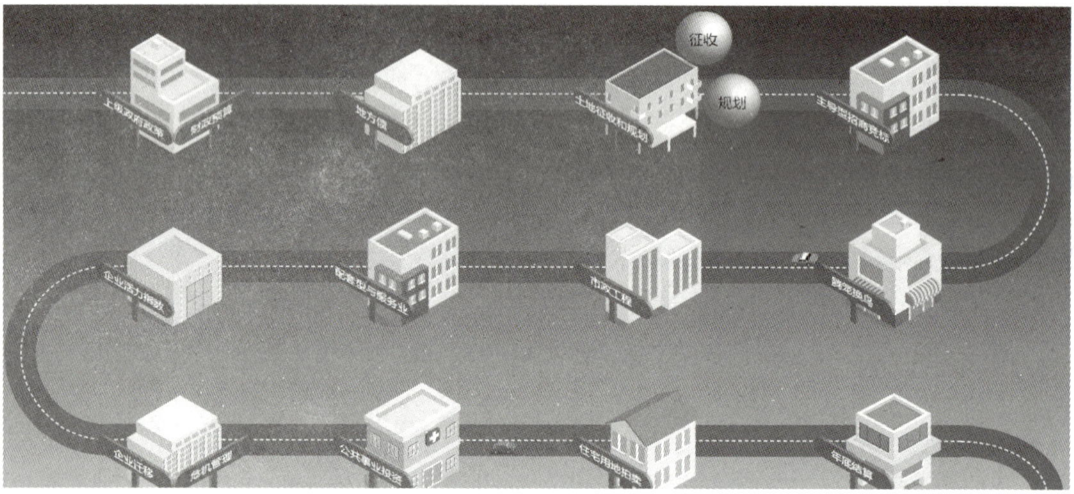


图 2-4-3　土地征收和规划界面

该界面主要分为三个窗口，即土地征收、参与状态和历史数据。

1. 土地征收

如图 2-4-4 所示，在本窗口，各地方政府可以根据自身发展规划设定征地补偿单价和征收数量，补偿单价不得低于上一年的征地价，系统会直接给出提示，同时补偿单价将直接影响居民的幸福值，单价越高幸福值就越高，也会导致财政压力过大，因此要在做财政预算的时候做好预测。由于土地征收可以多次进行，因此还可以在该窗口看到本年已征收的土地数量，本年可征地数量＝本年供应上限 2 500 亩+之前年未征收的亩数-今年已征收的亩数。在输入补偿单价和征收数量后点击征收即可，如果暂不征收可以点击相关按钮放弃本次征地，但是地方政府如果在该界面倒计时结束后，没有做出任何操作，将会触发机器人决策。

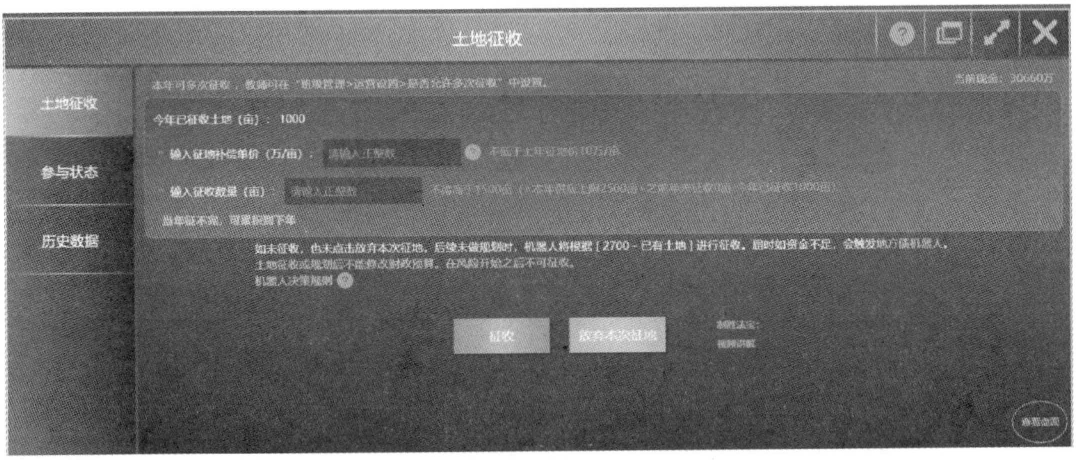


图 2-4-4　土地征收和规划——土地征收

2. 参与状态

点击“参与状态”按钮，即可查看各地方政府是否已经参与或者放弃本次土地征收，如图 2-4-5 所示。

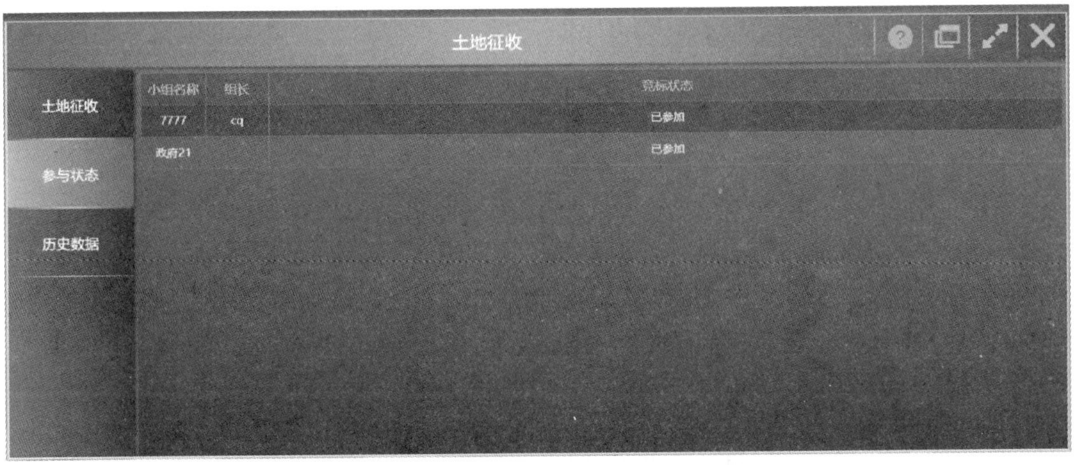


图 2-4-5　土地征收和规划——参与状态

3. 历史数据

待所有地方政府征收完之后，可以查看所有地方政府不同年份的征收数据，比如补偿价、总征收土地数量、总计费用、是否二次征地等信息，如图 2-4-6 所示，以便为自身决策提供参考。

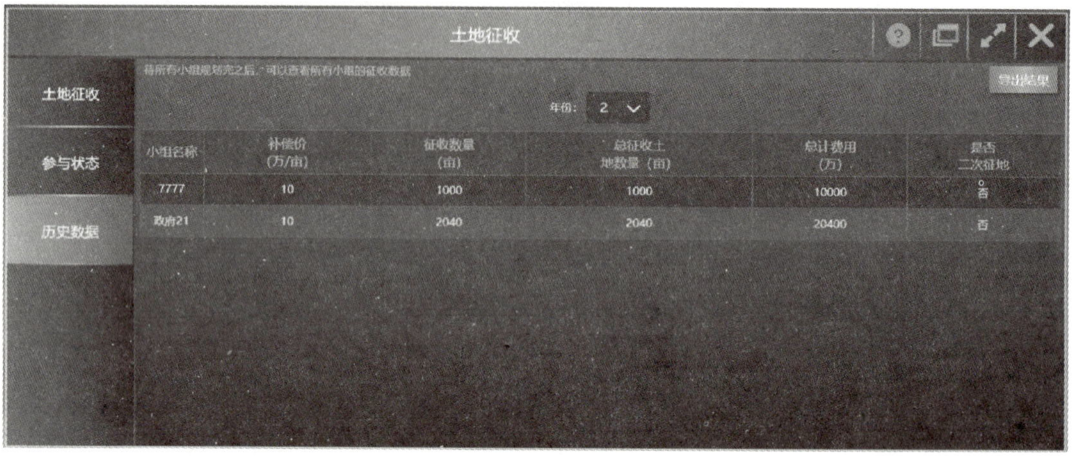


图 2-4-6　土地征收和规划——历史数据

### （三）教师端操作

教师在本项目中不需要进行操作，只需要督促和引导各地方政府进行土地征收即可，教师可以在系统中查看各地方政府的征收参与状态和征收历史。

在土地征收和规划模块界面中，点击“征收参与状态”按钮，可查看各组是否已经参与或者放弃。教师可在“班级管理>运营设置>是否允许多次土地征收”中设置是否可以多次征收。

## 二、土地规划

### （一）土地规划规则

本系统中的土地规划主要分为三类，即工业与生产服务业用地（用于建设制造业与生产服务业项目）、公共事业用地（用于建设综合医院、文体场馆、基础教育学校）、住宅用地（用于建设居民住宅与商业），各地政府年初应确定三类用地的规模。当年规划未使用的土地，次年重新规划。在分配三种用地占比时，可以参考实际的数据，大致将配比定位，住宅、工业与服务业、公共事业用地之比为 2∶5∶3。根据各地方政府的目标不同（政府侧重于企业服务还是居民服务），三种用地的配比也会不同。在本实验中，由于公共事业用地未考虑绿化和公园等设施，因此配比较现实低。

1. 确定工业与服务业用地面积

工业与服务业用地主要通过当年竞标主导型产业、配套型与服务业用地来确认，在完成工业与服务业用地的土地规划后，将在下一步进行主导型、配套型与服务业招商竞标，各地方政府需要对所获得的招商项目进行选择，除了考虑投资额，还需要考虑各个项目的占地面积是否满足，因此在进行土地规划时就要进行预测。主导型、配套型与服务业招商项目占地面积如表 2-4-1 所示。

**表 2-4-1　主导型、配套型与服务业招商项目占地面积**

| 招商项目 | 项目类型 | 投资额/亿元 | 占地面积/亩 | 新增就业总额/人 |
|---|---|---|---|---|
| 劳动密集型 | 主导型 | 1 | 120 | 900 |
| 劳动密集型 | 主导型 | 4 | 360 | 3 500 |
| 资本密集型 | 主导型 | 4 | 100 | 400 |
| 资本密集型 | 主导型 | 10 | 200 | 500 |
| 劳动密集型 | 配套型 | 4 | 400 | 3 500 |
| 资本密集型 | 配套型 | 4 | 130 | 800 |
| 资本密集型 | 配套型 | 10 | 200 | 1 000 |
| 生产服务业 | 服务业 | 1 | 80 | 600 |
| 生产服务业 | 服务业 | 1 | 120 | 1 100 |

由于可以多次规划和征收，因此在主导型和配套型招商的项目选择时，如果工业与服务业用地不足，可以回到上一步进行土地征收与规划的修改。需要注意的是，不要把所有用地都规划为工业与服务业用地，否则后面的公共事业用地和住宅用地不足，会大大影响居民的幸福度指数。

假设在本系统中共有五个地方政府，以其中一个 A 地方政府为例，假设其第二年主导型制造业招商引资的总规模是 103 亿元，配套型和服务业招商引资的规模是 111 亿元（此规模由教师在教师端设置），则平均招商引资规模为

平均招商引资规模=招商引资总规模÷地方政府数量=(103+111)÷5=42.8（亿元）

目前可招商的企业类型为 9 种，则：

平均投资额=总投资额÷企业类型=(1+4+4+10+4+4+10+1+1)÷9≈4.3（亿元）

每增加一亿元投资额所需土地面积平均值=（主导型制造业用地+配套型与服务业用地）÷投资额=(120+360+100+200+400+130+200+80+120)÷(1+4+4+10+4+4+10+1+1)≈43.8（亩/亿元）

由此可以算出：

第二年的平均工业与服务用地面积=42.8×43.8=1 874.64（亩）

工业与服务用地面积还取决于外围新增招商引资类型、该地方政府招商引资竞标排名得分，如果排名靠后，可选的招商企业类型不一样，每亩地的投资类强度就不一样。

2. 确定公共事业用地面积

城市公共事业是城市生存和发展的基础。这一事业的发达和完善，能提高整个城市的劳动生产效率和工作效率，为居民创造优美的环境和良好的条件。它反映城市面貌、文化水准、生活水平，以及经济水平的整体面貌，好的城市公共事业可以提升居民幸福指数。

在本实验中的公共事业用地通过当年计划新建学校、医院、文体场馆的用地来确定。各地方政府需要根据新增就业人口来确定所需增加公共机构的数量，再以此来推算公共事业用地面积。

假设A地方政府第二年平均招商引资规模为上文所计算的42.8亿元，那么：

每增加一亿元投资额带来的新增就业人数平均值=9种招商引资类型带来的新增就业总额÷投资总额=（600+1 100+3 500+800+1 000+900+3 500+400+500）÷（1+4+4+10+4+4+10+1+1）≈315（人）

第二年平均新增就业=42.8×315=13 482（人）

3. 确定住宅用地面积

住宅用地规划过少会导致房价过高，降低本年居民幸福度指数。若住宅用地小于本年需要住宅用地的一半，政府将无法获得住宅用地收入且影响居民幸福度指数。本年所需住宅用地数量取决于本年招商引资的新增就业、市政工程和公共事业投资新增就业、引进高端人才数量等数据。即本年需要住宅用地=0.04亩×本年新增总人口（主导型项目新增就业+市政就业+配套型项目新增就业+公共事业新增就业+高端人才+人才挖角流入-人才挖角流出+迁入项目就业-迁出项目就业-中风险项目减少的就业-每年自然迁出就业3 000）

假设A地方政府第一年新增项目和市政工程投资吸引到的就业人数为12 100人（主导制造业新增就业4 400人+市政工程新增就业1 170人+配套型和服务业新增就业9 300人+高端人才引进230人-每年自然迁出企业损失就业3 000人），公共事业新增就业人数为2 400人，合计为14 500人（12 100+2 400）。按照规则至少每25人需要1亩住宅用地，平均每人所需的住宅占地为0.04亩，则：

本年需要住宅用地=14 500×0.04=580（亩）。

### （二）学生端操作

在虚拟仿真系统的土地征收和规划界面中，点击“规划”按钮，如图2-4-7所示。

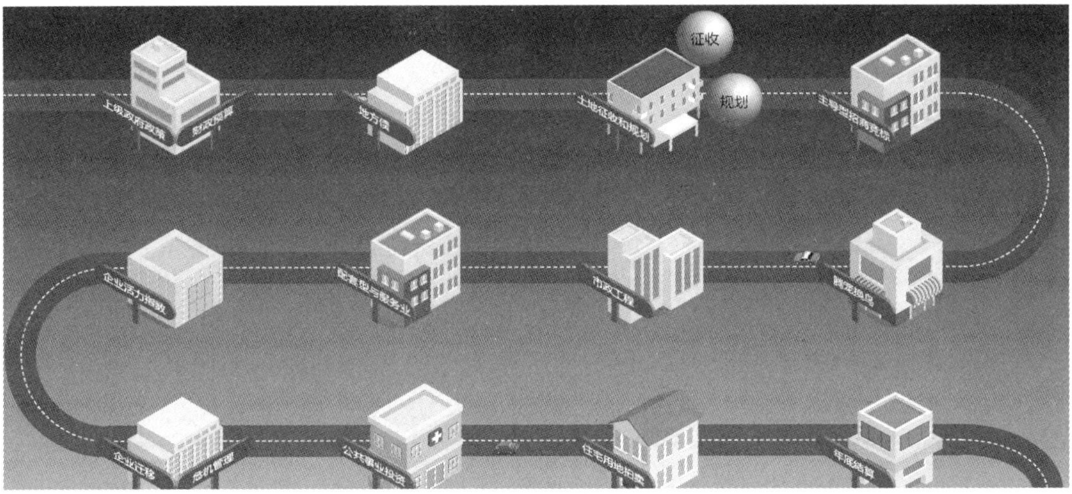


图 2-4-7　土地征收和规划界面

该界面主要分为三个窗口，即土地规划、参与状态和历史数据。

1. 土地规划

在土地规划窗口中，各地方政府可以填写工业与服务、公共事业和住宅的供地面积。工业与服务供地面积可以参考平均用地面积和上年竞标策略，估算用地规模。系统会提示上年规划的亩数，以及实际使用数来辅助决策，如果上年规划用地有较多剩余，可考虑减少此类用地规划。同时系统还会提示上年本地方政府主导与配套竞标项目放弃的招商额，如上年放弃项目较多，可考虑增加工业与服务业用地规划。

公共事业的供地面积根据新增就业人口来推算，系统会提示上年规划的亩数，以及实际使用的亩数，如果上年规划用地有较多剩余，可考虑减少此类用地规划。系统还会提示上年医院服务能力、文体场馆服务能力、基础学校服务能力与全班均值的差异度。如覆盖率未达到全班均值，应增加公共事业用地规划。

住宅用地预计需求=本年预计新增就业人数×0.04 亩/人。系统同样会提示上年规划的亩数、实际使用的亩数，以及上年财政盈余或者赤字情况，如出现财政赤字可考虑增加住宅用地规划以增加财政收入。

土地规划窗口如图 2-4-8 所示。

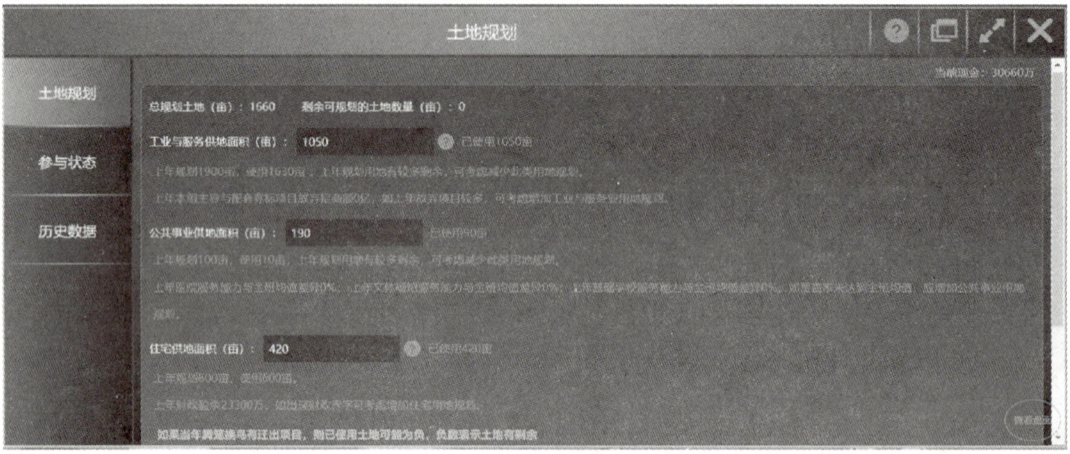


图 2-4-8　土地征收和规划——土地规划

注意事项：

（1）本部分不可放弃规划，如倒计时结束未规划，机器人将按上年规划比例自动规划。

（2）可以随时规划土地，但是重新规划的土地亩数必须大于已使用土地亩数。

（3）土地征收或规划后不能修改财政预算。

2. 参与状态

点击“参与状态”按钮，即可查看各地方政府是否已经参与或者放弃本次土地征收，如图 2-4-9 所示。

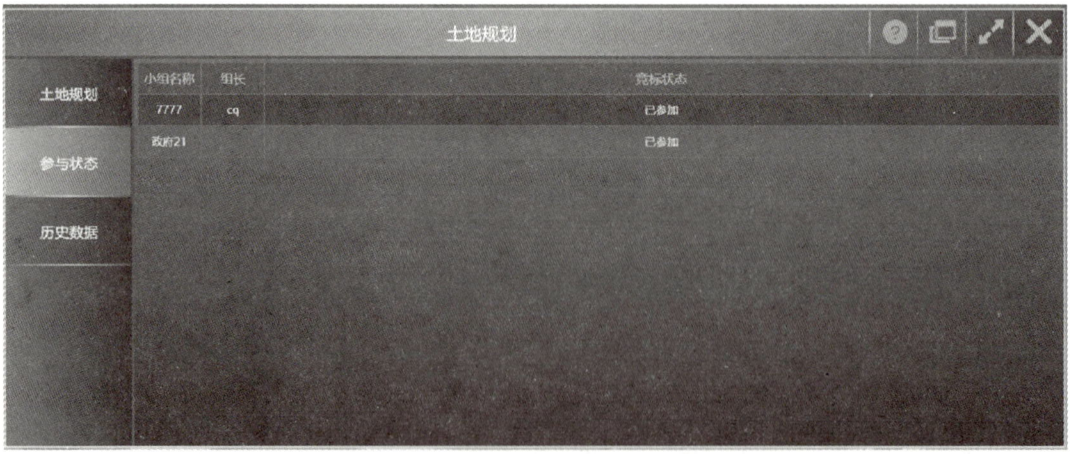


图 2-4-9　土地征收和规划——参与状态

3. 历史数据

待所有地方政府规划完之后，可以查看不同用地的剩余数量，白色数字为总征地数量，绿色字体为还未进行规划的剩余用地数量，如图 2-4-10 所示。

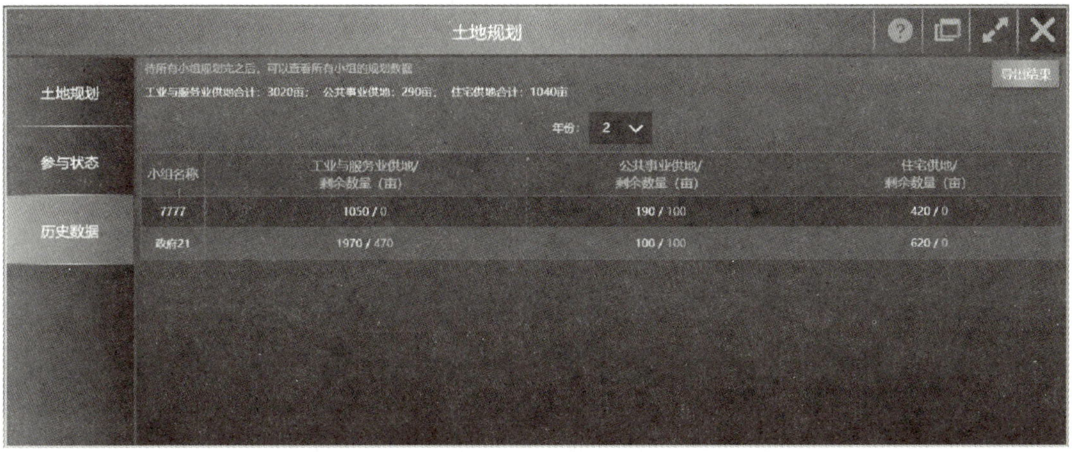


图 2-4-10　土地征收和规划——历史数据

### （三）教师端操作

教师在本项目中不需要进行操作，只需要督促和引导各地方政府进行土地规划即可，教师可以在系统中查看各地方政府的征收参与规划和规划历史，引导各地方政府对尚未使用的土地进行再次规划。

在土地征收和规划界面中，点击“规划参与状态”按钮，可查看各组是否已经参与或者放弃。教师可在“班级管理>运营设置>是否允许多次土地规划”中设置是否可以多次规划。

## 链接：知识拓展

## 关于土地征用应注重的若干问题

### 一、政府的征地权力应限制

土地征用是宪法特别授予政府的一项权力，是一种社会公共权力，用以垄断公共强制力资源，以抑制因个体任性而阻碍社会公共利益的实现。从古到今，在任何社会经济形态中，政府的土地财产权利都因要受到国家的某种程度的干预而并非绝对完整。

土地资源具有极端重要性和稀缺性。由于土地资源供给的刚性与需求的扩张性，这种无弹性需求通常无法通过市场或其他途径来实现，唯有通过强制力措施来满足公共利益的需求。世界各国（地区）通过法律建立了土地征用制度，如英国的“强制收买”（compulsory purchase），日本的“土地收用”或“土地收买”，美国的“最高土地权的行使”（eminent domain），法国、德国的“土地征收”（land expropriation），中国香港地区的“官方收回”等。但法律授予的权力不是无边无际的，也要保障个人与政府、财产权与行政权力的关系的平衡，以防止政府滥用权力侵犯被征用者利益。正如曾两次获得诺贝尔奖提名的美国农村发展研究所所长罗伊·普罗斯特曼所说“政府的权力应该得到限制”，“政府应该从商业土地开发中走出来，他们的权力只限于公益事业的用地。”

## 二、公益事业用地与公共利益内涵应明晰

根据《土地管理法》第五十四条的规定，可以采取划拨方式征用土地的用地：国家机关用地和军事用地；城市基础设施用地和公益事业用地；国家重点扶持的能源、交通、水利等基础设施用地。其中，“公益事业用地”是一个很模糊的词语。很多地方政府将商业用地也纳入其中。这也是政府官员可以利用并导致腐败的条款。

罗伊·普罗斯特曼认为，国外对“公益事业用地”有明确的定义方法。对于处于转型期的中国，应该尽可能对公益事业用地做出具体说明，以防侵害农民权利。他认为，公益事业用地应包括学校、公园、水坝、桥梁、道路等。而除此之外的厂房、超市等都应该是商业目的用地，应通过有偿方式取得。公共利益具有很高的抽象性，它的内涵有多种解释，有公共目的、公共用途、公共事业、公共使用等，其共性是“公众的或与公众有关的使用”。问题的关键在于“公众的”范围究竟有多大，即受益者是全社会的还是一定区域的或特定群体的？公共利益只能以大多数的不确定数目的利益人存在为标准。公共利益的界定大致可分为两种形式：①土地征用制度或有关法律对社会公共利益的范围没有明确限定，但其可以通过其他法律对私人土地或财产给予充分保护。如澳大利亚征用法规定，“公共目的”是指议会有权力制定法律来限定的用途。②在土地征用制度或有关法律中，采用列举法严格限定公共利益的范围。在一个不断变化的社会里，公共利益界定必须考虑其特定时期的经济、社会及文化等各种因素。一般来说，公共利益是由社会价值观的现存体系而决定的，包括公共交通、公共教育、公共医疗、社会秩序、社会保障、共同发展等。它是一个社群存在或者发展所必需的社会价值，既包括既得的各种正当利益（如公共福利的提供），也包括可能获得或丧失的利益。

## 三、保护耕地与严格控制征地规模

耕地是农用地的精华，是维护国家粮食安全最基本的内容。处于经济高速成长、

社会快速发展的中国，以大规模的土地开发促进城市化的快速推进是不可避免的。但随着征地规模的不断扩大，征地过程中暴露出来的矛盾和问题也越来越多，如征地规模过大。

资源瓶颈是制约农业发展的一大障碍，在目前的技术条件下，耕地仍是发展农业的基本要素。但是，我国有限的耕地却因建工厂、修公路、盖住宅、建开发区等，每年以上百万亩的速度急剧减少。针对耕地资源稀缺、经营规模狭小的国情，必须加强对国土的管制，借鉴国外的经验并结合我国的实情，制定相应政策，严格控制征地规模。一是农地转让的限制政策。一些国家为了尽量防止农田非农业开发，购置农田必须得到农业部门的许可，并且对于非农户的各项请求和非农用地，一概不予受理。荷兰的农田只能转让给农民，并确保农场持续发展，才能获得批准。为了控制城市外延无限扩张造成城郊农业的整体结构被破坏，一些发达国家制定了相应的防范政策。德国的政策是只允许在已有建筑物的附近从事建设，避免农用地被分割。在挪威和瑞士，所有未开发区均受保护，实行整体开发和综合利用。三是政府储备土地的政策。为了引导城郊土地的正确流向，政府先期购买农田，作为农田储备，确需转用时再适时提供。法国在 1962 年就推行土地储备政策，英国 1972 年开始通过征地建立土地储备。这可以有效抑制农地大量、盲目地转为非农建设用地，保护城郊农业用地。四是土地利用规划约束和用途管制。地方各级政府都要制定土地利用规划，强化规划对建设用地总量的控制，把用地规模限制在规划数量、范围之内。

资料来源：高振纲. 关于土地征用应注重的若干问题［J］. 低碳世界，2017（33）：333-334.

## 链接：新闻热点

### 土地征收成片开发有新规 农民权益将获得更多保护

自然资源部印发了《土地征收成片开发标准（试行）》（以下简称《标准》），其中一大亮点是要求开发方案充分征求农村集体经济组织和农民的意见，并经集体经济组织成员的村民会议三分之二以上成员或者三分之二以上村民代表同意，否则不得申请土地征收成片开发。

一位业内人士在接受采访时表示，这意味着征地制度改革在执行层面不断细化，在实施层面更加注重保护农民权益。

《中共中央关于制定国民经济和社会发展第十四个五年规划和二〇三五年远景目标的建议》提出，健全城乡统一的建设用地市场，积极探索实施农村集体经营性建设用地入市制度。建立土地征收公共利益用地认定机制，缩小土地征收范围。2020 年年初发布的《关于构建更加完善的要素市场化配置体制机制的意见》也提到，全面推开农村土地征收制度改革，扩大国有土地有偿使用范围。由此，包括征地制度改革在内的农村土地制度改革有望在“十四五”时期获得较大推进。

2019 年，十三届全国人大常委会第十二次会议通过了关于修改《土地管理法》的决定，首次明确了土地征收补偿的基本原则是保障被征地农民原有的生活水平不降低，长远生计有保障。同时，确定以区片综合地价取代原来的土地年产值倍数法补偿村民，并增加了农村村民住宅补偿和社会保障费。

《标准》要求，土地征收成片开发应当坚持新发展理念，以人民为中心，注重保护耕地，注重维护农民合法权益，注重节约集约用地，注重生态环境保护，促进当地经济社会可持续发展。《标准》同时要求，依据国土空间规划确定一个完整的土地征收成片开发范围内基础设施、公共服务设施以及其他公益性用地比例，一般不低于 40%，各市县的具体比例由省级人民政府根据各地情况差异确定。

专家表示，此举将限制一些地方将征收的土地大比例用于商业开发。此前土地管理法修正案也首次对土地征收的公共利益予以明确界定。我国《宪法》和《土地管理法》都规定国家为了公共利益的需要可以征地，但对什么是公共利益却没有明确的法律规定。

《标准》要求，县级以上地方人民政府应当按照《土地管理法》第四十五条的规定，依据当地国民经济和社会发展规划、国土空间规划，组织编制土地征收成片开发方案，纳入当地国民经济和社会发展年度计划，并报省级人民政府批准。同时，要评估成片开发的土地利用效益以及经济、社会、生态效益。

《标准》规定，有下列情形之一的，不得批准土地征收成片开发方案：涉及占用永久基本农田的；市县区域内存在大量批而未供或者闲置土地的；各类开发区、城市新区土地利用效率低下的；已批准实施的土地征收成片开发连续两年未完成方案安排的年度实施计划的。

资料来源：经济日报. 土地征收成片开发有新规 农民权益将获得更多保护［EB/OL］.（2020-11-10）［2023-06-14］. https://www.gov.cn/xinwen/2020-11/10/content_5560113.htm.

## 项目评价

在虚拟仿真实验系统中完成发行土地征收和规划决策操作，请根据表 2-4-2 对所学内容进行自检。

**表 2-4-2　土地征收和规划实验操作评价表**

| 序号 | 鉴定评分点 | 分值 | 评分 |
|---|---|---|---|
| 1 | 理解现实经济环境中土地征收和规划的方式 | 2 | |
| 2 | 掌握在本次实验中如何确定土地征收补偿单价 | 3 | |
| 3 | 掌握在本次实验中如何对不同类型的用地进行规划 | 3 | |
| 4 | 在模拟仿真实验系统中操作无失误 | 1 | |
| 5 | 在决策过程中，小组成员相处融洽，高效合作 | 1 | |
| 总结（收获与反思）： | | | |

## 延展探索

1. 现实中对工业用地、公共事业用地和住宅用地规划需要考虑哪些因素？
2. 工业用地、公共事业用地和住宅用地的规划会如何影响一个地方的发展？
3. 在你的家乡土地是如何进行规划的？
4. 土地征收补偿在现实生活中是如何规定的？

# 项目五 主导型招商引资

## 学习目标

■ 理解在现实经济环境中，进行招商引资的意义。

■ 了解在现实经济环境中，进行招商引资的基本方法。

■ 掌握在本次实验中主导型招商的环节与内容，做出本区域企业主导型招商决策。

■ 掌握在本次实验中招商收益和招商支出的计算方法，并理解和其他政府合作招商的意义，全方位推进自己区域的高质量发展。

## 项目描述与分析

本项目将进行主导型招商竞标、主导型招商选择以及合作招商。通过该项目，学生将能够理解效能改革决策、工业服务用地报价决策、最低月工资决策以及招商奖励决策、本区域产业扶持和发展之间的关系，为自己所管辖的区域做出正确的招商引资决策。

## 项目准备

为了更好地达到本项目实训目的，需要做如下准备：

■ 了解本组在上一项目中的土地征收和规划结果。

■ 确保对本区域政府目前的财政收支现状以及本年度区域运营目标了然于胸。

■ 确保组内成员拥有必要的沟通技能和谈判技巧，能够胜任合作招商任务。

■ 确保电脑等设备能正常使用。

■ 确保网络正常且稳定。

## 知识提示

### 资本密集型产业

资本密集型产业又称资金密集型产业，是与劳动密集型产业相对的一种产业，指资本有机构成高、投资比较集中的产业部门，它们的生产工艺比较复杂，设备比较庞大，原材料消耗大，所需投资多，资金周转慢，单位投资容纳的劳动力较少，具有较高的劳动生产率，如冶金工业、石油工业、机械制造业等重工业。区别于以往靠廉价劳动力、大规模手工制作、产品单一等发展起来的劳动密集型产业，资本密集型产业主要是依靠专利来生产相近但不同质的商品，并且由于资本密集型产业中行业及厂商众多，从某种程度上讲，该产业所在的市场属于垄断竞争市场。资本密集型工业主要分布在基础工业和重加工业，一般被看作发展国民经济、实现工业化的重要基础。

## 项目实施

### 一、主导型招商竞标

#### （一）竞标规则

在实验主界面中（如图 2-5-1 所示），拖动鼠标箭头到主导型招商竞标模块所在位置，界面中会弹出图中的竞标、选择、合作招商三个选项，点击图 2-5-1 中的竞标选项，研究学习主导型招商竞标规则。

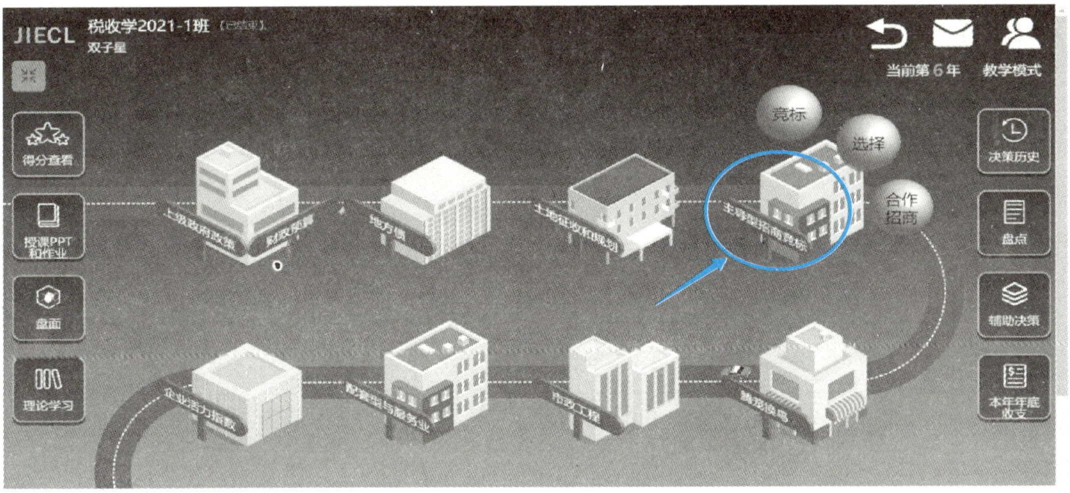


图 2-5-1　主导型招商模块

完成图 2-5-2 中圈出来的四个决策：效能改革、土地报价、最低月工资、招商引资奖励。

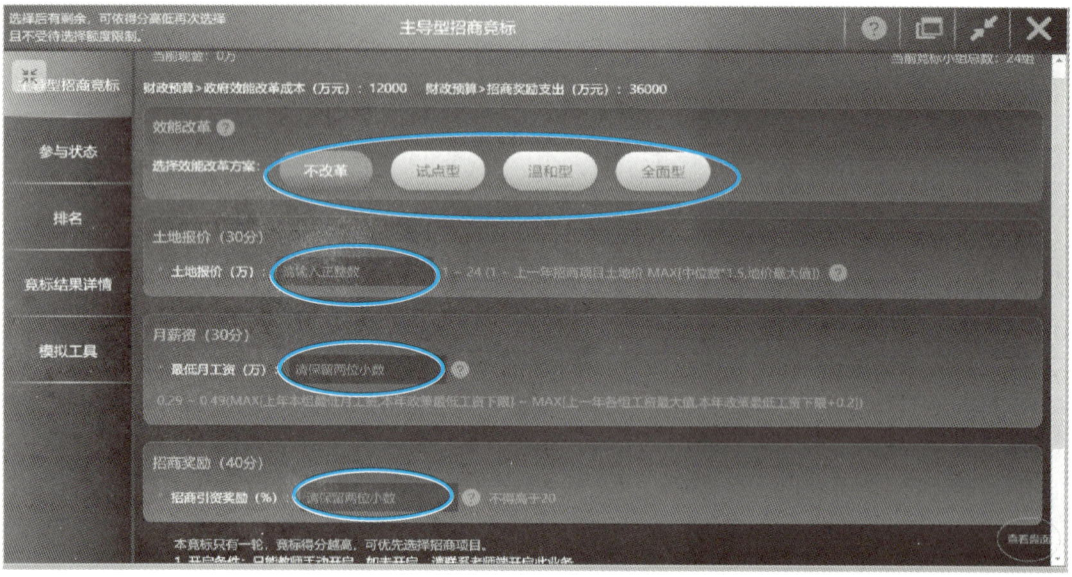


**图 2-5-2 主导型招商竞标决策界面**

竞标总体规则：土地报价越低得分越高，最低者得满分；最低月工资越低，得分越高；招商奖励比例越高，得分越高；三项合计总分越高预计吸引的投资额越大。

开启条件：只能教师手动开启，如未开启，请联系教师端开启此业务。

结束条件：由教师端手动结束，或所有地方政府提交参与数据后自动结束，或倒计时后自动结束。结束前可修改决策数据，以最后提交的决策数据为准，未参与的地方政府将自动放弃。

1. 效能改革决策规则

效能改革决策的具体规则详见表 2-5-1。

**表 2-5-1 效能改革的影响**

| 改革模式 | 每年花费金额 | 对政府效能的影响 | 对企业和居民的影响 |
|---|---|---|---|
| 不改革 | 0 | 无 | 无 |
| 试点型 | 6 000 万/年 | 个别关键部门效能提升 | 无法提升居民幸福值，增强企业活力 5% |
| 温和型 | 12 000 万/年 | 转变各部门思想观念，缓慢提升效能 | 增强企业活力 5%，增加居民幸福度指数 5% |
| 全面型 | 20 000 万/年 | 制定制度，强力推进，面貌一新 | 提升企业活力 5%，增加招商引资得分 5%，增加居民幸福度指数 5% |

2. 土地报价决策规则

土地报价决策如图 2-5-2 所示，在 1 万~24 万元/亩（这里上限的示例为 24 万元，每次的上限不一样），表示该政府报出的主导型工业用地的地价，产业入驻之后，该政府将以这个报价将土地卖出去。

其中土地报价的上限是根据上一年的主导型工业用地的价格计算出来的，上限 = Max {上一年招商项目土地报价的中位数×1.5，上一年招商项目土地报价的最大值}。

如这里示例的是 24 万元/亩，查询到上一年土地报价的中位数是 16 万元/亩、最大值是 22 万元/亩，代入本年土地报价上限的计算公式可得：本年工业用地报价上限 = Max {16×1.5，22} = Max {24，22} = 24（万元/亩）。

3. 最低月工资决策规则

最低月工资为该地方政府为入驻本地企业设置的招聘工人的最低工资，最低月工资越低，该地方政府的竞标得分越高，各地方政府中提交的最低月工资金额最低的本项竞标得满分，但较低的最低月工资会降低该地方政府本年的住宅用地收入（具体影响详见后面的住宅用地拍卖部分）。

最低月工资决策区间的下限值 = Max（上年本地方政府的最低月工资，本年上级政府政策规定的最低工资下限）。也就是本年该地方政府设置的最低月工资，既要高于上年本地方政府的最低月工资，也要高于本年上级政府政策规定的最低工资下限（详见之前的上级政府政策部分）。

最低月工资决策区间的上限值 = Max（上年各地方政府设置的最低月工资的最大值，本年中央政策规定的最低工资下限+0.2）。

4. 招商奖励决策规则

招商奖励是各地方政府给入驻本地的企业提供的奖励，招商奖励比例设置得越高，对企业的吸引力越强。

## （二）学生端操作

1. 效能改革决策操作

效能改革决策的影响：效能改革可以选择不改革、试点型、温和型、全面型四种改革模式，不改革可以节省财政支出，改革可以提升政府效能、提高居民幸福值或企业活力指数，改革程度越高，花费金额越大；但相应地，改革带来的正面效果也越好。

效能改革决策的具体操作如图 2-5-3 所示，该组地方政府通过点击不改革、试点型、温和型、全面型对应的按钮进行决策，被选中的按钮颜色为蓝色，没有被选中的按钮颜色为灰色。

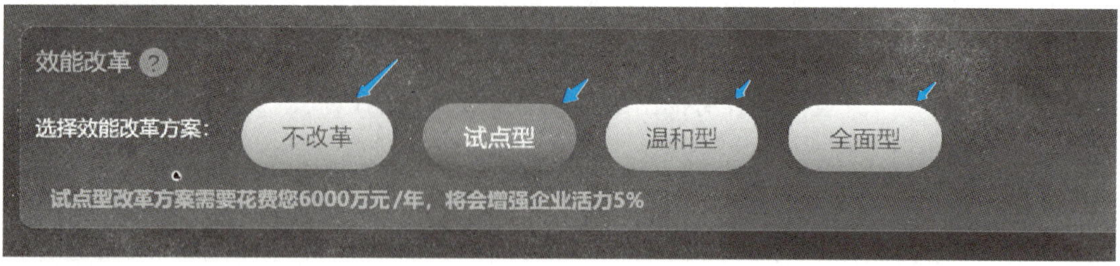


图 2-5-3　效能改革决策操作（以选择试点型为例）

2. 土地报价决策操作

土地报价决策的影响：该地方政府报价越低，可以吸引越多产业入驻本地，吸引到更多的投资额。因此，该地方政府的工业用地报价越低，则其竞标分数越高。该地方政府报价越低，相应的工业用地带来的收入就会降低，但一般是以工业用地的低价来吸引投资商入驻，更好地促进本地经济的发展，通过提高工业用地报价来提高财政收入的做法较少。

土地报价决策的操作如图 2-5-4 所示，该组地方政府在图中圈出来的位置输入土地报价，以报价 20 万元/亩为例，输入 20 即可。

图 2-5-4　土地报价决策操作（以报价 20 万元/亩为例）

3. 最低月工资决策操作

最低月工资决策的影响：①正面影响。该地方政府最低月工资设置得比其他地方政府更低时，可以极大地提高入驻该地企业的工人工资设置的灵活性，对于投资商往往更有吸引力。因此，本年设置最低月工资最低的地方政府，在最低月工资模块的竞标得分将会是满分。②负面影响。过低的最低月工资也会对该地的发展带来负面的影响，从该地居民的角度出发，过低的最低月工资可能会降低居民的每月工资收入，影响居民的消费能力，导致对该地住宅的需求降低，从而影响该地方政府本年住宅用地的拍卖收入，本年财政收入可能会降低。

最低月工资决策的操作如图 2-5-5 所示，该组地方政府在图中圈出来的位置输入最低月工资，以设置 0.4 万元/月为例，输入 0.4 即可。

图 2-5-5　最低月工资决策（以设置 0.4 万元/月为例）

4. 招商奖励决策操作

招商奖励决策的影响：①正面影响。招商奖励的比例设置得越高，企业获得的招商奖励也会越多，入驻该地的积极性也会越高。因此招商奖励比例设置最高的地方政府，其在招商奖励这一模块的得分将会是满分。②负面影响。招商奖励的比例设置得越高，该地方政府相应的财政支出也会越多。

招商奖励决策的操作如图 2-5-6 所示，该组地方政府在图中圈出来的位置输入招商引资奖励比例，以设置 8%为例，输入 8 即可。

图 2-5-6　招商奖励决策（以设置 8%为例）

5. 模拟工具

该地方政府的主导型招商竞标得分不仅受自己决策的影响，也受其他地方政府决策的影响，为了更好地预测该地方政府的主导型招商竞标得分，可以利用好模拟工具的辅助作用。

模拟工具的操作如图 2-5-7 所示。第一步，选择界面左端的模拟工具；第二步，预测各地方政府的效能改革、土地报价、最低月工资、招商引资奖励这四项决策，并输入对各地方政府的预测决策；第三步提交预测数据，查看各组模拟竞标得分（如图 2-5-8 所示）。

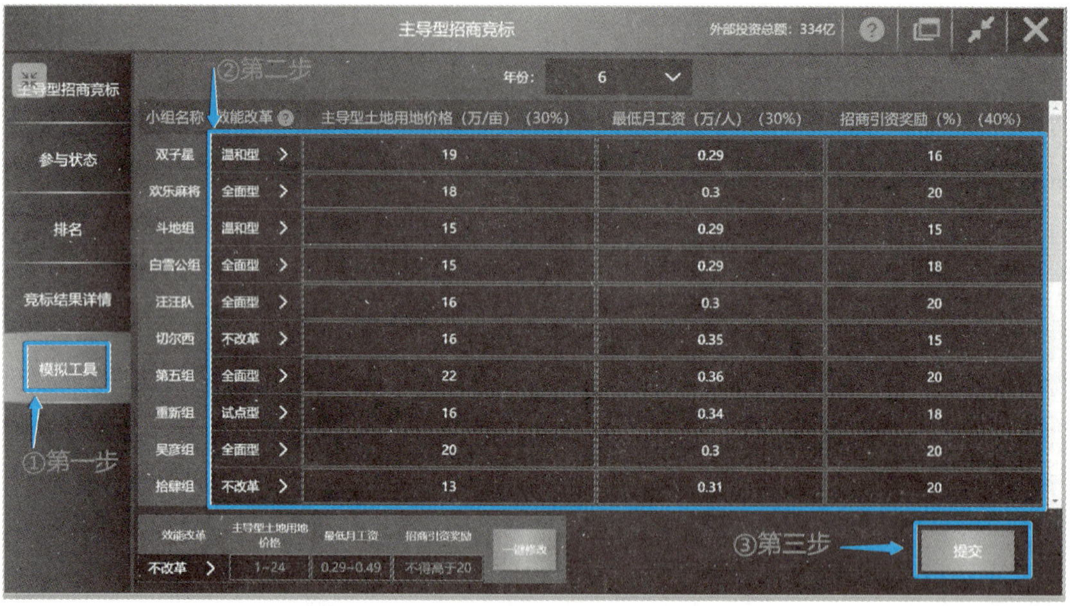


图 2-5-7　主导型招商竞标的模拟工具操作步骤

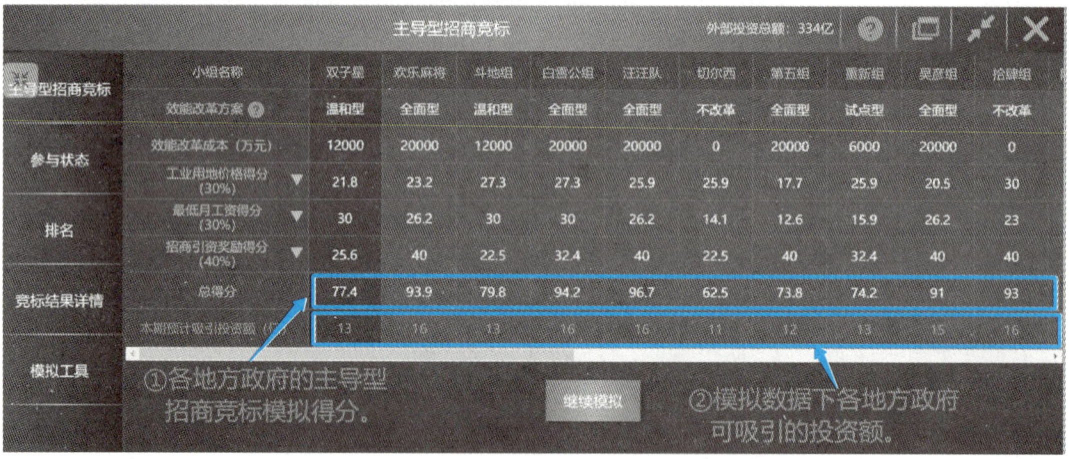


图 2-5-8　主导型招商竞标的模拟结果

6. 提交决策及查看主导型招商竞标结果

在综合考虑该地方政府的财政收支压力、该地方政府预期达到的招商效果、其他地方政府的可能决策机制之后，用好模拟工具的辅助作用，在主导型招商竞标界面由组长提交该地方政府的主导型招商竞标决策（如图 2-5-9 上半部分）。

主导型招商竞标结束之后可以查看该地方政府和其他地方政府的竞标结果：各地方政府的主导型招商竞标得分和本期预计吸引的招商额度（如图 2-5-9 下半部分）。

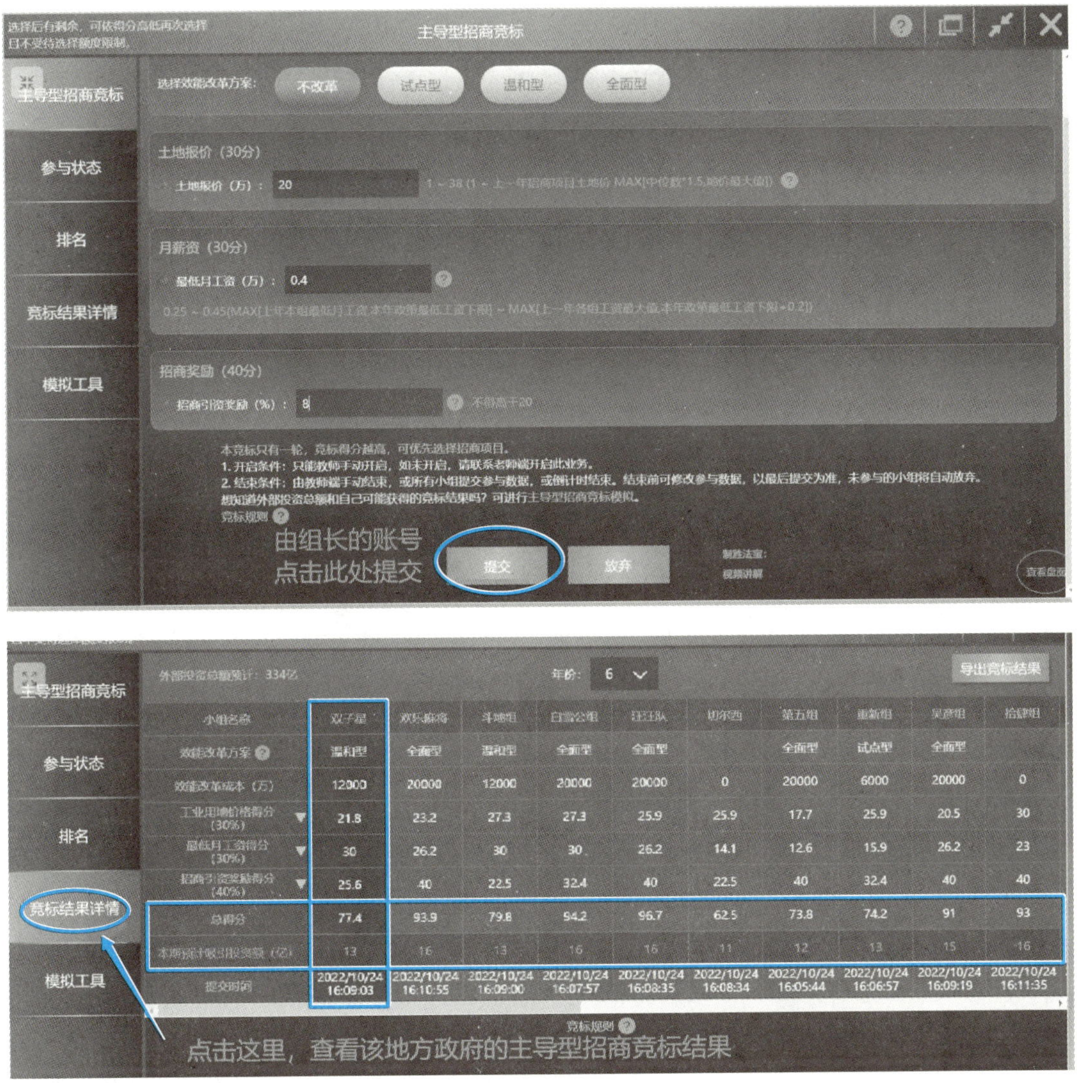


图 2-5-9　主导型招商竞标决策提交及竞标结果查看

### （三）教师端操作

（1）如图 2-5-10 所示，根据预设的模拟仿真大环境，为主导型招商竞标设置权重配置：主导型工业用地地价得分权重、最低月工资得分权重、招商奖励得分权重，点击保存。在主导型招商竞标结束之前教师都可以对得分权重配置进行更改。

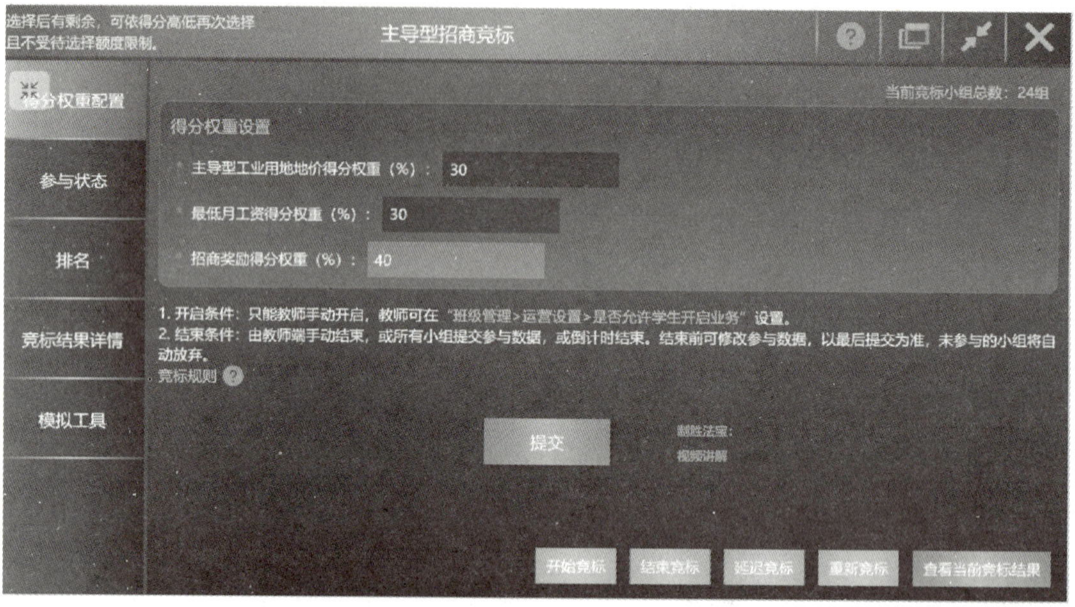


**图 2-5-10　主导型招商竞标教师端界面**

（2）进入竞标结果详情窗口，点击开始竞标，学生端即可进行主导型招商竞标相关操作。在该界面教师还可操作的功能有：结束竞标、延迟竞标、重新竞标和查看当前竞标结果。

（3）教师可通过模拟工具窗口向学生讲解主导型招商竞标的规则，并指导学生使用该模拟工具。

（4）主导型招商竞标可以由教师手动结束，或所有地方政府提交竞标方案后自动结束，或倒计时结束，在结束前，学生可以修改竞标方案，教师可在参与状态窗口及竞标结果详情窗口了解各个地方政府主导型招商竞标的进程。

（5）主导型招商竞标结束后，教师可通过排名窗口及竞标结果详情窗口查看所有地方政府的竞标结果，带领学生对该项决策进行总结与反思。

## 二、主导型招商选择

### （一）选择规则

在实验主界面中（如图 2-5-11 所示），拖动鼠标箭头到主导型招商竞标模块所在位置，界面中会弹出竞标、选择、合作招商三个选项，点击图 2-5-11 中的选择选项，研究学习主导型招商选择的规则。

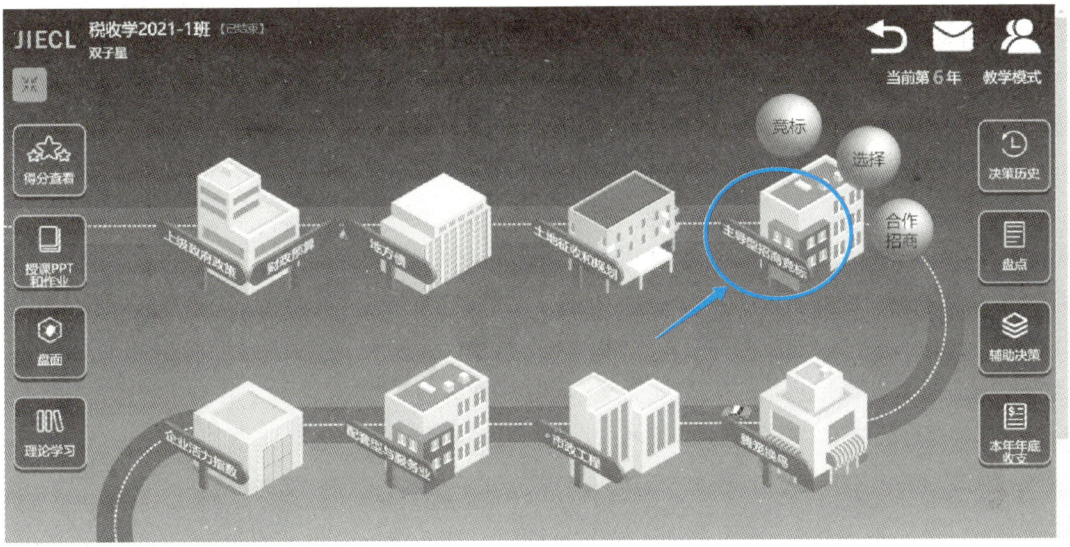


图 2-5-11　主导型招商竞标模块

完成图 2-5-12 中圈出来的两项决策：为四种不同类型的招商产业（劳动密集 1 亿元、劳动密集 4 亿元、资本密集 4 亿元、资本密集 10 亿元）设置优先级、输入产业个数的上限。若该地方政府因招商额度太低导致没有可以选择的产业或可以选择的产业数量太少，则可以通过合作招商来减轻招商额不足给该地方经济发展带来的负面影响（详见主导型制造业合作招商的相关内容）。

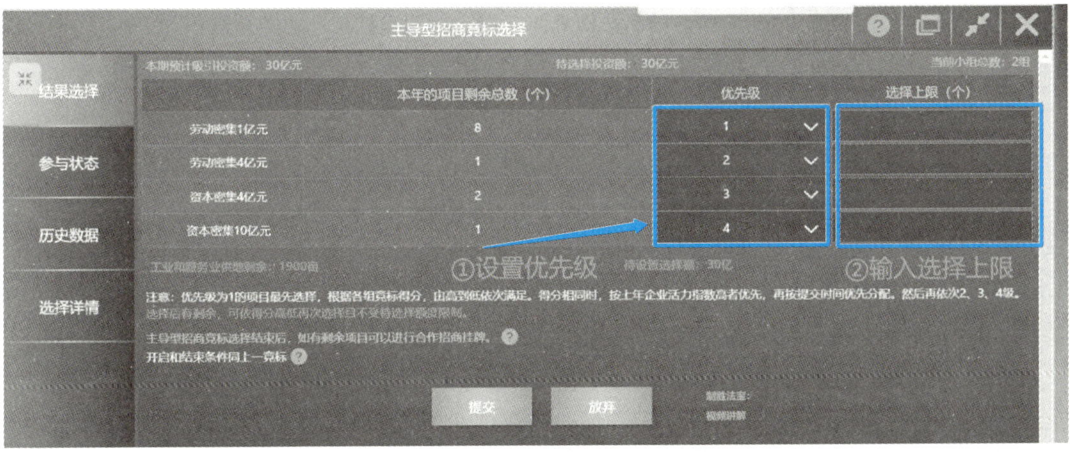


图 2-5-12　主导型招商竞标选择界面

开启条件：只能教师手动开启，如未开启，请联系教师端开启此业务。

结束条件：由教师端手动结束，或所有地方政府提交参与数据后自动结束，或倒计时后自动结束。结束前可修改决策数据，以最后提交的决策数据为准，未参与的地方政府将自动放弃。

1. 四类招商产业概述

在主导型招商选择界面的底部，有四张卡片简单介绍了四种不同类型的招商产业（劳动密集 1 亿元、劳动密集 4 亿元、资本密集 4 亿元、资本密集 10 亿元），如图 2-5-13 所示：投资代表选择该类产业将会耗用的主导型招商额度。该招商额度不是地方政府的财政支出，而是主导型招商竞标结果中该地方政府获得的本期预计吸引投资额；用地代表选择该类产业将会占用该地方的工业用地亩数；增值税代表该类产业会给该地方政府带来的财政收入；就业代表该类产业会给当地新增多少就业人数。

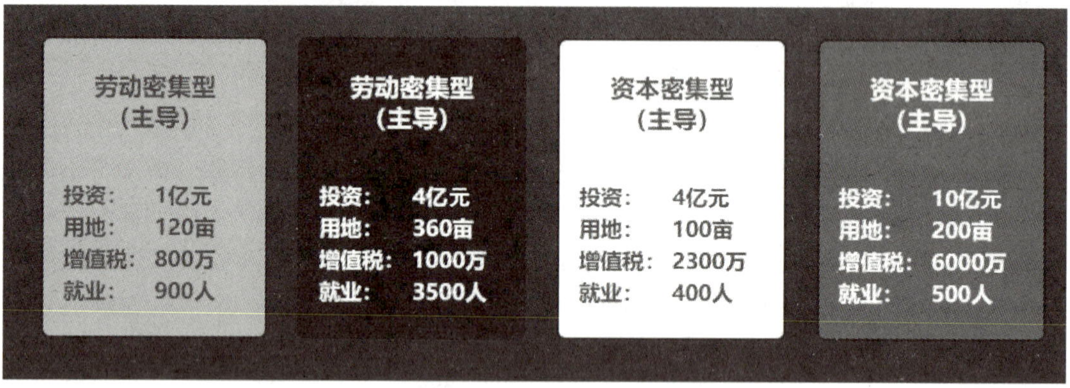


图 2-5-13　主导型招商选择界面底部（对四类招商产业的介绍）

（1）劳动密集型产业投资 1 亿元。

劳动密集型产业投资 1 亿元的代价：消耗该地方政府的投资额 1 亿元，占用该地方政府 120 亩工业用地。需要注意的是，投资额 1 亿元不是该地方政府的财政支出，而是耗用该地方政府通过主导型招商竞标得来的本期预计吸引投资额，该投资额可以理解为吸引来的其他企业在本地的投资金额。

劳动密集型产业投资 1 亿元的收益：为该地方政府贡献 800 万元的财政收入（增值税），为当地解决 900 人的就业。

（2）劳动密集型产业投资 4 亿元。

劳动密集型产业投资 4 亿元的代价：消耗该地方政府的投资额 4 亿元，占用该地方政府 360 亩工业用地。需要注意的是，投资额 4 亿元不是该地方政府的财政支出，而是耗用该地方政府通过主导型招商竞标得来的本期预计吸引投资额，该投资额可以理解为吸引来的其他企业在本地的投资金额。

劳动密集型产业投资 4 亿元的收益：为该地方政府贡献 1 000 万元的财政收入（增值税），为当地解决 3 500 人的就业。

（3）资本密集型产业投资 4 亿元。

资本密集型产业投资 4 亿元的代价：消耗该地方政府的投资额 4 亿元，占用该地方政府 100 亩工业用地。需要注意的是，投资额 4 亿元不是该地方政府的财政支出，而是耗用该地方政府通过主导型招商竞标得来的本期预计吸引投资额，该投资额可以理解为吸引来的其他企业在本地的投资金额。

资本密集型产业投资 4 亿元的收益：为该地方政府贡献 2 300 万元的财政收入（增值税），为当地解决 400 人的就业。

（4）资本密集型产业投资 10 亿元。

资本密集型产业投资 10 亿元的代价：消耗该地方政府的投资额 10 亿元，占用该地方政府 200 亩工业用地。需要注意的是，投资额 10 亿元不是该地方政府的财政支出，而是耗用该地方政府通过主导型招商竞标得来的本期预计吸引投资额，该投资额可以理解为吸引来的其他企业在本地的投资金额。

资本密集型产业投资 10 亿元的收益：为该地方政府贡献 6 000 万元的财政收入（增值税），为当地解决 500 人的就业。

2. 优先级设置规则

优先级有 1、2、3、4 级。优先级为 1 的项目最先选择，依次按照本年各地方政府的主导型招商竞标得分高低、上年企业活力指数高低、提交时间先后的顺序来分配各类型产业，具体分配规则如下：

（1）根据各地方政府主导型招商竞标得分情况，由高到低依次满足，得分高的地方政府可以先分配该类产业，得分低的地方政府后分配该类产业，当产业数量不够分配时，得分低的地方政府无法得到该类产业。

（2）各地方政府本年主导型招商竞标得分相同时，按各地上年的企业活力指数情况分配，企业活力指数高的地方政府优先获得产业。

（3）各地方政府主导型招商竞标得分相同、各地上年的企业活力指数也相同时，按提交时间的先后顺序分配，先提交的地方政府先获得该类产业。

然后再依次对 2、3、4 级的产业按照上述规则进行分配。

3. 四类招商产业的选择规则

选择具体产业的个数时，不需要的产业可以不输入，对于需要的产业类型，在该类型下输入具体的个数，但输入的数量不能超过本年该类项目的剩余总数。

### （二）学生端操作

1. 优先级设置操作

在设置优先级前，该地方政府应当权衡各类型产业的优缺点：劳动密集型产业的优点是创造的就业机会相对较多，缺点是带来的税收收入较少、占用的土地较多；与之相反，资本密集型产业的优点是带来更多的税收收入、占用土地较少，缺点是创造的就业机会相对较少。

结合该地方经济发展的情况、发展规划、该地方政府获得的本期预计吸引投资额、本年主导型招商的竞标得分、该地方政府对各类型产业的偏好程度，如图 2-5-14 所示修改各类型产业的优先级，点击优先级对应的数字旁边的倒三角尖符号，在弹出窗口中点击代表优先级顺序的数字。

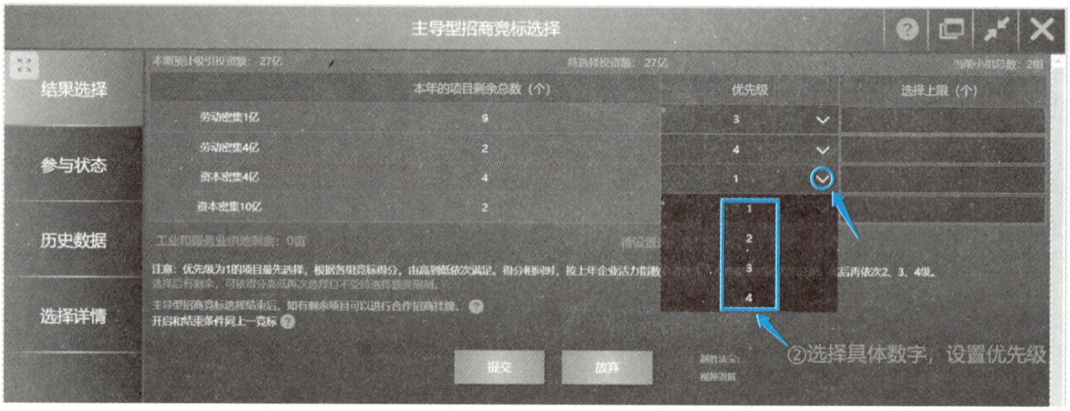


图 2-5-14　主导型招商竞标选择设置优先级

2. 四类招商产业个数的选择操作

在图 2-5-15 中选择上限那一列输入该地方政府想获取的各类型产业的个数，然后点击底部的提交按钮（仅组长有提交权限），完成主导型招商竞标选择操作。

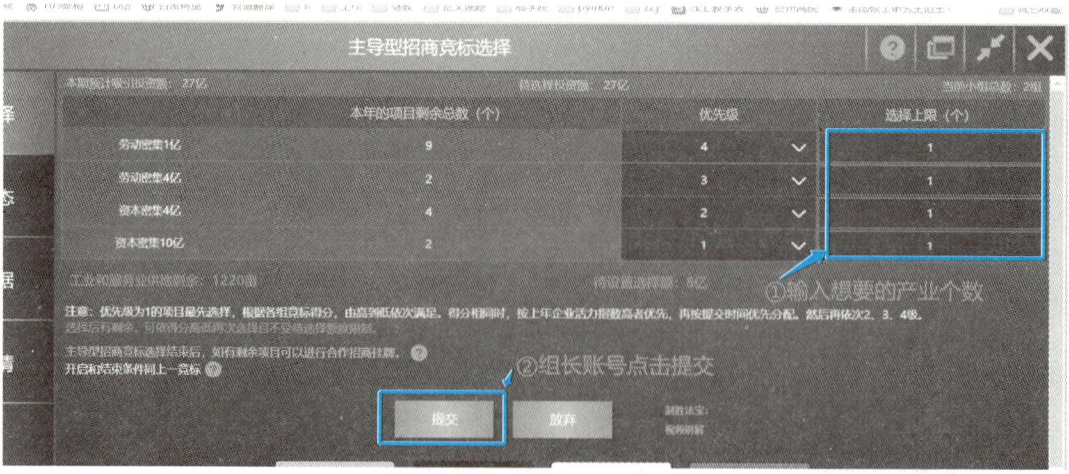


图 2-5-15　主导型招商竞标选择设置选择上限

注意，主导型招商竞标的选择可以重复开启，若该地方政府还有投资额没有用完，本年还存在剩余的项目，可以联系老师点击再次选择按钮，则可以接着去分配剩下的投资额。

3. 查看主导型招商竞标选择结果

如图 2-5-16 所示，在主导型招商竞标选择界面，点击左边的“选择详情”按钮，弹出所有地方政府实际获得的各类型产业的个数，如图中的双子星地方政府：

①对于劳动密集型 1 亿元产业，其产业数量上限为 5 个，优先级设为 2 级，实际分到了 0 个。

②对于劳动密集型 4 亿元产业，其产业数量上限为 1 个，优先级设为 1 级，实际分到了 1 个。

③对于资本密集型 4 亿元产业，其产业数量上限为 1 个，优先级设为 3 级，实际分到了 1 个。

④对于资本密集型 10 亿元产业，其产业数量上限 0 个，优先级设为 4 级，实际分到了 0 个。

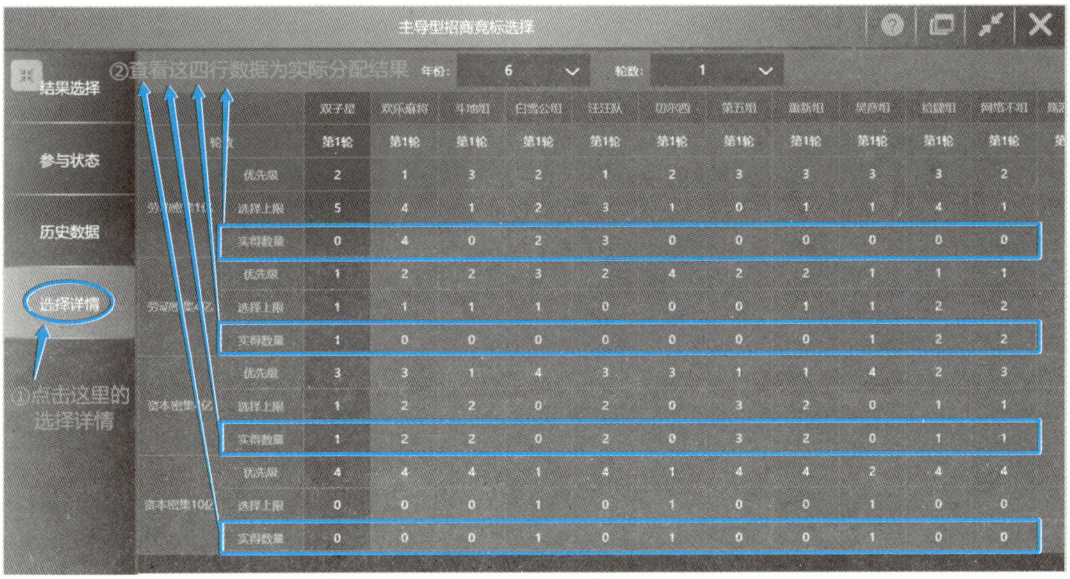


图 2-5-16　主导型招商竞标选择结果查看操作

### （三）教师端操作

（1）进入主导型招商选择界面，如图 2-5-17 上半部分所示，教师可以设置各类型产业的总的数量。如图 2-5-17 下半部分所示，教师可在主导型招商选择界面点击“开始/再次选择”按钮，学生端即可进行主导型招商竞标选择的相关操作。在该界面教师还可操作的功能有：结束选择、延迟选择。

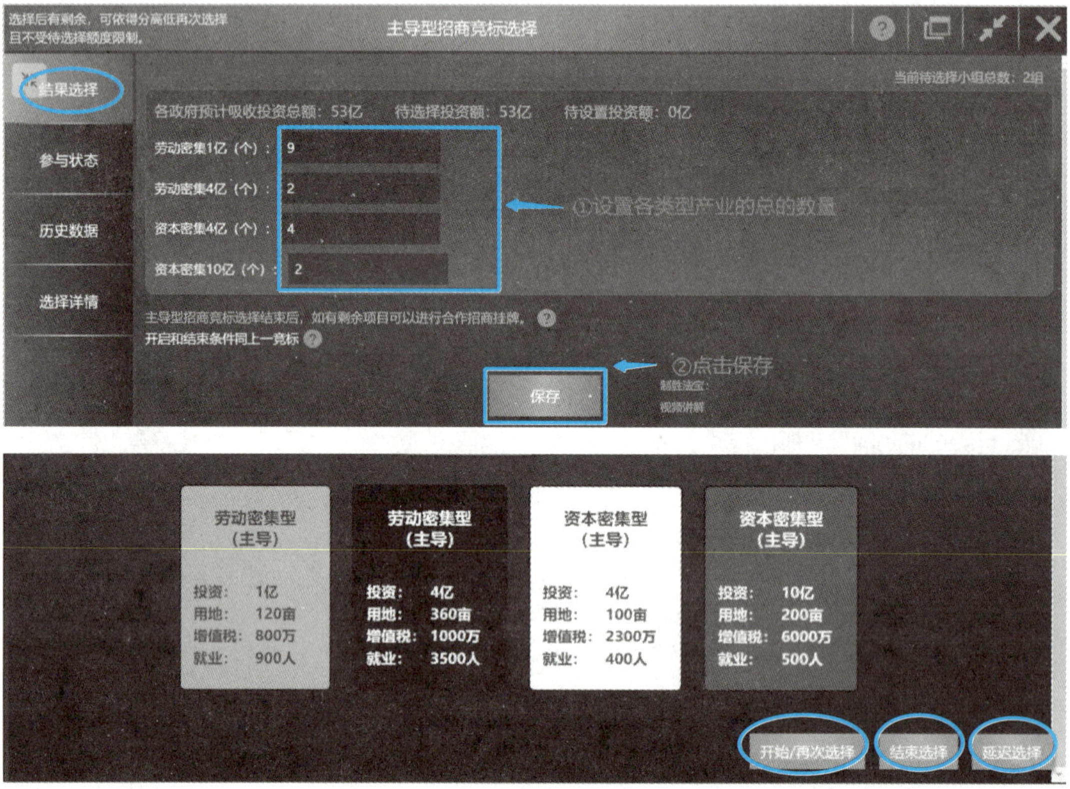


图 2-5-17　主导型招商竞标选择按钮（教师端界面）

（2）主导型招商竞标选择结束后，如图 2-5-18 所示，教师可通过点击主导型招商竞标选择界面左侧的选择详情选项，在弹出的选择结果窗口查看所有地方政府实际获得的各类型产业的个数，带领学生对该项决策进行总结与反思。

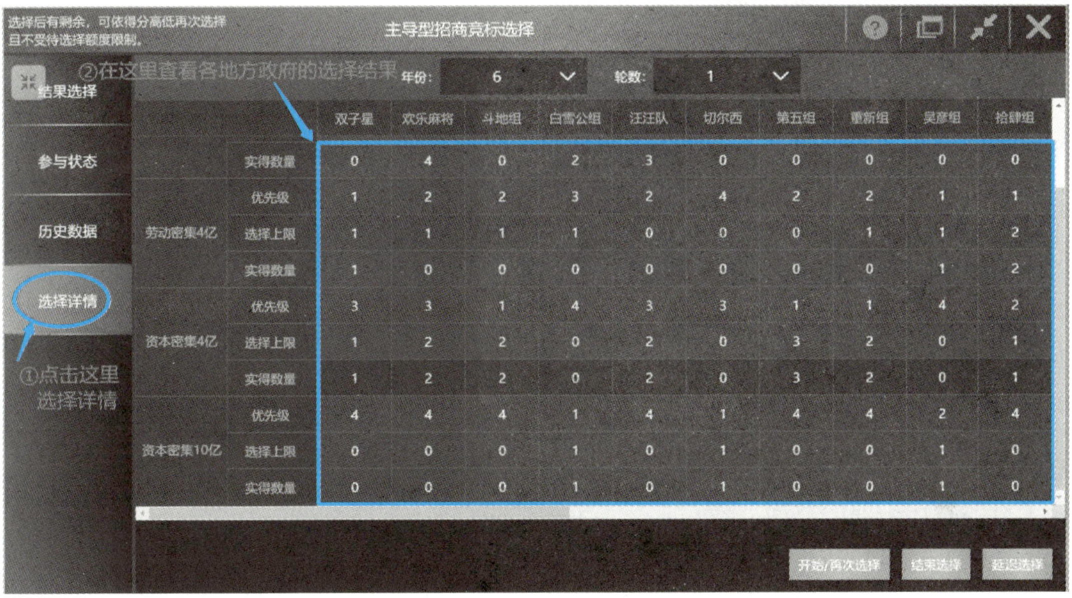


| | | 双子星 | 欢乐麻将 | 斗地组 | 白雪公组 | 汪汪队 | 切尔西 | 第五组 | 重新组 | 吴彦组 | 拾肆组 |
|---|---|---|---|---|---|---|---|---|---|---|---|
| | 实得数量 | 0 | 4 | 0 | 2 | 3 | 0 | 0 | 0 | 0 | 0 |
| 劳动密集4亿 | 优先级 | 1 | 2 | 2 | 3 | 2 | 4 | 2 | 2 | 1 | 1 |
| | 选择上限 | 1 | 1 | 1 | 1 | 0 | 0 | 0 | 1 | 1 | 2 |
| | 实得数量 | 1 | 0 | 0 | 0 | 0 | 0 | 0 | 0 | 1 | 2 |
| 资本密集4亿 | 优先级 | 3 | 3 | 1 | 4 | 3 | 3 | 1 | 1 | 4 | 2 |
| | 选择上限 | 1 | 2 | 2 | 0 | 2 | 0 | 3 | 2 | 0 | 1 |
| | 实得数量 | 1 | 2 | 2 | 0 | 2 | 0 | 3 | 2 | 0 | 1 |
| 资本密集10亿 | 优先级 | 4 | 4 | 4 | 1 | 4 | 1 | 4 | 4 | 2 | 4 |
| | 选择上限 | 0 | 0 | 0 | 1 | 0 | 1 | 0 | 0 | 1 | 0 |
| | 实得数量 | 0 | 0 | 0 | 1 | 0 | 1 | 0 | 0 | 1 | 0 |

图 2-5-18　主导型招商竞标选择结果查看操作（教师端界面）

## 三、主导型制造业合作招商

主导型招商选择环节结束之后，才可以开始进行合作招商。

### （一）合作招商规则

合作招商规则：投资额未用完的地方政府（简称招商额地方政府）可以选择与剩余土地较多的地方政府（简称土地地方政府）进行合作招商，双方合作招商的代价和收益具体如下：

（1）招商额地方政府。

合作招商的代价：占用招商额度、支付招商奖励。合作招商的收益：获得项目增值税和所得税。

支付招商奖励是按照招商额地方政府在主导型招商竞标中提交的招商奖励比例计算该地方政府支付给企业的奖励。例如合作招商劳动密集型产业 4 亿元，招商额地方政府之前在主导型招商竞标中提交的招商奖励比例为 8%，那么合作招商完成之后，该招商额地方政府将会发生 3 200 万元的财政支出（4 亿元×8%），支付给该产业的相关企业。

需要注意的是，占用的招商额度不是该地方政府的财政支出，而是耗用该地方政府通过主导型招商竞标得来的本期预计吸引投资额，该投资额可以理解为预期可以吸引来的其他企业在本地的投资金额。

（2）土地地方政府。

合作招商的代价：占用该地方政府的工业和服务业用地。合作招商的收益：获得按照挂牌价成交的土地款，为该地方政府解决就业问题。

例如：政府 1 有剩余招商额，政府 2 有剩余土地，可进行合作招商，土地政府 2 的土地将会被占用，可获得土地款收入和合作产业带来的就业机会，招商政府 1 的招商额将会被耗用，可获得合作产业带来的增值税、所得税收益。

### （二）学生端操作

1. 合作洽谈

查询所有地方政府本年获得的主导型产业投资额未使用情况以及工业与服务业用地剩余数量，寻找有合作空间的地方政府进行商谈，达成其中一方出地、一方出投资额来进行合作招商的意向。

例如，双子星地方政府有多余的招商额，需要寻找有多余的工业与服务用地的地方政府进行合作，经过查询相关信息以及走访各地方政府，最终发现有合作空间的飞飞公组地方政府，双方经过多次协商，达成合作意向。

2. 合作挂牌

达成合作意向的两个地方政府中的一方应该提交挂牌信息，然后通知对方政府，另一方在待成交挂牌中找到挂牌信息，确认无误之后点击“成交”按钮。

例如，前述双子星地方政府已经和飞飞公组地方政府达成了合作意向，由双子星地方政府出招商额度、飞飞公组地方政府出地，共同建设资本密集型 4 亿元的产业。双方决定，由飞飞公组地方政府提交挂牌信息，双子星地方政府同意挂牌信息。

如图 2-5-19 所示，飞飞公组地方政府先挂牌。首先，飞飞公组地方政府在合作招商的界面下，左端选择“我的挂牌”，然后拖动该界面到中部，输入对应的挂牌信息：交易小组为对方政府“双子星”；项目类型选择“主导型”；项目名称选择“资本密集 4 亿元”；资源类型选择“土地”（意味着飞飞公组地方政府将会提供项目所需的土地）；土地单价默认为 15 万元（此数字为飞飞公组地方政府在前面主导型招商竞标中填写的工业用地的土地报价）；项目数量输入 1 个（双方在线下达成合作意向的数量）；最后点击“挂牌”按钮提交飞飞公组地方政府的挂牌信息。

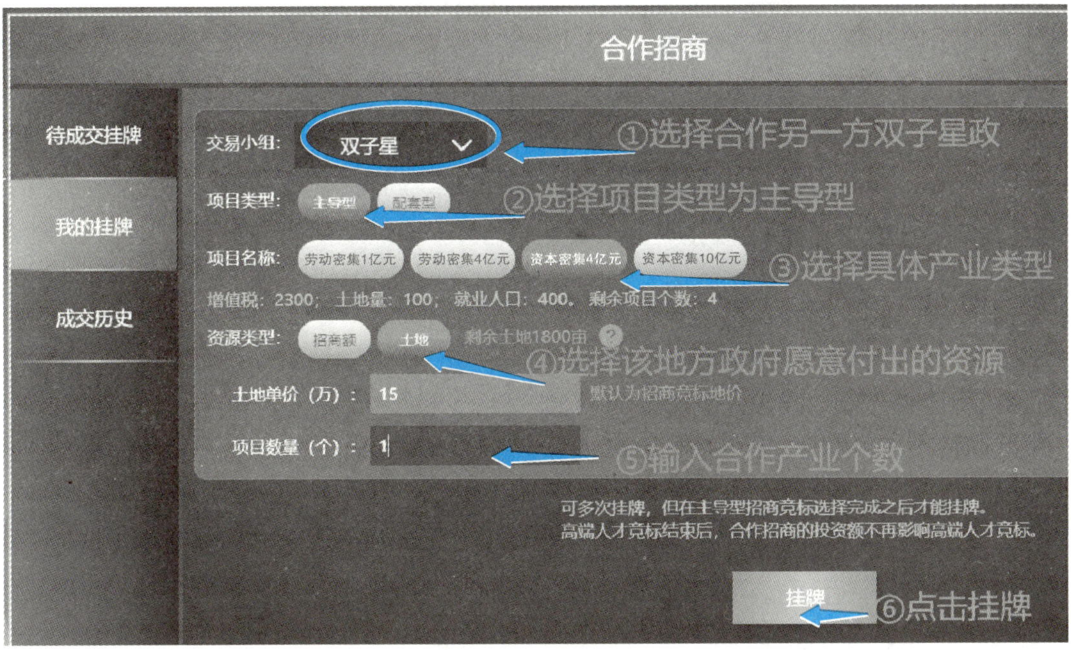


图 2-5-19　合作招商提交挂牌（以出地的飞飞公组地方政府的操作为例）

如图 2-5-20 所示，双子星地方政府在主导型合作招商的界面下，左端点击“待成交挂牌”按钮，找到对应的挂牌信息，点击“成交”按钮，则飞飞公组地方政府和双子星地方政府在系统中完成了合作招商。

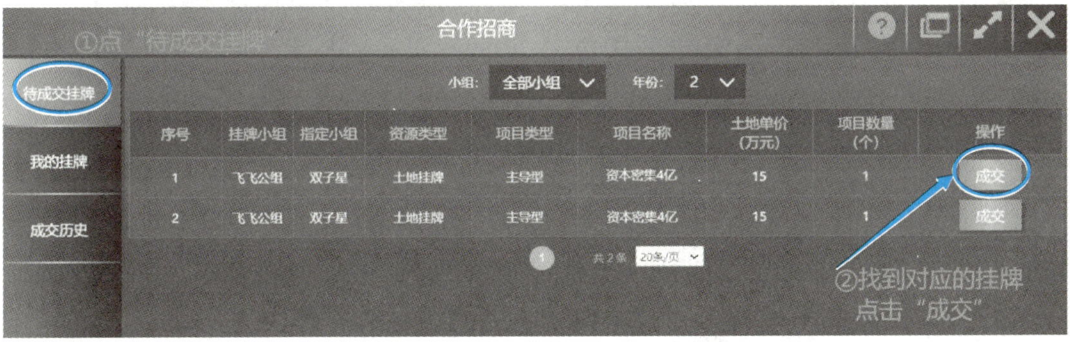


图 2-5-20　合作招商挂牌成交（以出招商额的双子星地方政府的操作为例）

3. 合作招商的结果查询

如图 2-5-21 所示，合作招商的双方均可以在虚拟仿真实验系统主界面的右边选择“决策历史”，在弹出的界面中查询主导型合作招商的结果。

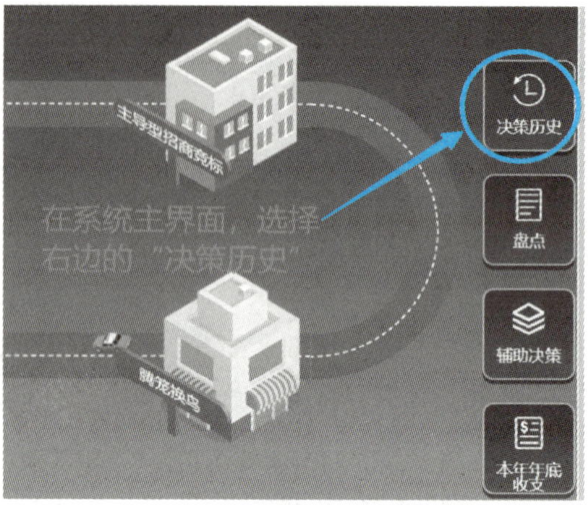


图 2-5-21　合作招商结果查询操作

（1）招商额地方政府的主导型制造业合作招商结果。

图 2-5-22 为出招商额的地方政府双子星在虚拟仿真实验系统中的“决策历史”窗口，该窗口显示双子星地方政府收到了 3 200 万元的增值税收入和 300 万元的附加税费收入，按实际吸引投资额支付招商奖励 3 200 万元。

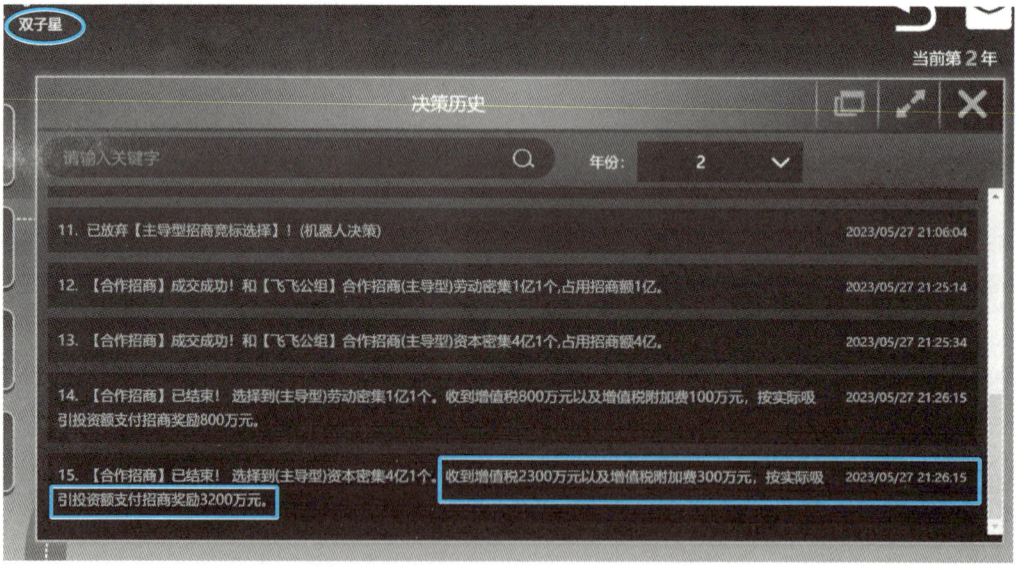


图 2-5-22　合作招商决策历史窗口（以出招商额的地方政府双子星为例）

关于“按实际吸引投资额支付招商奖励 3 200 万元”的解释：如图 2-5-23 所示，查询双子星地方政府在本年的主导型招商竞标决策信息可知，双子星地方政府设置的是 8%的招商引资奖励，而双子星地方政府出了 4 亿元的招商额度和飞飞公组完成了

“资本密集 4 亿元”项目的合作招商，故双子星地方政府在该合作招商中实际吸引了 4 亿元的投资额，则双子星地方政府应按照 8% 的比例支付招商引资奖励 3 200 万元（4 亿元×8%）。

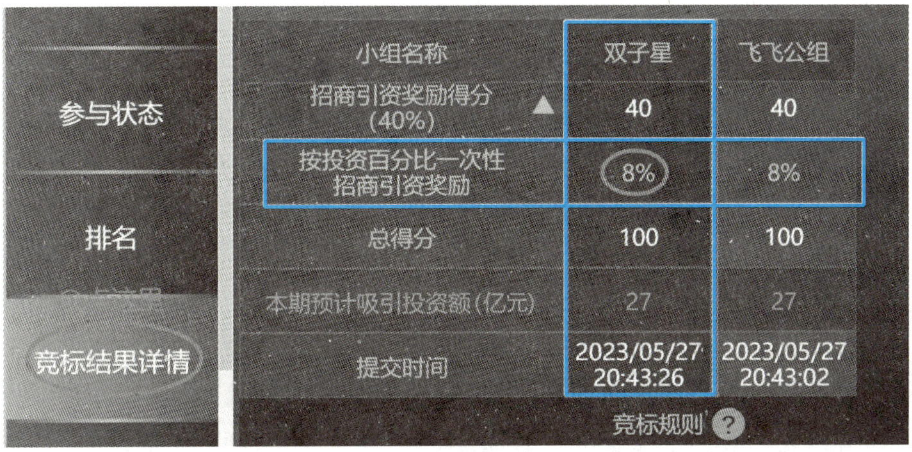


图 2-5-23　双子星地方政府在主导型招商竞标中的招商奖励设置查询结果

（2）土地地方政府的主导型制造业合作招商结果。

图 2-5-24 为出土地的地方政府飞飞公组在虚拟仿真实验系统中的“决策历史”窗口，该窗口显示飞飞公组地方政府的工业与服务用地被占用了 100 亩、飞飞公组地方政府收到了 1 500 万元（15×100）的土地价款、预计将给当地 400 人提供就业岗位。

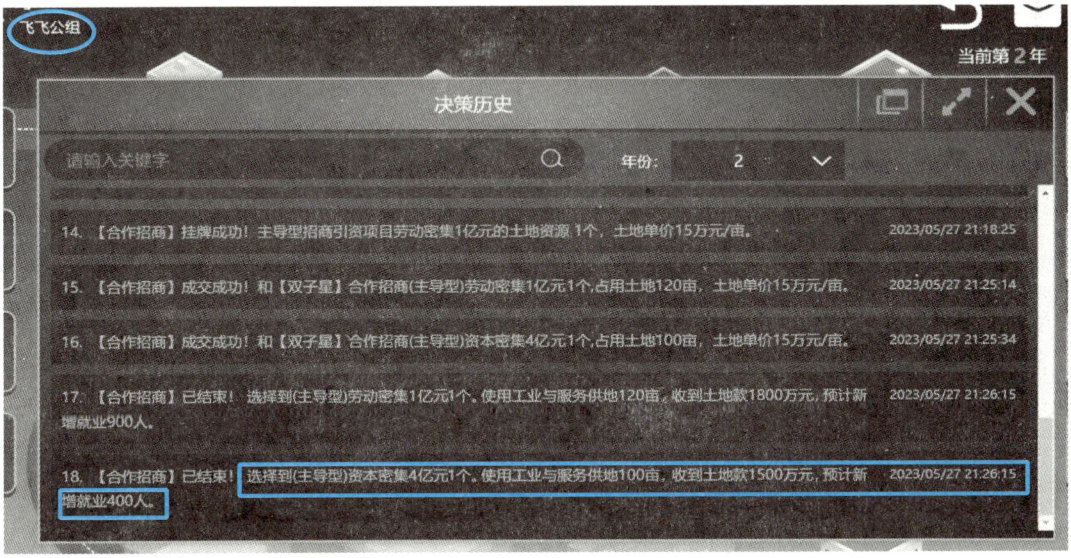


图 2-5-24　合作招商决策历史窗口（以出土地的地方政府飞飞公组为例）

### （三）教师端操作

主导型制造业合作招商环节不需要教师在虚拟仿真实验系统上进行特殊操作，只需要线下设定合作招商的开始和结束时间，合作招商的全过程由学生自行完成，教师可以在学生进行合作招商线下洽谈时给予相应指导或设置相应的线下规则。

在虚拟仿真实验系统上，如图 2-5-25 所示，教师可通过合作招商界面实时了解各地方政府的合作情况：点击左端“挂牌列表”按钮，则可查看所有地方政府未成交的挂牌信息；点击左端“各组剩余资源情况”按钮，则可查看所有地方政府的资源短缺和闲置情况，以此信息来督促地方政府积极达成交易；点击左端的“挂牌结果”按钮，则可查看各地方政府已经完成的合作招商产业，对合作的各方政府的得失情况进行点评。

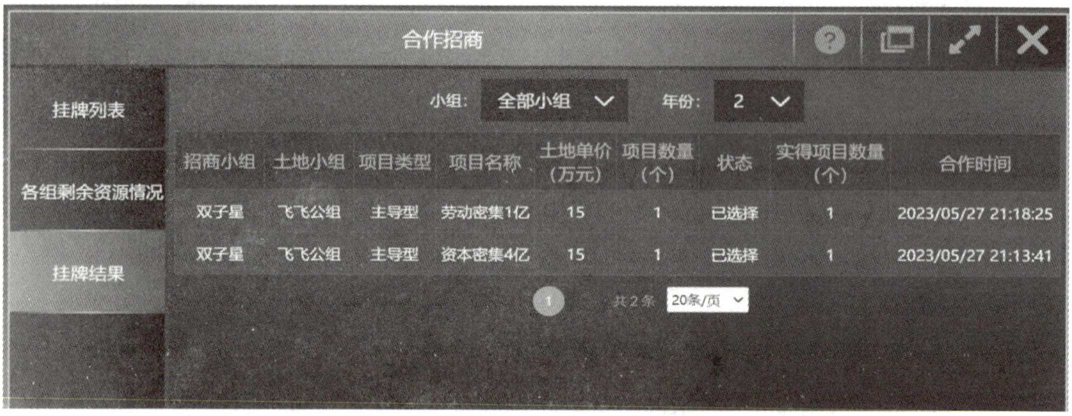


图 2-5-25 合作招商教师端界面

## 链接：知识拓展

### 工业用地出让形式及其价格的变化

土地作为工业生产的重要投入因素，其价格变化带来的生产成本变动是推动城市工业效率提升和布局优化的重要驱动力。随着中国城镇化水平的不断提高，大量企业、人口向城市聚集，导致城市土地需求量大幅增加，但在严格的耕地保护制度和土地公有制的制度背景下，土地供应规模并没有大幅提高，造成土地价格不断抬升。尤其是在 2006 年相关法规明确规定“工业用地必须采用招标拍卖挂牌方式出让，其出让价格不得低于公布的最低价标准”“同一地块只有一个意向用地者的，市、县人民政府国土资源行政主管部门方可采取协议方式出让”之后，工业用地的协议出让比例从 2006 年的 96%以上下降到 2007 年的 60%左右，2008 年之后的 20%左右（杨其静 等，2014），工业用地价格由 2007 年之前的年均 2%的增速上升到年均 4%，并且中心城区与外围地区之间的差距不断加大。

工业用地价格上升一方面直接通过提高生产成本，降低企业利润率，阻碍工业效率的提升，另一方面则会提高企业进入门槛，在选择效应的作用下降低低效率企业比例，促进地区工业效率的提高。工业用地价格对工业效率的影响由以上两种效应的大小共同决定。基于工业用地的非经营属性以及地方政府在土地市场中的双重垄断地位，工业用地价格并非市场价格，而是政府定价。因此，工业用地价格对工业效率的影响决定着政府应该采取哪种土地定价策略。另外，在城市内部土地价格差异带来的级差地租和城市政府制定的区位导向政策影响下，工业用地价格对工业效率的影响在中心城区与外围地区可能存在显著差异。为此，本书从城市内部“中心-外围”空间结构视角，探讨工业用地价格与工业效率的关系，以期为促进城市工业提质增效和空间优化，制定合理的土地定价策略提供科学依据。

## 土地价格与城市经济发展之间的影响关系

关于土地价格与城市经济发展关系的研究大多是从政府角度出发，基于地方政府土地价格竞争和土地财政依赖的理论框架展开的，相关研究主要分为两类：

### 一、城市经济发展对土地价格的影响研究

在中国基本土地政策框架下，政府垄断了非农建设用地供给的一级土地市场。因此，该类研究主要解决的是地方政府对土地出让价格的定价策略，普遍得出在分税制改革和官员晋升激励体制影响下，低价出让工业用地、高价出让商住用地是城市政府最优的土地出让策略，“两手”供地策略可以降低企业成本并增加财政收入和公共支出，同时达到吸引企业、促进生产并推动城镇化的目的。

一方面，基于土地的资产属性，地方政府有通过提高土地价格来增加财政税收的动机，尤其是 1994 年分税制改革后，相对集权的财政体制大幅减少了地方财政收入，地方财政收入在总财政收入中的比例由 1993 年的近 80%下降到 1994 年的 45%左右，此后基本维持在这个比例。在财政分权体制中，土地出让金几乎全部划归地方所有，是最可靠的地方收入来源。因此，地方政府趋向于通过“招拍挂”的方式出让市场需求非常旺盛的商住用地，获得更多的土地出让收入。

另一方面，从土地的生产要素属性出发，地方政府采取低价优惠的土地出让方式降低企业用地成本，达到招商引资的目的，这类模式往往存在于地方根植性相对较弱和区际流动性较强的工业部门。

### 二、土地价格对城市经济发展的影响

土地价格对城市经济发展的影响主要分为两个方面：①土地低价竞争对城市经济

发展的影响。城市间围绕工业用地展开土地价格竞争，低价、协议出让土地的粗放型土地出让方式会带来土地资源错配，导致企业成本和风险的外部化，扭曲了企业的投资行为。低价出让工业用地的方式虽然对于城市工业产出具有正向影响，但是对于市场驱动的产业结构升级具有抑制作用。低价出让土地对处于不同发展阶段的城市所产生的效应也存在明显差异，现有研究表明，东部地区低价供地带来的工业用地出让宗数增加，提高了地方财政总收入和各税种收入，但这一影响在中西部地区不显著，表明中西部城市采取优惠地价策略并不能有效吸引企业入驻。②土地价格上升对城市产业结构升级的影响。土地低价竞争更多地发生在处于工业化发展初级阶段的中小城市，大城市的产业结构基本都已进入以服务业为主的发展阶段，逐渐改变了低价招商的策略。

“两手”供地策略下，为提高财政收入，地方政府会不断提高商住用地比例、降低工业用地比例，与此同时土地价格的上升将对工业部门形成挤出效应，迫使部分工业企业迁出城市，促进城市产业结构从以第二产业为主向以第三产业为主转变，呈现“去工业化趋势”。从更大的空间尺度来看，城市群内部中心城市土地成本的快速攀升拉大了其与中小城市的成本差距，推动了区域内产业梯度转移，有利于实现城市体系内有效产业分工和结构升级。

资料来源：席强敏，梅林. 工业用地价格、选择效应与工业效率［J］. 经济研究，2019，54（2）：102-118.

## 链接：新闻热点

### 贵州强化服务持续优化营商环境 擦亮金字招牌 激发市场活力（节选）

贵是态度，人是根本。以企业为贵的“贵人服务”营商环境品牌理念如今有了新的内涵——在全国营商环境改革持续深入开展的背景下，贵州持续优化营商环境，降低企业制度性交易成本，激发了经营主体的活力和社会创造力，写好“贵”“人”文章，聚焦“服务”被摆在突出位置。

近日印发的《贵州省2023年度优化营商环境重点任务清单》明确，要围绕企业全生命周期、全经营链条、全生产要素保障，依托各级政务服务中心，打造集政务服务、商务服务、投诉接转处置、惠企政策兑现等功能于一体的“企业之家”。

“2023年度优化营商环境重点任务清单”分为3部分50条，列出47项具体措施。从进一步打造开放透明的市场准入环境、公平公正的企业经营环境、高效便捷的政务服务环境、健全规范的法治保障环境和以企业为贵的“贵人服务”营商环境品牌五个重点任务入手，对标国际国内一流营商环境水平，围绕企业全生命周期服务，聚焦重点领域和关键环节攻坚突破，以更大力度的简政放权、更加公正的监管执法、更加便利的政务服务，提升经营主体的获得感和满意度。

任务清单对于提升企业开办“一网通办”服务效能也提出了更高要求：企业设立登记时，同步推送税务、公安部门的身份认证，企业登记完成后，可通过“一网通办”平台办理医保登记、社保登记、住房公积金缴纳等服务事项，并同步发放及应用电子营业执照、电子发票，生成企业电子登记档案，提高全程网办水平，确保企业开办全流程办理时间不超过 1 个工作日。

在持续提升工程项目审批效率方面，按照全领域、全覆盖、全流程要求，强化“一个系统”功能，依托贵州政务服务网，全面归并单个部门事项办理入口，实现工程建设项目“全程网办”。实施“1+N”并联审批、联合审图、联合验收模式，按照“一家牵头、并联审批、限时办结”模式开展审批，并联审批率和联合验收率要分别达到 30%、35%。政府投资项目审批时限不超过 70 个工作日，社会投资项目不超过 40 个工作日。

供电报装将全面实现居民用户和低压小微企业办电“三零”（零上门、零审批、零投资）服务，高压用户办电“三省”（省力、省时、省钱）服务，20 千伏及以下短距离电力接入工程实现并联审批，办理总时限不超过 5 个工作日；用水、用气报装全过程审批时限分别压缩至 2.5 个和 5 个工作日以内，并强化企业一对一专人负责制，提供全天候 24 小时供水供气维修、抢修等服务；完善水电气网（宽带）联合报装机制，实现一表申请、一窗受理、一站服务，推行水电气报装占掘路并联审批、10 个工作日内办结。

## 全国多地扩大招商引资力度 助力经济持续恢复

“栽下梧桐树，引得凤凰来。”作为拉动经济增长的“三驾马车”之一，投资是推动经济高质量发展的关键。在当前经济逐渐趋稳向好的大环境下，为了继续加快二季度经济增长，全国各地都在抢抓新一轮发展机遇，千方百计扩大招商引资，着力引项目、出政策、提供资金支持。

“作为一座重工业城市，攀枝花最大的资源和资本就是‘家里有矿’。”5 月 26 日上午，攀枝花市相关部门负责人在“投资四川·攀枝花市特色产业投资推介会”上对攀枝花这座城市进行了介绍，攀枝花在钒钛钢铁、风光水储、阳光康养等产业方面有“资源端”优势，攀枝花将“产业跟着资源走，招商跟着链条走”作为经济合作工作的根本遵循，不断增强特色资源对产业项目的“黏性”作用。

据了解，四川省攀枝花市既是全国唯一以花命名的城市，也是一座因国家三线建设而生的城市，境内矿产、清洁能源等资源十分富集。推介会对外发布了《攀枝花市投资机遇清单》（以下简称《清单》），《清单》围绕特色优势产业“三个饭碗”，共推出对外招商引资项目 110 个，投资总额超千亿元。

四川省攀枝花市是我国招商引资的一个缩影。近期，福建、深圳、上海等地都在通过各种形式招商引资。

2023年5月25日，深圳市商务局有关负责人介绍，深圳正大力开展招商引资工作，将出台新一轮外资专项促进政策，拿出真金白银支持和鼓励外商投资，以扩大外资规模、优化外资结构；修订《深圳市鼓励跨国公司设立总部型企业办法》，扩大政策辐射范围。深圳市工业和信息化局有关负责人也透露，将加强对接世界500强制造业外资企业，针对性开展招商引资工作，加大境外招商力度，争取世界500强制造业外资企业、行业领军企业及其上下游企业在深落户，进一步促进工业投资。

有专家认为，招商引资是扩投资、稳增长的有力抓手，各地在招商引资上正不断加大力度。随着项目逐步落地，地方经济持续恢复有望得到支撑。

## 发展劳动密集型产业端牢"饭碗"

"劳动密集型产业，从字面上理解，是吸纳劳动力能力强的产业。正因为看好南疆资源优势突出、区位交通便利、劳动力丰富等发展潜力，我带着企业入驻墨玉县产城融合园。"1月25日，新疆美旭纺织有限公司总经理章方杰说。

在浙江省义乌市发展了15年的新疆美旭纺织有限公司（以下简称"美旭纺织"），是一家集设计、研发、生产、销售于一体的纺织全产业链企业，拥有自主品牌，产品远销欧洲、南美洲，在俄罗斯、意大利、西班牙等国家设立了8个直销点。

日前，工信部、国家发展改革委等十部门联合发布的《关于促进制造业有序转移的指导意见》提出，到2025年，中西部、东北地区承接产业转移能力显著提升，各地区比较优势充分发挥，立足国内大循环吸引全球资源要素优势显著提升，制造业布局进一步优化、区域协同显著增强。

自治区人大代表、莎车县委书记范宝军认为，劳动密集型产业重点向中西部转移是深化供给侧结构性改革的又一重要举措，有利于优化我国产业发展空间布局，维护产业链供应链安全稳定，推动区域经济协调发展。

范宝军介绍，莎车县年加工生产30万吨的万寿菊产业，已建成集制种育苗、种植管理、收购加工于一体的全产业链，惠及6万农户；在上海对口支援新疆工作前方指挥部的帮助与推介下，莎车县打造了巴旦木产业园、巴旦木油等系列深加工产品，这些产品以优良品质和精准市场定位迅速打开上海消费市场……一个个劳动密集型企业的引进，让莎车县纺织服装、农产品加工、电子组装等产业从无到有，由弱变强，产业体系愈发健全。截至目前，莎车县先后引进68家劳动密集型企业，企业涵盖纺织服装、农产品加工、电子组装等，吸纳6万人就近就地就业。

"莎车县是传统农业大县，是新疆人口最多的县，只有发展吸纳劳动力较多的劳动密集型产业，才能让人人有活儿干、有钱赚，持续增收致富。”范宝军说。

资料来源：

[1] 人民网. 全国多地扩大招商引资力度 助力经济持续恢复［EB/OL］.（2023-05-26）. http://finance.people.com.cn/n1/2023/0526/c1004-32695800.html.

[2] 拍热扎提·阿不都. 发展劳动密集型产业端牢“饭碗”［N］. 新疆日报（汉），2022-01-27（008）.

## 项目评价

在虚拟仿真实验系统中完成主导型招商竞标、主导型招商竞标选择和合作招商三个决策的操作，请根据表 2-5-2 对所学内容进行自检。

表 2-5-2　主导型招商引资实验操作评价表

| 序号 | 鉴定评分点 | 分值 | 评分 |
|---|---|---|---|
| 1 | 掌握主导型招商竞标规则，基于自身政府情况提交合理的主导型招商竞标方案，竞标结果符合地方政府治理目标 | 2 | |
| 2 | 掌握主导型招商选择规则，基于自身政府情况提交合理的主导型招商选择方案，选择结果符合地方政府治理目标 | 2 | |
| 3 | 能够与其他地方政府成员高效沟通，有一定谈判技巧，确保完成合作招商任务 | 2 | |
| 4 | 理解效能改革、招商额的作用，掌握企业主导型招商竞标得分的计算方法，通过合作招商决策促进本地方政府辖区内经济发展 | 2 | |
| 5 | 在模拟仿真实验系统中操作无失误 | 1 | |
| 6 | 在决策过程中，小组成员相处融洽，高效合作 | 1 | |
| 总结（收获与反思）： | | | |

## 延展探索

1. 现实中还有哪些重要因素会影响各个地方对企业的吸引力？政府在其中扮演了什么角色？起到了什么作用？

2. 从政府与市场的角度出发，政府是否应该进行招商引资奖励？怎么奖励更合理？

3. 合作招商是好还是坏？

4. 在考虑到相应成本的前提下，地方政府应该如何留住企业？一个城市又应该如何减少企业的迁出？

# 项目六 市政工程建设实验

## 学习目标

■ 理解在现实经济环境中，进行市政工程建设的意义。

■ 了解在现实经济环境中，进行市政工程建设的基本方法。

■ 掌握在本次实验中市政工程建设的环节与内容，做出本区域市政工程建设相关决策。

■ 掌握在本次实验中市政工程建设相关财政支出的计算方法，理解政府购买与民间投资共同建设市政工程的意义，全方位推进完善自己区域的基础设施建设。

## 项目描述与分析

市政工程是指市政设施建设工程，包括城市道路、桥梁、燃气管道、排水管道、电力网线等，由于市政工程关系到当地居民的日常出行和生活，当地居民对市政工程建设十分关心，因此该地方政府应当加强对市政工程建设的重视程度，打造让当地居民满意的高质量的市政工程。

本项目将进行政府投资的市政工程建设、政府购买与民间投资合作建设的实训操作。通过该项目，学生将能够理解政府直接全额投资、吸引民间投资来建设并完善当地基础设施的重要性，理解市政工程建设和后续配套型及服务型产业发展之间的关系，为自己所管辖的区域做出正确的市政建设投资决策和政府购买服务决策。

## 项目准备

为了更好地达到本项目实训目的，需要做如下准备：

■ 了解本组在上一项目中的主导型招商竞标累计实际吸收的投资额、以出让土地方式进行合作招商的投资额。

■ 确保对本区域政府目前的财政收支现状以及本年度区域运营目标了然于胸。

■ 确保组内成员拥有必要的沟通技能、谈判技巧、计算技能，能够完成吸引民间投资的任务，算出本项目的相关决策对当年以及以后年度财政支出的影响。

■ 确保电脑等设备能正常使用。

■ 确保网络正常且稳定。

## 项目实施

### 一、市政工程竞标规则

在实验主界面中（如图 2-6-1 所示），拖动鼠标箭头到市政工程模块所在位置，鼠标会从箭头形状变为手形，单击“市政工程”模块，即可研究学习市政工程竞标规则。

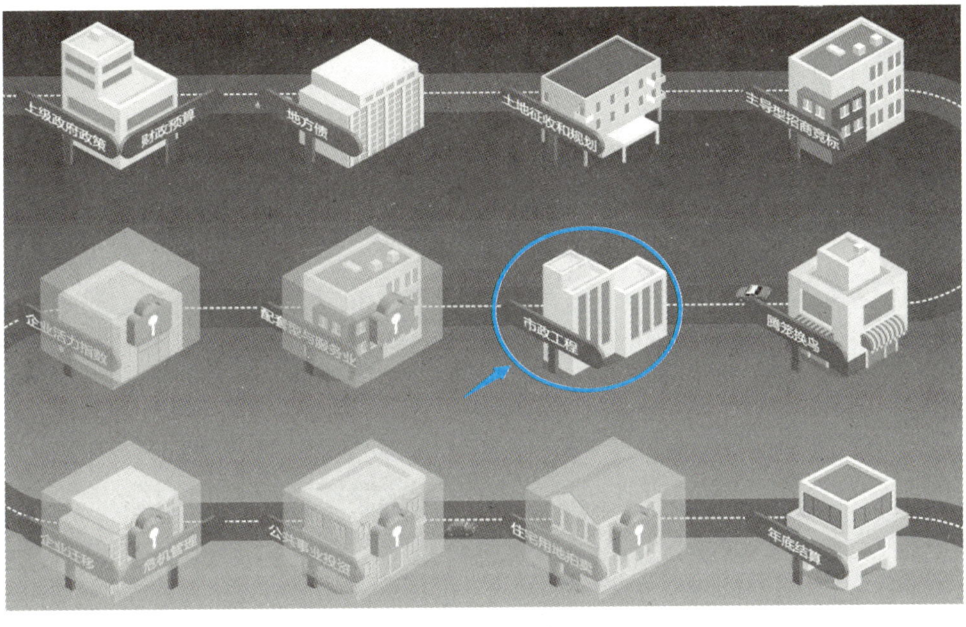


图 2-6-1　市政工程模块

竞标总体规则：市政工程竞标只有一轮。市政工程投资额影响下一个项目的配套型制造业与生产服务业招商引资。市政工程累计完成比例越高，意味着投资环境越好，就更能吸引配套型制造业与生产服务业在该地方政府的所在区域投资。

开启条件：只由能教师手动开启，如未开启，请联系教师端开启此业务。

结束条件：教师端手动结束，或所有地方政府提交参与数据后自动结束，或倒计时后自动结束。结束前可修改决策数据，以最后提交的决策数据为准，未参与的地方政府将自动放弃。

### （一）建议最低投资额相关规则

市政工程建议最低投资额=累计所需市政工程投资额-上年累计市政工程投资额

累计所需市政工程投资额=累计主导型招商竞标额（含土地出让的合作招商额）×0.3

其中：当年市政所需投资额=当年主导型招商额（含土地出让的合作招商额）×0.3

以飞飞公组地方政府的运营数据计算为例。

1. 第1年累计主导型招商竞标额（含土地出让的合作招商额）计算过程

第1年累计主导型招商竞标额（含土地出让的合作招商竞标额）19亿元=第1年主导型招商竞标额为19亿元+第1年土地出让的合作招商竞标额0亿元

（1）查询第1年主导型招商竞标额为19亿元。

查询该数据的步骤如图2-6-2所示。第一步将鼠标移到主界面中的主导型招商竞标模块，第二步在弹出选项中点击“选择”按钮进入主导型招商竞标选择界面，第三步在主导型招商竞标选择界面左侧点击“历史数据”选项，第四步筛选年份为“第1年”，完成这四步之后就会弹出图2-6-2所示的数据。

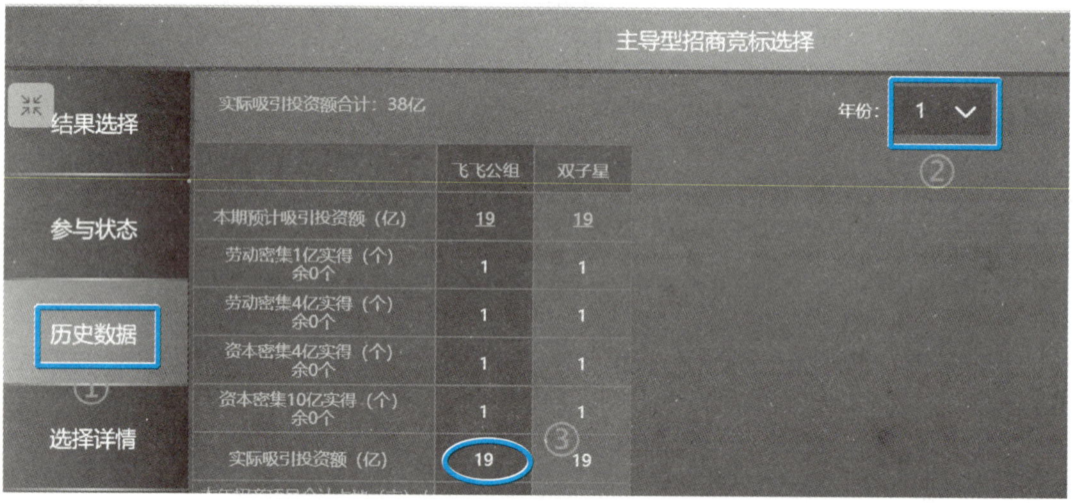


图2-6-2 第1年主导型招商竞标额查询结果（以飞飞公组地方政府为例）

（2）查询到第1年土地出让的合作招商额为0亿元。

查询该数据的步骤如图2-6-3所示。第一步将鼠标移到主界面中的主导型招商竞标模块，第二步在弹出的选项中点击“合作招商”进入主导型合作招商界面，第三步在主导型合作招商界面左侧点击“历史数据”模块，第四步筛选年份为“第1年”，完成这四步之后就会弹出图2-6-3所示的数据，显示“暂无数据”，则意味着第一年没有合作招商，说明飞飞公组地方政府第1年土地出让的合作招商额为0亿元。

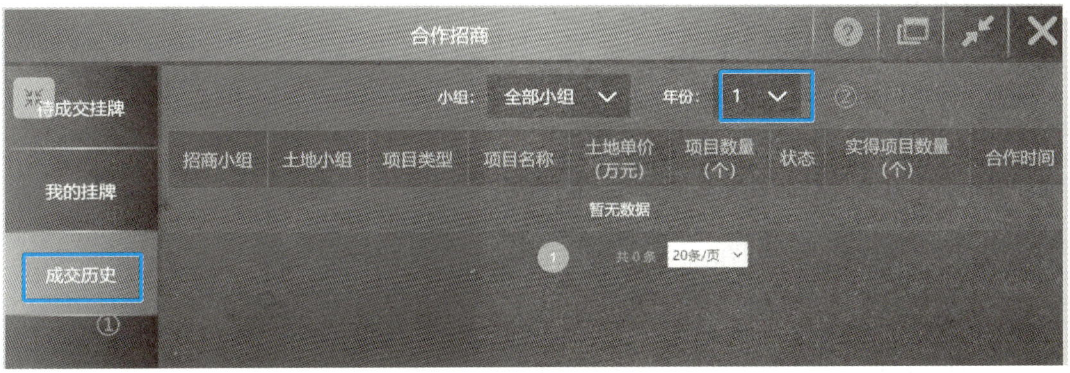


图 2-6-3　第 1 年土地出让的合作招商额查询结果（以飞飞公组地方政府为例）

2. 第 1 年市政工程建议最低投资额计算过程

可以代入前述公式计算飞飞公组地方政府第 1 年市政工程建议最低投资额，为第 1 年累计主导型招商额（含土地出让的合作招商额）19 亿元乘以 0.3，也就是说飞飞公组地方政府第 1 年市政工程建议最低投资额为 57 000 万元。

查询相关数据验证这个计算结果，如图 2-6-4 所示。查询该结果的操作步骤为：在市政工程界面，点击左侧的“竞标结果详情”按钮，再选择年份为 1，则可弹出图 2-6-4 所示结果。

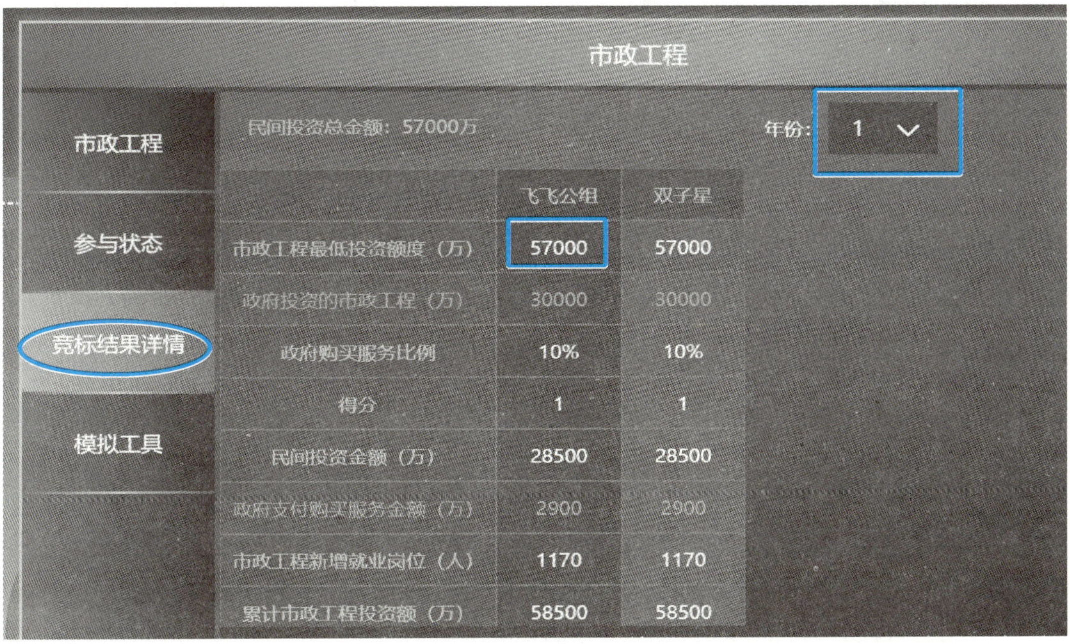


图 2-6-4　第 1 年市政工程建议最低投资额查询结果（以飞飞公组地方政府为例）

3. 第2年累计主导型招商竞标额（含土地出让的合作招商额）计算过程

飞飞公组地方政府第2年累计主导型招商额（含土地出让的合作招商额）34亿元=第1年主导型招商额（含土地出让的合作招商额）19亿元+第2年主导型招商额10亿元+第2年土地出让的合作招商额5亿元

（1）根据前述内容已知第1年主导型招商额（含土地出让的合作招商额）为19亿元。

（2）查询第2年主导型招商竞标额为10亿元。

查询该数据的步骤如图2-6-5所示。第一步将鼠标移到主界面中的主导型招商竞标模块，第二步在弹出选项中点击“选择”按钮进入主导型招商选择界面，第三步在主导型招商竞标选择界面左侧选择“历史数据”模块，第四步筛选年份为“第2年”，完成这四步之后就会弹出如图2-6-5所示的数据。

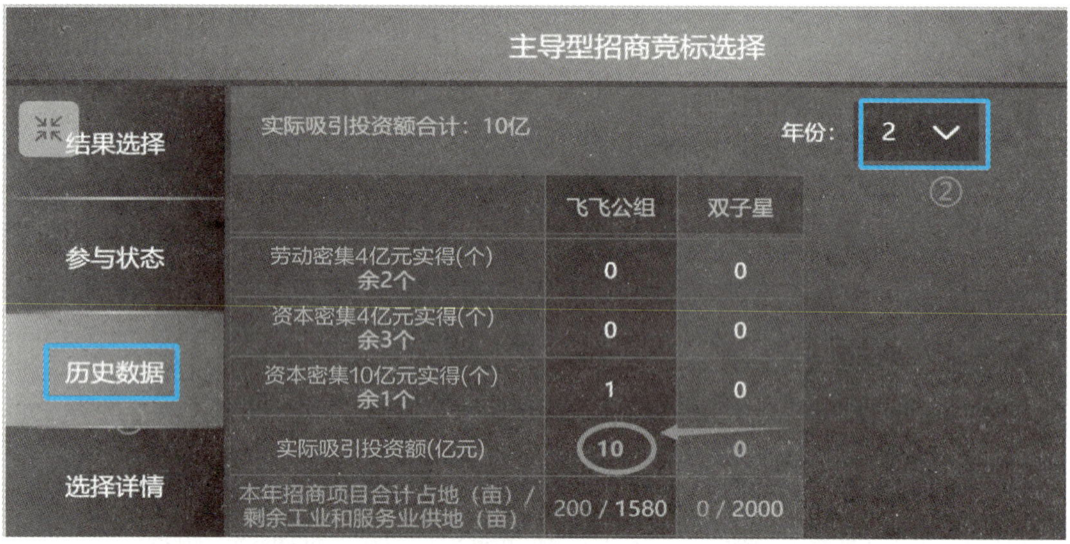


图2-6-5　第2年主导型招商竞标额查询结果（以飞飞公组地方政府为例）

（3）查询第2年土地出让的合作招商额5亿元。

查询该数据的步骤如图2-6-6所示。第一步将鼠标移到主界面中的主导型招商竞标模块，第二步在弹出的选项中点击“合作招商”进入主导型合作招商界面，第三步在主导型合作招商界面左侧点击“历史数据”选项，第四步筛选年份为“第2年”，完成这四步之后就会弹出如图2-6-6所示的界面，界面显示飞飞公组作为土地小组有两条数据，意味着这两次合作招商都是飞飞公组地方政府土地出让形式的合作招商额，第一次合作了劳动密集型1亿元的产业，第二次合作了资本密集型4亿元的产业，说明飞飞公组地方政府第2年土地出让的合作招商额为5亿元（1亿元+4亿元）。

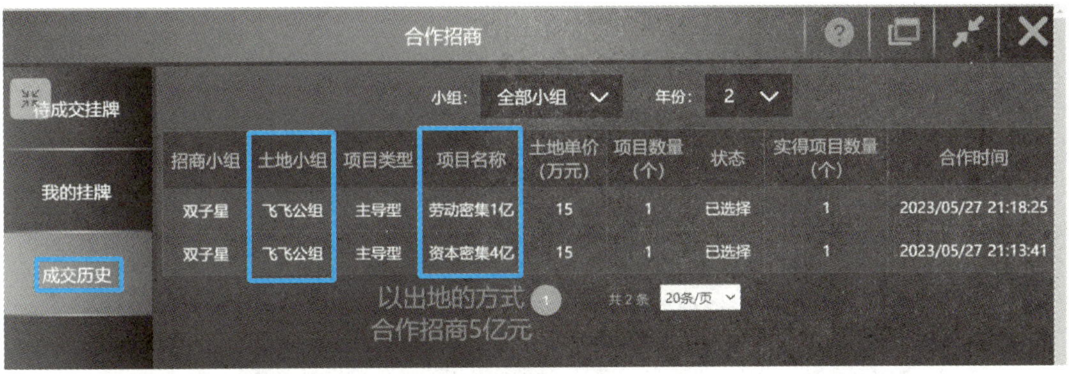


图 2-6-6　第 2 年土地出让的合作招商额查询结果（以飞飞公组地方政府为例）

4. 第 2 年市政工程建议最低投资额计算

可以代入前述公式计算飞飞公组地方政府第 2 年市政工程建议最低投资额：

（1）第 2 年累计所需市政工程投资额。

第 2 年累计所需市政工程投资额＝累计主导型招商额（含土地出让的合作招商额）×0. 3＝340 000 万元×0. 3＝102 000 万元

（2）第 1 年累计市政工程投资额。

如图 2-6-7 所示，在市政工程界面左端点击“竞标结果详情”选项，筛选年份为“第 1 年”，就可以查询到飞飞公组地方政府第 1 年累计市政工程投资额为 58 500 万元。

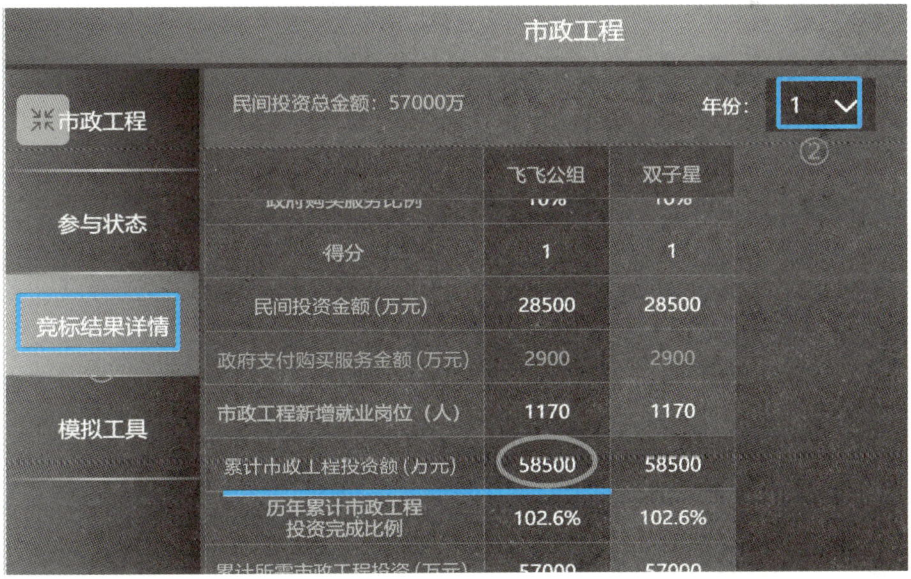


图 2-6-7　第 1 年累计市政工程投资额查询结果（以飞飞公组地方政府为例）

（3）第 2 年市政工程建议最低投资额。

第 2 年市政工程建议最低投资额＝累计所需市政工程投资额－第 1 年累计市政工程投资额＝102 000 万元－58 500 万元＝43 500 万元

我们用虚拟仿真实验系统的相关数据验证这个计算结果，如图 2-6-8 所示。在市政工程界面，点击左侧的“竞标结果详情”选项，再选择年份为“第 2 年”，则可显示第 2 年市政工程建议最低投资额为 43 500 万元。

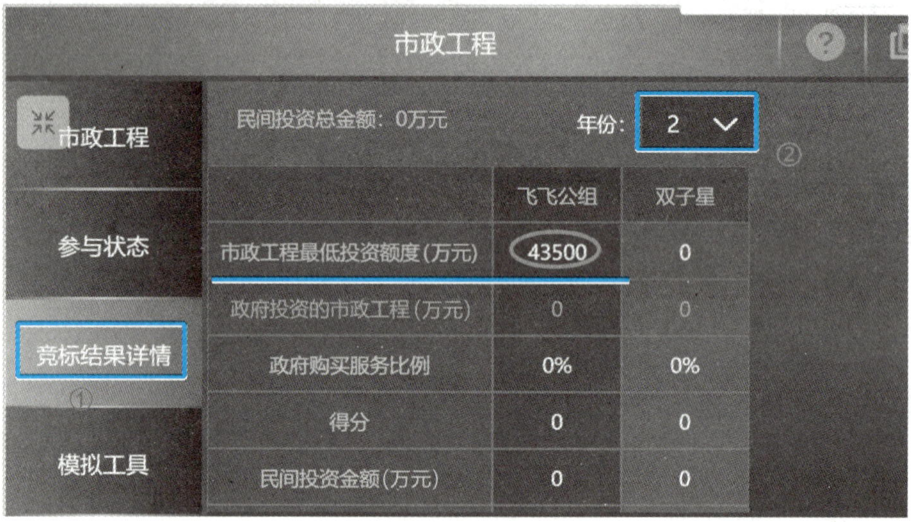


图 2-6-8　第 2 年市政工程建议最低投资额查询结果（以飞飞公组地方政府为例）

### （四）政府投资的市政工程相关规则

可以低于或高于市政投资所需金额。市政工程投资完成比例越高，下一个项目的配套型招商引资得分越高，市政工程竞标结束后将扣除本年市政工程政府投资金额。

### （五）政府购买服务比例相关规则

当该地方政府无钱投资自行建设市政工程时，可以以购买服务的形式吸引民间投资，如政府对污水处理按每吨价格补贴一定比例，或对民间投资市政工程（如路桥等）每年按一定比例补贴。

本年新增的政府购买服务金额＝当年的政府购买服务比例×当年按民间投资市政工程金额

需要注意的是，对于本年新增的政府购买服务金额，以后每年都要支付这一新增的购买服务金额。

政府购买系数越高，民间投资越多，累计市政工程投资额越大，市政工程新增就业人数越多。

市政工程竞标结束后将扣除之前年度的累计政府购买服务金额，加上本年市政工程政府投资金额，再加上本年新增市政工程购买服务金额。

## 二、学生端操作

### （一）政府投资的市政工程相关操作

政府投资的市政工程的影响：该地方政府对市政工程的投资额为一次性支出，只会在市政工程结束之后被一次性扣除这笔金额，因此要权衡好政府收支情况、当前的现金结余后做决策。政府投资的市政工程金额越大，市政工程的完成度越高，越有利于该地方政府完成下一项目中的配套型企业的招商引资。

政府投资的市政工程的相关操作如图 2-6-9 所示。该地方政府在图中圈出来的位置输入政府对市政工程的投资金额，以投资金额 50 000 万元为例，输入 50 000 即可。

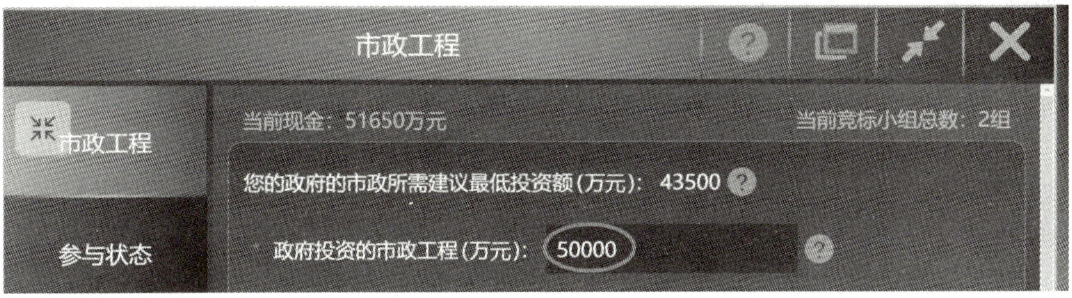


图 2-6-9　政府投资的市政工程相关操作（以投资金额 50 000 万元为例）

### （二）政府购买服务比例设置的相关操作

政府购买服务比例的影响：该地方政府对市政工程的政府购买服务比例为持续多年的支出，不仅会在市政工程结束之后被一次性扣除政府购买服务，而且会在接下来的每年产生这笔支出，当年扣除的政府购买服务金额等于以前年度加今年累计的政府购买服务金额。因此，该地方政府在做本项决策时，不仅要考虑当下的财政支出压力，还要考虑以后年度随着逐年累计政府购买金额增多而产生越来越大的财政支出压力。当然，相比上一部分政府投资的市政工程，政府购买服务的好处是可以吸引民间投资参与市政工程的建设，可以完成更多的市政工程，而不需要在当下集中支付所有的市政工程投资金额。

政府购买服务比例设置的相关操作如图 2-6-10 所示。该地方政府在图中圈出来的位置输入政府购买服务比例，以政府购买服务比例 5% 为例，输入“5”即可。

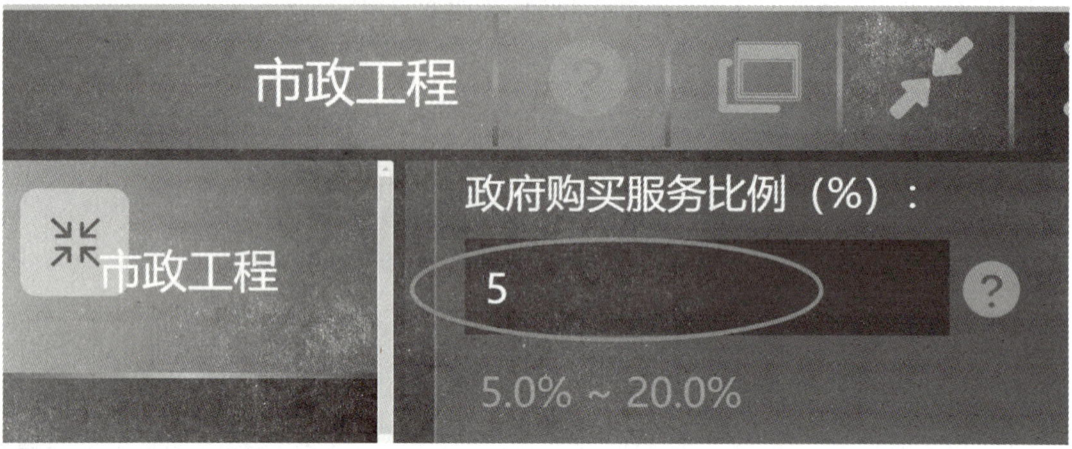


图 2-6-10　政府购买服务比例设置的相关操作（以政府购买服务比例 5% 为例）

## （三）模拟工具

该地方政府的市政工程的完成情况不仅受自己决策的影响，而且受其他地方政府决策的影响，为了更好地预测该地方政府的市政工程建设完成情况，可以用好模拟工具。

模拟工具的操作步骤如图 2-6-11 所示。第一步，选择市政工程界面左端的模拟工具；第二步，预测各地方政府的市政工程政府投资金额、各地方政府的市政工程政府购买服务比例这两项决策，并输入对各地方政府的预测决策；第三步，提交预测数据，查看各地方政府市政工程建设的模拟结果，如图 2-6-12 所示。

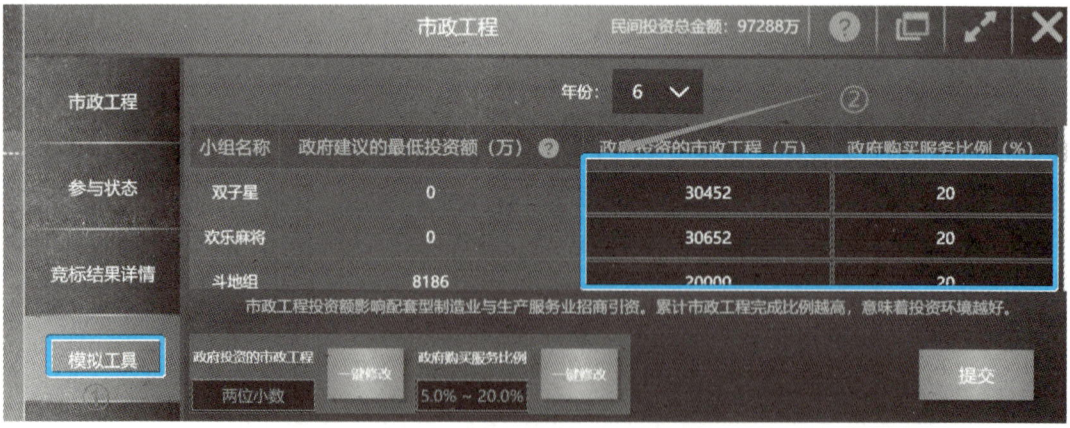


图 2-6-11　市政工程的模拟工具操作步骤

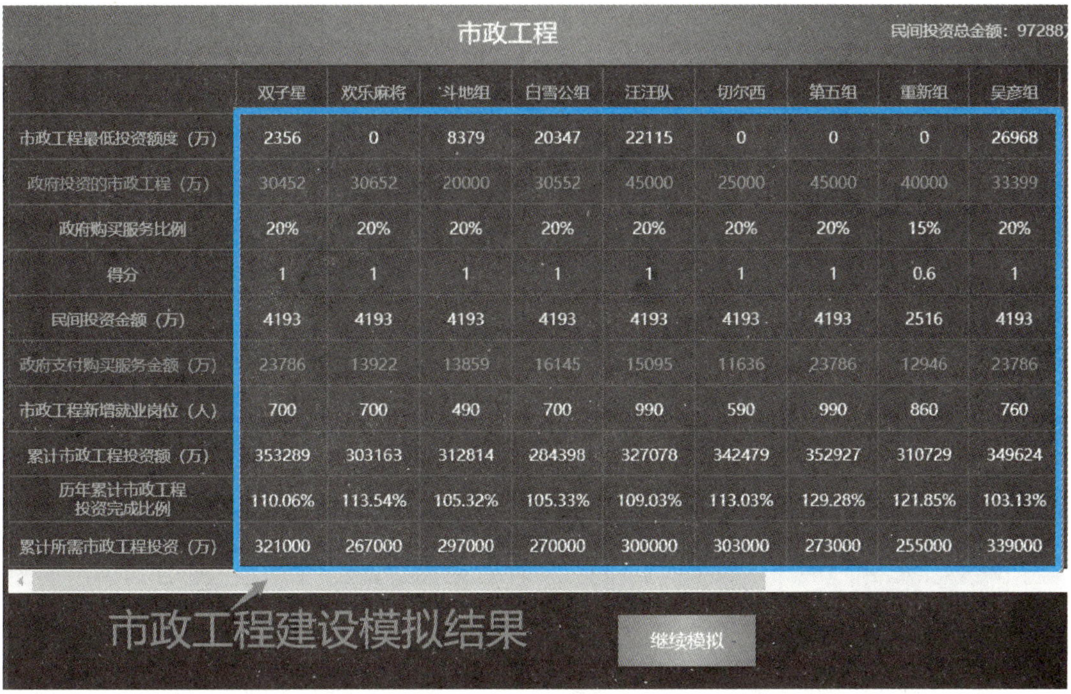

市政工程　　民间投资总金额：97288

| | 双子星 | 欢乐麻将 | 斗地组 | 白雪公组 | 汪汪队 | 切尔西 | 第五组 | 重新组 | 吴彦组 |
|---|---|---|---|---|---|---|---|---|---|
| 市政工程最低投资额度（万） | 2356 | 0 | 8379 | 20347 | 22115 | 0 | 0 | 0 | 26968 |
| 政府投资的市政工程（万） | 30452 | 30652 | 20000 | 30552 | 45000 | 25000 | 45000 | 40000 | 33399 |
| 政府购买服务比例 | 20% | 20% | 20% | 20% | 20% | 20% | 20% | 15% | 20% |
| 得分 | 1 | 1 | 1 | 1 | 1 | 1 | 1 | 0.6 | 1 |
| 民间投资金额（万） | 4193 | 4193 | 4193 | 4193 | 4193 | 4193 | 4193 | 2516 | 4193 |
| 政府支付购买服务金额（万） | 23786 | 13922 | 13859 | 16145 | 15095 | 11636 | 23786 | 12946 | 23786 |
| 市政工程新增就业岗位（人） | 700 | 700 | 490 | 700 | 990 | 590 | 990 | 860 | 760 |
| 累计市政工程投资额（万） | 353289 | 303163 | 312814 | 284398 | 327078 | 342479 | 352927 | 310729 | 349624 |
| 历年累计市政工程投资完成比例 | 110.06% | 113.54% | 105.32% | 105.33% | 109.03% | 113.03% | 129.28% | 121.85% | 103.13% |
| 累计所需市政工程投资（万） | 321000 | 267000 | 297000 | 270000 | 300000 | 303000 | 273000 | 255000 | 339000 |



**图 2-6-12　市政工程建设的模拟结果**

### （四）提交决策及查看市政工程建设结果

在综合考虑该地方政府的财政收支压力、该地方政府预期达到的市政工程建设效果、其他地方政府的可能决策机制之后，用好模拟工具的辅助作用，在市政工程界面由组长提交该地方政府的市政工程建设决策，如图 2-6-13 上半部分所示。

市政工程建设竞标结束之后可以查看该地方政府和其他地方政府的建设结果：各地方政府的市政工程建设得分和本期累计完成的市政工程建设投资金额，如图 2-6-13 下半部分所示。

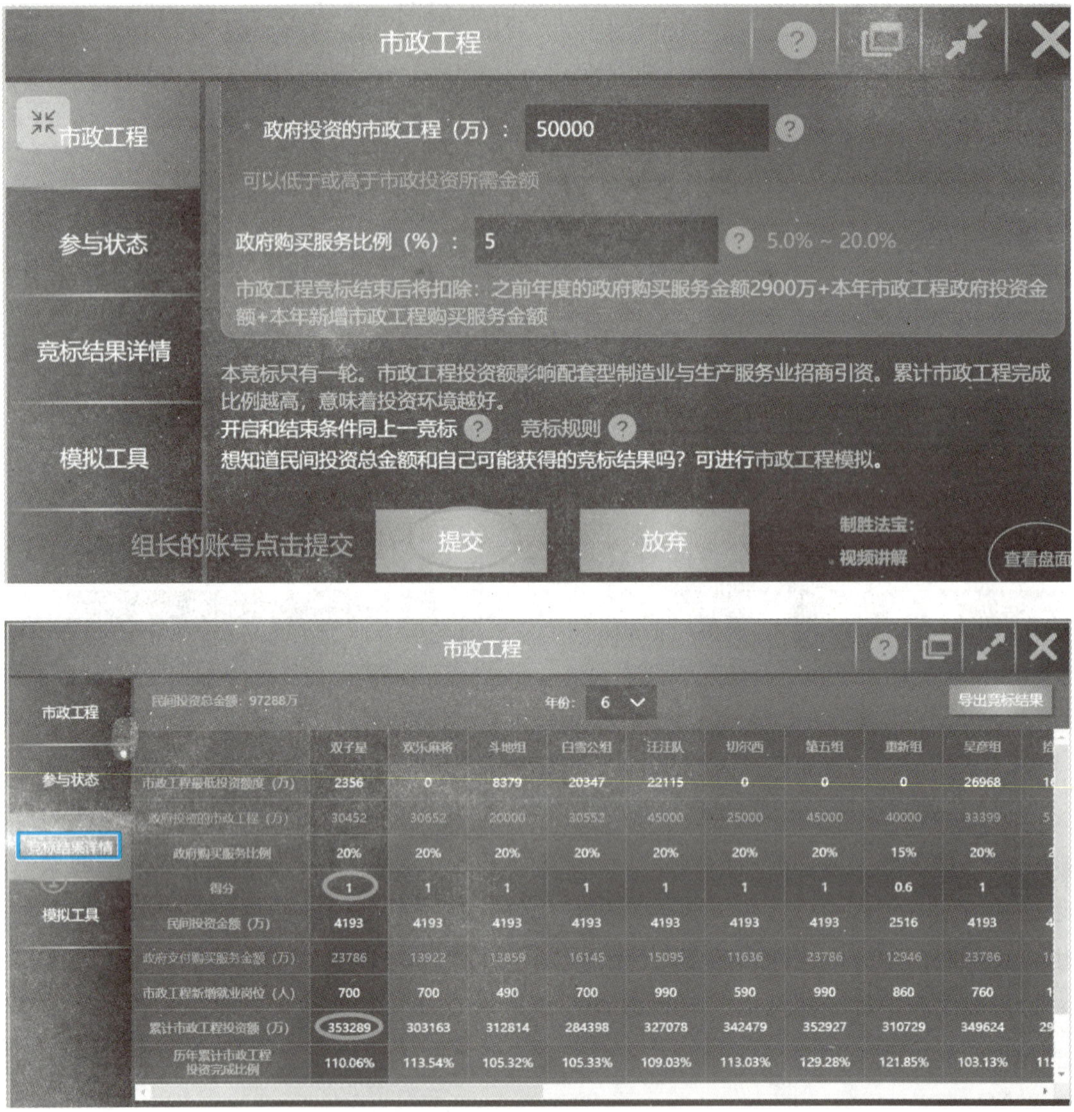


图 2-6-13　主导型招商竞标决策提交及竞标结果查看

## 三、教师端操作

（1）教师端的市政工程竞标界面如图 2-6-14 所示。

（2）进入竞标结果详情窗口，点击“开始竞标”按钮，学生端即可进行市政工程竞标相关操作。在该界面教师还可操作的功能有：结束竞标、延迟竞标、重新竞标和查看当前竞标结果。

（3）教师可通过模拟工具窗口向学生讲解市政工程竞标的规则，并指导学生使用该模拟工具。

（4）市政工程竞标可以由教师手动结束，或所有地方政府提交竞标方案结束之后结束，或倒计时结束时结束。在结束前，学生可以修改竞标方案，教师可在参与状态窗口及竞标结果详情窗口了解各个地方政府市政工程竞标的进程。

（5）市政工程竞标结束后，教师可通过参与状态窗口及竞标结果详情窗口查看所有地方政府的参与情况和竞标结果，带领学生对该项市政工程竞标决策进行总结与反思。

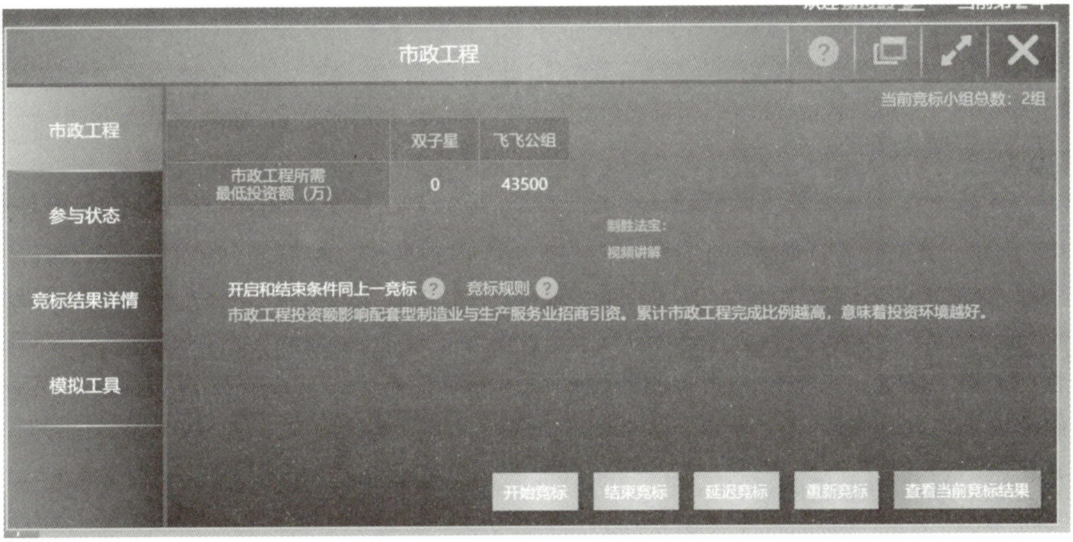


图 2-6-14　市政工程竞标界面（教师端）

## 链接：知识拓展

### 政府和社会资本合作（PPP）模式的定义

PPP（public-private-partnership），即政府和社会资本合作，PPP 模式是公共基础设施中的一种项目运作模式，通过契约的形式在政府和社会资本间建立“利益共享、风险共担”的共同合作关系，既能够缓解政府的财政压力，也能够发挥社会资本的资金优势，实现合作共赢。

PPP 模式鼓励社会资本方与政府进行合作，参与公共基础设施的建设，不仅有效带动了社会投资，也提高了项目实施和运营效率，更好地发挥项目的效益，有助于更好地实现民生改善的任务。

2015 年 5 月 22 日，国务院办公厅转发财政部、国家发展改革委、中国人民银行《关于在公共服务领域推广政府和社会资本合作模式的指导意见》，统一了 PPP 模式的定义：政府和社会资本合作模式是公共服务供给机制的重大创新，即政府采取竞争性方式择优选择具有投资、运营管理能力的社会资本，双方按照平等协商原则订立合同，明确责权利关系，由社会资本提供公共服务，政府依据公共服务绩效评价结果向社会资本支付相应对价，保证社会资本获得合理收益。政府和社会资本合作模式有利于充分发挥市场机制作用，提升公共服务的供给质量和效率，实现公共利益最大化。

## 政府和社会资本合作的 PPP 模式的公共基础设施项目实践
## ——以 A 项目为例

### 一、项目概况

某地 A 区公共基础设施 PPP 项目（以下简称“A 项目”）主要包括厂房、配套厂房、园区道路、园区周边公路工程、防洪排涝工程、高水高排渠建设项目六个子项目。项目总投资约 607 866 万元，项目合作年限为 20 年。

运营维护内容包括但不限于项目建设范围内基础设施运营维护（如厂房、道路、管网、照明设施、绿化等）和物业管理（如秩序维护服务、日常安全管理、卫生保洁服务、环境绿化服务、设施设备管理等）。

### 二、项目回报机制设计

A 项目回报机制为基于绩效考核结果的政府付费和可行性缺口补助。政府付费按照“基于可用性的绩效”模式，由政府向项目公司支付 A 项目可用性［符合竣（交、完）工验收标准的公共产品］及为维持 A 项目可用性所需的运营维护服务（符合绩效要求的公共服务）而发生的相应费用，即政府需向项目公司支付可用性服务费和运维绩效服务费。项目中的回报机制适用于 6 个子项目（具体根据非经营性项目和准经营性项目区分采用），每个子项目独立核算、独立付费。

### 三、项目交易结构设计

A 项目采用“投融资-建设-运营维护-移交”（BOT 方式）方式运作。A 区政府授权 A 区交通运输局为项目实施机构、招标人和 PPP 项目合同签约主体，负责 PPP 项目的前期准备、采购、合同签订、监管、绩效考核和移交等。A 区政府授权 A 区城建公司为政府出资人代表。

A 区交通运输局通过招标方式确定项目的社会资本，中标社会资本、A 区城建公司共同与 A 区交通运输局草签“PPP 项目合同”。中标社会资本和 A 区城建公司代表签订“股东协议”，合资成立项目公司。“股东协议”主要说明项目公司的治理结构、决策机制和收益分配原则。A 区交通运输局与项目公司正式签订“PPP 项目合同”。项目公司分别与金融机构、施工单位、保险公司等签订融资、施工、保险等一系列配套合同。在合作期间，项目公司进行投融资、建设、运营、维护，由政府针对不同子项目通过“政府付费”与“可行性缺口补助”支付项目公司建设、运营成本和投资收益。

合作期满，项目公司将项目资产及相关材料无偿移交给 A 区政府。A 市（区）政府对 A 项目提供政策支持。A 项目交易结构如图 2-6-15 所示。

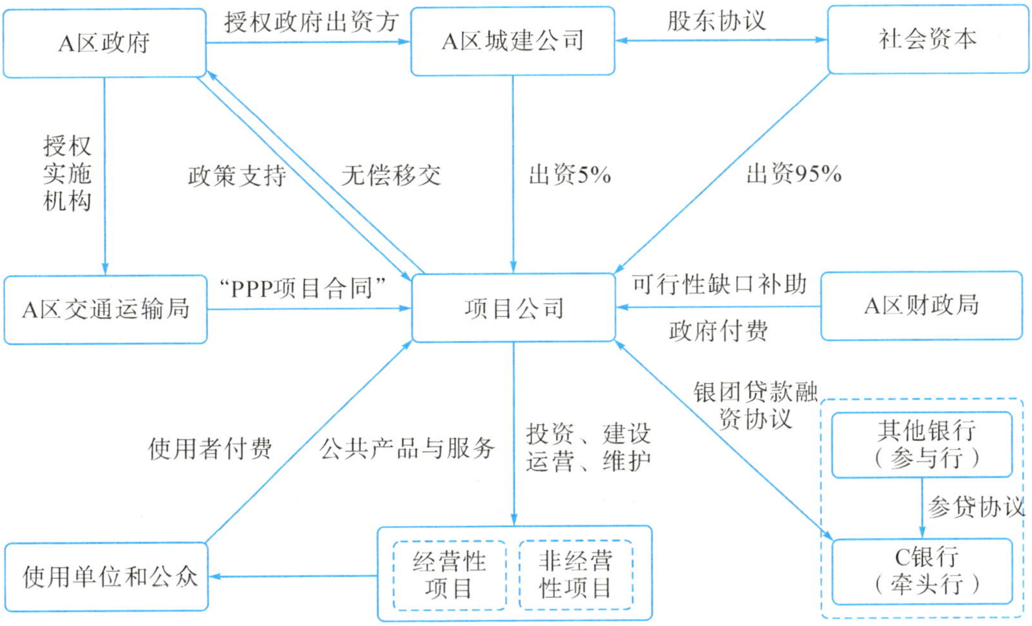


**图 2-6-15　A 区公共基础设施 PPP 项目交易结构**

## 四、A 项目的政策合规性分析

在试点推广期和快速发展期内，A 项目的运作方式是 PPP 模式实施的主流方式，虽然 A 项目中包含绩效服务考核的内容，也采用可行性缺口补助的付费方式，但该部分金额占比较小，项目本质上仍属于基于“可用性付费”的纯政府付费类项目。其优点是基于国家信用的财政预算，支付相对有保障。但缺点在于：①A 项目投资额巨大，超出 A 区政府自身财力。②付费方式固化政府支出责任，增加隐性债务风险。③泛化模式适用范围，将纯工程项目包装成 PPP 项目。此外，由于国内外宏观经济的影响，地方政府的财力发生变动，若 A 区政府付费不及时、不足额，甚至发生在项目后期不付费等情况，则一定程度上会影响社会资本参与该地区 PPP 项目的积极性，也会影响诚信政府的建设。

针对试点推广期和快速发展期出现的乱象，财政部和国家发改委在规范运作期内出台了一系列政策文件，主要内容包括：①制止利用 PPP 变相举债，规范的 PPP 项目形成中长期财政支出事项，原则上不再开展完全政府付费项目；②分类处理 PPP 项目库中的项目，将重点项目标示，严格新项目入库标准，集中清理已入库不合规项目。③健全政府与社会资本合作制度体系，明确规范 PPP 项目的界定，明确正负面清单。至此，PPP 项目的政策合规性得到不断强化，并逐步走上规范运作的道路。

资料来源：李曦. 政府和社会资本合作（PPP）模式的政策演进、项目实践与发展建议［J］. 福建建材，2023（4）：100-102，119.

## 链接：新闻热点

### 六盘水市财政局严把“五关”强化政府投资预算评审

2022 年以来，六盘水市财政局以全面提升评审效率、保障评审质量、有效提升财政资金效益为目标，本着“不唯增、不唯减、只唯实”的评审原则，严把五个关口。2022 年六盘水市财政局累计完成 19 个工程项目的预算评审，送审金额 3.05 亿元，核减金额 0.44 亿元，核减率 14.39%。

一是严把评审资料关。实行项目登记管理制度，对送审时间、项目联系人、资料接收时间、接收人员等逐一进行登记，规范项目资料管理；修改完善项目送审资料清单，受理时实行清单管理并实行一次性告知。针对个别项目送审资料质量不高，存在表述不够清晰、漏项缺项等问题，应与建设单位反复沟通核对，及时补充完善，确保项目资料的真实性、准确性、完整性，为有效评审奠定基础。

二是严把预算评审关。严格执行政府投资项目“概算控制预算、预算控制结算”的原则，强化施工图预算评审，审定的施工图预算是工程项目投资控制的重要依据，项目建设单位在批复的预算基础上制定招标控制价，依法开展招投标工作。

三是严把勘查现场关。组织第三方评审机构、项目参建各方对评审项目进行现场踏勘，做好现场踏勘记录，把握关键环节，获取第一手资料，确保施工图纸与施工现场、送审资料与施工实际相符。

四是严把材料价格关。依据“贵州省建设工程造价信息”中的材料信息指导价，并结合周边地市材料信息指导价，利用大数据辅助，借助专业材料设备网站及资深专家，参考以往合同单价、厂家报价及材料设备网站查询等综合考量，确定合适价格，实现项目质量、效益双保障。

五是严把审核程序关。项目建设单位对项目资料的真实性、完整性、合法性负责。为确保第三方机构独立评审，整个评审中所有项目资料均由项目建设单位上报市财政局，由市财政局移交第三方开展审核，在评审期间（出具正式评审结论前），未经允许，评审人员不得单独与被审单位私下接触及进行核对，以确保评审工作“独立”“公正”，保障项目评审质量。

## 财政部关于进一步推动政府和社会资本合作（PPP）规范发展、阳光运行的通知（节选）

### 一、充分做好项目前期工作

地方财政部门应会同有关方面科学把握 PPP 模式的适用范围，对于属于公共服务领域、需求长期稳定、回报机制清晰、收益水平合理、具有运营内容的项目，可采用 PPP 模式实施，优先实施具有强运营属性、具有长期稳定经营性收益的项目。项目实施机构应会同有关方面依法依规做好项目规划、立项、用地、环评等前期工作，科学编制项目实施方案，合理设置项目风险分担机制和投资回报机制，探索开展绿色治理（ESG）评价，充分挖掘项目潜在经济效益、社会效益、环境效益，算好整体账和长远账，持续提高项目决策的科学性、严谨性、规范性。

### 二、规范开展财政承受能力论证

省级财政部门应压实辖内市县财政部门财政承受能力论证责任，指导市县财政部门规范开展财政承受能力论证工作，严守每一年度本级全部 PPP 项目从一般公共预算列支的财政支出责任不超过当年本级一般公共预算支出 10%的红线（以下简称 10%红线）。合理分担跨地区、跨层级项目财政支出责任，严禁通过“借用”未受益地区财政承受能力空间等方式，规避财政承受能力 10%红线约束。审慎合理预测一般公共预算支出规模和增长率，严禁脱离项目实际通过“报小建大”等方式调整项目财政支出责任，规避财政承受能力 10%红线约束。PPP 项目财政支出责任超过 10%红线的地区，不得新上 PPP 项目；PPP 项目财政支出责任超过 5%的地区，不得新上政府付费 PPP 项目。

资料来源：财政部关于进一步推动政府和社会资本合作（PPP）规范发展、阳光运行的通知[J]. 中华人民共和国财政部文告，2022（12）：37-39.

## 项目评价

在虚拟仿真实验系统中完成政府投资的市政工程、政府购买服务比例设置这两项决策操作，请根据表2-6-1对所学内容进行自检。

表2-6-1　市政工程建设实验操作评价表

| 序号 | 鉴定评分点 | 分值 | 评分 |
| --- | --- | --- | --- |
| 1 | 掌握市政工程竞标规则，基于自身政府情况提交合理市政工程竞标方案，竞标结果符合地方政府治理目标 | 3 | |
| 2 | 能够与其他地方政府成员高效沟通，有一定谈判技巧，避免市政工程建设出现恶性竞争的局面 | 2 | |
| 3 | 理解政府购买服务的作用，掌握对应的财政支出的计算方法，通过政府购买服务决策使本地方政府辖区内基础设施建设更加完善 | 3 | |
| 4 | 在模拟仿真实验系统中操作无失误 | 1 | |
| 5 | 在决策过程中，小组成员相处融洽，高效合作 | 1 | |
| 总结（收获与反思）： | | | |

## 延展探索

1. 现实中还有哪些市政工程建设的融资模式？政府在其中扮演了什么角色？起到了什么作用？

2. 从政府与市场的角度出发，分析政府直接投资建设的优劣。

3. 从政府与市场的角度出发，分析政府购买服务的优劣。怎么设置政府购买服务比例更合理？

4. 在考虑到相应成本的前提下，地方政府应该如何权衡使用不同的融资模式进行建设？

# 项目七 配套型与服务业招商引资

## 学习目标

■ 理解在现实经济环境中，进行配套型与服务业招商引资的意义。

■ 了解在现实经济环境中，进行配套型与服务业招商引资的基本方法。

■ 掌握在本次实验中配套型与服务业招商的环节与内容，做出本区域企业配套型与服务业招商引资决策。

■ 掌握在本次实验中配套型与服务业招商收益和配套型与服务业招商支出的计算方法，并理解和其他政府合作招商的意义，全方位推进自己的区域高质量发展。

## 项目描述与分析

本项目将进行配套型与服务业招商竞标、配套型与服务业竞标选择以及合作招商。通过该项目的学习，学生将能够理解历年累计市政工程投资完成比例、上年高端人才、主导型制造业招商额以及土地价格和本区域服务业产业扶持和发展之间的关系，为自己所管辖的区域做出正确的配套型及服务业招商引资决策。

## 项目准备

为了更好地达到本项目实训目的，需要做如下准备：

■ 了解本组在上一项目中的市政工程竞标结果、上一年的高端人才引进情况、之前的主导型制造业招商额实际、吸引投资额。

■ 确保对本区域政府目前的财政收支现状以及本年度区域运营目标了然于胸。

■ 确保组内成员拥有必要的沟通技能和谈判技巧，能够胜任配套型及服务业合作招商任务。

■ 确保电脑等设备能正常使用。

■ 确保网络正常且稳定。

## 项目实施

### 一、配套型与服务业招商竞标

#### （一）竞标规则

在实验主界面中（如图 2-7-1 所示），拖动鼠标箭头到配套型与服务业招商竞标模块所在位置，界面中会弹出图中的竞标、选择、合作招商三个选项，点击图 2-7-1 中的“竞标”选项，研究学习配套型与服务业招商竞标规则。

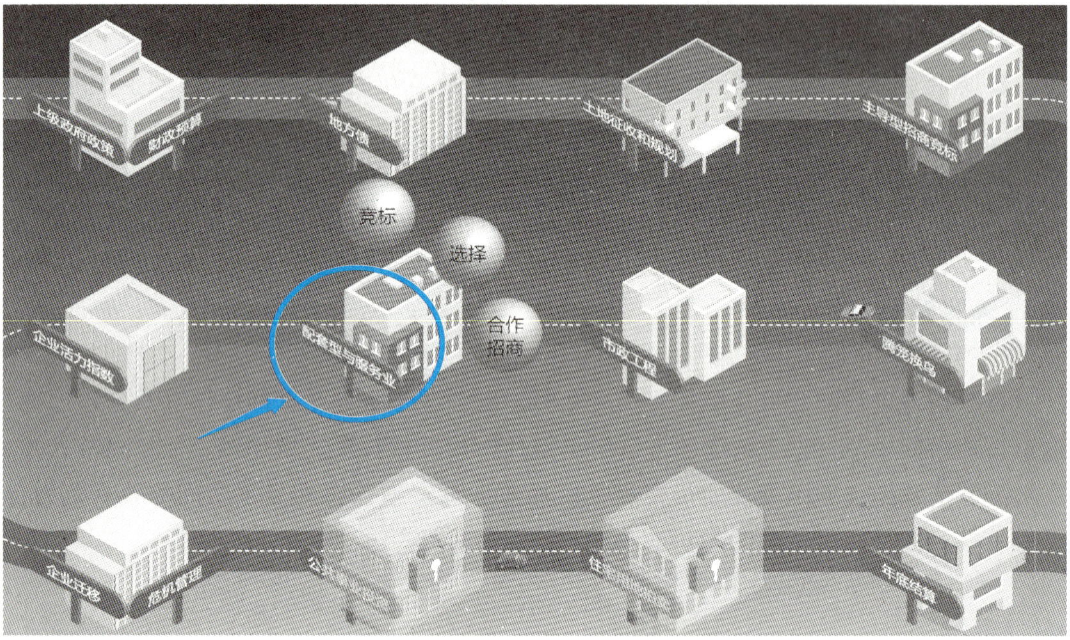


图 2-7-1　配套型与服务业招商模块

完成图 2-7-2 中标出来的四个决策：历年累计市政工程投资完成比例、上年高端人才、主导型制造业招商额、土地价格。

竞标总体规则：历年累计市政工程投资完成比例越高得分越高，最高者得满分；上年高端人才数量越多，得分越高；累计主导型制造业招商额越高，得分越高；土地价格越低，得分越高；四项合计总分越高预计吸引的配套型与服务业投资额越多。

开启条件：只能由教师手动开启，如未开启，请联系教师在教师端开启此业务。

结束条件：由教师端手动结束，或所有地方政府提交参与数据后自动结束，或倒计时结束后自动结束。结束前可修改决策数据，以最后提交的决策数据为准，未参与的地方政府将自动放弃。

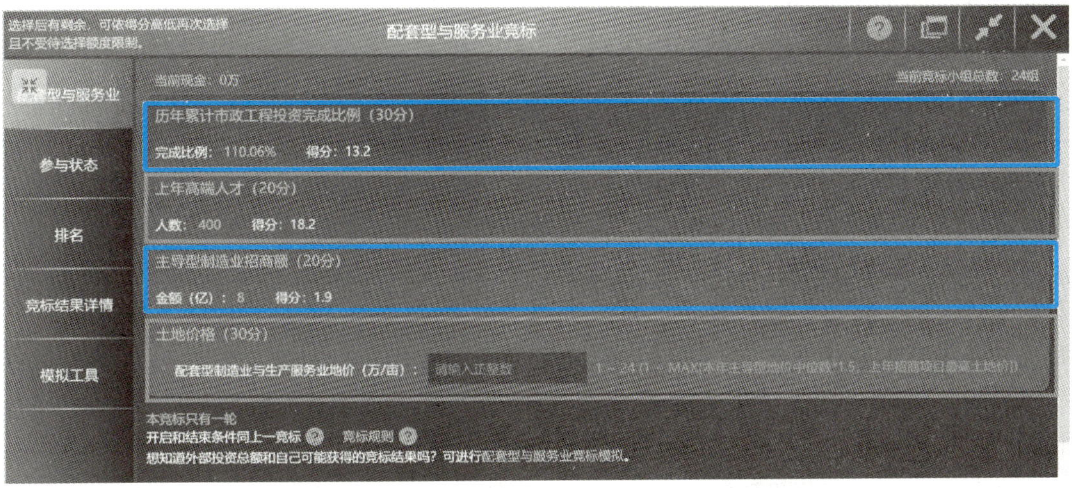


图 2-7-2　配套型与服务业招商竞标决策界面

1. 历年累计市政工程投资完成比例

历年累计市政工程投资完成比例由虚拟仿真实验系统自动调取该数据进行排名，排名越靠前的得分越高，系统根据排名自动算出该地方政府的历年累计市政工程投资完成比例对应的分数。

2. 上年高端人才数量

上年高端人才数量由虚拟仿真实验系统自动调取该数据进行排名，排名越靠前的得分越高，系统根据排名自动算出该地方政府的上年高端人才数量对应分数。

3. 主导型制造业招商额

主导型制造业招商额为该地方政府累计实际吸引的主导型制造业的投资额，主导型制造业累计招商额由虚拟仿真实验系统自动调取该数据进行排名，排名越靠前的得分越高，系统根据排名自动算出该地方政府的主导型制造业累计招商额对应分数。

4. 土地价格决策规则

配套型与服务业竞标的土地价格是各地方政府给入驻本地的配套型与服务业企业设置的拿地价格，具体报价表示该地方政府报出的配套型与服务业用地的地价，配套型与服务业相关企业入驻该地之后，该地方政府将以这个报价将土地卖给这些企业。

土地报价决策如图 2-7-2 所示，价格在 1 万～24 万元/亩（这里上限的示例为 24

万元/亩，每次的上限可能会不一样），其中土地报价的上限是根据上一年的主导型工业用地的价格计算出来的，上限=Max ｛本年主导型地价中位数×1.5，上年招商项目最高土地价｝。

如这里的例子是24万元/亩，查询到上一年主导型招商工业用地最大值是22万元/亩，本年主导型招商工业用地的中位数是16万元/亩、代入本年土地报价上限的计算公式可得：本年配套型与服务业工业用地报价上限=Max ｛16×1.5，22｝ =Max ｛24，22｝ =24（万元/亩）。

### （二）学生端操作

1. 历年累计市政工程投资完成比例决策操作

历年累计市政工程投资完成比例决策的影响：市政工程是指市政设施建设工程，包括城市道路、桥梁、燃气管道、排水管道、电力网线等，市政工程的完工比例会影响当地基础设施的完善程度。因此，市政工程投资完成比例对配套型与服务业企业的影响较大。历年累计市政工程投资完成比例越高，对配套型与服务业企业的吸引力越大。

历年累计市政工程投资完成比例决策的具体操作如图2-7-3所示。历年累计市政工程投资完成比例决策不需要学生在虚拟仿真实验系统上进行特殊操作，系统自动调取各地方政府在上一项目市政工程竞标结束之后的结果并进行排名，历年累计市政工程投资完成比例最高的地方政府将会获得满分，其余地方政府根据排名情况所得分数依次递减。

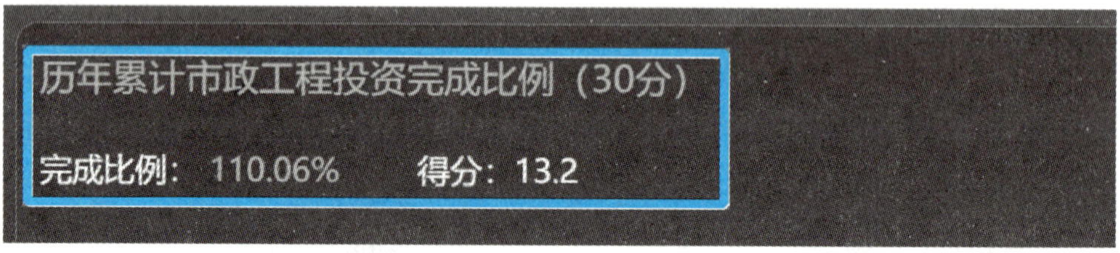


图2-7-3　历年累计市政工程投资完成比例决策操作（系统自动算分）

2. 上年高端人才

高端人才对招商引资的影响：在虚拟仿真实验系统中，上年该地方政府吸引的高端人才数量越多，配套型与服务业竞标该模块的得分越高。

我们可以从理论上分析一个地区的高端人才如何影响该地区对企业的吸引力。首先，高端人才能够全面性地整合公司资源。高端人才有着丰富的管理经验和长远的眼光，他们能够从企业的整体效益出发，全面整合公司资源，制定企业发展战略，确定企业发展的大方向，为企业的整体发展提供意见和看法，为企业创造最大的效益。其次，高端人才能够提高企业的技术含量。高端人才有着过硬的专业技能，能够指导其他员工的具体工作，提高相关部门的专业技术含量，从而影响到企业的技术含量。最后，高端人才能够优化企业内部的人才结构。优秀的管理人才不仅具有过硬的专业技能、丰富的管理经验，还能知人善任，善于提拔人才，挖掘并激发人才潜力，在很大程度上优化企业内部的人才结构，打造企业的人才竞争优势。

上年高端人才决策操作如图 2-7-4 所示。上年高端人才决策不需要学生在虚拟仿真实验系统上进行特殊操作，系统自动调取各地方政府在上一年企业扶持项目中获得的高端人才数量并进行排名，上年引进高端人才数量最多的地方政府将会获得满分，其余地方政府根据排名情况所得分数依次递减。

**图 2-7-4　上年高端人才决策操作（系统自动算分）**

3. 主导型制造业招商额

主导型制造业招商额的影响：该地主导型制造业累计招商额越大，说明入驻该地的主导型制造业企业越多，对配套型与服务业企业的吸引力也就越大。

我们可以从理论上分析一个地区制造业的发展如何影响该地区服务业的发展，制造业是一个地区经济发展的核心、基础，是该地区经济的安身立命之本，没有制造业的支持，其他行业难以为继，所有虚拟经济、所有服务业的基础都是制造业，包括互联网经济也需要依托制造业的发展。服务业在经济结构中的比重增加是因为制造业的发展为社会生活领域提供了技术支持，创造了需求，同时，制造业劳动生产率的提高和技术进步也为劳动力向服务业转移提供了可能，间接支持了服务业的发展。

主导型制造业招商额决策的相关操作如图 2-7-5 所示。主导型制造业招商额决策不需要学生在虚拟仿真实验系统上进行特殊操作，系统自动调取各地方政府截至本年累计实际吸引到的主导型制造业招商额数据并进行排名，累计实际吸引到的主导型制造业招商额最多的地方政府将会获得满分，其余地方政府根据排名情况所得分数依次递减。

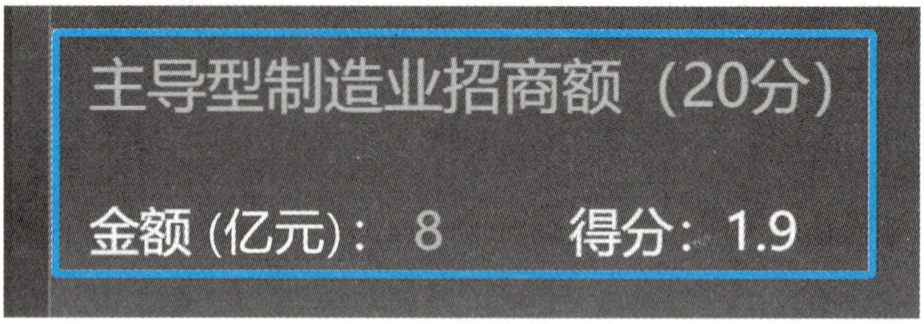


图 2-7-5　主导型制造业招商额决策（系统自动算分）

4. 土地价格决策操作

土地报价决策的影响：该地方政府报价越低，可以吸引越多配套型与服务型产业入驻该地区，吸引到越多的投资额。因此，该地方政府对配套型与服务型产业用地的报价越低，则其竞标分数会越高。该地方政府报价越低，相应的工业用地带来的土地出让金就会越低，但一般是以工业用地的低价来吸引配套型与服务型企业入驻该地区，以更好地促进该地区经济的发展，而通过提高工业用地报价来提高财政收入的做法较少。

土地价格决策的操作如图 2-7-6 所示。该地方政府在图中圈出来的位置输入配套型制造业与生产服务业地价，以地价 12 万元/亩为例，输入 12 即可。

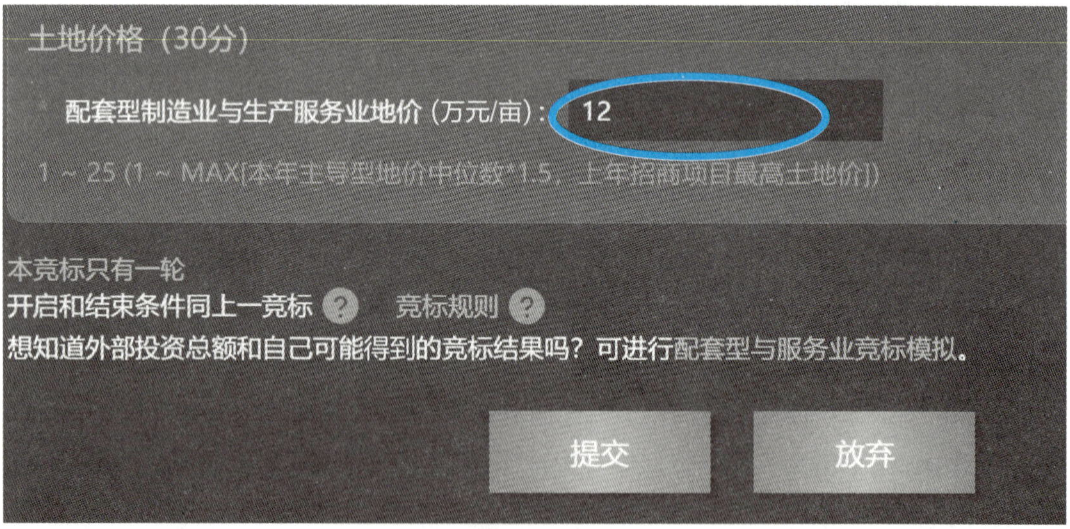


图 2-7-6　土地价格决策（以地价 12 万元/亩为例）

5. 模拟工具

该地方政府的配套型与服务业招商竞标得分不仅受自己决策的影响，也受其他地方政府决策的影响。为了更好地预测该地方政府的配套型与服务业招商竞标得分，可以利用好模拟工具的辅助作用。

模拟工具的操作步骤如图 2-7-7 所示。第一步，选择界面左端的“模拟工具”模块；第二步，查询各地方政府的历年累计市政工程投资完成比例、上年高端人才、累计主导型制造业招商额这三个模块的得分；第三步，输入对各地方政府配套型与服务型产业用地的预测土地报价；第四步提交预测数据，查看各地方政府的配套型与服务业招商竞标的模拟结果（如图 2-7-8 所示）。

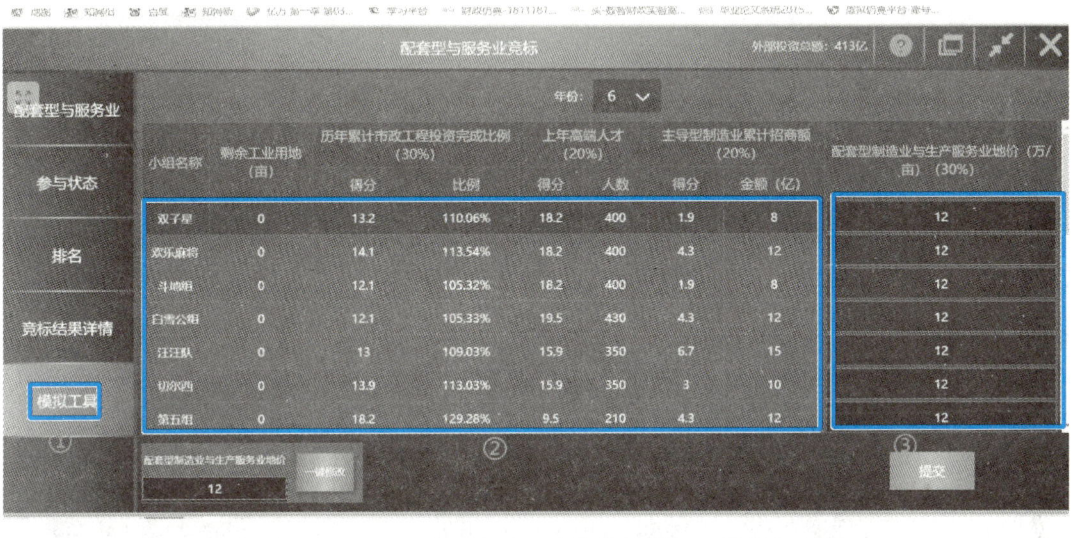


图 2-7-7　配套型与服务业招商竞标的模拟工具操作步骤

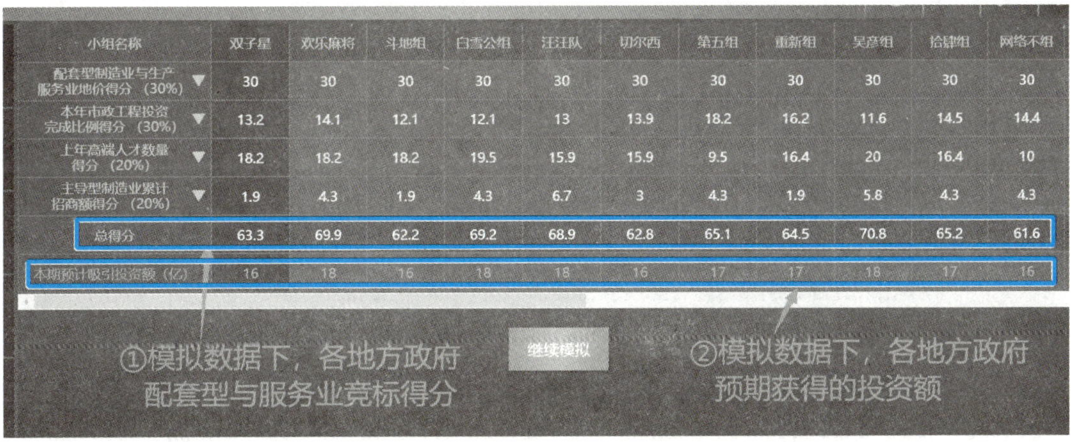


图 2-7-8　配套型与服务业招商竞标的模拟结果

6. 提交决策及查看配套型与服务业招商竞标结果

在综合考虑各地方政府三个模块得分情况、该地方政府预期达到的配套型与服务业招商效果、其他地方政府可能提交的土地报价、该地方政府的财政收支压力之后，用好模拟工具的辅助功能，在配套型与服务业招商竞标界面由组长提交该地方政府的配套型与服务业招商竞标决策（如图 2-7-9 上半部分所示）。

配套型与服务业招商竞标结束之后可以查看该地方政府和其他地方政府的竞标结果（如图 2-7-9 下半部分所示）。

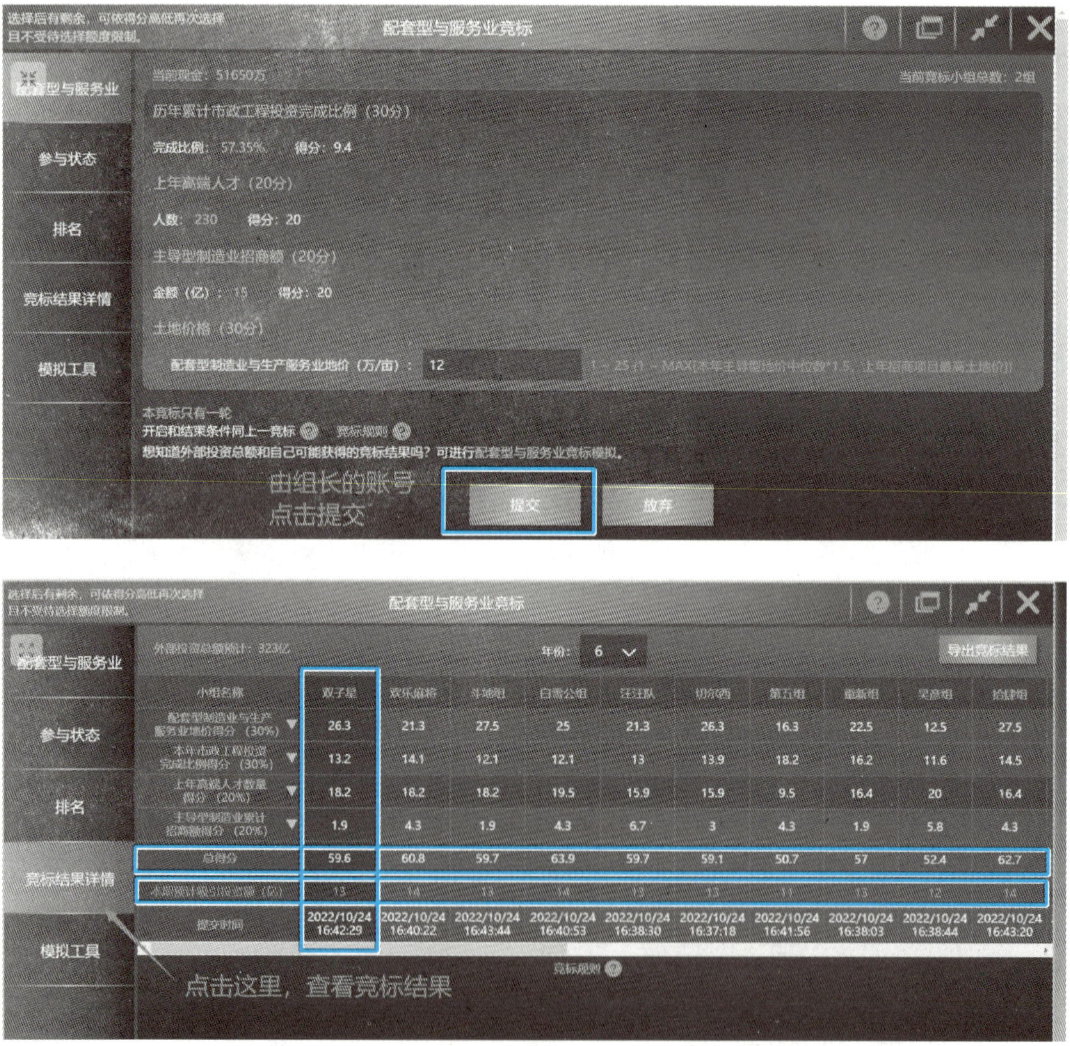


图 2-7-9　配套型与服务业招商竞标决策提交及竞标结果查看

7. 教师端操作

（1）根据预设的模拟仿真大环境，为配套型与服务业招商竞标设置权重配置：配套制造业与生产服务业地价得分权重、历年累计市政工程投资完成比例得分权重、上年高端人才得分权重、主导型制造业招商额得分权重，点击保存。在配套型与服务业招商竞标结束之前教师都可以对得分权重配置进行更改。配套型与服务业招商竞标教师端界面如图 2-7-10 所示。

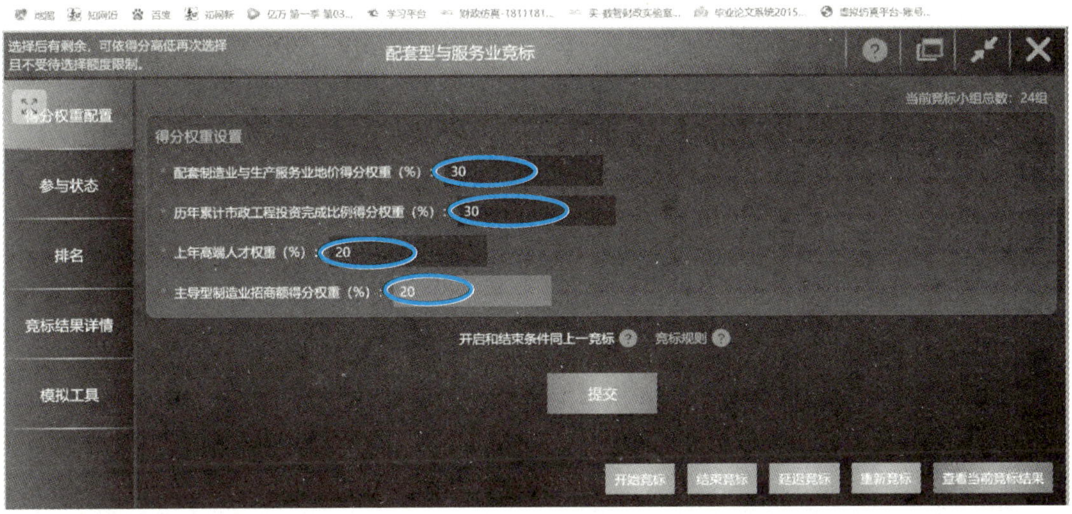


**图 2-7-10　配套型与服务业招商竞标教师端界面**

（2）进入竞标结果详情窗口，点击“开始竞标”按钮，学生端即可进行配套型与服务业招商竞标相关操作。在该界面教师还可操作的功能有：结束竞标、延迟竞标、重新竞标和查看当前竞标结果。

（3）教师可通过模拟工具窗口向学生讲解配套型与服务业招商竞标的规则，并指导学生使用该模拟工具。

（4）配套型与服务业招商竞标可以由教师手动结束，或所有地方政府提交竞标方案后自动结束，或倒计时结束后自动结束。在结束前，学生可以修改竞标方案，教师可在参与状态窗口及竞标结果详情窗口了解各个地方政府配套型与服务业招商竞标的进程。

（5）配套型与服务业招商竞标结束后，教师可通过排名窗口及竞标结果详情窗口查看所有地方政府的竞标结果，带领学生对该项决策进行总结与反思。

## 二、配套型与服务业招商选择

### （一）选择规则

在实验主界面中（如图 2-7-11 所示），拖动鼠标箭头到配套型与服务业招商竞标模块所在位置，界面中会弹出竞标、选择、合作招商三个选项，点击图 2-7-11 中的“选择”选项，即可研究学习配套型与服务业招商选择的规则。

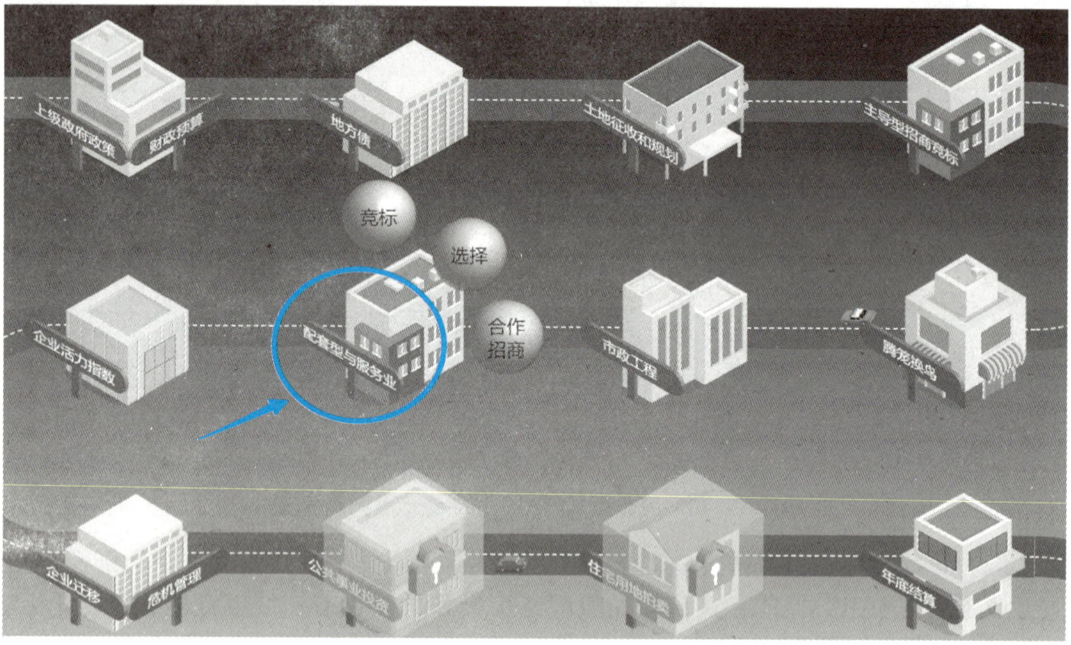


图 2-7-11　配套型与服务业招商模块

完成图 2-7-12 中圈出来的两项决策，为服务业 1 亿元 80 亩、服务业 1 亿元 120 亩、劳动密集型（配套）4 亿元、资本密集型（配套）4 亿元、资本密集型（配套）10 亿元这五种不同类型的配套型与服务型产业设置优先级、输入产业个数的上限。若该地方政府因招商额度太低而没有可以选择的产业或可以选择的产业数量太少，则可以通过配套型与服务业合作招商来减轻招商额不足给该区域经济发展带来的负面影响（详见配套型与服务业合作招商的相关内容）。

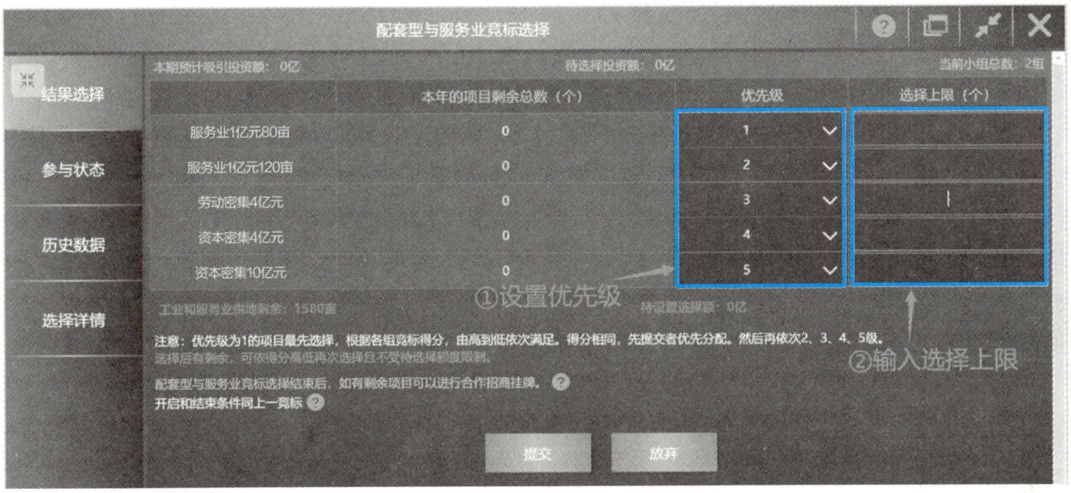


图 2-7-12 配套型与服务业招商竞标选择界面

开启条件：只能教师手动开启，如未开启，请联系老师端开启此业务。

结束条件：由教师端手动结束，或所有地方政府提交参与数据后自动结束，或倒计时结束后自动结束。结束前可修改决策数据，以最后提交的决策数据为准，未参与的地方政府将自动放弃。

1. 五类招商产业概述

在配套型与服务业招商选择界面的底部，有五张卡片简单介绍了五种不同类型的配套型与服务型产业：生产服务业 1 亿元 80 亩、生产服务业 1 亿元 120 亩、劳动密集型（配套）4 亿元产业、资本密集型（配套）4 亿元产业、资本密集型（配套）10 亿元产业，如图 2-7-13 所示。投资代表选择该类产业将会耗用的配套型与服务业招商额度。该招商额度不是地方政府的财政支出，而是配套型与服务业招商竞标结果中该地方政府获得的本期预计吸引投资额；用地代表选择该类产业将会占用该地区的工业与服务业用地亩数；增值税代表该类产业会给该地方政府带来的财政收入；就业代表该类产业会给当地新增多少就业人数。

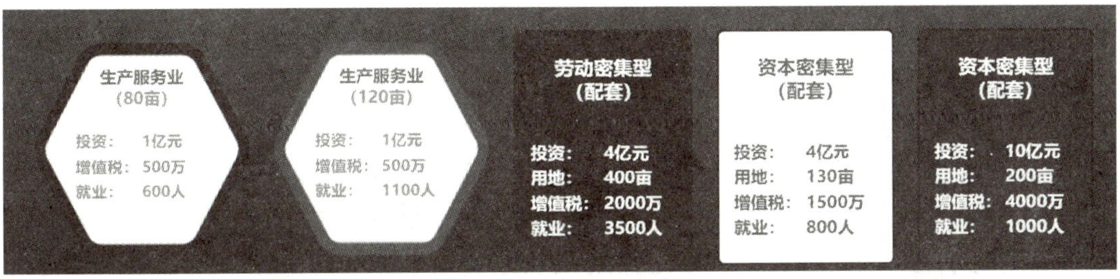


图 2-7-13 配套型与服务业招商竞标选择界面底部（对五类招商产业的介绍）

（1）生产服务业（80 亩）。

生产服务业（80 亩）的代价：①消耗该地方政府的配套型与服务业投资额 1 亿元；②占用该地方政府 80 亩工业与服务业用地。需要注意的是，投资额 1 亿元不是该地方政府的财政支出，而是耗用该地方政府通过配套型与服务业招商竞标得来的本期预计吸引投资额，该投资额可以理解为吸引来的配套型与服务业企业在本地的投资金额。

生产服务业（80 亩）的收益：①以该地方政府配套型与服务业竞标提交的土地价格为基础，获得 80 亩地对应的土地出让金，假如之前报价 12 万元，则可获得 960 万元（12×80）土地出让金；②为该地方政府贡献 500 万元的财政收入（增值税）；③为当地解决 600 人的就业。

（2）生产服务业（120 亩）。

生产服务业（120 亩）的代价：①消耗该地方政府的配套型与服务业投资额 1 亿元；②占用该地方政府 120 亩工业与服务业用地。需要注意的是，投资额 1 亿元不是该地方政府的财政支出，而是耗用该地方政府通过配套型与服务业招商竞标得来的本期预计吸引投资额，该投资额可以理解为吸引来的配套型与服务业企业在本地的投资金额。

生产服务业（120 亩）的收益：①以该地方政府配套型与服务业竞标提交的土地价格为基础，获得 120 亩地对应的土地出让金，假如之前报价 12 万元，则可获得 1 440 万元（12×120）；②为该地方政府贡献 500 万元的财政收入（增值税）；③为当地解决 1 100 人的就业。

（3）劳动密集型（配套）4 亿元产业。

劳动密集型（配套）4 亿元产业的代价：①消耗该地方政府的配套型与服务业投资额 4 亿元；②占用该地方政府 400 亩工业与服务业用地。需要注意的是，投资额 4 亿元不是该地方政府的财政支出，而是耗用该地方政府通过配套型与服务业招商竞标得来的本期预计吸引投资额，该投资额可以理解为吸引来的配套型与服务业企业在本地的投资金额。

劳动密集型（配套）4 亿元产业的收益：①以该地方政府配套型与服务业竞标提交的土地价格为基础，获得 400 亩地对应的土地出让金，假如之前报价 12 万元，则可获得 4 800 万元（12×400）土地出让金；②为该地方政府贡献 2 000 万元的财政收入（增值税）；③为当地解决 3 500 人的就业。

（4）资本密集型（配套）4 亿元产业。

资本密集型（配套）4 亿元产业的代价：①消耗该地方政府的配套型与服务业投资额 4 亿元；②占用该地方政府 130 亩工业与服务业用地。需要注意的是，投资额 4 亿元不是该地方政府的财政支出，而是耗用该地方政府通过配套型与服务业招商竞标得来的本期预计吸引投资额，该投资额可以理解为吸引来的配套型与服务业企业在本地的投资金额。

资本密集型（配套）4 亿元产业的收益：①以该地方政府配套型与服务业竞标提交的土地价格为基础，获得 130 亩地对应的土地出让金，假如之前报价 12 万元，则可获得 1 560 万元（12×130）；②为该地方政府贡献 1 500 万元的财政收入（增值税）；③为当地解决 800 人的就业。

（5）资本密集型（配套）10 亿元产业。

资本密集型（配套）10 亿元产业的代价：①消耗该地方政府的配套型与服务业投资额 10 亿元；②占用该地方政府 200 亩工业与服务业用地。需要注意的是，投资额 10 亿元不是该地方政府的财政支出，而是耗用该地方政府通过配套型与服务业招商竞标得来的本期预计吸引投资额，该投资额可以理解为吸引来的配套型与服务业企业在本地的投资金额。

资本密集型（配套）10 亿元产业的收益：①以该地方政府配套型与服务业竞标提交的土地价格为基础，获得 200 亩地对应的土地出让金，假如之前报价 12 万元，则可获得 2 400 万元（12×200）；②为该地方政府贡献 4 000 万元的财政收入（增值税）；③为当地解决 1 000 人的就业。

2. 优先级设置规则

优先级有 1、2、3、4、5 级。优先级为 1 的项目最先选择，依次按照本年各地方政府的配套型与服务业招商竞标得分高低、提交时间先后的顺序来分配这五种类型的产业，具体分配规则如下：

①根据各地方政府配套型与服务业招商竞标得分情况，由高到低依次分配，得分高的地方政府可以先分配该类产业，得分低的地方政府后分配该类产业，当产业数量不够分配时，得分低的地方政府无法得到该类产业。

②各地方政府配套型与服务业招商竞标得分相同时，按提交时间的先后顺序分配，先提交的地方政府先获得该类产业。

然后再依次对 2、3、4、5 级的产业按照上述规则进行分配。

3. 五类招商产业的选择规则

选择具体产业的上限数量时，不需要的产业可以不输入也可以输入 0，对于需要的产业类型，在该类型下输入具体的个数，但输入的数量不能超过本年该类项目的剩余总数。

### （二）学生端操作

1. 优先级设置操作

在设置优先级前该地方政府应当权衡各类型产业的优缺点：①生产服务业的优点是耗用的投资额较少、占用的土地较少，缺点是带来的增值税收入比较少、创造的就业机会也比较少；②劳动密集型产业的优点是创造的就业机会较多，缺点是带来的税收收入较少、占用的土地较多；③资本密集型产业的优点是带来更多的税收收入、占用土地较少，缺点是创造的就业机会较少。

结合该地方经济发展的情况、发展规划、该地方政府获得的本期预计吸引投资额、本年配套型与服务业招商的竞标得分、该地方政府对各类型产业的偏好差异，如图 2-7-14 所示，修改各类型产业的优先级，点击优先级对应的数字旁边的倒三角尖符号，在弹出窗口中点击代表优先级顺序的数字。

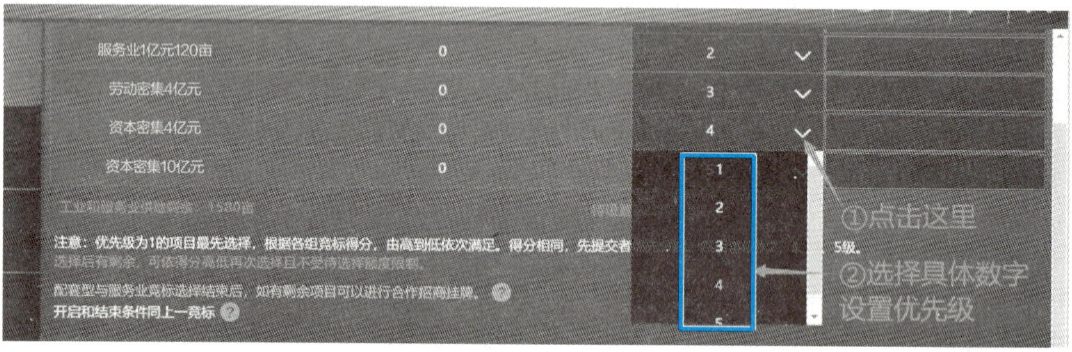


图 2-7-14　配套型与服务业招商竞标选择优先级设置

2. 五类配套型与服务型产业个数的选择操作

在图 2-7-15 中选择上限那一列输入该地方政府想获取的各类型产业数量的上限，然后点击底部的提交按钮（仅组长有提交权限），完成配套型与服务业招商竞标选择的操作。

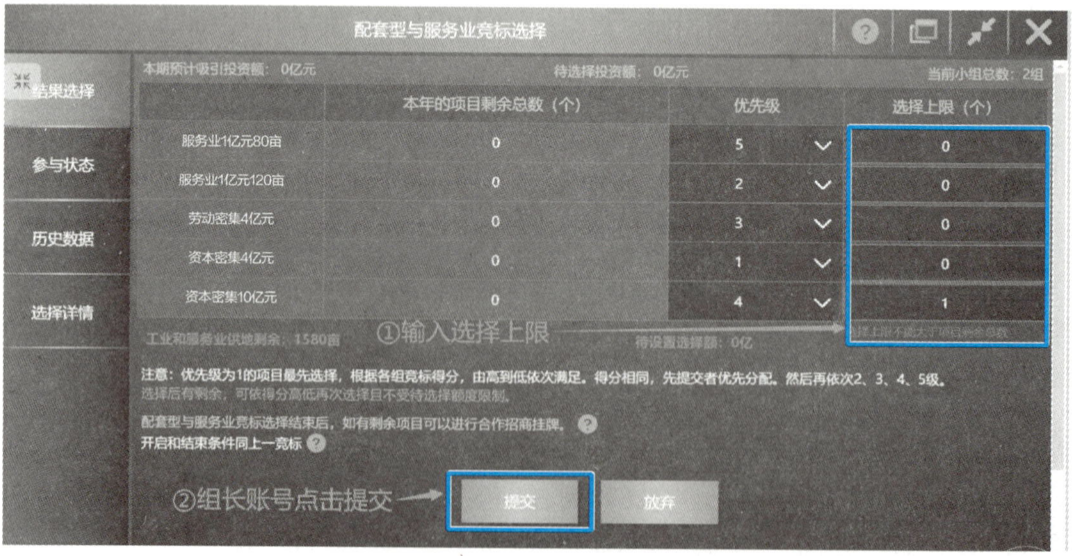


图 2-7-15　配套型与服务业招商竞标选择设置选择上限

注意，配套型与服务业招商竞标选择可以重复开启，若该地方政府还有投资额没有用完，本年也还存在剩余的项目，联系老师点击“再次选择”按钮，就可以接着分配剩下的投资额。

3. 查看配套型与服务业招商竞标选择的结果

如图 2-7-16 所示，在配套型与服务业招商竞标选择界面，点击左边的“选择详情”按钮，弹出所有地方政府实际获得的各类型产业的个数，图中的双子星地方政府的相关信息如下：

（1）生产服务业（80 亩），设置产业数量上限 3 个，优先级为 2 级，实际获得了 0 个。

（2）生产服务业（120 亩），设置产业数量上限 2 个，优先级为 3 级，实际获得了 0 个。

（3）劳动密集型（配套）4 亿元产业，设置产业数量上限 1 个，优先级为 1 级，实际获得了 1 个。

（4）资本密集型（配套）4 亿元产业，设置产业数量上限 0 个，优先级为 4 级，实际获得了 0 个。

（5）资本密集型（配套）10 亿元产业，设置产业数量上限 0 个，优先级为 5 级，实际获得了 0 个。

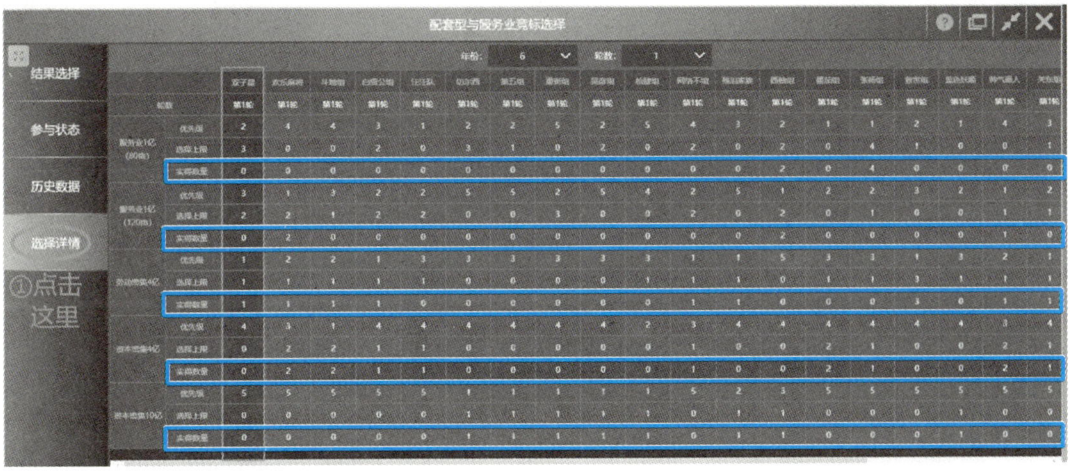


**图 2-7-16　配套型与服务业招商竞标选择结果查看操作**

## （三）教师端操作

（1）进入配套型与服务业招商竞标选择界面，如图 2-7-17 上半部分所示，教师可以设置各类型产业的总的数量。如图 2-7-17 下半部分所示，教师在配套型与服务业招商选择界面点击“开始/再次选择”按钮后，学生端即可进行配套型与服务业招商竞标选择的相关操作。在该界面教师还可操作的功能有：结束选择、延迟选择。

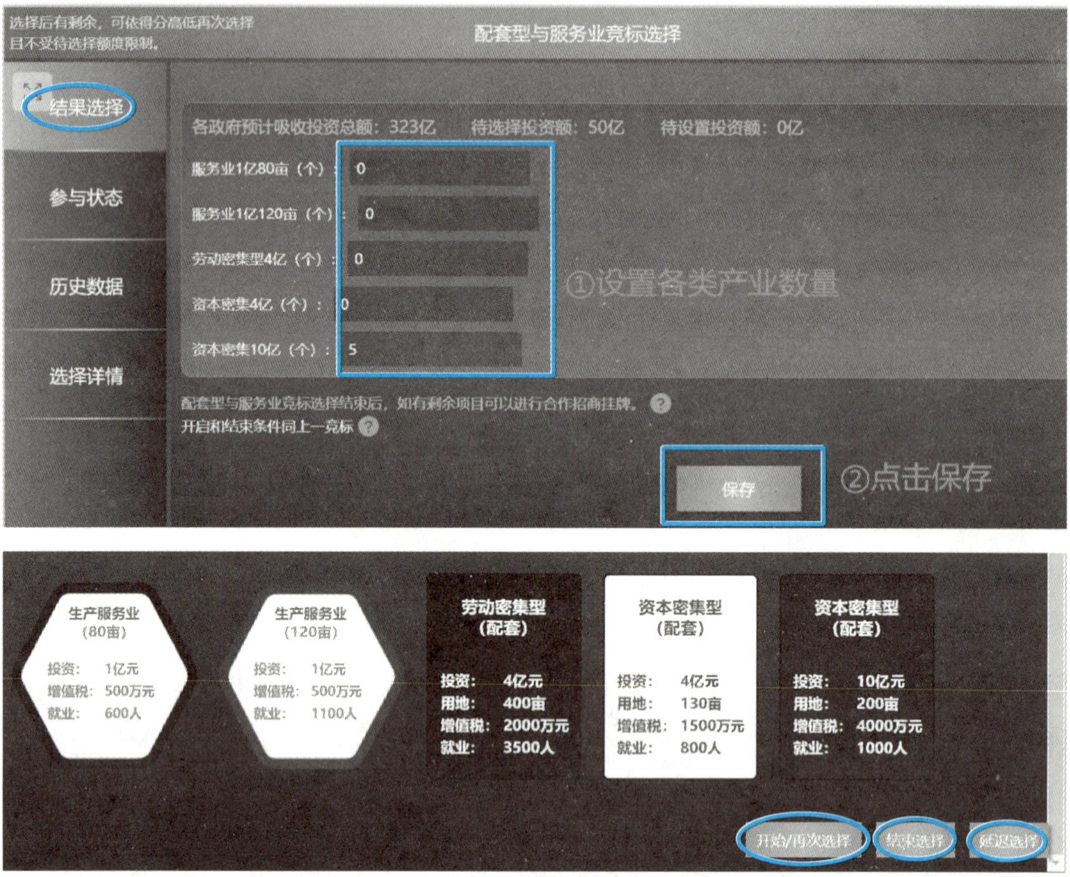


图 2-7-17　配套型与服务业招商竞标选择按钮（教师端界面）

（2）配套型与服务业招商选择结束后，如图 2-7-18 所示，教师可通过点击配套型与服务业招商竞标选择界面左侧的“选择详情”按钮，在弹出的选择结果窗口查看各地方政府实际获得的各类配套型与服务业产业的个数，带领学生对该项决策进行总结与反思。

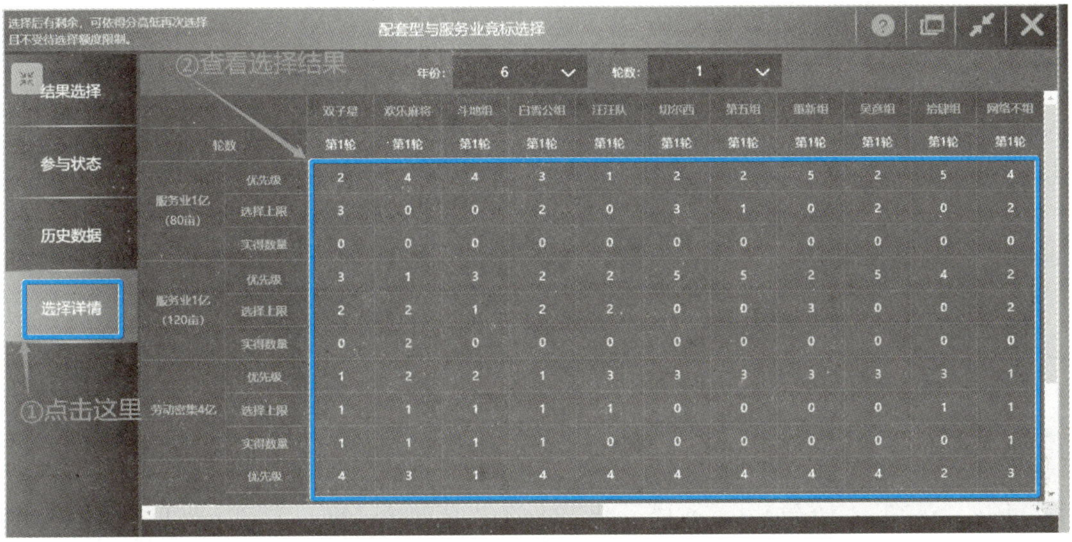


图 2-7-18　配套型与服务业招商选择结果查看操作（教师端界面）

## 三、配套型与服务业合作招商

配套型与服务业招商选择环节结束之后，才可以开始进行合作招商。

### （一）合作招商规则

合作招商规则：配套型与服务业投资额未用完的地方政府（简称招商额地方政府）可以选择与剩余工业与服务业用地较多的地方政府（简称土地地方政府）进行合作招商，双方合作招商的代价和收益具体如下：

1. 招商额地方政府

合作招商的代价：占用招商额度。

合作招商的收益：获得项目增值税和附加税费。

需要注意的是，占用的招商额度不是该地方政府的财政支出，而是耗用该地方政府通过配套型与服务业招商竞标得来的本期预计吸引投资额，该投资额可以理解为预期可以吸引来的其他企业在本地的投资金额。

2. 土地地方政府

合作招商的代价：占用该地方政府的工业和服务业用地。

合作招商的收益：获得按照挂牌价成交的土地款，为该地方政府解决就业问题。

例如：政府 1 有剩余招商额，政府 2 有剩余土地，则可进行合作招商，土地政府 2 的土地将会被占用，可获得土地款收入和合作产业带来的就业机会，招商政府 1 的招商额将会被耗用，可获得合作产业带来的增值税和附加税费对应的财政收入。

### （二）学生端操作

1. 合作洽谈

查询所有地方政府本年获得的配套型与服务业产业投资额未使用情况和工业与服务业用地剩余数量，寻找有合作空间的地方政府进行洽谈，达成其中一方出地、一方出投资额来进行合作招商的意向。

例如，双子星地方政府有多余的招商额，需要寻找有多余的工业与服务业用地的地方政府进行合作，经过查询相关信息以及走访各地方政府，双子星地方政府最终发现有合作空间的飞飞公组地方政府，双方经过多次协商，达成合作意向。

2. 合作挂牌

达成合作意向的两个地方政府中的一方应该提交配套型与服务业合作招商的挂牌信息，然后通知对方政府的相关工作人员，对方政府的相关工作人员前往待成交挂牌模块中找到挂牌信息，确认相关信息无误之后点击“成交”按钮。

例如，前述双子星地方政府已经和飞飞公组地方政府达成了合作意向，由双子星地方政府出招商额度、飞飞公组地方政府出地，共同建设资本密集型 4 亿元的配套产业。双方决定，由飞飞公组地方政府提交挂牌信息，双子星地方政府同意挂牌信息。

如图 2-7-19 所示，飞飞公组地方政府先挂牌。首先，飞飞公组地方政府在合作招商的界面的左端选择“我的挂牌”选项，然后拖动该界面到中部，输入对应的挂牌信息：交易小组为对方政府“双子星”；项目类型选择“配套型”；项目名称选择“资本密集 4 亿元”；资源类型选择“土地”（意味着飞飞公组地方政府将会提供项目所需的土地）；土地单价输入 15 万元（此数字为飞飞公组地方政府在前面配套型与服务业招商竞标中填写的工业用地的报价）；项目数量输入 1 个（双方在线下达成合作意向的数量）；点击底部的“挂牌”按钮提交飞飞公组地方政府的挂牌信息。

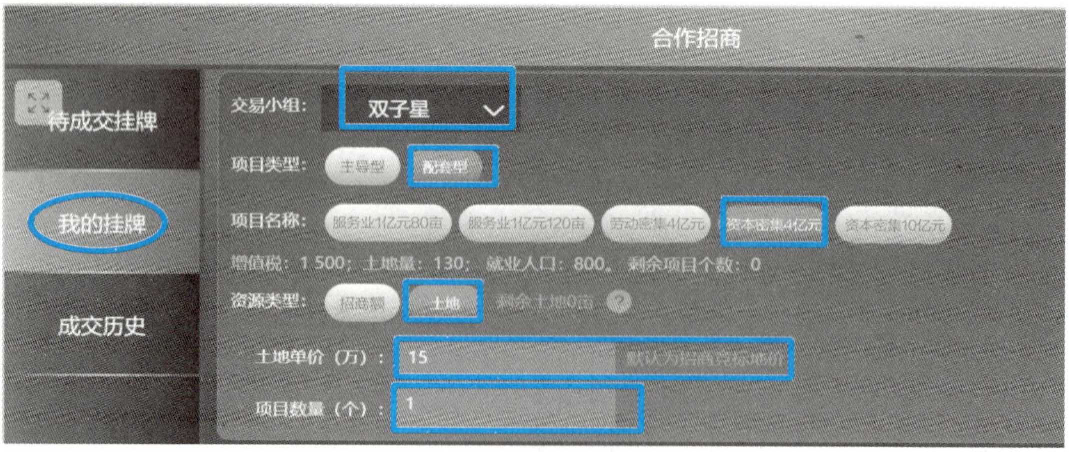


图 2-7-19　合作招商提交挂牌（以出地的飞飞公组地方政府的操作为例）

如图 2-7-20 所示，双子星地方政府在配套型与服务业合作招商的界面下，左端选择“待成交挂牌”选项，找到对应的挂牌信息，点击“成交”按钮，则飞飞公组地方政府和双子星地方政府在系统中完成了配套型与服务业的合作招商。

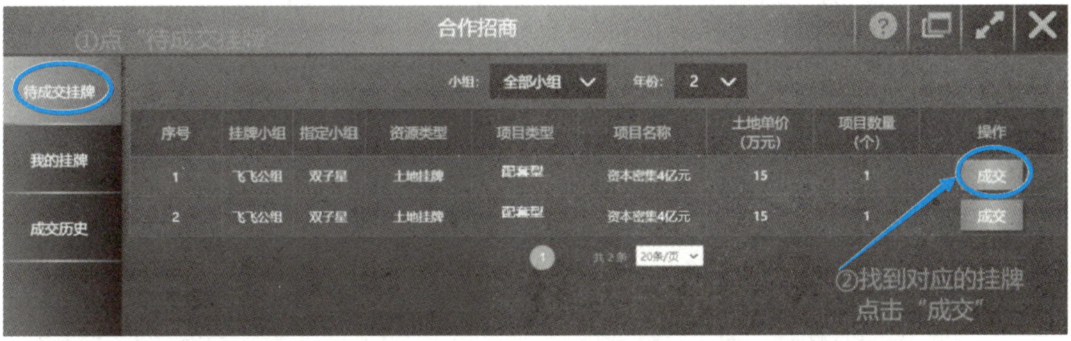


图 2-7-20　合作招商挂牌成交（以出招商额的双子星地方政府的操作为例）

3. 合作招商的结果查询

如图 2-7-21 所示，合作招商的双方均可以在虚拟仿真实验系统主界面的右边选择“决策历史”选项，在弹出的界面中查询配套型与服务业合作招商的结果。

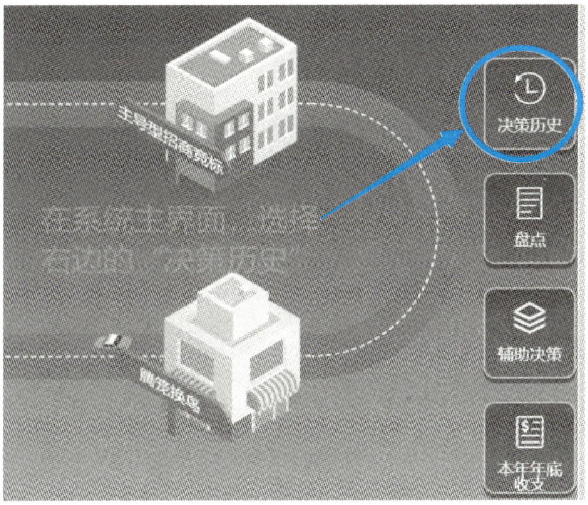


图 2-7-21　合作招商结果查询操作

（1）招商额地方政府的配套型与服务业合作招商结果。

图 2-7-22 所示为出招商额的地方政府双子星在虚拟仿真实验系统中的“决策历史”窗口，该窗口显示双子星地方政府收到了 1 500 万元的增值税收入和 200 万元的附加税费收入。

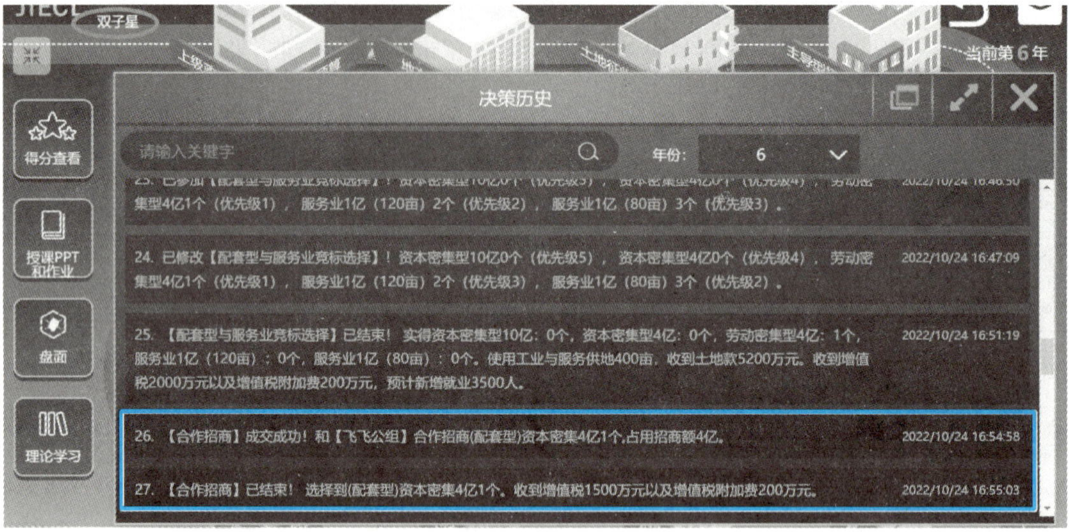


图 2-7-22　合作招商决策历史窗口（以出招商额的地方政府双子星为例）

（2）土地地方政府的配套型与服务业合作招商结果

图 2-7-23 所示为出土地的地方政府飞飞公组在虚拟仿真实验系统中的“决策历史”窗口，该窗口显示飞飞公组地方政府的工业与服务用地被占用了 130 亩、飞飞公组地方政府收到了 2 000 万元的土地价款、预计将给当地 800 人提供就业岗位。

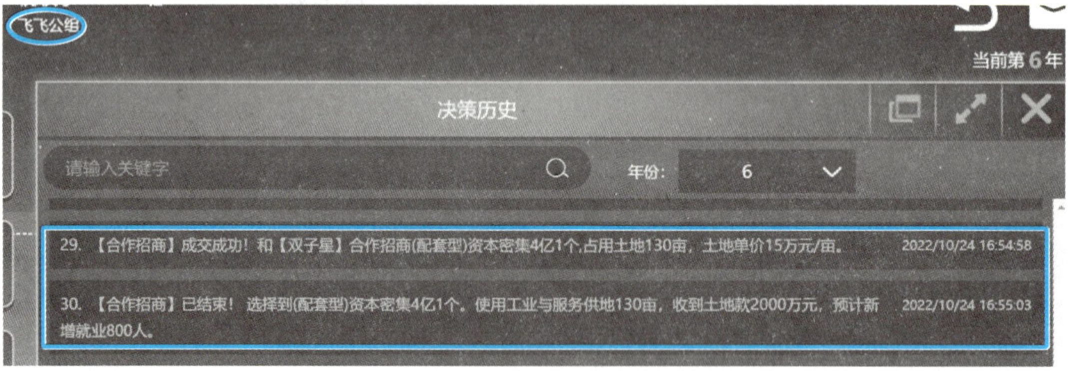


图 2-7-23　合作招商决策历史窗口（以出土地的地方政府飞飞公组为例）

## （三）教师端操作

配套型与服务业合作招商环节不需要教师在虚拟仿真实验系统上进行特殊操作，只需要线下设定合作招商的开始和结束时间，合作招商的全过程由学生自行完成，教师可以在学生进行合作招商线下洽谈时给予相应指导或设置相应的线下规则。

在虚拟仿真实验系统上，如图 2-7-24 所示，教师可通过“合作招商”界面实时了解各地方政府的合作情况：点击左端“挂牌列表”选项，则可查看所有地方政府未成交的挂牌信息；点击左端“各组剩余资源情况”选项，则可查看所有地方政府的资源短缺和闲置情况，以此信息来督促相应的地方政府积极达成配套型与服务业的招商合作；点击左端的“挂牌结果”选项，则可查看各地方政府已经完成的合作招商产业，对合作的各方政府的得失情况进行点评。

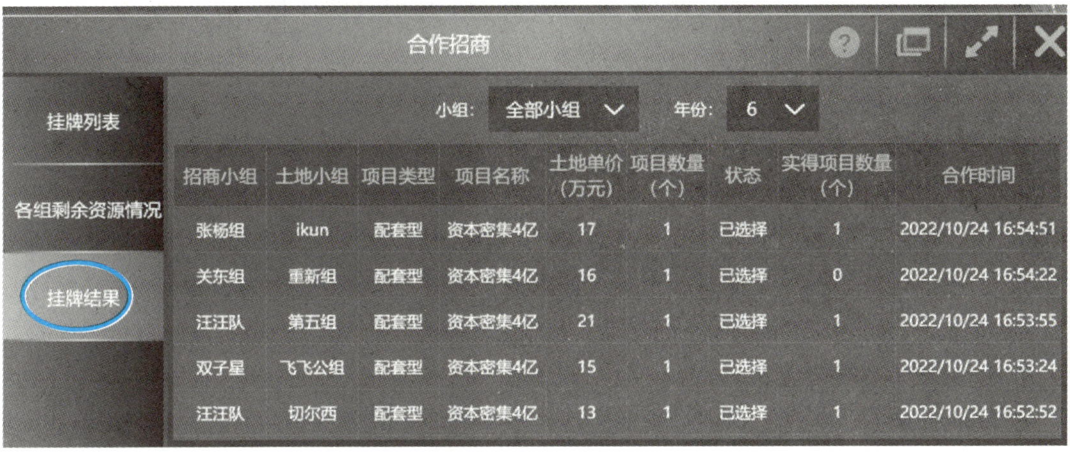


| 招商小组 | 土地小组 | 项目类型 | 项目名称 | 土地单价（万元） | 项目数量（个） | 状态 | 实得项目数量（个） | 合作时间 |
|---|---|---|---|---|---|---|---|---|
| 张杨组 | ikun | 配套型 | 资本密集4亿 | 17 | 1 | 已选择 | 1 | 2022/10/24 16:54:51 |
| 关东组 | 重新组 | 配套型 | 资本密集4亿 | 16 | 1 | 已选择 | 0 | 2022/10/24 16:54:22 |
| 汪汪队 | 第五组 | 配套型 | 资本密集4亿 | 21 | 1 | 已选择 | 1 | 2022/10/24 16:53:55 |
| 双子星 | 飞飞公组 | 配套型 | 资本密集4亿 | 15 | 1 | 已选择 | 1 | 2022/10/24 16:53:24 |
| 汪汪队 | 切尔西 | 配套型 | 资本密集4亿 | 13 | 1 | 已选择 | 1 | 2022/10/24 16:52:52 |

图 2-7-24　合作招商教师端界面

## 链接：知识拓展

### 劳动密集型服务业和资本密集型服务业的定义

可以根据劳动成本和资本成本占总成本的比重，将劳动成本比重较大的服务业定义为劳动密集型服务业，而将资本成本比重较大的服务业定义为资本密集型服务业。

**城市土地资源的错配**

土地资源是我国实现经济增长的关键因素之一。从改革开放初期的“以地兴企”到 20 世纪 90 年代初开始的“开发区热”“土地财政”和“土地金融”等热门话题，都与土地资源及其供给结构的变迁紧密相关。从生产过程看，城市土地供给结构变迁可以视为土地作为投入要素在行业间转移的结果。然而，在中国财政分权体制下，由于地方政府垄断土地一级市场的供给，策略性配置土地资源往往成为地方官员谋求经济增长的主要手段之一。

在这个过程中，地方政府会采用高价少量出让商住用地的同时低价大量出让工业用地的供地策略。但是，这种土地资源配置模式是低效率的，会扩大工业用地、居住用地和商业服务业用地之间的经济产出差异，造成城市土地供给结构错配。与此同时，地方政府为了在激烈的经济发展竞争和相应的绩效考核中脱颖而出，会竞相利用土地垄断权，采用不饱和式低价出让工业用地以及饱和式高价出让商住用地的策略，从而形成城市间土地供给结构错配的空间互动形式。

地方政府“以地生财”和“以地融资”的发展模式造成了土地资源错配。“以地生财”的经济增长模式，不仅增强了地方政府对土地财政的依赖，而且增强了地方政府以抬高商业用地价格的方式“横向补贴”工业用地的意愿，从而扭曲了商业用地价格和工业用地价格之间的关系，造成整体经济效率的降低，最终带来城市土地资源错配的问题。另外，大规模工业园区基础设施建设的资金来源于土地抵押的地方政府债务，因此地方政府利用“工业园区开发-土地抵押与再融资-工业园区扩大建设”的“以地融资”模式会变相降低城市工业用地价格，增加工业用地出让面积，使我国土地资源长期存在结构性错配问题。

## 链接：新闻热点

### 关于强化开发区规划引领推动土地节约集约利用的指导意见（节选）

为深入贯彻习近平总书记视察贵州重要讲话精神，落实省委、省政府关于推进新型工业化和开发区高质量发展重大决策部署，经省人民政府同意，就强化开发区规划引领和节约集约用地提出如下意见。

#### 一、严格项目准入强化招商实效

严格项目准入政策。各地要严格执行产业政策和市场准入负面清单，不得做出违背有关法律、法规或者超出法定权限的承诺，严禁以招商引资为名违法违规圈占土地。

坚持“亩产论英雄”。各地要科学评估确定工业项目亩均税收、亩均工业总产值等具体指标，并将这些具体指标纳入招商引资协议或合同。对开发区新供应的国有工业用地，市、县政府应在土地出让合同或补充协议中明确产业准入条件、投产时间、投资强度、产出效益、退出机制、股权变更约束、生态环境保护等内容。力争到“十四五”期末，国家级、省级开发区亩均工业总产值分别达到500万元/亩、300万元/亩。

强化履约监管。市、县政府和开发区管委会要加强对招商引资合同或协议履约情况的监督评估，强化开发区国有工业用地出让履约情况管理，对未达到约定条件的，应督促项目业主在规定时限内（最长不得超过两年）进行整改，整改仍未达到要求的，应按约定的退出机制予以收回，切实提高工业项目履约率、入园率、开工率和投产率，推动企业节约集约用地。

### 二、实施差别化保障工业用地

优先保障工业用地指标。推进新增建设用地计划分配与存量建设用地盘活挂钩，根据各地处置批而未供和闲置土地情况配置新增建设用地年度计划指标，优先保障开发区工业项目用地。纳入省级以上重点项目清单的工业项目，由省级统筹优先保障用地计划指标。工业项目新增用地，一般不安排使用增减挂钩节余指标。开发区工业用地项目，按照“特事特办、急事急办”的原则，开辟绿色通道，优先审批，即到即办，快捷报批。

优先出让工业用地。有序推进开发区内建设用地供应，优先出让工业用地，引导和支持有条件的企业，特别是大中型工业企业参与工业用地招标拍卖挂牌。各地按照“以投定供”的原则，合理确定大型工业项目建设时序，根据项目投产计划，制定分期供地计划，优先保障项目首期建设用地，定期对已供地项目亩均投资强度、单位面积产值等进行效益评估，决定是否继续供地或调整后续供地规模。分期建设的工业项目，不得改变土地用途。

资料来源：

[1] 孟宏玮，赵华平，张所地. 城市土地供给结构错配空间互动及其形成机理研究［J］. 城市问题，2023（2）：61-73.

[2] 贵州省自然资源厅. 关于强化开发区规划引领推动土地节约集约利用的指导意见［2021-11-12］. 黔自然资发〔2021〕14 号.

## 项目评价

在虚拟仿真实验系统中完成配套型与服务业招商竞标、配套型与服务业招商竞标选择和合作招商三个决策的操作，请根据表 2-7-1 对所学内容进行自检。

**表 2-7-1　配套型与服务业招商引资实验操作评价表**

| 序号 | 鉴定评分点 | 分值 | 评分 |
|---|---|---|---|
| 1 | 掌握配套型与服务业招商竞标规则，基于自身政府情况提交合理的配套型与服务业招商竞标方案，竞标结果符合地方政府治理目标 | 2 | |
| 2 | 掌握配套型与服务业招商选择规则，基于自身政府情况提交合理配套型与服务业招商竞标选择方案，选择结果符合地方政府治理目标 | 2 | |
| 3 | 能够与其他地方政府成员高效沟通，有一定谈判技巧，确保完成配套型与服务业合作招商任务 | 2 | |

表2-7-1(续)

| 序号 | 鉴定评分点 | 分值 | 评分 |
|---|---|---|---|
| 4 | 理解历年累计市政工程投资完成比例、招商额、上年高端人才、土地报价对招商引资的作用，掌握企业配套型与服务业招商竞标得分的计算方法，通过合作招商决策促进本地方政府辖区内经济发展 | 2 | |
| 5 | 在模拟仿真实验系统中操作无失误 | 1 | |
| 6 | 在决策过程中，小组成员相处融洽，高效合作 | 1 | |
| 总结（收获与反思）： | | | |

## 延展探索

1. 现实中还有哪些重要因素会影响各个地方对服务类产业的吸引力？政府在其中扮演了什么角色？起到了什么作用？

2. 从政府与市场的角度出发，政府如何设定合理的土地价格？

3. 分别从出土地的地方政府和出招商额的地方政府的立场进行探讨，合作招商是好还是坏？

4. 在考虑到相应成本的前提下，地方政府应该如何留住服务业企业？

# 项目八 人才竞争与企业扶持实验

## 学习目标

■ 理解在现实经济环境中进行企业扶持的意义。
■ 了解在现实经济环境中，进行企业扶持的基本方法。
■ 掌握在本次实验中企业扶持的环节与内容，做出本区域企业扶持决策。
■ 掌握在本次实验中人才引进补贴的计算方法，并理解新增招商额与人才引进，为自己的区域引进高端人才。

## 项目描述与分析

本项目将进行人才竞标、人才挖角以及企业扶持三项决策。通过完成该实验项目，学生能够理解新增招商额、人才引进补贴、企业补贴、企业活力指数以及所得税收入指数等指标之间的关系，为自己所管辖的区域做出正确的人才竞标、人才挖角以及企业扶持决策。

## 项目准备

为了更好地达到本项目实训目的，需要做如下准备：
■ 了解本地方政府在上一项目中的招商决策以及招商竞标结果。
■ 确保对本地方政府目前的财政收支现状，以及本年度区域运营目标了然于胸。
■ 确保组内成员拥有必要的谈判技巧，能够胜任人才挖角任务。
■ 确保电脑等设备能正常使用。
■ 确保网络正常且稳定。

## 项目实施

### 一、高端人才竞标

人才是国家发展的中流砥柱，更是地方发展出谋划策的中坚力量。人才优势就是发展优势。在经济社会各方面飞速发展，高质量发展要求越来越明确的当下，如果不积极引进大量的人才，地区经济社会发展将会失去持久的支撑，人民群众对美好生活的向往，将变成无源之水、无本之木，经济拉动不起来，发展提不上去，再多的梦想也是空想，再多的谋划也是空话。引进一名高端人才，或许就能带动一个产业壮大，带动一方百姓发展致富。

在本项目中，学生需要扮演地方政府进行高端人才竞标，通过决定本年发放的一次性安家补贴、三年内科研补贴经费来吸引高端人才进驻自己的辖区，同时还要结合地方政府当下的财力水平设定引进高端人才上限，如图 2-8-1 所示。在本实验中，本年吸引高端人才数影响企业活力指数，进而影响企业上缴的企业所得税税额，最终影响地方政府的财政收入。

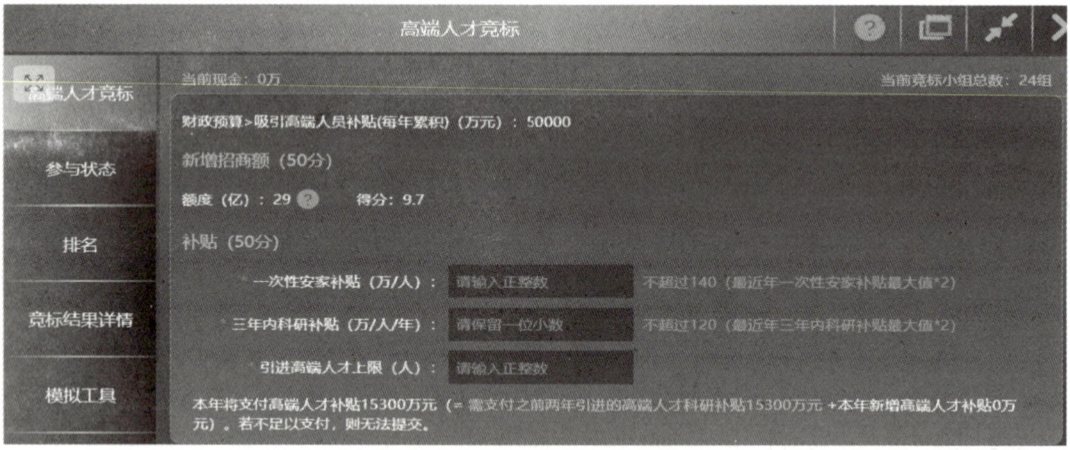


图 2-8-1　高端人才竞标界面

#### （一）竞标规则

高端人才竞标结果受两个因素的影响：一是新增招商额；二是本项目环节所决定的补贴额，补贴越多，得分越高。两项合计总分为 100 分，具体分值分布由教师设定得分权重配置而定，若设置补贴得分和新增招商得分权重均为 50%，则两项各自的满分为 50 分。两项合计总分越高，外部高端人才供给越多，本年吸引的高端人才数影响企业活力指数。

1. 新增招商额

新增招商额得分由系统根据前述相关招商引资实验决策结果确定，招商额度越高得分越高，其中新增招商额=主导型实际招商额+主导型合作招商额（土地出让方）+配套型实际招商额+配套型合作招商额（土地出让方）。

2. 补贴

补贴包括一次性安家补贴（万元/人）和三年内科研补贴（万元/人/年），补贴额度越高，得分越高，但补贴额度不得超过上一年度各地方政府提交的竞标方案中的最大补贴数额的两倍。

需要注意的是，高端人才竞标结果出来后，地方政府将根据竞标结果支付这两项补贴，其中三年内科研补贴将持续支付三年，即人才补贴确定后，本年应支付的高端人才补贴=（本年一次性安家补贴+本年新增三年内科研补贴）×本年吸引高端人才数量+去年决定发放三年内科研补贴×去年吸引高端人才数量+前年决定发放三年内科研补贴×前年吸引高端人才数量。

在做出高端人才竞标决策时，有两个注意事项：一是需要确定自己的政府有足够的财政资金支付当年的高端人才补贴，若不足以支付，则竞标决策无法提交。此时地方政府可更改补贴政策或选择主动放弃高端人才竞标，若选择放弃，则当年不引进高端人才，企业活力指数将受到影响，政府的财政收入也将受到影响。二是注意竞标决策的思考时限。竞标倒计时结束时若地方政府还未提交竞标方案，系统机器人将根据当地政府的财政现状自动决策，在该组政府上年竞标值和上年各组竞标均值范围内随机选择一个数值作为该组政府当年的补贴金额，系统机器人自动决策后若该地方政府财政资金不足，则视为自动放弃参与高端人才竞标决策。

3. 引进高端人才上限

在虚拟仿真实验系统中，所有地方政府每一年能够吸引的高端人才上限受到本年高端人才平均补贴的影响，本年各地方政府补贴越高，高端人才供给越多，设置"引进高端人才上限"能帮助地方政府控制人才引进的支出成本。实验系统将根据竞标得分结果将所吸引到的外部高端人才数量分配到每一个地方政府，分配数量最高不会超过地方政府自己设定的引进高端人才上限。当地方政府由于决策时间超时还未提交决策方案，由系统机器人自动进行决策时，系统机器人将优先取上一年高端人才引进数量，若上一年没有，则在100~200人的范围内随机选择整十的数值作为当年该地方政府引进高端人才数量上限。

### （二）学生端操作

（1）在企业活力指数模块界面中（如图2-8-2所示），点击"人才竞标"按钮，进入高端人才竞标界面，研究学习高端人才竞标规则。

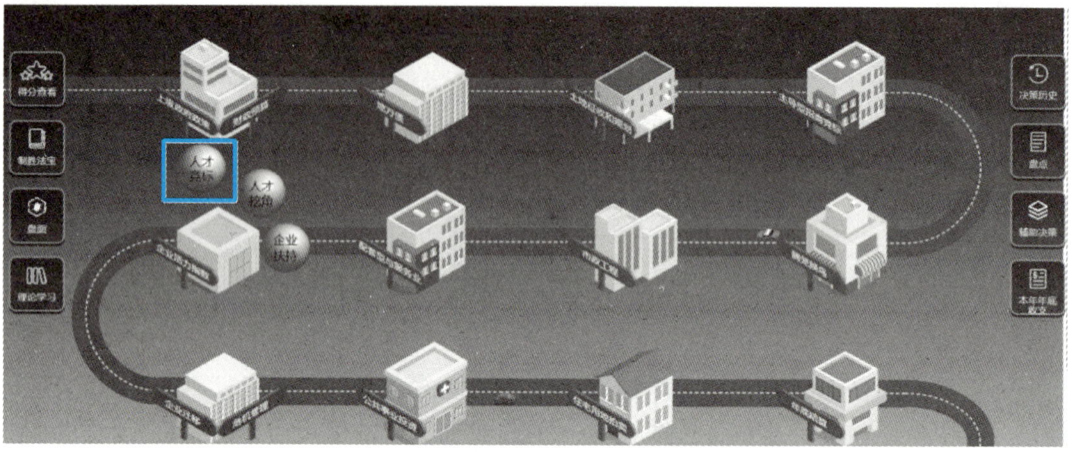


图 2-8-2　企业活力指数——人才招标

该界面下有五个功能窗口：高端人才竞标、参与状态、排名、竞标结果详情、模拟工具（如图 2-8-3 所示）。

图 2-8-3　人才招标窗口

高端人才竞标：在该窗口做竞标决策，即输入一次性安家补贴及三年内科研补贴金额，设置引进高端人才上限人数，提交竞标方案。

参与状态：在该窗口可实时查看各地方政府是否参与该次高端人才竞标。

排名：高端人才竞标结束后，可在该窗口查看本地方政府在此次竞标中的得分、最终吸引的高端人才以及本年应支付的高端人才补贴总额。

竞标结果详情：高端人才竞标结束后，可在该窗口查看所有参加竞标的地方政府各自的具体决策内容，包括竞标方案提交时间、补贴金额、补贴得分、新增招商额、新增招商额得分、引进高端人才上限、总得分、本年实际吸引高端人才、本年应支付高端人才补贴。

模拟工具：可通过该窗口填入已知或预测的其他地方政府高端人才竞标决策信息，再填入自身的竞标方案，模拟高端人才竞标过程，帮助本地方政府做出最佳决策。

（2）在模拟工具界面（如图 2-8-4 所示）查看各地方政府当前现金、上年活力指数、新增招商额度及得分，通过已获取或预测的其他地方政府相关决策信息，结合自身情况，填入各地方政府拟发放的一次性安家补贴、三年内科研补贴和引进高端人才上限，提交系统，由系统模拟竞标过程，根据模拟竞标结果调整自身竞标方案。在此过程中，地方政府可派出小组成员与其他地方政府进行沟通交流，通过多种形式获取更多竞标决策信息。

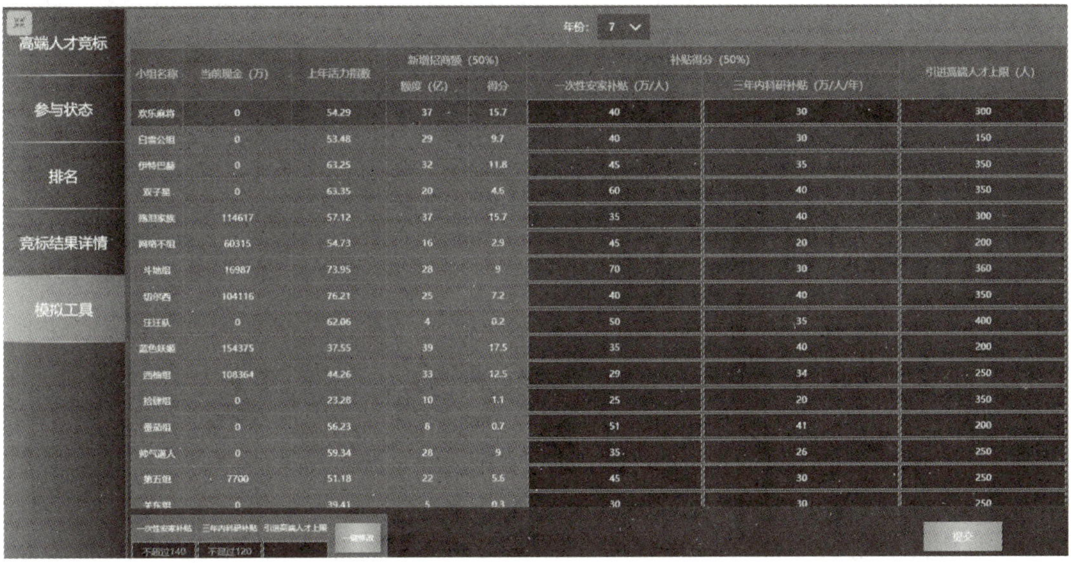


图 2-8-4　模拟工具界面

（3）在高端人才竞标窗口输入一次性安家补贴及三年内科研补贴金额，设置引进高端人才上限人数，点击提交即可；若本轮不参加人才竞标，点击“放弃”即可。若未提交也未放弃，系统机器人将自动决策，决策依据如下：

补贴金额：［上年竞标值，上年各组的均值］随机。

人数上限：优先取上一年高端人才引进数量，若上一年没有，则在［100，200］范围内取整十随机值。

（4）在竞标结束后，学生通过排名窗口、竞标结果详情窗口查看竞标结果及各组竞标具体方案。

### （三）教师端操作

（1）根据预设的模拟仿真大环境，为高端人才竞标设置权重配置：补贴得分权重与新增招商额得分权重，点击保存。在高端人才竞标结束之前教师都可以对得分权重配置进行更改。

（2）进入竞标结果详情窗口，点击“开始竞标”按钮，学生端即可进行相关人才竞标相关操作。在该界面教师还可操作的功能有：结束竞标、延迟竞标、重新竞标和查看当前竞标结果。

（3）教师可通过模拟工具窗口向学生讲解高端人才竞标的规则，并指导学生使用该模拟工具。

（4）高端人才竞标可以由教师手动结束，或所有地方政府提交竞标方案结束后自动结束，或倒计时结束后自动结束，在结束前，各地方政府可以修改竞标方案，教师可在参与状态窗口及竞标结果详情窗口了解各个地方政府人才竞标的进程。

（5）高端人才竞标结束后，教师可通过排名窗口及竞标结果详情窗口查看所有地方政府的竞标结果，带领学生对该项决策进行总结与反思。

## 二、人才挖角

党的十八大以来，党中央作出人才是实现民族振兴、赢得国际竞争主动的战略资源的重大判断，做出全方位培养、引进、使用人才的重大部署，推动新时代人才工作取得历史性成就、发生历史性变革。党的二十大报告就“实施科教兴国战略，强化现代化建设人才支撑”进行专章部署，强调必须坚持人才是第一资源，并就深入实施人才强国战略做出详细部署。如今人才是发展最宝贵的资源。硬实力、软实力，归根到底要靠人才实力。近年来，各地以降低落户门槛、提供购房补贴等优惠政策吸引人才，相继出台新政策，呈现出对象更加精细、涵盖范围更广的特点。在本次实验中除了模拟通过发政府补贴吸引人才进驻外，还设置了高端人才挖角功能，模拟各地区通过特别补贴方式引入并留住高端人才；同时，人才资源富余的地方政府可以通过合理方式引导人才流出，流向更需要人才的地区，让人才能发挥更大的作用同时减少自己政府的人才管理成本，实现政府资源配置职能。

### （一）挖角规则

实验中通过挂牌交易的方式来模拟人才挖角行为，人才资源稀缺的地方政府可选择挂牌类型为“流入”，人才资源富余的地方政府可选择挂牌类型为“流出”。为了避免人才回流，挖角方式（流入/流出）只能选择一种进行。通常在各地区政府之间已经达成交易意向的情况下，才在系统上进行挂牌。交易达成后，人才流入的地方政府需要按照人才流出的地方政府吸引人才进驻时支付的补贴款的 1.1 倍对挖来的人才进行补贴，并支付一定的补偿金额给人才流出的地方政府。人才流出的地方政府小组之前支付给被挖走人才的补贴款将被返还。人才挖角行为中，交易双方的成本与收获如表 2-8-1 所示。

表 2-8-1　人才挖角双方成本与收获

| 人才挖角 | 成本 | 收获 |
|---|---|---|
| 人才流入的地方政府 | ①支付人才补贴额给流入人才<br>计算公式：人才流入人数×（人才流出的地方政府的一次性安家补贴+人才流出的地方政府的三年内科研补贴）×1.1<br>②支付赔偿金额给人才流出政府，赔偿金额由双方商议决定 | 人才数量增加，增强企业活力指数，增加当地政府的企业所得税税收收入 |
| 人才流出的地方政府 | 人才数量减少，对企业活力指数造成反面影响，对当地政府的企业所得税税收收入造成负面影响 | ①返还在高端人才竞标环节支付给流出人才的补贴额<br>计算公式：人才流出人数×（一次性安家补贴+三年内科研补贴）<br>②获得人才流入的地方政府支付的赔偿金额（具体金额由双方商议决定） |

在开启下一环节决策前，各地方政府之间可以多次挂牌进行人才挖角。

### （二）学生端操作

（1）在企业活力指数模块界面中，点击“人才挖角”按钮（如图 2-8-5 所示），进入人才挖角界面，研究学习人才挖角规则。

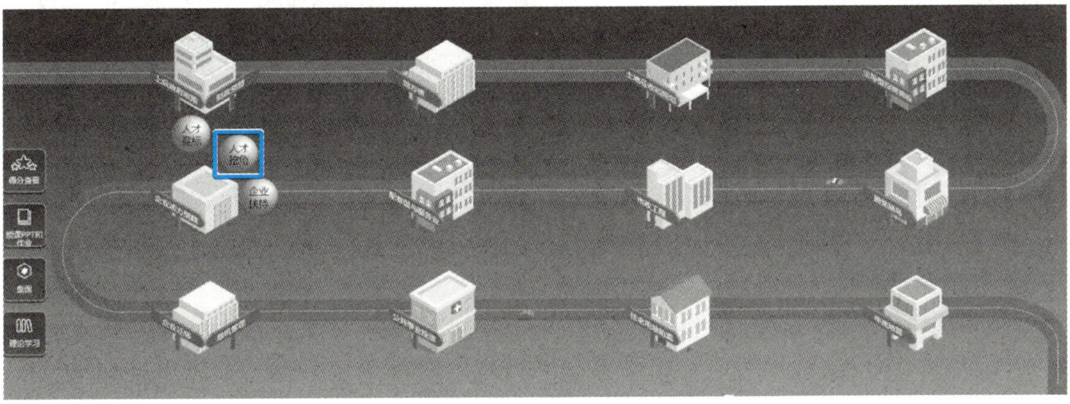

图 2-8-5　企业活力指数——人才挖角

该界面下有三个功能窗口：挂牌交易、我的挂牌和成交历史，其中：

挂牌交易：在该窗口可以查看当前所有的挂牌信息，包括挂牌地方政府、指定地方政府即挂牌交易的另一方、挂牌类型、补偿总额、人才数量。

我的挂牌：在该窗口可以进行挂牌，设置交易地方政府、挂牌类型、流出或流入人才数量、补偿总额等信息，然后进行挂牌。在该界面还可以看到目前所有地方政府的剩余人才数量，为决策提供帮助。

成交历史：在该窗口可以查看历年所有地方政府的挂牌交易信息，包括人才流出地方政府、人才流入地方政府、补偿总额、人才数量和成交时间。

（3）在我的挂牌窗口，了解各地方政府的剩余人才数量，根据自身情况选择拟交易对象。

（4）线下与拟交易的地方政府进行洽谈，商定人才流动数量、补偿金额等，达成初步交易意向。

（5）在我的挂牌窗口（如图 2-8-6 所示），根据与拟交易对象所达成的交易意向填写挂牌相关信息：交易对方、人才流动数量、补偿总额等，提交挂牌，等待交易对方接受交易请求，达成交易。

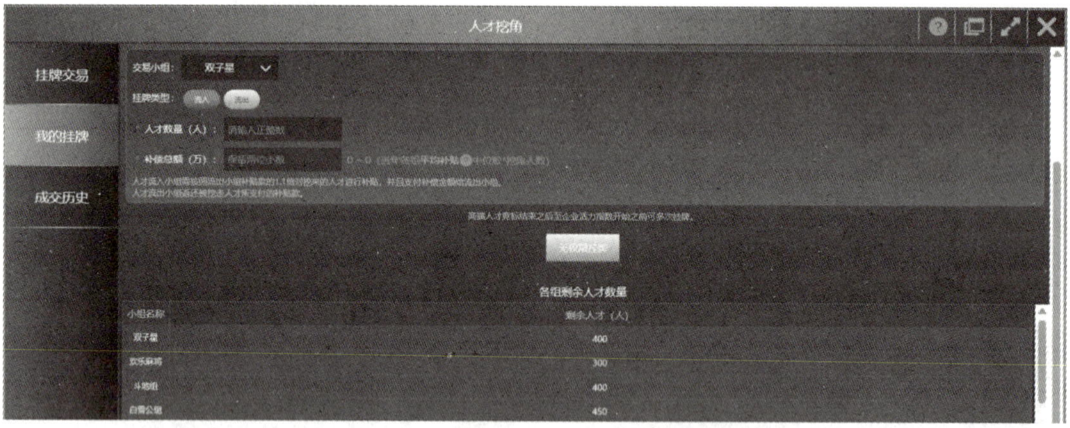


图 2-8-6　人才挖角窗口——我的挂牌界面

（6）在挂牌交易窗口关注实时挂牌信息，结合自身政府情况，做出人才交易决策。

（7）在成交历史窗口了解所有地方政府的人才挖角情况。

## （三）教师端操作

人才挖角环节不需要教师在虚拟仿真实验系统上进行特殊操作，只需要线下设定挂牌交易的开始和结束时间，人才挖角的全过程由学生自行完成，教师可以在学生进行线下洽谈时给予相应指导或设置相应线下规则。

在虚拟仿真实验系统上，教师可通过挂牌交易窗口实时了解各地方政府的提请的挂牌交易；在各组剩余资源情况窗口了解各地方政府的剩余人才数量；在挂牌结果窗口了解挂牌交易结果信息，包括人才流出、流入的地方政府，补偿总额，流动人才数量和成交时间。

## 三、企业扶持

在社会发展过程中，企业有着举足轻重的作用，对于任何一家企业来说，在发展过程中都离不开政府的支持。随着社会经济的发展，企业的发展成为稳定社会经济的一个非常重要的组成部分，而为了确保经济的平稳健康发展，促进不同行业领域企业的成长，各地方政府都会积极将相关的补贴政策用于扶持当地企业的发展。同时，政府扶持企业可以有效地弥补企业的发展短板，提升企业的发展竞争力，让企业更好地适应市场，开拓市场，这样有利于带动区域经济的健康发展。此外，政府通过扶持企业可以扩大企业的市场影响力，从而让一批企业走出国门，走向国际市场，扩大国际影响力。

目前来看，我国企业扶持政策的扶持方向主要是支柱产业、先导产业、瓶颈产业及幼稚产业，目的主要是着眼于布局未来产业优势和培育新的经济增长点。从扶持对象来看，可以是具备一定产业技术发展基础及竞争力、产业关联度大的高端产业；可以是市场需求潜力大、成长性好的流通产业；可以是关系国家经济安全、面临严重挑战的战略产业；还可以是在国际范围内具有动态的比较优势的优势产业；可以是对现有传统产业技术具有高渗透性、有益于提升产业结构的第三产业；也少不了在促进大众创新创业方面有突出贡献的小微企业等。从扶持方式来看，实行税收优惠政策是最普遍的，2023 年最新的税收优惠政策部分列举如下：

（1）对于增值税小规模纳税人，2023 年 1 月 1 日—2023 年 12 月 31 日，对月销售额 10 万元以下（含本数）的增值税小规模纳税人，免征增值税。增值税小规模纳税人适用 3%征收率的应税销售收入，减按 1%征收率征收增值税；适用 3%预征率的预缴增值税项目，减按 1%预征率预缴增值税。

（2）增值税加计抵减政策。自 2023 年 1 月 1 日—2023 年 12 月 31 日，增值税加计抵减政策按照以下规定执行：①允许生产性服务业纳税人按照当期可抵扣进项税额加计 5%抵减应纳税额。生产性服务业纳税人，是指提供邮政服务、电信服务、现代服务、生活服务取得的销售额占全部销售额的比重超过 50%的纳税人。②允许生活性服务业纳税人按照当期可抵扣进项税额加计 10%抵减应纳税额。生活性服务业纳税人，是指提供生活服务取得的销售额占全部销售额的比重超过 50%的纳税人。

（3）对国家级、省级科技企业孵化器，大学科技园和国家备案众创空间自用以及无偿或通过出租等方式提供给在孵对象使用的房产、土地，免征房产税和城镇土地使用税；对其向在孵对象提供孵化服务取得的收入，免征增值税。执行期限延长至 2023 年 12 月 31 日。

（4）小微企业所得税优惠政策。2022 年 1 月 1 日—2024 年 12 月 31 日，对小型微利企业年应纳税所得额超过 100 万元但不超过 300 万元的部分，减按 25%计入应纳税所得额，按 20%的税率缴纳企业所得税。

（5）西部大开发企业所得税政策。2021 年 1 月 1 日—2030 年 12 月 31 日，对设在西部地区的鼓励类产业企业减按 15%的税率征收企业所得税。

（6）小微企业“六税两费”减免政策。2022 年 1 月 1 日—2024 年 12 月 31 日，对增值税小规模纳税人、小型微利企业和个体工商户，可以在 50%的税额幅度内减征：资源税、城市维护建设税、房产税、城镇土地使用税、印花税（不含证券交易印花税）、耕地占用税和教育费附加、地方教育附加。

在本实验中，没有将政府对企业的各种扶持政策进行具体的展示，用补贴总额概括性代表政府的扶持力度，对政府扶持企业发展进行了简化。学生需要对政府当年发放的补贴总额进行决策。政府每年针对企业技改、上市、研发、节能等提供各种专项补贴，补贴总金额占纳税总金额的比例越高，企业活力越强。企业活力值越高，所得税收入指数越高，最终获得的所得税收入也越高。

### （一）扶持规则

与吸引高端人才数量一样，地方政府做出的企业扶持决策将影响企业活力指数，最终影响企业的所得税缴纳表现。在虚拟仿真实验系统中，企业活力指数由以前年度活力指数、本年吸引高端人才数以及地方政府对本地企业补贴总额三者决定。其中，前两项由地方政府之前的决策结果决定。

企业以前年度活力指数评分：由系统根据上一年度每个地方政府辖区内的企业活力指数排名情况进行赋分。

本年吸引高端人才数：由系统根据每个地方政府在上两个决策环节，即高端人才竞标和人才挖角中吸引的高端人才数量排名情况进行赋分。

在本决策阶段，地方政府要决定给予辖区内企业的总补贴额度，系统会根据补贴额度占地方政府上年收到的企业税费的比重排名进行赋分，比重越大，得分越高。

以上三项合计分数越高，企业活力指数也就越高，最终获得的所得税收入也越高。政府补贴作为政府财政支出的一部分，地方政府在做扶持决策时，要充分考虑自身政府的财力负担。

### （二）学生端操作

（1）在企业活力指数模块界面中（如图 2-8-7 所示），点击“企业扶持”按钮，进入企业活力指数即企业扶持决策界面，研究学习企业扶持规则。

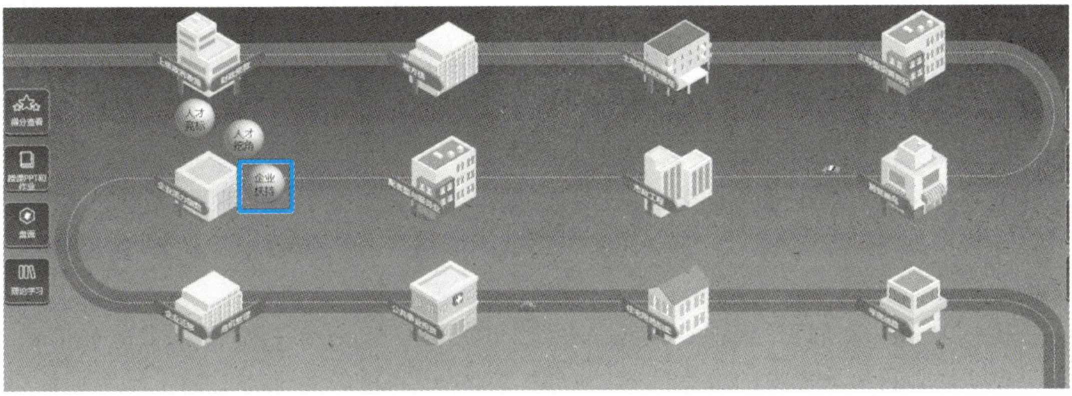

图 2-8-7　企业活力指数——企业扶持

该界面下有五个功能窗口：企业活力指数、参与状态、排名、竞标结果详情、模拟工具（如图 2-8-8 左侧边栏所示），其中：

企业活力指数（如图 2-8-8 所示）：在该窗口进行企业扶持决策，填写并提交地方政府决定发放给企业的总补贴金额，此外，在该窗口还可以查看地方政府当前现金余额、以前年度活力指数数值及得分、本年吸引高端人才数量与得分以及上年企业纳税额，为地方政府做出决策提供帮助。

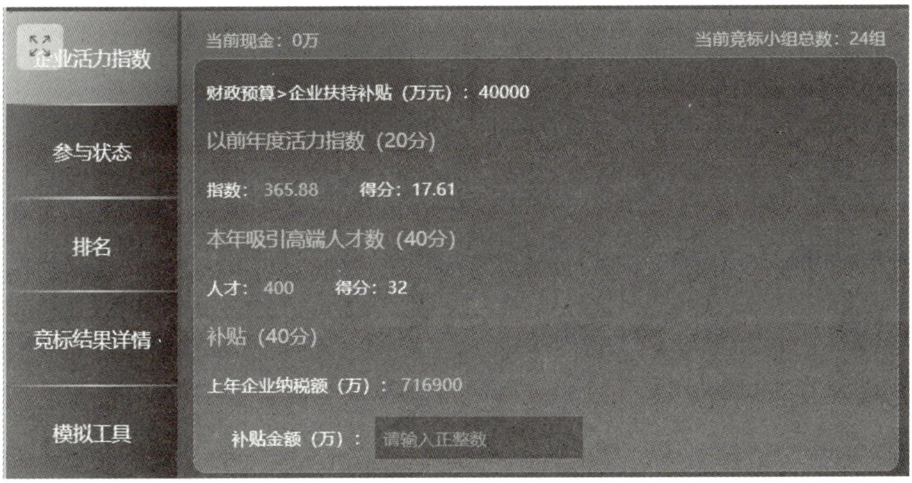


图 2-8-8　企业活力指数窗口

参与状态：在该窗口可实时查看各地方政府是否做出企业扶持决策。

排名：各个地方政府做出企业扶持决策后，可在该窗口查看本地方政府本年企业活力指数以及本年所得税收入指数。

竞标结果详情：在该窗口可以查看所有地方政府历年的企业扶持政策的具体内容、当年的企业扶持政策内容、本年活力指数及所得税收入指数结果，需要在各个地方政府提交完毕各自的企业扶持决策之后才能查看。可查看的内容具体包括：企业补贴占上年税费比例得分及计算该指标所需的扶持补贴额、上年收到企业税费、企业补贴占上年税费比例、以前年度活力指数得分及以前年度活力指数、本年吸引高端人才得分及本年吸引高端人才人数、本年企业活力指数、所得税收入指数、企业扶持决策提交时间。

模拟工具：可通过该窗口，填入已知或预测的其他地方政府企业扶持决策信息，即补贴金额，再填入自身的决策内容，虚拟仿真系统将测算各地方政府本年企业活力指数及所得税收入指数，为地方政府更好地做出决策提供帮助。

（2）在模拟工具窗口，首先，查看各地方政府以前年度活力指数及得分、本年吸引高端人才数量及得分以及上年收到的企业税费；其次，填入已获取或预测的其他地方政府准备向企业发放的补贴金额；最后，结合自身情况，填入自己的企业扶持方案，提交虚拟仿真实验系统，测算企业活力指数结果。地方政府可多次测算，根据测算结果调整完善自己的企业扶持方案。在此过程中，地方政府可派出小组成员与其他地方政府进行沟通交流，通过多种形式获取更多信息。

（3）在企业活力指数窗口输入最终决定的企业扶持方案，即决定向企业发放的补贴金额，点击“提交”即可；若本轮因财政预算不足或其他原因决定不进行企业扶持决策，点击“放弃”即可。

（4）在各企业均完成企业扶持决策后，学生可通过排名窗口、竞标结果详情窗口查看各个地方政府企业活力指数结果、所得税收入指数结果以及各组企业扶持方案的具体内容。

### （三）教师端操作

（1）根据预设的模拟仿真大环境，为企业活力指数的组成部分设置权重：企业补贴占上年税费比例得分权重、以前年度活力指数得分权重、本年吸引高端人才数得分权重，点击“保存”按钮。

（2）进入竞标结果详情窗口，点击“开始竞标”按钮，学生端即可进行企业扶持决策相关操作。在该界面，教师还可操作的功能有：结束竞标、延迟竞标、重新竞标和查看当前竞标结果。

（3）教师可通过模拟工具窗口向学生讲解企业扶持的规则，并指导学生使用该模拟工具。

（4）企业扶持决策可以由教师手动结束，或所有地方政府提交企业扶持方案结束后自动结束，或倒计时结束后自动结束。在结束前，学生可以修改企业扶持方案，教师可在参与状态及竞标结果详情窗口了解地方政府进行企业扶持决策的进程。

（5）各个地方政府进行企业扶持决策后，教师可通过排名窗口及竞标结果详情窗口查看所有地方政府的竞标结果，带领学生对该项决策进行总结与反思。

## 链接：知识拓展

### 企业活力与企业活力指数

企业活力是企业生产经营活动得以迅速发展的内在力量，是国民经济能够富有生机和活力的基础。其构成要素是：①内在动力，即企业自身的物质利益要求和职工个人的物质利益要求。②潜在能力，即企业素质和自负盈亏、自主经营、自我积累、自我发展的能力。③外在压力，即科学技术革命挑战，生产者之间的竞争及消费者日益增长的需求。衡量企业活力的标准，主要看企业有没有开发新产品的能力和技术设备更新能力，具体表现为：企业自我更新技术及开发新产品的能力，企业自我增值资金及积累资金的能力，企业自我适应市场及竞争取胜的能力。企业具有活力的基本条件是：改变旧的经济体制，建立新的经济运行机制；调动职工的劳动积极性，保证其在企业中的主人翁地位，扩大企业自主权，处理好国家、企业、职工个人三者的利益关系；完善经济责任制，不断提高企业经营管理水平。

衡量企业业绩的传统方法（例如增长、市场份额和盈利能力）往往是回溯性的，衡量的也只是目前的运营模式所带来的结果。优秀企业的竞争优势持续的时间变得越来越短，亦表明想要在未来获得成功，所要付出的代价必然跟今日有所不同。因此，企业领导者必须使用前瞻性的指标来评估企业是否具备适应未来的能力。企业活力指数基于过往预测要素与长期增长之间的关系，指标分为五大项：市场潜力、战略、技术与投资、人员、架构。那些采取了长期战略导向，致力于更广泛的社会目标，同时采取了不确定性和复杂性的商业策略的企业，它们的活力有所增加。在探讨了组织不同层级的多样性后，同时，具备多元化员工队伍的企业无可否认更具活力。另外，在分析 ESG（环境、社会和公司治理）表现的多个维度时，企业在社会议题上表现良好，对于创造长期可持续价值而言也有所帮助。

资料来源：MARTIN REEVES，GERRY HANSELL，KEVIN WHITAKER，et al. The durable benefit of corporate vitality［EB/OL］.（2020－12－03）［2023－05－08］. https://www.bcg.com/publications/2020/benefits-of-corporate-vitality.

## 链接：新闻热点

### 人才争夺战

习近平总书记在党的二十大报告中强调，必须坚持科技是第一生产力、人才是第一资源、创新是第一动力，深入实施科教兴国战略、人才强国战略、创新驱动发展战略，开辟发展新领域新赛道，不断塑造发展新动能新优势。他指出，要坚持教育优先发展、科技自立自强、人才引领驱动，加快建设教育强国、科技强国、人才强国，坚持为党育人、为国育才，全面提高人才自主培养质量，着力培养拔尖创新人才，聚天下英才而用之。

近年来中国各地政府为吸引人才而高频出台一系列人才优惠新政，进而产生人才资源争夺的现象。“人才争夺战”最早可溯源至2014年，演化至今其影响范围已波及全国范围一、二、三、四线城市。据媒体不完全统计，2017—2018年西安、天津、上海等共计100多个城市先后出台人才新政，2018年几乎可称为我国“人才大战元年”并达到此轮争夺战高潮；2019年全国发布相关人才新政的城市已超过160个，其中近40个城市发布人才购房新政。在这期间，抢人大战的阶段也从抢人转变为抢才，抢人的范围从国内市场扩展到国际市场。

### 上海高端人才吸引力仍强劲，2022年直接落户政策引进留学人员超3万

根据东方网2022年11月30日的报道，上海对全球高端人才仍然具有强劲吸引力。上海市人力资源和社会保障局相关负责人透露，6月份留学人员落户新政出台以来，今年通过直接落户政策引进留学人员已超过3万人。

近年来，上海留学人员引进数量大幅增加、人才结构持续改善、人才作用显著发挥。各类海外人才通过办理上海海外人才居住证，享受到社保医保、子女教育、住房公积金等准“市民待遇”。2022年6月份的新政更是进一步加大了世界名校留学人才的引进力度，累计引进世界前100名知名院校留学人才近7 000人。近三年，累计引进留学人员超过9万人，其中，超过5 000名毕业于麻省理工、哈佛、斯坦福、普林斯顿、牛津、剑桥、帝国理工等世界排名前10院校的留学人员到上海工作创业，显示出上海对全球高端人才的强劲吸引力。目前，来沪工作和创业的留学人员累计达27万人。

根据《上海海归300指数》(2022)，2022年上海海归300指数得分为252.88分，其中“城市环境指数”得分85.39分，“成长能力指数”得分83.99分，“发展相融指

数”得分 83.50 分。总体而言，上海能为海归人才提供良好的工作生活环境，海归人才自身竞争力强、成长性好，与城市发展的融合度较高。在对海归人才来上海的原因分析中，城市魅力、海归信心的比例分别是 82.2%和 80.6%，“城对人”的吸引、“人对城”的信心依旧未变。

### 人才争夺战的战略意义

人才争夺战对于社会发展有着重大的战略意义：确立大都市圈战略、城市改善公共服务、土地财政。首先，城市“抢人”大战符合长期人口向大都市圈和区域中心城市流入的一般规律，提升效率助力创新、推进服务业发展。随着大都市圈战略的实行，以中国的人口体量将产生至少 10 个千万级城市，杭州、成都等新一线城市正在崛起。其次，居民用脚投票，城市面临发展产业和改善公共服务留住人才的长远任务。虽然城市“抢人”是针对存量，但在“抢人”过程中面临增加就业机会和提高公共服务的长远任务，这也有利于提升整个社会的福祉。最后，在立竿见影的存量“抢人”大战之后，未来或将面临城市竞相鼓励“造人”，着眼于增量，应对老龄化社会所带来的挑战。

资料来源：

[1] 东方网. 上海高端人才吸引力仍强劲，今年直接落户政策引进留学人员超 3 万 [EB/OL]. (2022-11-30) [2022-12-30]. https://www.sohu.com/a/611719750_120823584.

[3] 任泽平，熊柴，闫凯. 中国城市“抢人大战”的本质 [EB/OL]. (2019-11-30) [2022-12-30]. https://www.sohu.com/a/357534316_115124.

## 项目评价

在仿真实验系统中完成高端人才竞标、人才挖角和企业扶持三个决策操作，根据表 2-8-2 对所学内容进行自检。

**表 2-8-2　人才竞争与企业扶持实验操作评价表**

| 序号 | 鉴定评分点 | 分值 | 评分 |
|---|---|---|---|
| 1 | 掌握高端人才竞标规则，基于自身政府情况提交合理的人才竞标方案，竞标结果符合地方政府治理目标 | 3 | |
| 2 | 能够与其他地方政府成员高效沟通，有一定谈判技巧，促使人才挂牌交易实现 | 2 | |

表2-8-2(续)

| 序号 | 鉴定评分点 | 分值 | 评分 |
|---|---|---|---|
| 3 | 理解企业补贴的作用，掌握企业活力指数的计算方法，通过企业扶持决策使本地方政府辖区内企业活力指数上涨 | 3 | |
| 4 | 在模拟仿真实验系统中操作无失误 | 1 | |
| 5 | 在决策过程中，小组成员相处融洽，高效合作 | 1 | |
| 总结（收获与反思）： | | | |

## 延展探索

1. 现实中还有哪些重要因素会影响企业的活力？政府在其中扮演了什么角色？起到了什么作用？

2. 从政府与市场的角度出发，政府是否应该对企业进行扶持？怎么扶持？

3. 如何评价目前我国对小微企业发展的支持力度？请梳理现行小微企业所享受的税收优惠政策。

4. 人才流动是好还是坏？

5. 在考虑到相应成本的前提下，一个企业应该如何留住高端人才？一个城市又应该如何减少人才的流失？

# 项目九 企业迁移与危机管理实验

## 学习目标

- ■ 了解在现实经济环境中，企业进行迁移的原因。
- ■ 了解在现实经济环境中，企业迁移对迁出迁入地区带来的影响。
- ■ 了解在现实经济环境中，地方政府可能会面临的各类风险及应对方法。
- ■ 掌握在本次实验中企业迁移的环节与内容，做出本区域企业迁移决策。
- ■ 掌握在本次实验中地方政府的危机管理方法。

## 项目描述与分析

本项目地方政府将进行企业迁移和危机管理两项决策。通过该项目，首先，学生将能够理解本辖区内企业活力指数与本年招商引资总额对企业迁移的影响，为自己所管辖的区域做出正确的企业迁移决策，并进一步思考下一年度关于企业活力指数及招商引资的相关决策。其次，通过模拟随机遭遇政府效能改革受阻、外部经济波动等风险，学生将初步了解政府的危机管理工作。面对不同风险，做出正确的应对决策。

## 项目准备

为了更好地达到本项目实训的目的，需要做如下准备：

- ■ 了解本地方政府及其他地方政府在上一项目中最终获得的企业活力指数。
- ■ 了解本地方政府在前序项目中招商引资的总额。
- ■ 了解本地方政府的剩余工业和服务业供地及可规划空间。
- ■ 了解仿真实验系统中各类风险的规避手段。
- ■ 确保电脑等设备能正常使用。
- ■ 确保网络正常且稳定。

## 知识提示

### 知识点一：企业迁移的动因

企业迁移决策，是一种综合性决策，必须考虑多种因素。市场越开放，考虑的因素就越多，即使在同一地区，企业不同的发展阶段，或者不同类型的企业，成本函数也存在一定的差异。除了成本因素，有针对性地培育优势资源，是地区吸引更多企业迁入的努力重点。

#### 一、成本最小化

成本最小化是许多企业迁移的主要考虑因素，这里的成本采用商务成本的概念。商务成本由要素成本、交易成本和其他成本三者构成。要素成本主要是生产要素的投入成本，包含土地价格、水电价格和人力要素价格等；交易成本主要包含要素配置的市场化程度、企业承担的税费、政府运作的效率等；其他成本是指除前面两个方面之外的成本，包含企业融入当地的难易程度（文化兼容程度）、社会治安状况和员工的可迁移性等。一般来讲，政策追逐型迁移和成本降低型迁移主要追求商务成本的最小化。

#### 二、资源充裕化

与企业迁移有关的资源主要指社会资源，包括品牌、资金、消费者市场、信息、技术以及人才等。一般来看，企业迁移看重的另外一个主要因素是迁入地的地区资源优势（全国性的品牌资源、多样化的融资渠道、广阔的市场、良好的社会基础设施以及丰富的人力资源等），企业正是利用迁入地的这种资源优势来实施自身的经营发展战略。

##### （一）品牌资源

在中小企业还无力创造自己企业品牌的情况下，使用产地品牌推销产品成了一个广泛采用的经营策略。

##### （二）资本的流动性以及融资的便利程度

研究表明，经济发达地区的资本流动性强，而经济欠发达地区的资本流动性弱，资本流动性与融资便利程度呈正相关关系。与中、西部地区相比较，东部地区的资本流动性强，融资途径更为广泛、便利。

##### （三）市场效应

东部地区本来就人口众多，并且购买力强，形成了一个广阔的有效市场。内陆地区的企业经过在原诞生地多年的经营，本地市场接近饱和，如果要扩大企业规模，就必然放眼东部广阔的市场。在企业的扩展过程中，有很多企业选择了接近市场设厂的策略。这种策略不仅可以利用迁入地的优惠税收等政策，还能更快地适应目标市场的变化，及时调整企业的经营政策。企业迁移使外地企业在进入新市场时降低了交易成本，并且利用中心城市（如上海、北京、深圳等）强大的辐射作用拓展全国市场。市场追逐型迁移的动因主要就是市场效应。

#### （四）信息获取的便利性

在信息时代，信息对企业至关重要，掌握了丰富信息的企业往往占尽先机。沿海地区的中心城市外资企业众多，信息发达，并且与海外市场联系紧密。对于想要拓展海外市场、成为国际性的企业来讲，将企业总部迁往这些中心城市就能更方便地获取信息，随时掌握海外市场动态。企业迁移的实例也表明：大型企业集团一般选择了将公司总部迁往上海和北京这两个国际性的大都市。管理型迁移（总部迁移）动因就是要充分利用信息优势对瞬息万变的国际市场迅速做出反应。

#### （五）技术、人才的丰富程度

北京、长三角地区高校众多，科研院所林立，是全国人才的集聚地，这些地区与其他地区相比较具有突出的技术、人才优势。一些企业将核心知识部门，尤其是研究开发机构迁往这些地区，就是为了充分利用这些地区丰富的技术、人才资源，使自己的技术站在全国的前沿。一般来讲，技术和人才资源是知识型迁移的主要原因。

### 三、企业集群化

企业集群对企业迁移的影响体现在两个方面：一是创新环境因素影响。创新环境是一种本地化的网络结构，是由物质资源和非物质资源组成的，可以减少企业经常面临的静态或动态不确定性，并使得各种行为主体之间在功能和信息方面结成密切而稳定的关系。通过这种关系，各企业在相互交往的过程中相互学习并且提高了企业根据环境的变化不断调整它们自己行为的能力，同时也保证了创新的传播、交换和技术文化的不断更新，以及创新环境的更新。二是交易费用因素的影响。产业内的密切联系会加速产业的集群，降低交易费用。

## 知识点二：政府危机管理

### 一、政府危机预防方法

#### （一）塑造良好的政府形象

政府要规范行政、规范执法，践行为人民服务宗旨，维护政府的良好形象；建立双向对等沟通机制，加强政府与民众之间的沟通，让公众能够有效地参与政府的活动，表达自己的愿望和要求；推行政务公开，提高政府决策的透明度，让公众对政府各项工作进行有效监督。只有这样，才能得到广大人民群众的信赖与支持，也才能在危机事件发生后调动全社会的力量投入公共危机的处理过程中，提高处理危机事件的速度与效率。

#### （二）提升危机公关意识

当政府危机事件发生后，政府要展开公关活动，及时修复政府形象。一是政府有关部门要通过各种渠道及时对政府在危机中的表现进行深入评估与全面调查。二是针对政府在处理公共危机事件中存在的问题要采取有针对性的措施进行修复。三是要注重与媒体的沟通，通过媒体或其他渠道及时发布准确信息，采取有效手段防止谣言蔓延，引导广大群众理解并支持政府采取的应急行动，切实降低危机事件造成的负面影响。

#### （三）建立健全危机处理机制

政府要建立健全危机处理机制，包括危机预警、危机决策、危机应对以及善后等环节。一旦危机事件发生，政府应立即对危机事件进行全面评估，严格落实一系列的保障措施，同时应提高信息发布的及时性、准确性、公开性，完善信息公布制度。

#### （四）严格落实问责机制

对在政府危机事件中存在违纪违规情况的政府部门及工作人员，要根据相关制度的规定严格追究其责任。

#### （五）发挥社会力量

政府在处理政府危机事件的过程中起着主导作用，但是很多公共危机事件单靠政府的力量是很难从根本上解决的。因此，政府要根据实际需要，积极动员和组织社会力量参与到危机事件的处理过程中来，重视社会力量在处理公共危机事件中的作用。政府要充分认识到政府不是“万能”的，必要时要借助社会以及民众的力量，才能对危机事件进行有效治理。

### 二、危机应对办法

#### （一）深入事故现场、了解事实真相

政府危机事件发生后，政府首先要运用最有效的调查手段，迅速查明事件的种类（是自然灾害还是人为的事故?）、发生的时间、地点、原因、现状（危险已经得到控制还是仍在发展）等基本情况。其次，查明事件的后果和影响，如人、财、物的损失数量和价值，受该事件破坏的范围和程度，已经或者将会对社会造成的重大影响。最后，受牵涉的公众范围，包括直接或间接的受害公众，与事件本身有直接、间接责任或者利害关系的责任公众，与事件处理有关的政府公众，与报道该事件相关的新闻界人士等。政府应特别注意保持与见证人的联系并协调好与新闻界的关系。

### （二）快速、及时地反应与处理

危机发生后，政府应立即投入危机的处理工作当中，及时将危机造成的损失和冲击降至最低限度。

### （三）建立公开、顺畅、权威的沟通渠道

当社会发生重大危机，人们的生存与安全受到威胁时，便会陷入极度恐慌之中。为了减轻或消除心理上的紧张与压力，人们必然要通过各种渠道去获取与危机有关的信息。当人们从正式渠道获得的信息不足，无法解释目前正在发生的危机或不能解除其心理上的紧张和压力时，就会到处打听各种小道消息，各种流言蜚语就会出现与迅速蔓延，引发更大的社会恐慌。因此，危机发生时，杜绝谣言的产生、避免发生群体性的社会恐慌的有效的办法是建立公开、顺畅、权威的沟通渠道，及时、全面、准确地告诉公众事实的真相，提高政府工作的透明度，保障公众的知情权。

### （四）及时发挥政府宏观协调、整合资源的能力

危机发生后，政府能否及时出面协调、组织、调配社会的人力、物力、财力，在最短的时间内整合各种社会资源，在政府公关危机处理中十分重要。

### （五）做好善后沟通工作，提升政府形象

当危机得到控制，人们从紧张和失衡的状态中恢复后，政府危机管理的重心便应该转移到灾后的恢复和重建上来，采取有效措施消除危机所造成的消极后果。如对灾害中的受伤人员进行医疗救助，对受害者家属进行抚恤，对灾区进行基础设施重建，为相关人员提供心理疏导服务等。危机给人民群众的生产和生活造成了一定损失，也影响了政府的形象，有时即使政府采取了积极而有效的危机处理方法，政府的形象也不会在短时间内迅速恢复到危机发生之前的样子。因此，危机的结束并不代表危机处理的结束。政府还应通过其他措施，表达政府的诚意，恢复民众对政府的信心，重新塑造、修复政府的形象。

### （六）启动政治问责制

危机事件的发生及其影响的扩散，有些时候是由官员玩忽职守、官僚主义、行政腐败、制度漏洞等复杂的原因造成的。因此，政府事故调查委员会应该客观地甄别危机事件的性质和责任，提出对事故责任者的处理建议，启动政治问责制。这一机制在政治上是一个了不起的进步，有利于对官员产生政治压力和制约，使之尽职尽责。政府应不断修正和完善这一机制，使其能够真正发挥作用，以提高政府的公信力，维护法律的尊严和政府的良好形象。

## 项目实施

### 一、企业迁移

企业迁移既是企业发展与区位调整的必然要求，也是区域经济互动发展的产物。随着中国经济快速发展与市场化开放程度的不断提高，企业迁移现象变得越来越普遍。企业的合理有序迁移，一方面可以使企业在日趋激烈的市场竞争环境下寻求更好的区位发展，提升自身的生命力与竞争力。另一方面也可以促进各地的产业转型升级，实现资源的优化配置。作为独立的个体，企业迁移既受外部因素影响，也受内部因素的影响。

在本实验中，对企业迁移进行了简化。仿真实验系统将根据地方政府在前序实验项目中所做出的相关决策所获得的招商引资总额度和辖区内企业活力指数来决定本年度是否有企业迁出或迁入本辖区。企业迁出将强制执行，若有企业迁入机会，则需要地方政府进行竞标决策，以争取最终落地实施。

#### （一）企业迁移规则

企业在各个地方政府中的迁移决策受各个地方政府当年招商引资总额和辖区内企业活力指数的影响：

本期预计迁移投资额=企业活力指数与均值差异×本年招商引资总额

其中，企业活力指数与均值差异=该地方政府辖区内企业活力指数-（$\sum$ 各地方政府辖区企业活力指数÷地方政府总数量）。当企业活力指数与均值差异为正数时，表示有企业迁入该地方政府辖区；当企业活力指数与均值差异为负数则表明有企业迁出该地方政府辖区；本年招商引资总额=主导型实际招商额+主导型合作招商额（土地出让方）+配套型实际招商额+配套型合作招商额（土地出让方）。

1. 企业迁出

本期预计迁移投资额为负数时表示从该地方政府迁出的投资额，迁出将由系统强制执行，迁出顺序为：按服务业 1 亿元 80 亩、服务业 1 亿元 120 亩、主导型劳动密集型产业 1 亿元、配套型劳动密集型产业 4 亿元、主导型劳动密集型产业 4 亿元、配套型资本密集型产业 4 亿元、主导型资本密集型产业 4 亿元、配套型资本密集型产业 10 亿元、主导型资本密集型产业 10 亿元先后的顺序迁出。如图 2-9-1 所示，企业迁出会使该地方政府本年增值税税收收入减少、辖区内失业人口增加、工业和服务业供地闲置、退还迁出企业当初支付的土地价款（迁出土地款项=所有地方政府当年主导型竞标土地均价×土地亩数+当年配套型竞标土地均价×土地亩数）。如果是合作招商的项目被迁出，该项目的土地小组回购土地，同时损失就业人口，该项目招商小组损失税收。

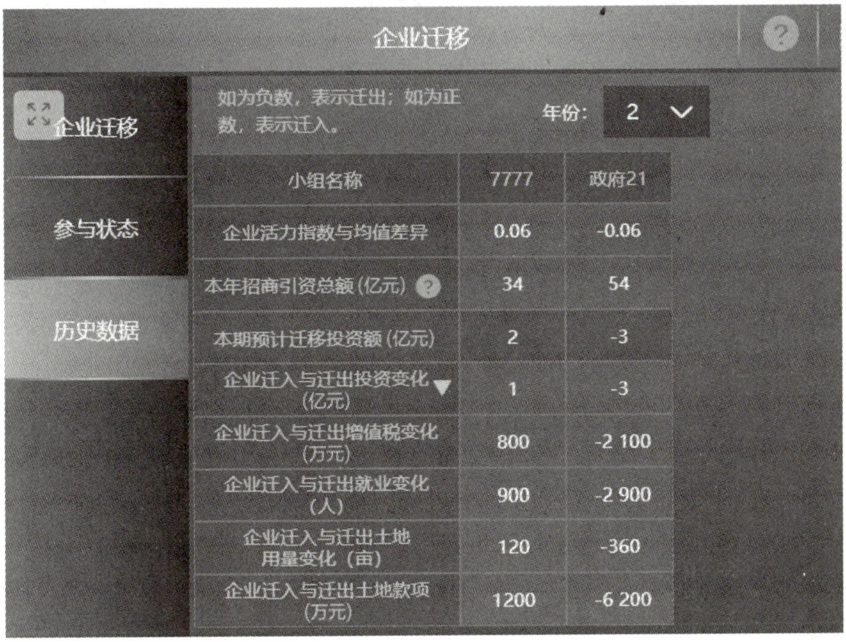


| 小组名称 | 7777 | 政府21 |
|---|---|---|
| 企业活力指数与均值差异 | 0.06 | -0.06 |
| 本年招商引资总额（亿元） | 34 | 54 |
| 本期预计迁移投资额（亿元） | 2 | -3 |
| 企业迁入与迁出投资变化（亿元） | 1 | -3 |
| 企业迁入与迁出增值税变化（万元） | 800 | -2 100 |
| 企业迁入与迁出就业变化（人） | 900 | -2 900 |
| 企业迁入与迁出土地用量变化（亩） | 120 | -360 |
| 企业迁入与迁出土地款项（万元） | 1200 | -6 200 |

图 2-9-1　企业迁移结果

2. 企业迁入

本期预计迁移投资额为正数时表示预计将迁入该地方政府的投资额。企业迁入的真正实现还需要由地方政府进行竞标以吸引企业最终迁入本地方政府辖区。地方政府在进行企业迁入竞标时对“优先级”以及“迁入上限（个）”两个指标进行设置。提交竞标方案后，仿真实验系统将根据“先按优先级优先，再按迁入额度优先，再按提交时间优先”的顺序决定最终企业迁入结果。企业最终迁入该地方政府辖区将增加该地区政府增值税税收收入、增加就业人口、减少闲置工业和服务业供地、增加土地款项收入（迁入土地款项=所有地方政府当年主导型竞标土地均价×土地亩数+当年配套型竞标土地均价×土地亩数）。

### （二）学生端操作

（1）在企业迁移与危机管理模块界面中，点击“企业迁移”按钮（如图 2-9-2 所示），进入企业迁移界面，研究学习企业迁移规则。

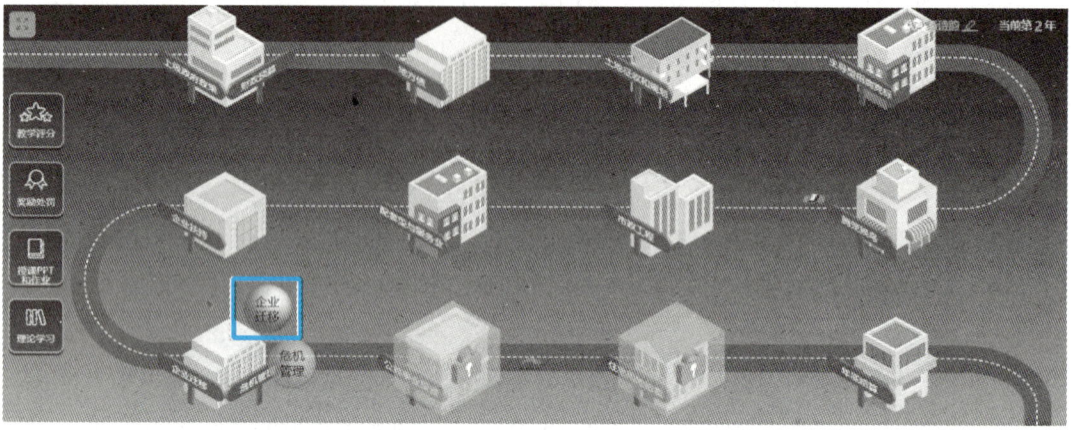

图 2-9-2　企业迁移与危机管理——企业迁移

该界面下有四个功能窗口：企业迁移、我的迁移、参与状态、历史数据。

企业迁移：在该窗口可以查看由仿真实验系统根据当下各地方政府当年招商引资总额与辖区内企业活力指数决定的企业迁移结果，因为企业迁出是强制执行，在该界面可以查看涉及企业迁出的各地方政府的具体迁出项目。因为企业迁入还需要进行竞标，所以在该界面只能查看涉及企业迁入的各地方政府预计迁入的企业项目金额。

我的迁移：涉及企业迁入的地方政府在该窗口进行企业迁入的竞标决策，对迁入项目的优先级和迁入上限进行设置，并提交竞标方案。

参与状态：在该窗口了解各组的竞标状态。

历史数据：在该窗口可以查看各地方政府的企业迁移相关情况，包括企业活力指数与均值差异、本年招商引资总额、本期预计迁移投资额、企业迁入与迁出投资变化、企业迁入与迁出增值税变化、企业迁入与迁出就业变化、企业迁入与迁出土地用量变化、企业迁入与迁出土地款项。

（2）在企业迁移窗口了解仿真实验系统由当下各地方政府当年招商引资总额与辖区内企业活力指数决定的企业迁移结果。

（3）在历史数据窗口了解相关具体信息：企业活力指数与均值差异、本年招商引资总额、本期预计迁移投资额、企业迁入与迁出投资变化、企业迁入与迁出增值税变化、企业迁入与迁出就业变化、企业迁入与迁出土地用量变化、企业迁入与迁出土地款项。

（4）若本地方政府涉及企业迁入，即本地方政府企业活力指数与均值差异为正数，在“我的迁移”窗口设置迁入项目类型的优先级及迁入上限，提交竞标方案。在进行竞标方案决策时要关注本地方政府工业和服务业供地剩余这一限制条件，如图 2-9-3 所示，该地方政府由于剩余工业和服务业供地不足，虽然本期有 2 亿元预计迁入投资额，但是也只能放弃企业迁移的竞标。

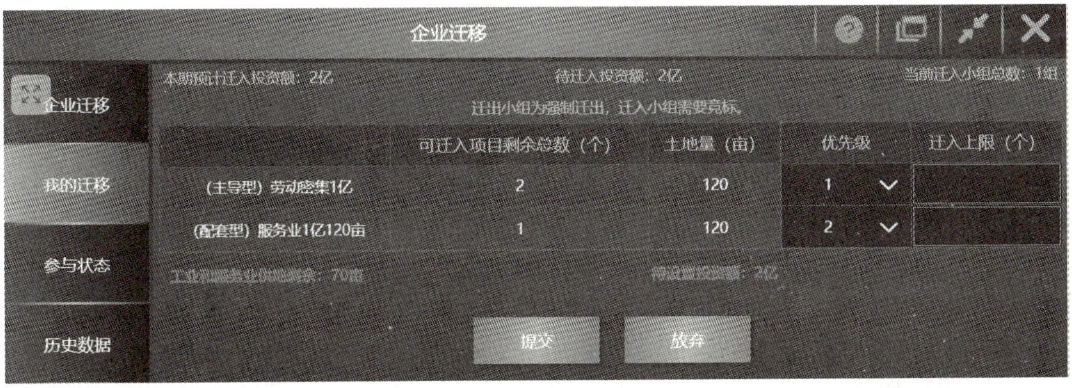


图 2-9-3　企业迁移窗口

### （三）教师端操作

（1）进入“企业迁移”窗口点击“开始迁移”，涉及企业迁入的地方政府才可以在学生端进行企业迁入的竞标决策。在该界面还可以进行“再次迁移”“结束迁移”“延迟迁移”和“跳过此业务”的操作。

（2）在企业迁入竞标过程中，教师可通过“参与状态”窗口了解各小组参加竞标的状态并通过“提醒”功能提醒涉及企业迁入的地方政府在时限内提交企业迁入竞标方案。

（3）企业迁入竞标可以由教师手动结束，或所有涉及企业迁入的地方政府提交竞标方案结束后自动结束，或倒计时结束后自动结束。在结束前，各地方政府可以修改竞标方案，未参与的小组将自动放弃。教师可在参与状态窗口及历史数据窗口了解各个地方政府企业迁入竞标的进程。

（4）教师可通过历史数据窗口向学生讲解仿真实验系统是如何根据各地方政府企业活力指数和本年招商引资总额做出企业迁移决策的，引导学生对本年的相关决策进行反思，并对第二年的相关决策做出思考与预设。

## 二、危机管理

政府危机管理是政府以突发性危机事件为目标指向，对突发性危机事件及关联事物的管理活动，目的是通过提高政府危机发生前的预见能力、危机发生时的反应能力与控制能力、危机发生后的救治能力，及时、有效地处理危机，恢复社会的正常秩序。政府危机的主要类型有：政府官员信誉危机、政府机构危机、政府公共危机。在现实生活中，政府规避预防这些风险的方法主要有：塑造良好的政府形象、提升危机公关意识、建立健全危机处理机制、严格落实问责机制、发挥社会力量。

在本实验中，简单预设了六种不同类型的来自政府内外部的风险（如表 2-9-1 所示），学生需要理解每种风险的意义，掌握规避风险的方法，为自己所代表的地方政府做出正确的危机管理决策。

**表 2-9-1 风险类型与规避手段**

| 风险编号 | 风险内容 | 规避手段 |
|---|---|---|
| 0 | 无风险 | 不用规避 |
| 1 | 政府效能改革受阻，降低次年企业活力指数 5% | 如今年未改革或去年今年连续改革，可规避 |
| 2 | 产业环境出现严峻局面，所得税在原计税基础上减少 3% | 无法规避 |
| 3 | 外部经济波动：本年引进的投资额最小的 2 个招标项目延期一年建成（如投资额并列，劳动密集型产业项目优先受到影响） | 如本年投资项目均为 10 亿元，可规避 |
| 4 | 本年最大的 1 个资本密集型项目违法排污，勒令停产整顿，一年无税收。政府增加维稳开支 1 500 万元，并降低本年居民幸福度指数 5% | 本年招商引资均为劳动密集型，可规避 |
| 5 | 本年有 20% 土地征收出现群体事件，针对这些土地提高征地价 100% | 如当年征地补偿单价排名前 50%，可规避 |
| 6 | 突发公共新冠病毒感染疫情，需要临时修建方舱医院，政府增加开支与投建 1 个二级医院相同，不影响居民幸福度指数 | 无法规避 |

### （一）危机管理规则

在本次实验中，地方政府是否遭遇危机由教师触发。若教师触发危机，各地方政府将随机遭遇表 2-9-1 所示六种风险。一旦风险开启，将不能进行腾笼换鸟和土地征收操作。地方政府需要根据自身运营目标及应对危机的需要在危机到来前完成所有腾笼换鸟和土地征收决策。

### （二）学生端操作

（1）在企业迁移与危机管理模块界面中，点击“危机管理”按钮（如图 2-9-4 所示），进入危机管理界面，研究学习危机管理规则。

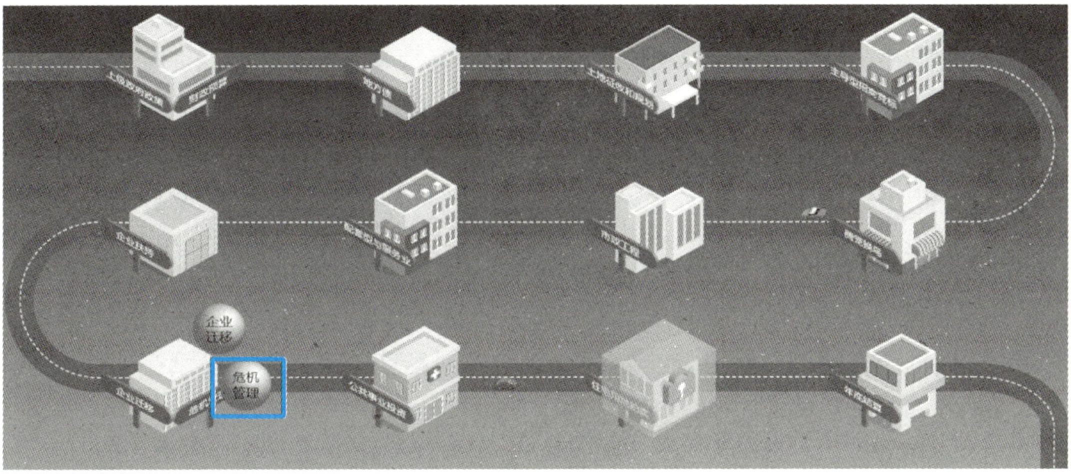


图 2-9-4　企业迁移与危机管理——危机管理

该界面下有两个功能窗口：风险规则与历史数据。

风险规则：在该窗口可以查看仿真实验系统中预设的六种具体风险及规避手段。

历史数据：在该窗口可以查看各个地方政府所遭遇的风险编号、风险内容、规避手段以及各个地方政府的危机管理是否成功，即是否成功规避风险。

（2）在等待危机到来时，对照六种风险查看自身企业是否做好了相应规避措施，分析各类风险会给地方政府带来的各方面影响。

（3）危机触发倒计时结束后，仿真实验系统会公告该地方政府所遭遇的风险，在历史数据窗口查看各个地方政府所遭遇的具体风险内容以及是否通过危机管理有效规避风险，如图 2-9-5 所示。

年份：4

| 小组名称 | 风险编号 | 风险内容 | 规避手段 | 是否规避 |
|---|---|---|---|---|
| 双子星 | 1 | 政府效能改革受阻，降低次年企业活力指数5% | 如今年未改革或去年今年连续改革，可规避 | 已规避 |
| 欢乐麻将 | 5 | 本年有20%土地征收出现群体事件，针对这些土地提高征地价100% | 如当年征地补偿单价排名前50%，可规避 | 已规避 |
| 斗地组 | 4 | 本年最大1个资本密集型项目违法排污，勒令停产整顿，一年无税收。政府增加维稳开支1500万，并降低本年居民幸福总指数5%。 | 本年招商引资均为劳动密集型。 | 未规避 |
| 白雪公组 | 2 | 产业环境出现严峻局面，所得税在原计算基础上减少3% | 无法规避 | 未规避 |
| 汪汪队 | 5 | 本年有20%土地征收出现群体事件，针对这些土地提高征地价100% | 如当年征地补偿单价排名前50%，可规避 | 未规避 |
| 切尔西 | 3 | 外部经济波动：本年引进的投资最小2个招商项目延期一年建成（如投资额并列，劳动密集型优先受影响） | 如本年投资项目均为10亿，可规避 | 未规避 |
| 第五组 | 5 | 本年有20%土地征收出现群体事件，针对这些土地提高征地价100% | 如当年征地补偿单价排名前50%，可规避 | 已规避 |
| 重新组 | 6 | 突发公共疫情，需要临时修建方舱医院，政府增加抗疫开支与投建1个二级医院相同，不影响居民幸福度。 | 无法规避 | 未规避 |
| [illegible] | 3 | 外部经济波动：本年引进的投资最小2个招商项目延期一年建成（如投资额并列，劳动密集型优先受影响） | 如本年投资项目均为10亿，可规避 | 未规避 |
| 拾肆组 | 3 | 外部经济波动：本年引进的投资最小2个招商项目延期一年建成（如投资额并列，劳动密集型优先受影响） | 如本年投资项目均为10亿，可规避 | 未规避 |
| 网络不组 | 1 | 政府效能改革受阻，降低次年企业活力指数5% | 如今年未改革或去年今年连续改革，可规避 | 未规避 |
| 猫泪家族 | 0 | 无风险 | 不用规避 | |
| 西柚组 | 4 | 本年最大1个资本密集型项目违法排污，勒令停产整顿，一年无税收。政府增加维稳开支1500万，并降低本年居民幸福总指数5%。 | 本年招商引资均为劳动密集型。 | 未规避 |

图 2-9-5　危机管理历史数据窗口

（4）借助“查看盘面”功能分析总结风险对本地方政府带来的影响，对后期运营及下一轮运营中的危机管理做出相应调整。

### （三）教师端操作

（1）进入风险规则窗口带领学生学习了解仿真实验系统预设的六种风险，提醒学生比对六种风险的规避方法对照自己所代表的地方政府情况，确定是做好了相应的规避措施。在该界面可以进行“开启风险”和“跳过此业务”两种操作。

（2）根据学生的决策情况，在风险规则窗口点击“开启风险”或“跳过此业务”按钮。建议在地方政府运营的前两年不开启风险，此时学生刚接手地方政府，对于地方政府运营的所有规则还没有完全掌握，地方发展程度也较低，风险承受能力较弱。点击开启风险时需要设置风险开始倒计时。

（3）危机触发倒计时结束后，在历史数据窗口查看各个地方政府所遭遇的具体风险内容以及是否通过危机管理有效规避风险。带领学生对各自地方政府危机管理工作进行反思与总结，思考下一轮运营中如何应对危机。

## 链接：知识拓展

### 企业迁移的涉税问题

因为经营发展战略、各类优惠政策等原因，企业迁移的情况越来越普遍。企业迁移涉及的税种为增值税和企业所得税。企业迁移分为跨区迁移和跨省（市）迁移，企业迁移不用税务注销清算。增值税一般纳税人资格予以保留，跨省（市）迁移办理注销税务登记前尚未抵扣的进项税额允许继续抵扣。企业所得税纳税事项（包括亏损结转、税收优惠等权益和义务）由变更后企业承继，但因住所发生变化而不符合税收优惠条件的除外。

### 一、跨区迁移

以深圳为例，南山企业迁移到宝安，只需要到深圳市市场监督管理局办理注册地址变更，变更完成后深圳市市场监督管理局自动将信息传入税务局征管系统，就完成了整个跨区转移，纳税人无须到税务局办理跨区转移。

北京市国家税务局、北京市地方税务局印发《北京市纳税人跨区迁移管理办法》明确：年度缴纳税款 1 000 万元以上、市级重点税源企业及纳入白名单管理的纳税人跨区迁移事权在国家税务总局北京市税务局；年度缴纳税款不满 1 000 万元的纳税人跨区迁移事权在各区税务局。并且对于符合条件的市内跨区迁移申请，要求受理机关于 5 个工作日内办理完毕，纳税人可通过网上申请或上门申请的方式办理跨区迁移手续。

国家税务总局上海市税务局在全国首创以“变更登记”代替“注销登记”的方式，优化办税流程，实现企业跨区迁移快速办理。

国家税务总局贵州省税务局制定《纳税人跨区迁移办理规范》，明确适用范围、办理流程、办理时限，企业因住所（经营地址）变动涉及改变主管税务机关，需在省内跨县（市、区）迁移的，在向工商行政管理机关申请办理住所变更后，持“变更税务登记表”向迁出地主管税务机关申请办理变更税务登记，迁出地税务机关对符合条件的企业办理跨县（市、区）迁移事项，不再进行注销登记处理。

## 二、跨省（市）迁移

根据《国家税务总局关于优化若干税收征管服务事项的通知》（税总征科发〔2022〕87号），跨省迁移税费服务流程得到大力优化：

### （一）优化迁出流程

纳税人跨省迁移的，在市场监管部门办结住所变更登记后，向迁出地主管税务机关填报“跨省（市）迁移涉税事项报告表”。对未处于税务检查状态，已缴销发票和税控设备，已结清税（费）款、滞纳金及罚款，以及不存在其他未办结涉税事项的纳税人，税务机关出具“跨省（市）迁移税收征管信息确认表”，告知纳税人在迁入地承继、延续享受的相关资质权益等信息，以及在规定时限内履行纳税申报义务。经纳税人确认后，税务机关即时办结迁出手续，有关信息推送至迁入地税务机关。

### （二）优化迁入流程

迁入地主管税务机关应当在接收到纳税人信息后的一个工作日内完成主管税务科所分配、税（费）种认定并提醒纳税人在迁入地按规定期限进行纳税申报。

### （三）明确有关事项

纳税人下列信息在迁入地承继：纳税人基础登记、财务会计制度备案、办税人员实名采集、增值税一般纳税人登记、增值税发票票种核定、增值税专用发票最高开票限额、增值税即征即退资格、出口退（免）税备案、已产生的纳税信用评价等信息。

纳税人迁移前预缴税款，可在迁入地继续按规定抵缴；企业所得税、个人所得税尚未弥补的亏损，可在迁入地继续按规定弥补；尚未抵扣的增值税进项税额，可在迁入地继续按规定抵扣，无须申请开具“增值税一般纳税人迁移进项税额转移单”。

### （四）迁移前后业务的办理可参照《跨省（市）迁移相关事项办理指引》

（1）纳税人申请迁移前，应当已在市场监管部门办结住所变更登记，结清税（费）款、滞纳金及罚款，缴销发票和税控设备，并且未处于税务检查状态，不存在其他未办结涉税事项。符合条件的，税务机关即时办结迁出手续；若不符合条件，税务机关出具“税务事项通知书”（补正通知），纳税人可一次性获知原因及需补正的内容。

（2）在增值税申报期内迁移的，纳税人需要在迁出地办结当期增值税申报。

（3）在企业所得税预缴申报期内迁移的，纳税人需要在迁出地办结当期预缴申报；在企业所得税汇算清缴期内迁移的，需在迁出地办结上一年度汇算清缴。涉及退（补）税的，由迁出地主管税务机关办理。

（4）在个人所得税申报期内迁移的，纳税人需在迁出地办结当期扣缴申报及经营所得预缴申报。在个人所得税经营所得汇算清缴期内迁移的，需在迁出地办结上一年度汇算清缴。涉及退（补）税的，由迁出地主管税务机关办理。

（5）出口企业申请跨省（市）迁移的，应按照出口退（免）税备案撤回的流程办理出口退（免）税清算。清算完成后，税务机关将迁移纳税人出口退（免）税备案信息的撤回状态设置为“迁出”。

（6）纳税人应在迁移当期纳税申报期限届满前，依法履行纳税申报义务，向迁入地主管税务机关报告存款账户账号，签订银税三方（委托）划缴协议。

（7）总、分机构发生跨省（市）迁移的，应在迁移后变更企业所得税汇总纳税信息备案。

（8）纳税人在判断销售额是否超出小规模纳税人标准时，对迁移前后的销售额应连续计算。纳税人销售额超过小规模纳税人标准后，应按规定及时办理一般纳税人登记。

（9）纳税人在迁出地尚未勾选抵扣的增值税专用发票、海关进口增值税专用缴款书信息可在迁入地勾选抵扣，纳税人在迁出地已开具但尚未申报的增值税发票信息应在迁入地申报。

（10）符合增值税留抵退税条件的迁移纳税人，按规定向迁入地主管税务机关申请办理。纳税人在迁出地已办理完毕的留抵退税业务，迁移后发生缴回的，由迁入地主管税务机关进行处理。

（11）纳税人在迁入地办理迁移年度企业所得税、个人所得税经营所得汇算清缴时产生的退（补）税，由迁入地主管税务机关办理入库、退库。

（12）纳税人在迁出地已申报出口退（免）税的业务，迁移后需办理退（补）税等事项的，由迁出地税务机关继续办理。纳税人在迁移前已发生的出口业务尚未申报办理出口退（免）税的，由迁入地税务机关受理并按规定办理出口退（免）税事项。

迁出前已暂扣的出口退（免）税税款，后续需要解除的，在迁出地税务机关解除暂扣出口退（免）税税款，继续办理出口退（免）税核准和退库；已申报退税的出口报关单发生退运，由迁出地税务机关开具“出口货物退运已补税（未）退税证明”；纳税人在迁移前开具的出口退税证明，由迁出地税务机关办理出口退税证明作废和出口退税证明补打。

迁移纳税人在迁入地首次申报出口退（免）税的，按新备案出口企业进行管理，开展首次申报实地核查。

对于纳税人在迁出地已申报出口退（免）税的业务，涉及需要追回已出口退（免）税税款的，由迁出地税务机关追回已出口退（免）税税款。

（13）除以上情形外，纳税人在迁出地已入库的税款，迁移后申请退税的，由迁出地主管税务机关办理退税退库。

纳税人更正迁移前纳税申报涉及退（补）税的，由迁出地主管税务机关办理。

（14）纳税人按规定需要进行纳税信用补评、复评和修复的，向迁入地主管税务机关申请。

资料来源：中华人民共和国国家税务总局. 国家税务总局关于优化若干税收征管服务事项的通知[EB/OL].（2022-12-29）[2023-01-30]. https://www.chinatax.gov.cn/chinatax/n810341/n810825/c101434/c5183506/content.html.

## 链接：延展阅读

### 中国“抢企大战”前10强城市出炉，谁将逆袭？

2023年是经济复苏之年。全国范围的城市已正式开启新一轮“抢人大战”，而决定城市“抢人大战”的制胜点，在于人才能否获得广大机遇和良好发展前景。长远看来，“抢人大战”的背后实际上是“抢企大战”，城市发展思路是否清晰、产业定位是否明确，以及产业基础是否完善，都决定了城市本身对于企业吸引力的强弱。

首都科技发展战略研究院联合企查查大数据研究院发布《中国“抢企大战”城市地域全景报告》，对近五年企业最青睐的城市及地域以客观数据进行呈现，将国内城市划分为长三角地区、珠三角地区、环渤海地区、中西部地区四个城市群，并依据中国七大地理区域，针对“抢企大战”五年来的各地区企业数据变化，发布企业迁入量城市群排名、地理区域排名，企业迁入量10强省份榜、20强城市榜。

#### 一、从企业迁移看国内“抢企大战”：中西部地区异军突起，长三角地区吸引力傲视群雄

企业区域间迁移，或由产业资源驱使，或由区域政策驱使，亦或由生产成本驱使，无论哪种因素，企业迁移对于全国经济发展、市场活力提升都具备重要意义。

企查查数据显示，2018年以来，我国市场经济主体累计迁址25.7万次，其中跨省迁址8.4万次。

##### （一）城市群排名：中西部企业迁移量最大，长三角虹吸效应显著

不同经济发展水平的区域之间，存在环境、政策、劳动力、生产资源、交易成本等方面的差异，从而促进产业在不同经济发展水平的区域之间进行转移，以调整区域

经济结构、优化区域间经济关系，进而影响部分企业的战略决策。

分城市群来看，2018 年以来，我国中西部地区以 8.2 万家企业的迁入量排名第一；长三角地区累计迁入 7.2 万家，排名第二；珠三角、环渤海地区分别迁入 5.9 万家、4.5 万家企业。企业净流入量方面，2018 年以来，长三角地区以净流入 6 488 家企业断层第一；中西部地区净流入 2 985 家，排名第二。

### （二）地理区域排名：华东对纵向企业吸引力更强，近五年华南净迁出 6 000 家企业

分地理区域来看，2018 年以来，我国华东地区累计迁入 7.2 万家企业，领先其他区域；华南、华中地区分别累计迁入 5.9 万家、4.4 万家企业，排名第二、第三。企业净流入量方面，2018 年以来，华东地区以净流入 6 488 家企业断层第一；华中地区净流入 4 111 家，排名第二，其余区域企业净流入量为负。

### （三）前十强省份：浙江省企业迁入量第一，广东、江苏占据前三

从省份角度来看，企查查数据显示，2018 年以来，浙江、广东两地分别迁入 3.2 万家、3.1 万家企业，占据迁入量排名前二席，也是企业迁入量“唯二”破 3 万家的省份；接下来是江苏、山东，分别迁入 2.5 万家、2.1 万家企业，此后依次为河南、福建、安徽、江西等地。企业净流入量方面，江苏省领先其他地区，近五年净流入 3 728 家企业，稳居第一；接下来是江西省，净流入 2 672 家企业，浙江省净流入 1 748 家企业，此后依次为河南、安徽、海南、河北等地。

### （四）前 20 强城市：广州摘得桂冠，金华、深圳、杭州稳居第一梯队

企查查大数据研究院将城市按照企业迁入量进行排名，2018 年以来，排名前 20 的城市累计迁入 8.7 万家企业。广州凭借迁入 8 712 家企业，摘得企业迁入量城市榜单桂冠，其次是金华市，迁入 7 314 家企业，咸阳作为企业迁入量唯一突破 4 500 家的中西部城市，在“抢企大战”中悄然位列第五。

将迁入量排名前 20 的城市分梯队来看，迁入量大于 5 000 家（含 5 000）的城市为第一梯队，迁入量介于 3 500 家（含 3 500）至 5 000 家的城市为第二梯队，迁入量在 3 500 家以下的城市为第三梯队：

企查查数据显示，第一梯队有 4 座城市，其中广州五年来迁入 8 712 家企业，一骑绝尘，金华、深圳、杭州 3 市分别迁入 7 314 家、6 583 家、6 401 家企业，断层前四。

第二梯队有 8 座城市，其中中西部地区城市咸阳、郑州、成都分别迁入 4 514 家、4 065 家、3 952 家企业，进入梯队前四，长三角地区城市徐州、南京、台州分别凭借迁入 3 780 家、3 718 家、3 608 家企业，跻身第二梯队。

第三梯队同样有 8 座城市，其中温州、苏州分别迁入 3 494 家、3 478 家企业，在第三梯队中领先其他城市，泉州、厦门两地压线上榜，分别迁入 3 073 家、2 848 家企业。

## 二、企业吸引力隐藏“王者”诞生，江苏凭什么？

企业迁入量大，体现出地区生产要素流动性高、经济活力强；企业净流入量居高，反映出地区凭借自身经济发展以及有效的招商引资措施，使市场主体近悦远来，区域外企业踊跃落户。

根据企查查大数据研究院数据，江苏省在企业净流入量排名中独占鳌头，究其原因，江苏省凭借自有产业资源优势以及高新技术产业基础建设，对科技型企业展现出强劲吸引力，而科技型企业的不断涌入持续为地区产业发展注入新动能，二者形成轮动，促进地区经济长期稳定发展。

资料来源：首都科技发展战略研究院. 中国“抢企大战”前 10 强城市出炉，谁将逆袭？[EB/OL].(2023-05-25)[2023-05-26]. https://mp.weixin.qq.com/s?__biz=MzI3ODM5NzgzNA==&mid=2247490448&idx=1&sn=92aa9331916343e1e76a72780bbd289c&chksm=eb56cd75dc214463332f0a224fa8d86a11e378da9d28eedd0e4160b2108d77496a5515a9673b&token=419491888&lang=zh_CN#rd.

## 链接：延展阅读

### 新冠病毒感染疫情中我国公共危机管理取得的进步

公共危机指在社会运行过程中产生的，危及公共安全和正常秩序的危机事件，其具有突发性、不确定性、破坏性、社会性和扩散性等特点。政府处理公共危机的能力，是衡量政府治理能力的一项重要指标。新冠病毒感染疫情作为一项重大公共卫生危机，给世界范围内的公共危机管理都提出了新的要求。政府运用科学合理的处置方式，建立防控危机的常态化体制机制，既是提升政府危机管理效能的关键，也是一个国家危机治理能力和综合实力的重要体现。

新冠病毒感染疫情中我国公共危机管理取得了很大进步：

首先，政府公共危机处置速度显著提高。政府对公共危机的反应和处置速度对于减小危机产生的危害有至关重要的作用。在新冠病毒感染疫情暴发后的第一时间，我国即开展了医疗应急救援工作，全国各地共同支援武汉和湖北其他地区，政府协同与地方协同效率突出，同时还积极与国际卫生组织开展合作。在治疗指导上，我国第一时间派出中央指导组进行指导，充分发挥专家作用，并以极快的速度完成了火神山医院和雷神山医院的修建，积极主动的应对政策和严格的防控措施大大提高了新冠病毒感染疫情防控的效率。

其次，积极发挥科学技术和大数据的作用。在此次新冠病毒感染疫情的处置上，大数据分析和人工智能技术的应用为分析和判断新冠病毒感染疫情发展态势、追踪排查人员流动轨迹提供了极大便利。在进入新冠病毒感染疫情常态化防控阶段后，这种效率和作用也体现得更为明显。通过快速锁定传染源，切断传播途径，为各地及时准确地采取隔离防控措施提供了帮助，大大提高了新冠病毒感染疫情防控的效率和水平。在未来，科学技术的应用将为政府处置重大公共危机事件提供强有力的支撑和保障，将极大地改变传统的危机处置模式。

再次，应急处置管理更为科学规范。从这次新冠病毒感染疫情的处置来看，中央充分认识到了科学的公共危机管理理念的重要性。在新冠病毒感染疫情的处置上，充分体现了科学的原则，在处置过程中重视专家的直接参与，专家组的科学指导与应急处置队伍的协同，对迅速遏制新冠病毒感染疫情蔓延势头，稳定新冠病毒感染疫情形势起到了重要作用。在管理措施上，采取分步推进的管理方法，由新冠病毒感染疫情的防控向新冠病毒感染疫情防控和复工复产相结合转变，利用大数据智能工具，将新冠病毒感染疫情发生地域风险划分为高中低三档，并随新冠病毒感染疫情的监控不断进行动态实时调整，避免了“一刀切”的极端方式，通过科学的处置管理手段，使得新冠病毒感染疫情常态化防控和恢复社会秩序、复工复产、恢复正常社会生活得以同时进行，确保了人民生活和经济得到恢复和保障。

最后，社会监督和信息公开效率明显提高。新冠病毒感染疫情期间，社会监督更为完善和及时，较早建立了从中央到地方的新冠病毒感染疫情防控日报制度，通过建立有效的网上监督举报平台，传统媒体和新媒体的互补结合以及对网络舆论和热点问题的及时回应，使新冠病毒感染疫情带来的信息不对称得到最大限度的平衡，人民群众关心的热点问题都能得到及时的回应和解决，有效避免了舆论的发酵和升级。

## 地方政府提升公共危机管理能力的途径

面对突发公共危机，地方政府要强化自身应对公共危机事件的能力，提高政府的公信力。首先，地方政府应该做到下承社会公众，上承上级政府，针对突发的公共危机事件，提升政府自身的危机处理水平，确保社会的稳定。其次，提高地方政府应对公共突发危机事件的能力，需要提高政府的公信力，拓展政府和公民之间的沟通渠道，不断地对这些意见表达渠道进行深层次的设计和规范，从意识层面上认识到工作的重要性。最后，地方政府在开展工作的过程当中要坚持民主法治，坚持依法治国，提高政府为人民服务的意识，通过拓展各方面的渠道、完善相应的措施，提高社会公众进行意见表达的积极性。在拓展公众参与治理的渠道的过程当中，能够进一步地提高政府的公信力，使得公众能够更加积极和高效地参与到治理过程当中，从而双方进行积极的配合，更好地去应对公共危机事件。

## 一、坚持“为人民服务”的宗旨，坚决破除“官本主义”

地方政府在开展工作的过程当中，一定要坚持为人民服务对人民负责的原则，不断地强化工作人员的责任意识，在此基础之上，从制度和思想上做出努力，对政府的评价机制进行不断地优化和调整。加大力度对政府工作人员进行思想教育工作，培养工作人员的责任意识和人本意识，政府应该将民意放在最为关键的位置，时刻关注舆论，敬畏民意，积极地回应民众关注的社会热点问题。

## 二、建立健全责任追究制度，加强社会监督

建立更加科学和完善的责任追究制度。目前部分地方政府官本思想根深蒂固，权利和利益之间存在着非常密切的关系，有些政府工作人员为了自身的政绩和私利，不惜铤而走险。地方政府在应对公共危机事件的过程当中，需要建立更加健全的责任追究制度，对工作的开展进行公开，让社会进行监督。社会监督机制不健全，工作效率低，会导致工作人员在开展工作时经常会忽视公众利益。

## 三、拓宽公民有序参与的渠道

有关公共危机的相关内容和应对危机整体的流程一直是公民所感兴趣的热点，无论是新闻事件的追踪报道，还是后续的事情发展，这些内容一直是公众所关心的。地方政府应该拓展公民参与的渠道，由于公民社会组织发展的时间比较短，体系和相关的制度都存在着不完善的地方，针对这些问题，政府应该加大力度进行积极的引导。地方政府应该鼓励公众通过正当的渠道去获取应对危机的相关信息，为公众提供正当的渠道，确保公众不会陷入无穷无尽的恐慌当中。为公民提供参与社会治理有序的渠道，是政府和社会群众沟通的良好桥梁，这个桥梁是政府公信力重要因素的表达，需要具备足够的宽度和承载。地方政府不仅要拓展公众参与社会治理的渠道，还要提高自身的职业道德素养，要能够接受社会上所存在的各种声音和观点。政府在开展相应工作的过程当中，不能够只听一种声音。

资料来源：

[1] 牛司原. 基于新冠病毒感染疫情的政府公共危机管理研究 [J]. 新闻研究导刊，2021，12（4）：71-73.

[2] 刘天任，高媛. 地方政府与公共危机事件应对能力建设研究 [J]. 公关世界，2021（2）：16-17.

## 链接：延展阅读

### 贵州省突发事件应对工作原则

坚持以人民为中心。健全党委领导下的应急管理行政领导责任制，坚持群众观点和群众路线，坚持社会共治，把保障公众健康和生命财产安全作为首要任务，减少突发事件及其造成的人员伤亡和危害。

坚持统一领导、协调联动。在省委、省政府的统一领导下，建立健全统一指挥、专常兼备、反应灵敏、协调联动的中国特色、贵州特点应急管理体制。实行行业（领域）部门分类管理、源头防控，充分发挥应急管理部门的综合优势和各相关部门的专业优势，衔接好防和救的责任链条，确保责任链条无缝对接，形成整体合力。扎实构建重大风险研判、灾害会商、信息共享和协同处置全过程多部门联动机制，不断增强全省应急管理工作的系统性、整体性和协同性。

坚持分级负责、属地为主。各地要切实担负起“促一方发展、保一方平安”的政治责任，严格落实责任制。在事发地党委的领导下，当地人民政府全面负责组织应对工作，必要时上级人民政府要统筹协调资源予以支持。

坚持快速反应、高效应对。建设一支专常兼备、反应灵敏、作风过硬、本领高强的应急救援队伍。加强综合性救援力量建设，采取与专业队伍、志愿者队伍相结合和建立共训共练、救援合作机制等方式，提高各类突发事件应急救援能力。按照就近调配、快速行动、有序救援的原则，建立健全应急物资保障体系，高效应对各类突发事件。

坚持依法管理、科技支撑。坚持依法管理，运用法治思维和法治方式提高应急管理的法治化、规范化水平。充分发挥专家队伍和专业人员的作用，强化应急管理装备技术支撑，优化整合各类科技资源，推进应急管理科技创新，依靠科技提高应急管理的科学化、专业化、智能化、精细化水平。加大先进适用装备的配备力度，提高突发事件响应和处置能力。适应科技信息化发展大势，以信息化推进应急管理现代化，提高监测预警能力、监管执法能力、辅助指挥决策能力、救援实战能力和社会动员能力。

坚持风险防控、科学治理。坚持预防为主，在预警发布、抢险救援、恢复重建、监管执法上实现精准治理。健全风险防范化解机制，坚持从源头上防范化解重大安全风险，真正把问题解决在萌芽之时、成灾之前。加强风险评估和监测预警，加强重点行业领域的安全风险排查，提升多灾种和灾害链综合监测、风险早期识别和预报预警能力。

资料来源：贵州省人民政府办公厅. 省人民政府办公厅关于印发贵州省突发事件总体应急预案的通知［EB/OL］.（2021－01－04）［2023－05－26］. https://www.guizhou.gov.cn/zwgk/zcfg/szfwj/qfbf/202204/t20220418_73489557.html.

## 项目评价

在仿真实验系统中完成企业迁移与危机管理两个决策操作，根据表 2-9-2 对所学内容进行自检。

**表 2-9-2 企业迁移与危机管理实验操作评价表**

| 序号 | 鉴定评分点 | 分值 | 评分 |
|---|---|---|---|
| 1 | 掌握企业迁移规则，无企业迁出，基于自身政府情况提交合理的企业迁入竞标方案，竞标结果符合地方政府治理目标 | 4 | |
| 2 | 掌握六种风险及规避方法，提前采取合理规避措施，成功规避风险 | 4 | |
| 3 | 在模拟仿真实验系统中操作无失误 | 1 | |
| 4 | 在决策过程中，小组成员相处融洽，高效合作 | 1 | |
| 总结（收获与反思）： | | | |

## 延展探索

1. 现实中还有哪些重要因素会影响企业的迁移？政府在其中扮演了什么角色？起到了什么作用？
2. 从政府与市场的角度出发，企业迁移有何利弊？
3. 我国各级政府在危机管理工作上还有哪些可以提升的地方？
4. 为制造企业的跨省迁移制作涉税业务流程图。

# 项目十 公共事业投资实验

## 学习目标

- ■ 理解公共事业的基本内涵与特征。
- ■ 了解在现实经济环境中公共事业的范围。
- ■ 理解在现实经济环境中发展公共事业的重要性。
- ■ 了解在现实经济环境中公共事业投资的方式。
- ■ 掌握在本次实验中公共事业的特点。
- ■ 掌握在本次实验中公共事业投资对居民幸福度指数的影响。

## 项目描述与分析

本项目地方政府将进行公共事业投资决策。通过该项目，学生将能够理解本辖区居民幸福度指数与公共事业投资决策之间的关系，为自己所管辖的区域做出正确的公共投资决策。

## 项目准备

为了更好地达到本项目实训目的，需要做如下准备：

- ■ 了解本地方政府剩余公共事业供地及可规划空间。
- ■ 了解本地方政府剩余财政资金。
- ■ 确保电脑等设备能正常使用。
- ■ 确保网络正常且稳定。

# 知识提示

## 知识点：公共事业的基本内涵与特征

### 一、公共事业的基本内涵

从理论上看，公共事业所包含的基本内容属于社会公共事务的范畴，或者说属于社会公共产品的范畴，必须以不同于私人事务的方式进行经营和管理，或者说，企业和个人家庭不能管、不愿管，也管不了的事务应该是公共事业的基本内容。

从社会公共事务的角度看，公共事业是社会全体公众所拥有的共同事业，因此在逻辑上，凡政治的、经济的和社会的公共事务，都可以在公共事业的范围中。但我国公共事业这一概念或提法，实际上是由我国计划经济体制下特有的“事业”发展而来的，“事业”的基本内涵主要是非政治、非经济的事务，即狭义的社会事务。因此，狭义的社会公共事务应该是公共事业的基本内容，但不应包括政治性事务。

公共事务的基本实现方式是公共服务。现代社会的公共事务日益丰富，这不仅表现在许多私人事务涉及公共利益，而且狭义的公共事务的实现也与经济密切相关。从公共产品理论对社会总产品的划分看，任何一种社会产品的提供都是一个生产过程，都是一个经济行为过程。因此，公共事业不再是传统的“非经济”事务，确定公共事业内涵的基本标准之一不是看其与经济的关系，而是看其是否与公众的日常基本生活相连，且企业和私人家庭能否操作。

在公共产品理论尤其是准公共产品理论的视野中，我国传统事业所涉及的范围主要分为两部分：一是属于纯公共产品的事业产品，在整个事业中占少数，如气象、基础科学研究、农业技术的研究和推广，大型水利设施，社会科学研究等。二是属于准公共产品的事业产品，在整个事业中占大多数，如教育、医疗、卫生、体育、动植物检疫、出版、广播、影视、文化等。公益性研究主要是指涉及公众利益和社会整体的社会经济发展的技术，如农业方面的种子改良技术等，这类技术是社会发展的一种基础性需要。

### 二、公共事业的基本特征

可以看出，公共事业的最大特点是公共性。其公共性主要表现为如下四点：

第一，公众性，即公共事业的受益对象是全体社会公众，因此具有公众性。

第二，公用性，即它的服务内容涉及所有社会成员的共同需要，因此带有公用性。

第三，公益性，即它的服务目标是实现公众的共同利益，因此带有公益性。

第四，非营利性，即事业产品的生产和提供不以营利为目的，且在一般情况下，事业产品的生产和提供以公共财政作为基础，社会公众在享受这一产品时是不需要另外交费的。虽然在现代社会，有时为了弥补公共事业的经费不足，或者为了缩小在享受公共事业所提供的服务方面实际存在的差异，也会采用收费的办法，但是，特定的管理政策决定了这种收费绝不是以营利为目的，因而总体上具有非营利性。

## 项目实施

### 一、公共事业投资

一般说来，公共事业泛指行政、艺术、体育、文教、保险、环保及卫生等多项事业的综合，而日常生活中所提及的公共事业往往停留于狭义概念阶段，特指通信、交通及水电等事业。受时间推移及社会经济蓬勃发展的影响，社会各方面运转机制趋向成熟，不再停留于单一社会结构框架的阶段，与社会经济发展联系密切，二者呈现相互依赖及相互影响的局面，并且社会与经济间发展相互制约，推动彼此的发展速度及发展进程。即便经济社会下将生产者物价指数（PPI）、居民消费价格指数（CPI）及GDP 等视为重要指标，公共事业投资与管理仍占据着促进城市发展极其重要的地位。

在本实验中，对公共事业投资进行了简化。仿真实验系统中的公共事业投资只涉及医疗、文化体育与教育三个方面，具体分为医院、文体场馆与基础学校三个投资项目。

#### （一）公共事业投资规则

在本项目实验中，地方政府根据自身情况选择在医疗、文化体育和教育三个方面进行公共事业投资，满足辖区内居民的基本生活需求，提高居民幸福度指数。具体投资项目如表 2-10-1 所示。

**表 2-10-1　公共事业投资项目一览表**

| 类别 | 项目 | 级别 | 投资额/万元 | 用地/亩 | 新增就业/人 | 服务能力/人 |
|---|---|---|---|---|---|---|
| 医疗 | 医院 | 一级 | 5 600 | 10 | 200 | 3 200 |
| | 医院 | 二级 | 30 000 | 50 | 880 | 16 000 |
| | 医院 | 三级 | 64 000 | 100 | 2 400 | 50 000 |
| 文化体育 | 文体场馆 | 一级 | 800 | 10 | 40 | 1 200 |
| | 文体场馆 | 二级 | 4 800 | 50 | 120 | 7 800 |
| | 文体场馆 | 三级 | 10 000 | 100 | 200 | 20 000 |
| 教育 | 基础学校 | 一级 | 3 200 | 20 | 120 | 4 000 |
| | 基础学校 | 二级 | 18 000 | 100 | 480 | 20 000 |
| | 基础学校 | 三级 | 40 000 | 200 | 800 | 38 000 |

公共事业投资的目标是满足地方政府辖区内居民的基本生活需求，用“医院服务能力/历年累计新增人口”“文体场馆服务能力/历年累计新增人口”“基础学校服务能力/历年累计新增人口”三个指标来衡量（如图 2-10-1 所示）。当三个指标达到100%时，说明地方公共事业发展刚好满足居民需求，当公共事业运营机构数量与级别不足时，将降低居民幸福指数。但学校、医院、文体场馆覆盖率超过200%时，将视为浪费公共资源，超出部分会冲减覆盖率，例如覆盖率为 230%，反而会按170%计算。

| | 值 |
|---|---|
| 本年新增人口（人） | 7 840 |
| 本年公共事业新增就业（人） | 760 |
| 历年累计新增人口（人） | 18 140 |
| 医院服务能力/历年累计新增人口 | 52.92% |
| 历年累计医院新增服务能力（人） | 9 600 |
| 文体场馆服务能力/历年累计新增人口 | 19.85% |
| 历年累计文体场馆新增服务能力（人） | 3 600 |
| 基础学校服务能力/历年累计新增人口 | 44.10% |
| 历年累计基础教育学校新增服务能力（人） | 8 000 |

**图 2-10-1　公共事业投资指标**

地方政府在进行公共事业投资决策时，要考虑剩余公共事业供地及财政资金对投资的限制。若有需要，公共事业供地剩余面积还可以在土地征收和规划界面进行调整；财政资金除了要支付此次公共事业投资额外还要支付累计公共事业就业人员的工资（10 万元/人）：

本年公共事业预计支出=之前年度的公共事业就业人员财政拨款工资+本年预计公共事业投资额+本年新增公共事业人员财政拨款工资

当地方政府由于决策时间超时还未提交决策方案，由系统机器人自动进行决策时，系统机器人将用该地方政府财政资金的 40%用来投资，三类公共事业中以投资项目最少的优先，若每类公共事业机构数量相同则随机选择，但是机器人不会自动投资三级医院，因为会导致更多的转移补贴，如果随机到三级医院，自动降级为二级医院。

### （二）学生端操作

（1）选择公共事业投资模块（如图 2-10-2 所示），进入危机管理界面，研究学习公共事业投资规则。

该界面下有四个功能窗口：规则说明、公共事业投资、参与状态与历史数据。

规则说明：在该窗口可以查看仿真实验系统中设定的九种具体的公共事业投资项目，了解其所需投资额、所需公共事业用地面积、新增就业人数以及服务能力。

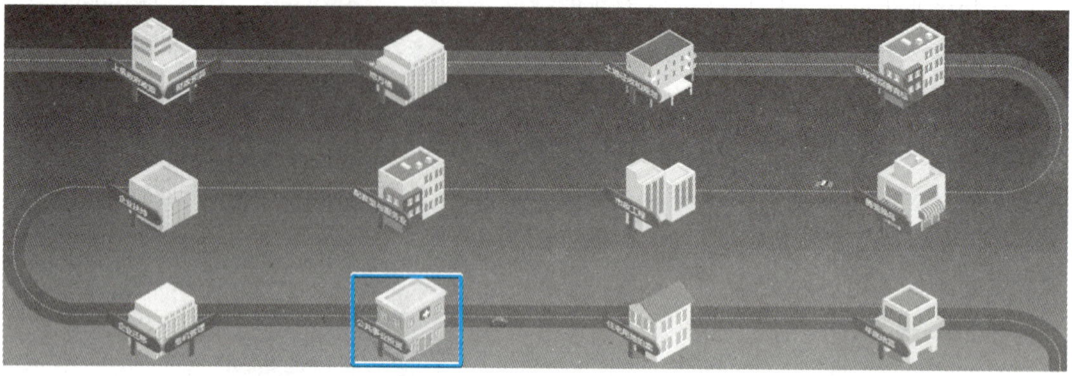

图 2-10-2 公共事业投资

公共事业投资：在该窗口，地方政府进行公共事业投资决策，如图 2-10-3 所示。选择公共事业投资项目及投资数量，界面右侧为公共事业投资数据面板，可查看该地方政府本年新增人口数量、历年累计新增人口数量以及当前公共事业投资决策下的本年公共事业新增就业人口数量、历年累计医院新增服务能力、历年累计文体场馆服务能力、历年累计基础教育学校新增服务能力、医院服务能力/历年累计新增人口、文体场馆服务能力/历年累计新增人口、基础学校服务能力/历年累计新增人口、本年公共事业预计支出。

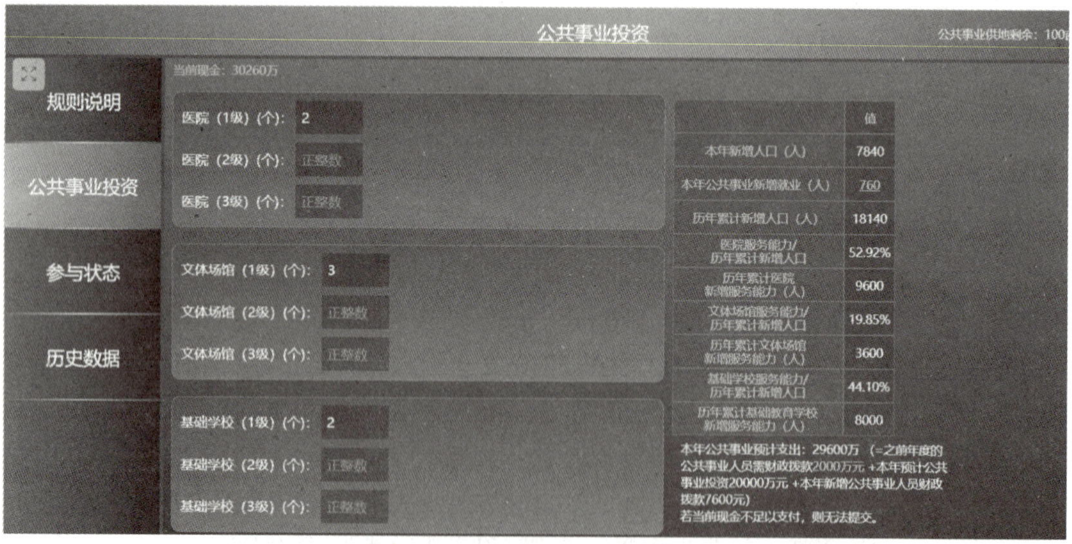


图 2-10-3 公共事业投资窗口

参与状态：在该窗口，可以查看各地方政府进行公共事业投资的状态。

历史数据：如图 2-10-4 所示，在该窗口，可以查看各个地方政府历年的公共事业投资决策。具体包括各地方政府公共机构加权数量、本年度所有公共事业新增就业人数、历年累计新增人口、累计新增公共事业投资人口、历年累计医院新增服务能力、历年累计文体场馆服务能力、历年累计基础教育学校新增服务能力、医院服务能力/历年累计新增人口、文体场馆服务能力/历年累计新增人口、基础学校服务能力/历年累计新增人口、财政拨款金额。

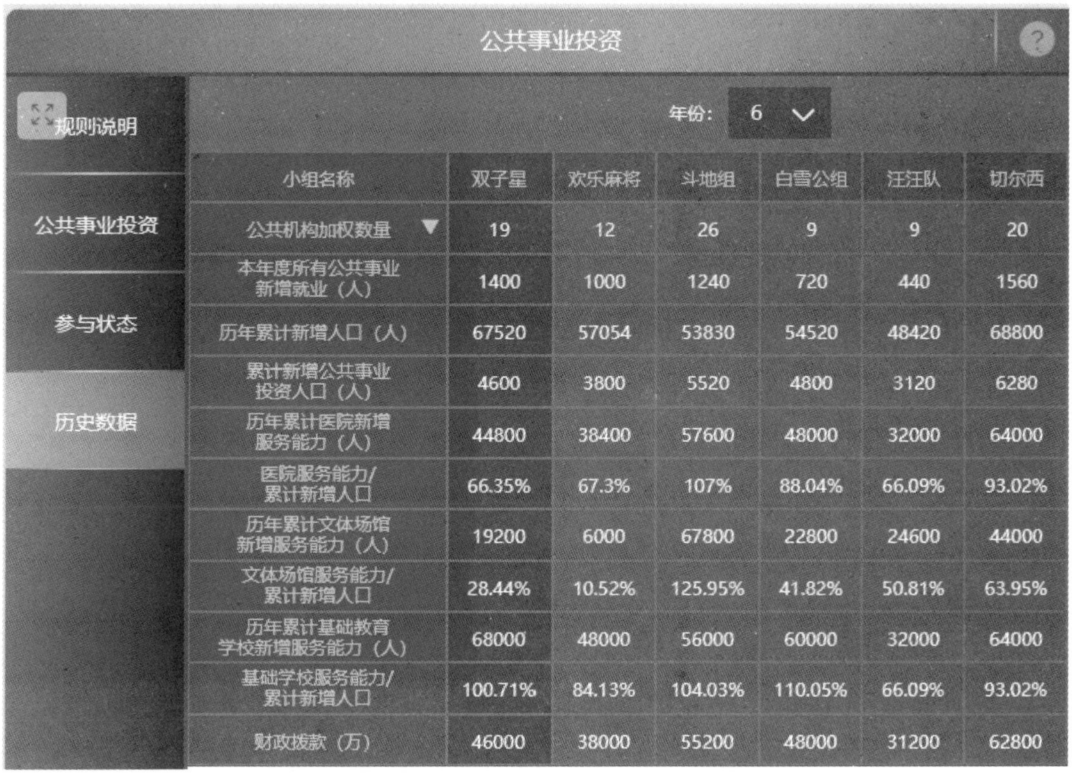


| 小组名称 | 双子星 | 欢乐麻将 | 斗地组 | 白雪公组 | 汪汪队 | 切尔西 |
|---|---|---|---|---|---|---|
| 公共机构加权数量 | 19 | 12 | 26 | 9 | 9 | 20 |
| 本年度所有公共事业新增就业（人） | 1400 | 1000 | 1240 | 720 | 440 | 1560 |
| 历年累计新增人口（人） | 67520 | 57054 | 53830 | 54520 | 48420 | 68800 |
| 累计新增公共事业投资人口（人） | 4600 | 3800 | 5520 | 4800 | 3120 | 6280 |
| 历年累计医院新增服务能力（人） | 44800 | 38400 | 57600 | 48000 | 32000 | 64000 |
| 医院服务能力/累计新增人口 | 66.35% | 67.3% | 107% | 88.04% | 66.09% | 93.02% |
| 历年累计文体场馆新增服务能力（人） | 19200 | 6000 | 67800 | 22800 | 24600 | 44000 |
| 文体场馆服务能力/累计新增人口 | 28.44% | 10.52% | 125.95% | 41.82% | 50.81% | 63.95% |
| 历年累计基础教育学校新增服务能力（人） | 68000 | 48000 | 56000 | 60000 | 32000 | 64000 |
| 基础学校服务能力/累计新增人口 | 100.71% | 84.13% | 104.03% | 110.05% | 66.09% | 93.02% |
| 财政拨款（万） | 46000 | 38000 | 55200 | 48000 | 31200 | 62800 |

**图 2-10-4　公共事业投资——历史数据窗口**

（2）在公共事业投资窗口进行公共事业投资决策。查看该窗口右上方该地方政府公共事业供地剩余面积以及左上方该地方政府财政资金剩余现金额度。可在该窗口尝试多种投资方案，根据右侧公共事业投资数据面板找出最合理的公共事业投资方案。提醒注意决策时间，若超时还未提交投资方案也未点击放弃投资，将由机器人代为决策，决策规则如下：现金的40%用来投资，项目最少的优先，若数量相同就随机，不自动投资三级医院，如果随机到三级医院的话，自动降级为二级医院。在进行决策前可通过历史数据窗口查看本地方政府及其他地方政府在以前年度所做公共事业投资决策的具体内容及结果，帮助其做出本年最佳投资决策。

（3）在公共事业投资决策过程中，通过参与状态窗口了解其他地方政府的公共投资参与状态。

（4）公共事业投资结束后，在历史数据窗口查看各个地方政府历年公共事业投资决策。

（三）教师端操作

（1）进入规则说明窗口带领学生学习了解仿真实验系统中设置的九项公共事业投资项目。在该界面可以进行“开始公共事业投资”“结束公共事业投资”“延迟公共事业投资”三种操作。

（2）进入历史数据窗口，带领学生回顾各地方政府历年公共事业投资决策内容及结果，提醒各地方政府关注提升辖区居民幸福度指数这一运营目标。

（3）回到规则说明窗口点击“开始公共事业投资”按钮。

（4）通过参与状态窗口了解各地方政府公共事业投资的决策状态。

（5）公共事业投资可以由教师手动结束，或所有地方政府提交投资方案结束后自动结束，或倒计时结束后自动结束，在结束前，各地方政府可以修改投资方案。

（6）公共事业投资结束后，在历史数据窗口查看各个地方政府所做出的公共事业投资决策。带领学生对各自地方政府投资决策进行反思与总结，思考下一轮运营中如何发展公共事业。

## 链接：延展阅读

### 高举中国特色社会主义伟大旗帜<br>为全面建设社会主义现代化国家而团结奋斗

——在中国共产党第二十次全国代表大会上的报告（节选）

#### 九、增进民生福祉，提高人民生活品质

江山就是人民，人民就是江山。中国共产党领导人民打江山、守江山，守的是人民的心。治国有常，利民为本。为民造福是立党为公、执政为民的本质要求。必须坚持在发展中保障和改善民生，鼓励共同奋斗创造美好生活，不断实现人民对美好生活的向往。

我们要实现好、维护好、发展好最广大人民根本利益，紧紧抓住人民最关心最直接最现实的利益问题，坚持尽力而为、量力而行，深入群众、深入基层，采取更多惠民生、暖民心举措，着力解决好人民群众急难愁盼问题，健全基本公共服务体系，提高公共服务水平，增强均衡性和可及性，扎实推进共同富裕。

（一）完善分配制度

分配制度是促进共同富裕的基础性制度。坚持按劳分配为主体、多种分配方式并

存，构建初次分配、再分配、第三次分配协调配套的制度体系。努力提高居民收入在国民收入分配中的比重，提高劳动报酬在初次分配中的比重。坚持多劳多得，鼓励勤劳致富，促进机会公平，增加低收入者收入，扩大中等收入群体。完善按要素分配政策制度，探索多种渠道增加中低收入群众要素收入，多渠道增加城乡居民财产性收入。加大税收、社会保障、转移支付等的调节力度。完善个人所得税制度，规范收入分配秩序，规范财富积累机制，保护合法收入，调节过高收入，取缔非法收入。引导、支持有意愿有能力的企业、社会组织和个人积极参与公益慈善事业。

### （二）实施就业优先战略

就业是最基本的民生。强化就业优先政策，健全就业促进机制，促进高质量充分就业。健全就业公共服务体系，完善重点群体就业支持体系，加强困难群体就业兜底帮扶。统筹城乡就业政策体系，破除妨碍劳动力、人才流动的体制和政策弊端，消除影响平等就业的不合理限制和就业歧视，使人人都有通过勤奋劳动实现自身发展的机会。健全终身职业技能培训制度，推动解决结构性就业矛盾。完善促进创业带动就业的保障制度，支持和规范发展新就业形态。健全劳动法律法规，完善劳动关系协商协调机制，完善劳动者权益保障制度，加强灵活就业和新就业形态劳动者权益保障。

### （三）健全社会保障体系

社会保障体系是人民生活的安全网和社会运行的稳定器。健全覆盖全民、统筹城乡、公平统一、安全规范、可持续的多层次社会保障体系。完善基本养老保险全国统筹制度，发展多层次、多支柱养老保险体系。实施渐进式延迟法定退休年龄。扩大社会保险覆盖面，健全基本养老、基本医疗保险筹资和待遇调整机制，推动基本医疗保险、失业保险、工伤保险省级统筹。促进多层次医疗保障有序衔接，完善大病保险和医疗救助制度，落实异地就医结算，建立长期护理保险制度，积极发展商业医疗保险。加快完善全国统一的社会保险公共服务平台。健全社保基金保值增值和安全监管体系。健全分层分类的社会救助体系。坚持男女平等基本国策，保障妇女儿童合法权益。完善残疾人社会保障制度和关爱服务体系，促进残疾人事业全面发展。坚持房子是用来住的、不是用来炒的定位，加快建立多主体供给、多渠道保障、租购并举的住房制度。

### （四）推进健康中国建设

人民健康是民族昌盛和国家强盛的重要标志。把保障人民健康放在优先发展的战略位置，完善人民健康促进政策。优化人口发展战略，建立生育支持政策体系，降低生育、养育、教育成本。实施积极应对人口老龄化国家战略，发展养老事业和养老产业，优化孤寡老人服务，推动实现全体老年人享有基本养老服务。深化医药卫生体制改革，促进医保、医疗、医药协同发展和治理。促进优质医疗资源扩容和区域均衡布局，坚持预防为主，加强重大慢性病健康管理，提高基层防病治病和健康管理能力。深化以公益性为导向的公立医院改革，规范民营医院发展。发展壮大医疗卫生队伍，把工作重点放在农村和社区。重视心理健康和精神卫生。促进中医药传承创新发展。创新医防协同、医防融合机制，健全公共卫生体系，提高重大疫情早发现能力，加强重大疫情防控救治体系和应急能力建设，有效遏制重大传染性疾病传播。深入开展健康中国行动和爱国卫生运动，倡导文明健康生活方式。

资料来源：习近平. 高举中国特色社会主义伟大旗帜 为全面建设社会主义现代化国家而团结奋斗：在中国共产党第二十次全国代表大会上的报告［EB/OL］.（2022-10-16）［2023-05-26］. http://www.qstheory.cn/yaowen/2022-10/25/c_1129079926.html.

## 链接：延展阅读

### 贵州省国民经济和社会发展第十四个五年规划和2035年远景目标纲要（节选）

#### 第二篇　全面准确把握贵州新时代面临的形势任务

##### 第三章　主要目标

——人民生活迈上新台阶。脱贫攻坚成果巩固拓展，乡村振兴全面推进。居民收入增长高于经济增长，城镇和农村常住居民人均可支配收入分别年均增长7%以上和8%以上，城乡收入差距进一步缩小。基本公共服务均等化水平明显提高，统筹城乡的基本公共服务实施标准进一步完善。力争教育现代化程度走在西部地区前列，劳动年龄人口平均受教育年限达到11年。实现更加充分更高质量的就业，累计城镇新增就业300万人左右，城镇调查失业率控制在5.5%以内。基本实现社会养老保险全覆盖，基本养老保险参保率达到95%左右。卫生健康体系更加完善，每千人口拥有执业（助理）医师数达到3人，每千人口拥有3岁以下婴幼儿托位数达到3张，人均预期寿命提高到77岁以上。

——社会文明程度迈上新台阶。建成长征国家文化公园贵州重点建设区，社会主义核心价值观深入人心，人民思想道德素质、科学文化素质和身心健康素质明显提高。红色文化、民族文化、生态文化等不断传承发展，社会文明程度显著提升，公共文化服务体系和文化产业体系更加健全，人民精神文化生活日益丰富，新时代贵州精神不断弘扬。

#### 第十三篇　加大保障和改善民生力度，确保高质量发展成果更多惠及全体人民

坚持以人民为中心的发展思想，健全共建共享的民生保障体系，确保基本公共服务覆盖全民、兜住底线、均等享有，扎实推动共同富裕，不断增强人民群众获得感、幸福感、安全感，促进人的全面发展和社会全面进步。

## 第五十七章　推动教育高质量发展

全面贯彻党的教育方针，落实立德树人的根本任务，推进教育综合改革，大力提升教育质量，实施育智兴黔工程，构建服务全民终身学习的现代教育体系，建设特色教育强省，让人民享有更加公平优质的教育。

| 专栏 36　特色教育强省重大工程 |
| --- |
| 公办学前教育扩容提质工程。新建、改扩建 2 000 所左右城镇街道、城市社区、城乡接合部和村级公办幼儿园，每个县（市、区）至少创建 1 所省级示范幼儿园。推进常住人口 3 万人以上的乡（镇）中心建设 2 所以上公办幼儿园，常住人口 2 000 人以上且有实际需求的村建设公办幼儿园，实现少数民族地区行政村公办幼儿园应建尽建。<br>城乡义务教育均等化推进工程。新建、改扩建 3 000 所左右城镇义务教育学校、乡镇标准化寄宿制学校和确需长期保留乡村小规模学校。<br>普通高中教育优化提升工程。新建、迁建、改扩建市（州）和县级政府所在地普通高中学校 200 所左右。<br>职业教育创新工程。在每个市（州）中心城市建设 1~2 所重点中职学校，规划保留中职学校的县重点办好 1 所规模不小于 3 000 人的中职学校。重点支持 3 所国家“双高”高职院校打造道路桥梁工程技术、汽车运用与维修、畜牧兽医、大数据技术与应用 4 个国家高水平专业。<br>“黔匠”培养工程。面向十二个农业特色优势产业、十大工业产业、服务业创新发展十大工程等产业领域，培养培训“黔匠”人才，每年定向培养输送 8 万名技术技能人才，开展相关职业技能培训 20 万人次。<br>高等教育提升工程。在大数据、大生态、文化旅游、山地体育、农林、幼儿师范、能源、政法等领域新设置 10 所以上高等教育学校。优化花溪大学城 7 所高校新、老校区功能布局。<br>特殊教育薄弱学校改造工程。改善特殊教育学校办学条件，支持 3~5 所市级特殊教育学校发展高中阶段特殊教育。支持残疾学生较多的普通中小学建设特教资源教室。 |

## 第五十八章　完善广覆盖多层次的社会保障体系

实施社会保障提升工程，按照兜底线、织密网、建机制的要求，深化社会保障制度改革，扩大社会保障覆盖面，提升社会保障水平。

## 第五十九章　加快推进健康贵州建设

把保障人民健康放在优先发展的战略位置，坚持预防为主的卫生和健康工作方针，加快完善城乡医疗卫生服务体系，落实全民健身国家战略，为人民群众提供全方位全周期健康服务。

**专栏 37　健康贵州建设重大工程**

现代化疾病预防控制体系建设工程。推进省市县各级疾病预防控制机构标准化建设，推进贵州省疾病预防控制中心扩建，建成 1 个 P3 水平的省级实验室。打造省重大公共卫生防控救治基地。加强 9 个市（州）和 88 个县区级疾控中心建设，提升辖区常见传染病病原体、健康危害因素和国家卫生标准实施所需的检验检测能力，完善传染病疫情和突发公共卫生事件监测系统。

医疗卫生机构“哨点工程”。推进二级以上公立医院发热门诊“三区两通道”标准化建设，基层医疗卫生机构全部完成哨点建设，在有条件的乡镇卫生院和社区卫生服务中心设置发热诊室。

公共卫生救治体系建设工程。建设重大传染病防治基地，创建国家区域传染病医疗中心。推进 9 个市（州）级传染病医院或相对独立综合医院传染病区达标建设。加快推进贵州省人民医院应急临床救治中心、贵州医科大学附属医院公共卫生紧急救治能力提升工程、遵义医科大学附属医院重大疫情防控救治基地、贵州省第三人民医院公共卫生事件应急医疗救治中心等建设项目。建设 1 000 个智慧卫生急救站。

区域医疗中心或医学中心建设工程。争取国家支持建设国家区域医疗中心（床位数 3 000 张），推进 5 个省级区域医疗中心和省血液中心建设。

妇幼健康保障工程。推进贵州省妇幼保健院、贵州省妇女儿童医院建设，9 个市（州）均建成市级儿童医院，推进 88 个县级妇幼保健机构标准化建设。

基层医疗卫生服务能力提升工程。推进县级公立医院建设胸痛中心、卒中中心、创伤中心、呼吸中心、肿瘤综合诊疗中心、慢性病管理中心等，实现县级医疗机构远程医疗覆盖至少 10 个临床医技科室。支持有条件的社区卫生服务中心和乡镇卫生院按照二级医院标准建设社区医院。加强中心乡镇卫生院和中心村卫生室建设。

中医药传承创新工程。争创国家中医药传承创新中心、中医特色重点医院、中医疫病防治基地。推进省中医院和贵阳、铜仁市级中医院建设。规划建设 14 个县级中医院。加强基层中医馆、国医堂建设。

“互联网+医疗健康”建设工程。推进全民健康信息平台建设，推动全省医疗健康数据汇集融合，全面实现区域卫生健康信息互联互通。推进“5G+”医疗健康应用试点项目建设。

全民健身设施建设工程。推进省体育中心建设，支持 9 个市（州）新建、改扩建能够开展单项或多项体育运动的健身中心，支持乡镇级小型全民健身中心（馆）建设。推进市（州）级“一场两馆”公共体育设施和县级公共体育场建设。

体育训练基地提升工程。推进清镇体育训练基地、红枫湖水上运动训练基地、老王山生态型多梯度运动训练基地、六盘水野玉海高原运动训练基地、威宁高原田径训练基地、下司皮划艇激流回旋训练基地、六盘水玉舍雪场滑雪运动训练基地提质升级。建设黔东南锦屏羽毛球运动培训赛事基地等项目。

### 第六十章　积极应对人口老龄化

贯彻落实好国家应对人口老龄化战略，完善生育服务体系，构建普惠托育服务体系，健全多层次养老服务体系，促进人口长期均衡发展。

**专栏 38　养老托育服务重大工程**

城市护理型养老机构建设工程。支持没有老年养护楼的 11 个县（市、区）各建设 1 所具备营运条件的老年养护楼。

特困供养服务机构（敬老院）改造提升工程。每个县（市、区）至少建有 1 所以上以（部分）失能特困人员专业照护为主的县级供养服务设施，生活不能自理特困人员集中供养率达到 60%。

老龄健康服务体系建设工程。二级及以上综合性医院设立老年医学科的比例达到 50%，基层医疗卫生机构护理床位占比达到 30%，公立中医院开展康复治疗的比例达到 75%，老年友善医疗卫生机构比例达到 80%以上。

托育服务机构建设工程。加快 3 岁以下婴幼儿托育服务机构建设，新增托位数 8.1 万张，每千人口拥有 3 岁以下婴幼儿托位数提高到 3 张。

资料来源：贵州省发展和改革委员会. 贵州省国民经济和社会发展第十四个五年规划和 2035 年远景目标纲要［EB/OL］.（2021-02-27）［2023-05-26］. http://fgw.guizhou.gov.cn/zwgk/xxgkml/ghjh/202102/t20210224_66840750.html#:~:text=%E8%B4%B5%E5%B7%9E%E7%9C%81%E5%9B%BD%E6%B0%91%E7%BB%8F%E6%B5%8E%E5%92%8C,%E6%8E%AA%E6%96%BD%E7%9A%84%E9%87%8D%E8%A6%81%E4%BE%9D%E6%8D%AE%E3%80%82.

## 链接：新闻热点

### 贵州省 2023 年一季度重大项目集中开工 687 个 总投资 3 767.67 亿元

2023 年 2 月 1 日，贵州省 2023 年一季度重大项目集中开工仪式在贵安新区网易数据中心项目现场举行，吹响了今年加快重大项目建设、推动投资加快增长的集结号。

聚焦“四化”、基础设施、重大民生工程等领域，一季度共开工 687 个项目，总投资 3 767.67 亿元，其中“四化”项目达 552 个，总投资 3 318.19 亿元。据介绍，今年以来已开工 184 个、总投资 907.05 亿元，本次开工 287 个、总投资 1 828.21 亿元，一季度计划还将开工 216 个、总投资 1 032.41 亿元。分地区看，贵阳市贵安新区项目 84 个、总投资 808.4 亿元，遵义市项目 88 个、总投资 484.27 亿元，六盘水市项目 72 个、总投资 361.4 亿元，安顺市项目 59 个、总投资 325.5 亿元，毕节市项目 84 个、总投资 361.52 亿元，铜仁市项目 66 个、总投资 229.27 亿元，黔东南州项目 82 个、总投资 324.76 亿元，黔南州项目 93 个、总投资 571.18 亿元，黔西南州项目 59 个、总投资 301.37 亿元。

"起步即冲刺，实干开新局。"贵州省发展改革委负责人介绍，一季度集中开工项目主要有四个方面的特点：一是坚持把产业投资作为重中之重，全力推动产业锻长板补短板。聚焦工业发展壮大和"六大基地"建设，开工新型工业化项目 250 个、总投资 2 008.93 亿元。聚焦"随意性""特意性"和资源、客源、服务"三大要素""四大行动"，开工旅游产业化项目 62 个、总投资 290.55 亿元。聚焦保障粮食和重要农产品稳定安全、推进农业"接二连三"，开工农业现代化项目 95 个、总投资 292.75 亿元。二是坚持把产业配套等基础设施作为重要支撑，全力推动联网补网强链。聚焦服务产业和强化支撑，在综合交通、大水网、互联网信息等基础设施领域，开工项目 88 个、总投资 312.73 亿元。三是坚持把推动融合发展作为重要抓手，全力推动城镇品质提升。聚焦"一群三带"、强省会、城镇"四改"等，开工新型城镇化项目 157 个、总投资 756.86 亿元。四是坚持把惠民生暖民心作为重要底线，全力推动公共服务设施提质升级。聚焦教育、卫生健康"双提升"等民生工程，开工项目 35 个、总投资 105.86 亿元。

下一步，贵州省发展改革委将坚决贯彻落实省委、省政府决策部署，围绕高质量发展"六个有利于"，坚持产业为先、项目为王、效益为本，以赶超跨越之志、砥砺奋进之力，以开局就是决战、起步就要冲刺的劲头，以新气象新作为只争朝夕抓落实，扎实开展项目建设年活动，推动更多好项目、大项目落地投产，在扩大有效投资上跑出加速度，为推动全省经济高质量发展注入更加强劲的动力、提供更加有力的支撑。

资料来源：中国新闻网. 贵州省 2023 年一季度重大项目集中开工 687 个总投资 3 767.67 亿元［EB/OL］.（2023-02-01）［2023-05-26］. https://www.chinanews.com.cn/cj/2023/02-01/9945023.shtml.

## 项目评价

在仿真实验系统中完成公共事业投资决策操作，根据表 2-10-2 对所学内容进行自检。

**表 2-10-2　公共事业投资实验操作评价表**

| 序号 | 鉴定评分点 | 分值 | 评分 |
|---|---|---|---|
| 1 | 掌握公共事业投资规则，能够满足地方政府辖区内居民医疗方面基本需求 | 3 | |
| 2 | 掌握公共事业投资规则，能够满足地方政府辖区内居民文体娱乐方面基本需求 | 2 | |
| 3 | 掌握公共事业投资规则，能够满足地方政府辖区内居民教育方面基本需求 | 3 | |
| 4 | 在模拟仿真实验系统中操作无失误 | 1 | |
| 5 | 在决策过程中，小组成员相处融洽，高效合作 | 1 | |
| 总结（收获与反思）： | | | |

## 延展探索

1. 现实中，除了政府外还有谁会投资公共事业？
2. 现实中，除了政府外还有谁会参与公共事业管理？
3. 除了医疗、文体娱乐以及教育外，公共事业还涵盖哪些领域？
4. 政府对公共事业的投资支出绩效如何评价？
4. 如何评价我国政府公共事业管理能力？

# 项目十一　住宅用地拍卖实验

## 学习目标

- 了解在现实经济环境中土地财政的含义。
- 掌握在本次实验中新增人口数量与住宅用地需求量之间的关系。

## 项目描述与分析

本项目地方政府将进行住宅用地拍卖决策。通过该项目的学习，学生将能够理解本辖区新增居民人数与住宅用地之间的配比关系，规划并拍卖满足本辖区居民居住需求的住宅用地，获得拍卖收入。

## 项目准备

为了更好地达到本项目实训的目的，需要做如下准备：

- 了解本地方政府已规划的住宅土地面积及尚可规划空间。
- 了解本地方政府辖区新增居民人数。
- 确保电脑等设备能正常使用。
- 确保网络正常且稳定。

## 知识提示

### 知识点一：土地财政的概述

土地财政并没有严格的定义，一般是指土地资源开发利用获得的收入在财政收支中具有重要影响，以致财政收支对土地出让形成很大的依赖，一旦土地市场遇冷则地方政府收支出现较大缺口。土地财政起步于20世纪80年代，成型于21世纪初，兴盛于2008年奥运会以后，对中国的财政和经济发展产生了极为深远的影响。

## 一、土地财政的历史背景

土地国有制度和农村土地集体所有制度是土地财政的一个基本前提，这样可以让政府实现对土地供应的垄断，进而通过土地出让方式获得财政资金和其他税费收入。但在市场经济发展以前，土地资源的价值没有得到开发和体现。

从1978年改革开放到20世纪90年代初，当时的中国对各种商品的需求很大，但自身的生产能力无法满足需求，急需要发展工业。而当时的资源禀赋是劳动力和土地资源很充裕，但资本比较稀缺。要快速发展经济，就必须千方百计地吸引资本投资。因此招商引资是当时各地政府的一个重要任务，土地资源的价值第一次被重视和发现。当时，中国的很多地方用低廉的工业用地吸引资本，而资本的进入，带来了产业，也吸收了就业，同时也增加了政府的税收，可谓一举多得。

20世纪80年代末，中央财政面临严重的挑战，为此1994年中国完成了分税制改革。分税制改革使得中央的财力得到了很大的充实，但地方财力相对有所减弱。当然，当时也建立了较为完整的转移支付制度，总体上地方财政没有出现大的缺口。

随着时间的推进，以GDP论英雄的政绩考核制度开始确立，因此地方政府千方百计扩大投资，导致地方财政支出不断增加，刺激了地方政府通过各种手段开发土地资源，用土地资源开发和经营获取更多的发展资金，进而增加基础设施建设投资，最终提升当地的GDP。但在住房市场化以前，这种做法的规模并没有那么大。这种做法的威力在住房市场化完全实施以后才显现出来。

1998年第三次房改以后，住房市场化彻底开启，住宅和商业用地的价值日渐攀升，2022年住宅用地、商业用地平均地价分别是工业用地平均地价的23.3倍和8.9倍。住宅和商业用地的价格可以通过控制供应量来调控，于是很多地方通过控制土地供应的方式，制造饥饿供地，不断抬高供地价格。不断高企的地价导致住房价格快速上升，而快速上升的房价进一步激励地方政府提高土地价格，由此形成了相互促进的循环，进而为地方政府获取越来越多的资金。土地对财政的作用不断加大，并在地方财政中扮演越来越重要的角色。

## 二、土地财政的形成原因

一些观点认为分税制是土地财政的原因，其实这是不全面的。事实上，1994—2009年，地方政府本级收入与获得的中央转移支付两者之和，是高于地方财政支出的，也就是说经过中央对地方的转移支付后，收支并没有明显的缺口。1994年地方本级收入为2 311.6亿元，中央转移支付为2 389亿元，两者之和为4 700亿元，大于地方支出的 4 038 亿元；2009 年地方本级收入为 32 603 亿元，中央转移支付为 28 563 亿元，两者之和为 61 166 亿元，大于地方支出的 61 044 亿元。应该说分税制是土地财政形成的一个历史背景。分税制满足了中央政府对经济的综合调控能力，一定程度上缓解了地区发展不平衡的矛盾。如果没有地方政府之间的 GDP 竞争，那么那些资源禀赋和区位因素显著的地区其税收优势明显，财政盈余较多，开发土地资源的动力就小很多；发展条件较差的地区，主要依靠转移支付保持基本运转和基本公共服务供给，如土地资源可以获取财政收入，当然更愿意经营开发土地资源，以缓解财政收支矛盾。所以分税制是催生土地财政的一个原因，但不是最主要的原因。最关键、最根本的原因在于 GDP 政绩观下的地方竞争。以 GDP 论英雄的政绩观下，各地方政府会想尽办法筹措资金加大基建投资和其他投资，进而拉动 GDP 增长。而土地资源是获取资金的重要方式，无论是土地招拍获得的土地出让金也好，还是土地抵押获取的贷款也好，都是政府财政收入的重要来源。而对土地资源的开发利用，不仅使当地的基础设施越来越好，进而带动当地的房价越来越高，而且也带动钢铁、水泥等产业快速发展，结果就是地方经济和财政对土地的依赖性越来越强，最终形成土地财政。

## 三、土地财政的重要贡献

### （一）土地财政是我国快速城市化、工业化的重要推动力

我国集体建设用地和城市建设用地的所有制属性以及定价的方式直接导致集体地租被政府所拥有，为政府深度介入经济发展、增加投资提供了重要的资金来源。集体建设用地转为国有土地价格的差额，可以用来弥补地方财政在收支上的困难，给予地方政府积极发展经济、进行城市化建设的资金和灵活支配这些资金的权利，从而赋予了我们在城市化、工业化中相机决策的权利。“土地开发—基础设施建设—房价上涨”的良性循环导致城市化的进度加快。良好的基础设施和低廉的工业用地制度，叠加融入国际市场后充裕的外贸需求又促进制造业快速发展。

我国在城市化高速发展过程中，通过土地财政实现了大规模融资，避免了向国外大规模举债，这是我国城市化的特别之处。

### （二）土地财政在地方财政平衡中发挥着重要作用

土地对地方财政的收入不仅体现为土地出让收入，而且有由此带来的相关税费。从一般公共预算和政府性基金预算看，基于房地产的土地出让收入和房地产相关的主要税种占这两本预算收入之和的 40%左右；仅从地方收入看，房地产对地方两本预算之和的贡献度达 50%。

土地出让收入畅通了政府四本预算之间的联系，维系着一般公共预算的平衡、社保预算的平衡。目前，社会保险基金预算的平衡需要从一般公共预算补贴 2. 3 万亿元，占社保预算的比重在 23. 3%，占一般公共预算收入的 11. 6%。这个过程对一般公共预

算产生了压力，于是又从政府性基金预算、国有资本经营预算调入一般公共预算来实现平衡，而政府性基金预算的主体就是土地出让收入。

一方面在国有土地出让时，本身存在大量资金支出，其中很大一部分是土地出让的成本。除了成本之外，还有很多专门支出安排，主要用于地方的基础设施建设。另一方面还需要注意，政府性基金预算包含专项债资金，而专项债要依赖土地出让收入作为还款来源。有学者估算专项债还款来源基本上80%来自土地收入，经济不发达的地方依赖度更高。

近些年来，一些地方也从政府性基金“调入资金”用于一般公共预算，且其规模越来越大，土地财政在保运转、保民生方面也起到重要的支撑作用。目前，国有土地出让的收入通过很多方式转入一般公共预算中。

## 项目实施

### 一、住宅用地拍卖

土地财政，是指一些地方政府依靠出让土地使用权的收入来维持地方财政支出，属于地方财政收入的一种。在本实验中，地方政府对住宅用地进行拍卖获得收入即属于这种情况。此外，地方政府进行住宅用地拍卖是在满足辖区内居民的居住需求，最终会影响居民幸福度指数。

#### （一）住宅用地拍卖规则

在本项目实验中，地方政府将充分考虑本辖区本年需要住宅用地、地方政府财政资金缺口以及所规划的住宅供地面积三个因素，做出住宅用地拍卖决策。该地方政府最终拍卖的住宅供地面积将影响该辖区居民的幸福度指数和该地方政府的土地财政收入。

地方政府在自身所规划的住宅用地范围内决定提供拍卖的住房用地面积，该面积可以大于，也可以小于本年需要的住宅用地面积，但是必须大于本年需要住宅用地的一半，如果规划数量不足用地需求的一半，则视为自动放弃参与住宅用地拍卖。其中，本年需要住宅用地的计算公式为

本年需要住宅用地（亩）= 0.04 亩×本年新增总人口

其中，本年新增总人口=主导型项目新增就业+市政就业+配套型项目新增就业+公共事业新增就业+高端人才+人才挖角流入-人才挖角流出+迁入项目就业-迁出项目就业-危机管理中遭遇相关风险项目减少的就业-每年自然迁出就业 3 000

地方政府可从住宅土地拍卖中获得财政收入（住宅用地拍卖收入=实际投入住宅用地×住宅用地均价），住宅用地均价受到本年实际供给住宅土地面积和本年最低工资

影响，本年实际供给住宅用地面积小于需要住宅用地面积越多，单位地价越高。本年实际供给住宅用地越多，住宅用地均价越低，但总收入增高。而最低工资的设置，关乎居民购买住房的能力，本年最低工资越高，代表辖区内居民购买住房的能力越强，需求越大，相应住房用地单位地价也就越高。不过需要注意，住宅用地价格过高，会降低地方政府辖区内本年居民幸福度指数。若实际供给住宅用地面积小于本年需要住宅用地面积的一半，政府将无法拍出住宅用地且影响居民幸福度。

当地方政府未提住宅用地拍卖方案也未主动放弃参与住宅用地拍卖时，机器人将替该地方政府进行决策，决策规则如下：

当该地方政府所规划住宅用地<需求用地的一半时，放弃参与此次住宅用地拍卖。

当该地方政府所规划住宅用地≥需求用地时，取［需求用地数量，规划住宅用地数量］的随机值进行拍卖。

当需求用地的一半<该地方政府所规划住宅用地<需求用地时，将所规划的全部住宅用地进行拍卖。

### （二）学生端操作

（1）点击“住宅用地拍卖”按钮（如图 2-11-1 所示），进入住宅用地拍卖界面，研究学习住宅用地拍卖规则。

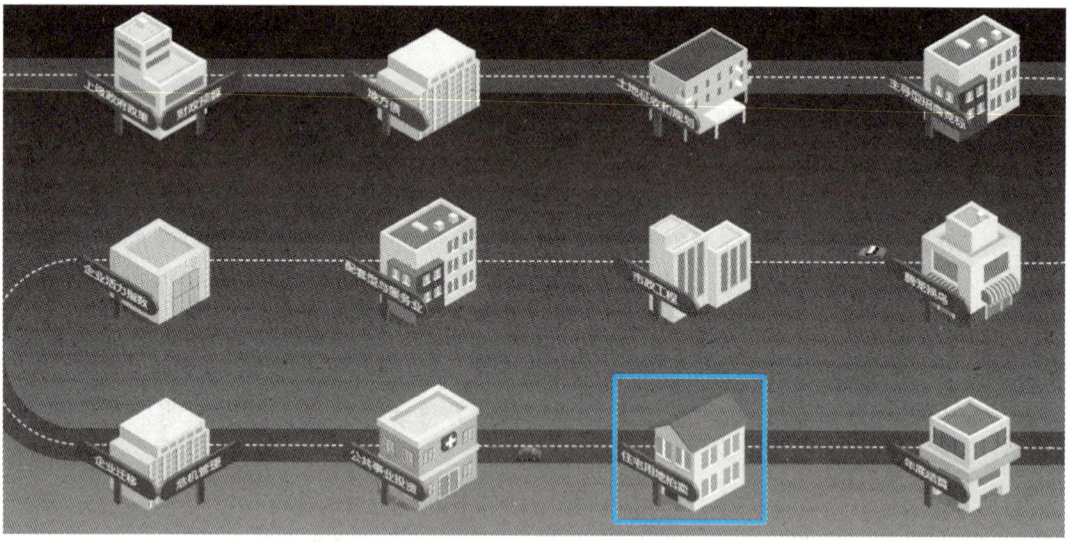

图 2-11-1　住宅用地拍卖

该界面下有四个功能窗口：住宅用地收入、参与状态、历史数据与模拟工具。

住宅用地收入：在该窗口可以查看该地方政府本年需要的住宅用地面积、本年已经规划的住宅土地面积以及本年已经使用的住宅土地面积，同时在该窗口还可以查看其他所有地方政府的本年需要住宅用地面积。住宅用地拍卖的决策也是在该窗口做出，根据该地方政府实际情况，遵守仿真实训系统设置的住宅用地拍卖规则，在“提供本年实际住宅供地（亩）”处填写拍卖面积，点击提交即可。

参与状态：在该窗口，可以查看各地方政府进行住宅用地拍卖的状态。

历史数据：在该窗口，可以查看各个地方政府历年的住宅用地拍卖情况。具体包括本年规划的住宅土地（亩）、本年需要住宅用地（亩）、实际投入住宅用地（亩）、住宅用地均价（万元）、收到住宅用地拍卖收入（万元）。

模拟工具：在该窗口，地方政府可以调整“本年需要住宅用地（亩）”“实际投入住宅用地（亩）”“最低月工资（万元）”三个指标，仿真实验系统将自动得出该地方政府住宅用地拍卖均价和收到住宅用地拍卖总收入。地方政府可以通过该模拟工具反复尝试不同的住房用地拍卖决策，得出最有利于该地方政府达成运营目标的最终决策方案。

（2）进入模拟工具窗口，对住房用地拍卖决策的不同方案进行尝试，找到最佳拍卖方案。可以调整的三个指标是：“本年需要住宅用地（亩）”“实际投入住宅用地（亩）”以及“最低月工资（万元）”。第一个可调整指标“本年需要住宅用地（亩）”由该地方政府本年新增总人口数决定，系统会自动计算，可从住宅用地收入窗口查看本地方政府和其他地方政府当年需要住宅用地面积，将该数据填写在此指标上。第二个指标“实际投入住宅用地（亩）”是该政府拟进行拍卖的住宅用地面积，为保证该地方政府辖区内居民最基本的居住需求，该指标所填数据必须大于本年需要住宅用地面积的一半。另外，该指标受到该地方政府对于住宅用地规划面积的限制。第三个指标“最低月工资（万元）”将对住宅用地均价产生影响，本年该地方政府辖区内最低月工资越高，代表辖区内居民购买房地产的能力越强，相应地价越高。该指标可以根据该地方政府当年所设置最低月工资进行设置（从仿真实验系统主界面“决策历史”功能中查找该地方政府在主导型招商竞标环节所做的相关决策信息），也可以尝试其他最低月工资数额。三个指标设置结束后，点击“提交”按钮，仿真实验系统将模拟计算出该住宅用地拍卖决策下，该地方政府将收到的住宅用地拍卖收入和住宅用地均价。住宅用地拍卖收入可用于弥补该地方政府的财政收支缺口，在做决策模拟时，可以通过仿真实验系统主界面“本年年底收支”功能汇总查看当前财政资金缺口。

（3）根据模拟工具窗口获得的最佳决策方案，在住宅用地收入窗口（如图 2-11-1 所示）进行住房用地拍卖决策。也可以不事先进行模拟，直接在该窗口提交决策方案。

首先，同样要查看本地方政府本年需要住宅用地面积，确保本年已经规划住宅土地面积大于需要住宅用地面积，若规划不足，此时该地方政府还有可规划土地则可以在土地征收和规划界面进行调整。其次，要考虑到该地方政府当前的财政收支缺口。然后在“提供本年实际住宅供地（亩）”处填写此次住宅用地拍卖面积，点击“提交”按钮。

提醒注意决策时间，若超时既未点击“提交”按钮，也未点击“放弃”按钮，将由机器人代为决策，决策规则如下：当该地方政府规划住宅用地面积小于本年住宅需求用地面积的一半时，放弃进行住宅用地拍卖，辖区内居民幸福度指数将受到巨大影响；当该地方政府规划住宅用地大于或等于本年住宅需求用地面积时，机器人将随机选取［需求用地数量，规划住宅用地数量］范围内的随机值作为拍卖面积。当本年住宅需求用地面积的一半<该地方政府规划住宅用地面积<本年住宅需求用地面积时，机器人将拍卖该地方政府全部住宅规划用地面积。

在住宅用地拍卖环节未结束前（指导老师还未手动结束拍卖环节或者还有地方政府还未提交拍卖决策方案），可以修改本地方政府的拍卖决策，或者多次提交拍卖方案进行多次住宅用地供地。

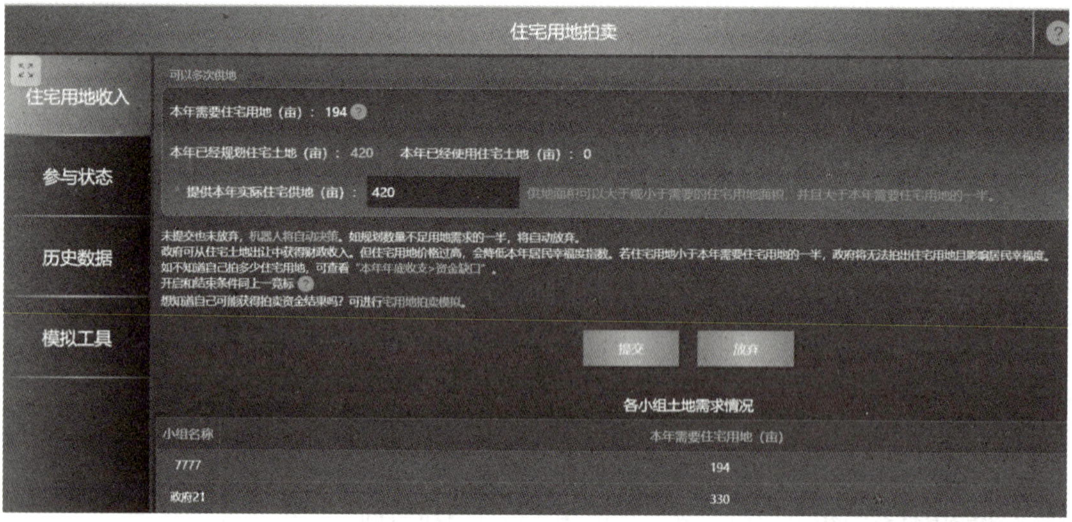


图 2-11-2　住宅用地收入窗口

（4）在住宅用地拍卖决策过程中，通过参与状态窗口了解其他地方政府的住宅用地拍卖参与状态，同时可以在历史数据窗口查看各个地方政府包括自身以前年度所做出的住宅用地拍卖决策。

（5）住宅用地拍卖结束后，在历史数据窗口查看各个地方政府的住宅用地拍卖决策内容及结果，进行总结与反思。

### （三）教师端操作

（1）进入模拟工具窗口带领学生学习并理解住房用地拍卖对地方政府及辖区内居民双方的重要性，掌握仿真实验系统中住宅用地拍卖决策的规则，理解“本年需要住宅用地（亩）”“实际投入住宅用地（亩）”以及“最低月工资（万）”三个指标设置的规则及其与住宅用地拍卖收入的关系。待各组学生了解了规则并进行了相关决策模拟后，开始住宅用地拍卖环节。

在该界面教师可以进行“开始业务”“结束业务”和“延迟业务”三种操作。

（2）通过参与状态窗口了解各地方政府住宅用地拍卖决策状态。

（3）提醒各地方政府注意决策时间。住宅用地拍卖环节可以由教师手动结束（在模拟工具窗口），或所有地方政府均提交住宅用地拍卖方案结束后自动结束，或倒计时结束后自动结束。在结束前，各地方政府可以修改决策方案，以最后提交的决策方案为准。

（4）住宅用地拍卖结束后，在历史数据窗口查看各个地方政府所做出的住宅用地拍卖决策。带领学生对各自地方政府住宅用地拍卖决策进行反思与总结，思考下一轮运营中如何在住宅用地拍卖决策中在保证地方政府财政收入的同时提升辖区内居民的幸福度指数。

## 链接：延展阅读

### 土地财政形势变化对中国财政的影响

中国整体的财政是健康的，但地方财政在房地产遇到困难以后面临较大的挑战。地方财政问题是中国财政改革的重要组成部分和驱动因素，对总体财政收支有着深刻的影响。

房地产经历了近二十年的繁荣和快速增长，目前基本已经达到了顶峰状态。虽然中国超过60%的城市化率与发达国家的80%相比还差近20个百分点，但中国的农业生产率较低，较低的农业生产率需要更多的农业人口，此外，随着中国经济增长进入中低速增长阶段，也难以提供更多的工作机会和就业岗位以吸纳过剩的农村人口。也许中国的城市化率会达到80%，但这个过程会很长，可能还需要一代人，等老一代农民走完人生以后才会实现，因为现在如果走进农村去看看的话，年轻的农民基本上已经进城了，留下的多数是年老的农民，他们的知识文化和经济条件难以适应城市的发展，所以根本无法走进城市谋生安家，而这些留守农村的农民是无法转化为城市人口的。这在一定程度上说明房地产的需求没有想象中那么大，而房地产行业的高峰已过，将保持持续平稳或者略微向下的发展趋势，这必然导致土地需求放缓，因而依赖土地相关收入的地方财政未来将会日益困难。

#### 一、当前的中国财政收支形势

一般公共财政收支缺口扩大。2022年一般公共财政收支缺口达5.7万亿元，较上年扩大 1.7 万亿元。从收入端看，2022 年全年全国一般公共预算收入为 20.4 万亿元，同比增长 0.6%，2013—2022 年平均年化增长率为 5.2%，增速明显回落。从支出端看，2022 年全国一般公共预算支出 26.1 万亿元，同比增长 6.1%，近十年内同比增速仅次于 2020 年，全国财政支出中 70%以上用于民生。2023 年 1—2 月收入恢复较缓而支出需求大增，一般公共预算收入同比降低 1.2%，一般公共预算支出同比增长 7%。

分区域看，财政收支压力分化，22 省财政收入负增长，财政自给率区域差异较大。除天津外，2022 年中国 31 个省（区、市）（不含香港、澳门、台湾）一般公共财政的赤字额度整体上升，22 个省（区、市）财政收入同比下降。从财政自给程度看，东部沿海地区自给程度较高，上海、北京、广东三个省市一般公共财政自给率大于 70%，向中西部过渡逐步降低，西北、东北和西南省份自给程度较低，西藏、青海、吉林、甘肃、黑龙江、广西、宁夏和云南的自给率低于 30%。

从收入结构看，财政税收收入下滑、非税收入大增，民营经济增速下滑。2022 年全国税收收入 16.66 万亿元，同比下降 3.5%，扣除留抵退税因素后增长 6.6%。一方面，经济决定财政，2022 年国内经济复苏基础不牢固、民营经济承压，GDP 实际增速降至 3%，2022 年私营工业企业利润同比下滑 7.2%。另一方面，财政主动让利，减税退费规模创历史新高，2022 年全年新增减税降费和退税缓税缓费超 4.2 万亿元，增值税留抵退税约 2.46 万亿元。对于非税收入，受益于特定国有金融机构和国企上缴利润、盘活存量资产和上游资源价格上涨带动收入增长等因素，2022 年非税收入同比大增 24.4%。2023 年年初延续该趋势，1—2 月全国税收收入同比下降 3.4%，非税收入同比增长 15.6%。

从支出结构看，在稳增长、保民生要求下，财政惠企裕民，政府支出刚需扩大。政府通过逆周期调节刺激经济复苏、支援新冠病毒感染疫情抗疫前线，财政支出项目与力度增加。财政支出中，支出比例前三的支出项目：教育为 15%、社会保障和就业为 14%、卫生健康为 9%。其中，卫生健康支出同比增长高达 17.8%，增速第一，社会保障和就业支出次之，同比增长 8.1%，用于新冠病毒感染疫情和稳就业的刚性支出大幅增长。

政府性基金收入 7 年来首次出现负增长，主要受地方政府土地出让收入拖累。2022 年，全国政府性基金预算收入 77 879 亿元，比上年下降 20.6%，其中，国有土地使用权出让收入 66 854 亿元，比上年下降 23.3%。过去十年，国有土地使用权出让金收入一直为政府性基金收入的主体，其间国有土地出让金占比从 74.9%提升至 85.8%。2022 年，由于房地产市场销售和投资遇冷，土地出让金减少，带动政府性基金收入整体下滑。2023 年 1—2 月政府性基金收入同比下降 24%，依旧主要受土地出让金拖累，国有土地使用权出让收入同比降低 29%，是去年土地市场低迷的滞后延续。

## 二、当前财政形势的深层原因

### （一）房地产市场发展减缓，直接冲击地方财政收入

房地产的直接税收及土地出让收入贡献财政收入超三分之一，地价占房价六成左右。2022 年地方政府与房地产相关收入总额 8.61 万亿元，其中国有土地出让金收入 6.69 万亿元，5 个房地产特有税种税收合计 1.92 万亿元。2022 年土地出让收入和房地产专项税占商品房销售额的 64.6%。2015—2021 年土地出让收入和房地产专项税合计占地方财政收入从 26.0%持续攀升至 36.7%，2022 年受土地市场低迷和对地方转移支付高增影响，其占比出现暂时回落。

伴随人口转入负增长，房地产正处在长周期拐点，房地产黄金时代已经结束，土地财政难以为继。随着人口老龄化、少子化加剧，15~64 岁劳动力人口见顶，2022 年人口自然增长率为-0.6‰，我国正式进入人口负增长。城镇化进程放缓，人口流出的三四线房地产库存普遍过剩。过去依靠房地产上涨去库存一定程度上透支了居民的购买力和加杠杆空间，价格普涨预期正在瓦解。因此，土地财政难以为继。

### （二）地方政府收入增长乏力、支出责任增加

地方政府收入增长乏力。近年来民营企业发展遇困，2022 年民间投资仅增长 0.9%，叠加土地收入系统性下滑，地方财政缺口继续扩大，2022 年地方本级的一般公共预算收入和政府性基金预算收入分别同比下降 2.1%和 21.6%。收入缩减致使地方更加依赖中央对地方转移支付，2022 年中央对地方转移支付创历史新高，达 9.71 万亿元，同比大幅增长 18%，2023 年预算额超 10 万亿元，中央财权稳步扩大。

地方财政的支出责任不断增加，财力承压。我国经济整体增速放缓，且减税降费力度加大，而改革、发展和稳定及社保和利息支出等刚需较大，例如 2022 年河南省和吉林省的防疫支出占当年财政收入的比重分别达到 14.75%和 11.48%，而全国卫生健康支出占财政收入的 9%，刚性支出加大了本地财政负担。2022 年中央公共财政顺差创历史新高，但地方本级公共财政和政府性基金的赤字也达到历史最高水平，部分地区财政形势疲软，财力承压，个别地区出现负担基本公共服务难的现象，反映出当前部分地区收入支出权责的不匹配。

### （二）地方财政对债务融资依赖度加大

地方债务融资和债务付息水平创新高。截至 2022 年年底，地方专项债余额达 20.67 万亿元，快步攀升的债务规模导致付息压力增大，2022 年地方政府债券支付利息 1.12 万亿元，较上年同比增长 20.8%，并首次破万亿元。2023 年年初因经济复苏后各地积极压减债务，带动 1—2 月全国财政债务付息额同比大涨 27.3%。

### （三）显性债务风险总体可控，隐性债务风险较高

显性债务方面，2022 年全国政府负债率约为 50%，31 省（区、市）（不含香港、

澳门、台湾）平均显性负债率约为29%，负债率排名靠前地区中，青海为84%，天津为53%，其中青海、贵州两省份高于60%的警戒线。隐性债务方面，2022年有19个省（区、市）的城投平台有息债超过1万亿元，31个省（区、市）平均广义负债率高达75%，排名前四的地区分别为天津、贵州、甘肃和青海，广义负债率均超过100%，反映地方土地隐性债务压力较大。

（四）土地财政对财政的影响并不是短期的

造成目前土地财政严峻形势的主要原因是房地产市场的低迷，但房地产市场的低迷应该是短期的，今年一季度，房地产市场正在触底恢复。未来随着经济形势的逐渐好转，房地产市场将逐渐恢复到正常水平，土地出让收入有望恢复到正常水平。但房地产市场很难再在未来实现更大的发展，因此土地出让的收入很难再大规模增长。所以，其对未来地方财政的影响是持续性的，在找到土地财政的替代品之前，地方财政都将面临较为紧张的形势。

## 土地财政的发展现状与未来方向

### 一、土地财政遇到的挑战

（一）高房价不仅使得经济挤出效应日益显现，而且带来不少社会问题

土地财政伴随的高房价问题，使得青年人难以在城市安家，导致一些产业的成本居高不下，这既不利于城市的产业发展，也不利于城市吸引年轻的有学历的人口，从长远来讲更不利于城市的发展。此外，高房价会带来严重的社会问题，比如青年在买房无望时会感到绝望和失去继续奋斗的动力，选择躺平；社会犯罪率上升，影响社会的稳定和安全；租金高企会导致外来人口的负担较重，难以提升消费；和户籍、房产绑定的入学政策使得养育成本上升，青年人选择不生孩子，导致人口出生率出现下降，不利于国家的未来发展。由于高房价问题，人们对土地财政的批评越来越多，这也是土地财政面临的一个重要挑战。

（二）拉大贫富差距，不利于共同富裕

土地财政不仅给地方政府带来巨大财富，而且给企业和个人快速积累财富提供了通道。

### 二、当下土地财政带来的各方影响

（一）地方财政压力加大

最近几年许多房地产企业经营出现问题，一些房企出现了债务违约，一些房企出现了房产交付问题，严重冲击了房地产市场的稳定。此外，受新冠病毒感染疫情和经

济放缓的影响，居民收入下降，居民购房信心较低，房地产市场走向低迷。房地产市场的不景气，导致房企拿地大幅减少，各地方政府的土地出让收入出现了大幅下降，2022 年土地出让收入相较 2021 年减少 2 万亿元。为对冲经济下滑进行的大规模减税降费政策，虽然降低了市场主体特别是小微企业和个体工商户的税费负担，但也使得地方政府的财政汲取能力下降，在一定程度上加重了地方政府财力困难。从单一的 GDP 考核到多元目标治理体系的转变，短期内使地方政府的财政收支出现了一定的困难。因为在环境保护、乡村振兴等多元要求下，地方政府的支出范围、支出强度和支出责任刚性都得到较大的提高。化解社会风险也加重了地方财政压力。近些年，发生了不少社会风险，这些风险与财政高度关联，处置这些风险都需要财政支出。在房地产低迷的行情中部分房地产项目出现了烂尾，地方政府为了防止风险扩大，不得不成立房地产纾困基金，以实现保交楼的任务和目标。一些地方出现村镇银行兑付风险，财政也要去兜底。这些都加大了地方财政压力。

### （二）房地产市场拿地不理想导致财政风险加大

在新冠病毒感染疫情的打击之下，很多民营房企暴露风险，导致其拿地的意愿和能力都受到非常大的冲击。于是在近年的土地招拍挂中，拿到地的大部分是央企和地方国企，其中有一部分是城投平台，2022 年城投拿地的占比为 45.7%。城投拿地并未实现真正意义上的土地出让收入，反而加剧了城投的现金流恶化，导致了城投运行出现较大的风险。

### （三）城市间土地收入分化严重

2022 年一线城市的土地出让收入占比 13.6%，二线 34 个城市占比 35.5%，三、四线 62 个城市加总占比 34%。全国前 100 个城市土地出让收入占比约 83%，剩下 242 个城市的占比只有 17%左右。三、四线城市的房地产库存很高，去化周期长达两年左右，在如此高库存的情况下，土地市场是很难有起色的，土地收入也将难以增长。这种分化在未来将更明显，未来大部分中小城市土地出让收入占全部城市土地出让收入的比重可能越来越小。

### （四）土地供应与人口流动出现较大背离

过去十年，出现了人口向东流动的趋向。东部地区人口的净增变化占全国净增的 83%。东部虽有 83% 净增加的人口，土地供应增加却只占全国土地供应增加额的 36.8%。东部地区需求大，供给少，房地产价格高企。对中部地区而言，人口流入较少，而土地供应量比较大，于是中部地区会出现库存高企，房地产价格下走的情况。之所以出现这种情况，除土地管控之外，还在于东部地区可用于居住和商业的土地越来越少，能挖掘的潜力越来越小，这也从一个方面说明通过土地获取财政收入的潜力越来越小。

### （五）土地财政的衰减将导致金融风险增多

当前的土地制度下，土地与金融紧密相关，贯穿于土地开发、土地出让、房地产开发和销售的整个过程。土地财政的衰减不仅会令地方政府的财政收支出现困难，而且会导致相关的金融风险增多。因为地方很多土地都是通过抵押方式获得贷款的，如果土地市场持续不景气，土地收入持续减少，将导致银行系统的坏账增多，进而将引发金融风险。此外，房地产市场的缓慢发展也会导致房价发生变化，进而引发抵押物的价值发生变化，从而引发金融系统的风险。所以土地财政的问题也是与金融风险高度关联的。

## 二、土地财政的未来发展

土地财政是一个阶段性的产物和工具，它在中国经济发展某个阶段发挥了重要作用，对中国的城市化和工业化发展起到了巨大的助力，但随着城市化进入较高水平，以及经济发展进入后工业化阶段，土地财政面临的问题和挑战要求地方政府必须加快寻找新的能够替代土地财政的财政收入来源。尽管当前土地财政的红利还没有穷尽，还可以持续一段时间，但土地红利的枯竭终将不可避免，所以思考和探索可能的替代财政来源，是财政改革的题中应有之义。

### （一）从长远出发构建地方财政储备制度

当前应从地方财政可持续的角度出发，构建适合中国国情的地方财政储备制度。未来获得的土地出让收入净收益，应安排部分调入一般公共预算，再调入预算稳定调节基金，同时预算稳定调节基金本身应进行改革，成为地方财政储备制度。例如，美国的州或地方政府所实施的财政储备制度，有多余的钱可以存起来，遇到特定的情况再用。而我国现行地方预算稳定调节基金从概念上与此目标很接近，但实际上只是记账的工具，并不能算是真正的地方财政储备制度。

### （二）进一步深化税制改革

对普通居民影响不大但有利于推动绿色发展和缩小贫富差距的税种，要进行及时的研究和开征。房地产税是以后必然要考虑的一个方向，它不仅有利于抑制房地产炒作，也可以促进社会公平，更重要的是可以作为一个财政收入手段。中国人的财富大多集中在房地产上，在房地产增量增长面临不可持续的现实之下，从存量入手，研究房地产税，可以为财政收入开辟一个新的来源。应该继续推动消费税改革，扩大征税范围，从烟、酒和汽车逐步扩大到高污染、高耗能以及高端会所、高端酒店等，此外，应该考虑将消费税作为地方税，以便作为地方财政的一个收入来源，这样做有利于地方大力改善营商环境，发展消费事业，促进消费发展。目前我国的消费在 GDP 中的比重与发达国家相比仍然较低，在消费端有很大的潜力可挖，将消费税作为地方税不仅有利于缓解地方财政压力，而且有利于整体的经济增长。此外，从新发展理念的角度考虑，应该逐步适度提高环保税、资源税税率。

### （三）完善国有企业利润上缴制度

应该建立适当的制度，让国有企业的利润成为地方财政收入来源的一部分。国有企业曾经因为各种经营困难、社会功能负担重而没有上缴利润，现在很多问题实际已经不存在了，有必要让国有企业根据实际情况上缴一定比例的利润。这样做有利于倒逼国有企业治理和管理的提升，因为各地政府需要上缴利润，自然要选拔合适的人去管理经营地方国有企业，所以具有正向作用。

### （四）深化社保制度改革

避免社保长期过度依赖一般公共预算补贴，进而一般公共预算依赖政府性基金等调入。要逐步提高国有资产划转社保的比例和资产质量，充分发挥养老保障体系中第二支柱（企业年金和职业年金）和第三支柱（商业保险）的重要作用，实现多层次积累，提高养老保险基金的投资收益，适当推迟法定退休年龄。要根据实际情况逐渐改革退休金核算方法，更多与实际缴纳贡献挂钩，同时更加注重养老保险的公平性。

### （五）研究并探索数据财政

数据财政不同于数字税，而是基于政府拥有数据资产的所有权来获得的收入。《中共中央 国务院关于构建数据基础制度更好发挥数据要素作用的意见》提出："推动用于公共治理、公益事业的公共数据有条件无偿使用，探索用于产业发展、行业发展的公共数据有条件有偿使用。""支持探索多样化、符合数据要素特性的定价模式和价格形成机制，推动用于数字化发展的公共数据按政府指导定价有偿使用，企业与个人信息数据市场自主定价。""探索数据产权结构性分置制度。建立公共数据、企业数据、个人数据的分类分级确权授权制度。建立数据资源持有权、数据加工使用权、数据产品经营权等分置的产权运行机制。"我国在数字产业方面曾经取得了较大的成绩，我们国家人口多、数字技术人才丰富、数字资源丰富、数字基础设施较好，发展数字产业的潜力很大。下一步要继续鼓励、支持数字产业发展，只有数字产业大发展，数字经济大发展，我们才能形成更多的数字经济红利，才能实现构建数据财政的可能性。

### （六）进一步厘清政府与市场关系

政府与市场的关系实际是一种动态关系，在中国经济发展的初期，城市化和工业化都还没有得到很好的发展时，总需求不足，民营资本的实力较小，民营经济的规模较小，民营经济的波动较大，就必须由政府更多介入，通过对基础设施的投资来带动经济增长。这个时期，政府行为多一点，市场行为少一点，反而更有效率。随着中国的城市化和工业化都达到较高的水平，基建投资的效率会大幅下降，通过大量债务支持投资的传统基础设施项目的回报率会大幅下降，这时候政府再大力投资这些项目不仅获益较小，还会带来较大的债务压力和债务风险。此外，在这个历史阶段，民营企业和民营资本的实力逐步发展壮大，如果政府介入过多，会对民间投资产生重要的挤出效应。所以在城市化和工业化达到较高水平以后，政府与市场的关系中，政府的行为要少一些、规模要缩小一些，让市场更多一些，要让市场在资源配置中发挥决定性作用。短期内，为了恢复经济增长，财政支出的强度很难降低，但在未来的较长时间内，应该逐步减少财政支出的强度和范围，将支出主要集中在保运转、保基本民生、新基建、环境保护和乡村振兴等领域。此外，要根据地方财政面临的严峻形势，逐步对公务员队伍进行精简，对冗余的部门和人事进行简并和流转，减轻财政支出压力。

### （七）进一步改革优化中央和地方财政事权与支出责任划分

通过研究得出，明显压缩中央和地方共同事权以及委托事权事务的数量，降低清晰划分中央和地方事权的难度，与之有关的对地方的转移支付就会减少，中央本级支出会增加，中央公务员占比也会增加，地方政府应更专注于地方事权和少量的共同事权事务，有利于充分并科学地发挥中央和地方的积极性。事权改革作为推进国家治理体系和治理能力现代化的重要内容，涉及政府与市场、政府与社会、中央与地方的关系，涵盖政治、经济、社会、文化和生态文明各个领域，是一项复杂的系统工程。要根据地方财政状况，适当提升中央的财政事权和支出责任，比如食品药品监管方面，地方监管效率较低，且碍于对当地经济的影响，监管力度不够，应该将其上升为中央事权。再比如，社保方面，虽然面临很多的困难和挑战，但也应该将其上升为中央事权，减少地方政府在这方面的支出责任。这样做不仅有利于构建更加清晰的中央和地方财政事权体系，也有利于参保人员的流动和领取。

### （八）大力遏制地方隐性债务

由于片面追求地区生产总值，当时的土地财政发展势头正盛，而财政控制制度不完善，于是，很多地方政府大力举债，加大投资。但部分地方政府没有考虑投资项目的收益情况，甚至投资了很多面子工程和项目。地方政府隐性债务余额数据没有官方统计，市场方估计在 30 万亿~50 万亿元，这是一个很大的数字。遏制地方政府隐性债务增量，积极化解存量，是今后一个时期需要解决的重大问题。近年来由于不断加强金融监管，地方金融平台已经得到了一定程度的遏制。一些隐性债务存量过高的地方，当地采取压缩一般性支出、拍卖国有资产、债务重组等办法化解。未来，面对如此高的存量地方隐性债务和日益严峻的地方财政收入形势，仍然要严格控制地方隐性债务。

资料来源：本刊编辑部. 土地财政的挑战与走向［J］. 中国总会计师，2023，237（4）：22-31.

## 项目评价

在仿真实验系统中完成公共事业投资决策操作，根据表 2-11-1 对所学内容进行自检。

表 2-11-1　住宅用地拍卖实验操作评价表

| 序号 | 鉴定评分点 | 分值 | 评分 |
| --- | --- | --- | --- |
| 1 | 掌握住宅用地拍卖规则，能够满足地方政府辖区内居民住房基本需求 | 3 | |
| 2 | 能够通过住宅用地拍卖收入，弥补当下地方政府财政资金缺口 | 3 | |
| 3 | 理解土地财政的历史与贡献，了解土地财政目前的挑战、发展方向和其对我国财政收支的影响 | 2 | |
| 4 | 在模拟仿真实验系统中操作无失误 | 1 | |
| 5 | 在决策过程中，小组成员相处融洽，高效合作 | 1 | |
| 总结（收获与反思）： | | | |

## 延展探索

1. 土地财政对地方政府及地方发展的影响是怎样的？
2. 现实中，国外是否存在土地财政？是否遇到了和我国相同的困境与挑战？
3. 现实中，房地产行业遇到了怎样的困境？是什么原因造成的？
4. 如今还在试点的房产税能否帮助地方政府走出土地财政的困境？

# 项目十二 年底结算实验

## 学习目标

■ 了解在现实经济环境中地方政府在年末的重要工作事项。

■ 理解在现实经济环境中各级政府部门编制决算报告的意义。

■ 理解在现实经济环境中财政赤字的作用与影响。

■ 理解在现实经济环境中财政资金缺口的弥补方式。

■ 掌握在本次实验中财政资金缺口的弥补方式。

■ 掌握在本次实验中地方政府辖区内居民幸福度的衡量方式，探讨在现实中地方政府如何提升居民幸福度指数。

■ 理解在现实经济环境中中央转移支付的定义、作用及影响。

## 项目描述与分析

本项目简化模拟地方政府经过一年运营后进行年终结算的过程。通过该项目，学生可对自己所代理的地方政府的财政收支情况、辖区内居民幸福度指数等进行查阅与分析，因财税决策失误导致的财政资金缺口而获得的上级中央政府（仿真实验系统自动发放或由教师决策）转移补贴也在该项目中显示。

## 项目准备

为了更好地达到本项目实训目的，需要做如下准备：

■ 已掌握政府决算相关基础知识。

■ 已掌握财政赤字相关基础知识。

■ 已掌握转移支付相关基础知识。

■ 确保电脑等设备能正常使用。
■ 确保网络正常且稳定。

## 知识提示

### 知识点一：财政支出与财政收入

#### 一、财政支出

财政支出也称为政府支出或预算支出，是指政府为满足社会公共需要而进行的各项开支，包括政府为了向社会提供公共产品和服务所消耗的一切费用的总和。财政支出既是政府实现其职能和政治经济目标的财力保证，也是政府为社会提供公共产品、满足公共需要的物质前提，它集中反映了政府执行各项职能的耗费，是国家重要的宏观经济调控手段之一。财政支出规模适度、合理增长及结构优化，将有助于巩固国家政权、促进经济可持续发展以及不断提高国民福利水平。

财政支出反映了政府通过财政对社会经济资源的实际占有和支配，财政支出的规模也反映了社会经济资源在政府、厂商和个人之间的配置。从某种意义上来说，财政支出就是政府行为的成本，其规模反映了政府在经济活动中的范围、内容和深度，也反映着政府在社会经济生活中的地位。

##### （一）财政支出的原则

经济活动的最终目的是满足人们的需要，或者是增进社会的福利。财政支出也不例外。具体体现在两个方面：一是如何在现有的资源与技术条件下生产出尽可能多的产品和服务；二是如何将社会产品在社会成员之间进行恰当的分配。社会经济福利是公平与效率的函数，由此产生评价一切经济活动的三个基本原则，即效率原则、公平原则和稳定原则。

1. 效率原则

财政支出效率与财政的资源配置职能紧密相关。财政学一般将国民经济分成公、私两大部门，因而资源配置的关键在于如何在公、私部门之间进行合理的配置，实现既不妨碍私人部门的发展，又能满足公共部门的需要，从而使社会效益最大化。

在市场经济条件下，私人部门通过价格机制提供私人产品满足个人需要，公共部门通过特定的预算安排或政治程序提供公共产品满足社会公共需要。理论上，社会资源在两部门之间的效率配置，必须满足公共部门资源使用的边际收益等于该资源用于私人部门的边际收益。若公共部门资源使用的边际收益大于该资源用于私人部门的边际收益，则表明增加公共部门的资源配置，会增加社会总收益，实现帕累托改进；反之，应减少对公共部门的资源配置。

2. 公平原则

财政支出的公平原则主要体现在财政的收入再分配职能。就收入分配而言，要区分两个概念：一是初次分配；二是收入再分配。初次分配是市场的一种自发分配，每个人用自己的生产要素去换取生产的成果，从而形成一种收入分配的格局。收入再分配是指政府通过各种分配政策与制度，对市场形成的收入分配格局进行调整。它是政府在收入分配领域所从事的活动。收入再分配往往与公共提供和公共生产结合在一起。

公平原则的基本含义是：相同状况同等对待，不同状况区别对待。前者是横向公平，即相同级别之间的公平；后者是纵向公平，即不同级别之间的公平。

财政支出的公平原则涉及受益能力。这一原则在各种财政支出中的应用有所不同。对于可以普遍享受利益的各种支出，如国防、司法、社会教育、公共卫生等，政府无法根据各类居民的受益能力安排支出；对于可以直接享受具体利益的支出，如学校教育、个人医疗、社会保险和社会救济等，政府能较具体地实行公平原则。

根据受益能力原则，对于居民的生活状况有直接影响的支出，特别是各类补助支出，能改善社会收入和财富分配的不公平状况。这类支出的目标是社会利益最大化，即低收入者获得更多的补助。原因在于居民收入越少，补助金对其产生的效用就越大，社会总效用也越大。因此，对于符合补助条件的都应给予补助，并依据状况不同予以差别补助。

3. 稳定原则

财政支出的稳定原则，是指财政支出应促进社会经济的协调稳定发展。在市场经济体制下，市场体系本身无法通过自发调节来实现社会均衡，因此，诸如经济衰退、失业和通货膨胀等成为市场经济的常态。为避免经济的失衡与波动，政府往往通过财政政策对经济实施干预。如通过变动财政支出规模、结构来调节经济，引导经济运行，使经济实现平稳发展。当社会总需求减少时，政府可以通过削减税收、增加财政支出等措施刺激需求增加；反之，当社会总需求增加时，政府可通过增加税收或削减财政支出来抑制总需求。前者为扩张性财政政策，后者为紧缩性财政政策。要根据经济发展现状以及导致经济波动的原因，在正确的时间实施正确的财政政策，以求经济社会的稳定与发展。

### （二）影响财政支出规模的主要因素

影响财政支出规模的因素多种多样，但归纳起来主要有以下三方面因素。

1. 经济因素

经济因素对财政支出规模的影响，主要体现在经济发展水平、经济干预政策等对财政支出规模的影响上。经济的不断发展，为财政支出增长提供了可能性。总体而言，社会财富随着经济发展水平的提高而不断增加，人们维持最低生活需要的部分在社会财富中所占的比重下降，因此政府集中更多的社会财富用于满足社会公共需要的可能性将不断提高。从具体情况来看，一是由于经济的发展，国内生产总值不断增加，从而使税基不断扩大，财政收入增加，这样就为财政支出规模不断扩大创造了条件；二是由于税收中的一些税种具有累进性，因此在其他条件保持不变的情况下，政府通过税收取得的财政收入增长具有累进性，即政府财政收入的增长速度快于经济发展速度，也使财政支出规模不断扩大成为可能；三是随着经济发展和社会财富的增长，私人财富将进一步增加，致使政府通过发行公债方式筹资扩大财政支出成为可能。当然，政府的经济干预政策也会对财政支出规模产生一定的影响。一般来说，政府干预范围越广、程度越深，财政支出规模就越大。如果政府的经济干预政策主要是通过政府管制手段而非财政手段，那么由于没有发生资源配置、收入再分配活动，财政支出规模就不会发生明显的变化。

2. 政治因素

政治因素对财政支出规模的影响主要体现在两个方面：一是国家的政局是否稳定；二是政体结构的行政效率。关于前者，皮科克和威斯曼的分析已经表明，在正常条件下，随着经济的发展，收入水平的不断提高，以不变的税率所征得的税收也会上升，于是，财政支出上升。这是内在因素作用的结果。如果发生外部危机，比如战争，政府会被迫提高税率，而公众在危机时期也会接受提高了的税率，财政支出比重增加。在危机时期过去以后，财政支出一般不会减少，而会保持高位。关于后者，若一个国家的行政机构臃肿，人浮于事，行政效率低下，经费开支必然增多。

3. 社会因素

社会因素主要包括人口、就业、社会保障等因素，这些因素都会在很大程度上影响财政支出的规模。在一些发展中国家，由于人口基数大，增长速度快，因此相应的教育、卫生保健、社会保障、贫困救济、生态环境保护等支出的压力也较大；在一些发达国家，人口老龄化等问题突出，公众要求增加养老金，不断改善社会生活质量，不断提高社会福利水平，这也进一步增加了政府财政支出的压力。因此，这些社会因素从不同的方面影响着财政支出的规模。

## 二、财政收入

财政收入是政府为履行其职能的需要，从企事业单位和居民个人取得的由政府支配的一切收入。在市场经济条件下，财政收入主要表现为由政府掌握和使用的一定量的货币资金；在商品经济不发达的历史时期，财政收入还表现为由政府财政部门掌管使用的一定量的实物。其实质反映了一部分社会产品和服务，或一部分经济资源的支配使用权由企事业单位和居民个人转移给政府。

财政收入问题是现代财政理论与实践的重要组成部分。经济决定财政，在通常情况下，财政收入随着经济的增长而增长，也随着经济的下降而下降。组织财政收入，筹集财政资金，使之与经济发展相适应，从而为社会经济发展提供财力保障，是财政工作的重要内容。

### （一）财政收入的原则

政府在筹集财政资金时，既不应滥取无度，也不能因噎废食。怎样把政府提供公共产品和服务的成本费用分配给社会成员，是财政收入的基本问题。对此，财政经济学家提出了许多原则。

1. 公共财政原则

公共财政原则，指的是财政收入应当以满足政府履行其职能的需要为主要目的，或者说财政收入应当满足财政支出的需要。

根据这一原则，政府应依据财政支出的需要，确定财政收入的规模，即以支定收。通常情况下，应尽量做到收支平衡，避免产生赤字。随着社会经济的发展，政府职能不断扩大，政府可以通过增税或税收的自然增收相应增加财政收入，以满足财政支出不断增长的资金需要。这一原则的主要优点是，如果它能够得以成功地贯彻，可以避免财政赤字，实现财政收支平衡。应注意的是，执行这一原则应以合理界定财政支出规模为前提；否则，可能产生财政收入取之无度的不良后果。

2. 受益对称原则

受益对称原则，指的是政府所提供的公共产品和服务的成本费用的分配，要与社会成员从政府提供的产品和服务中获得的收益相联系。

受益对称原则的主要优点在于，如果它能够得以成功地贯彻，那么，政府所提供产品和服务的每单位成本可以与社会成员从这些产品和服务的消费中获得的边际收益挂钩。如果所有社会成员都依据其从政府提供公共产品和服务中所获得的边际收益的大小缴纳相应费用，那么就能避免“搭便车”的问题。然而，政府提供的大多数产品和服务，具有整体消费或共同受益的性质，客观上很难分清每一社会成员受益多少。因此，这一原则的适用范围具有局限性，主要适用于个别成员或少部分社会成员受益的产品和服务的成本费用的分配。根据这个原则，规费和使用费是最理想的财政收入形式。

3. 支付能力原则

支付能力原则，指的是政府提供的产品和服务的成本费用的分配，要与社会成员的支付能力相联系。按照这一原则，政府所提供的产品和服务的成本费用的分配，与社会成员所获得的边际收益大小无关，只与其支付能力相联系。例如，收入多者多纳税，收入少者少纳税。

支付能力原则的优点在于，如果它能够得以成功地贯彻，那么政府提供产品和服务的成本费用的分配，既可以改变国民收入的分配状况，使其向收入分配的公平目标转变，也可以使社会成员的境况达到相对公平的状态。

支付能力原则的实施存在一定的困难。一是测度社会成员的支付能力有困难；二是按照社会成员的支付能力确定其所承担的政府支出成本的份额同样有困难。

### （二）财政收入的分类

财政收入的形式是政府取得财政收入所采取的具体方式或方法。按照组织财政收入形式的不同，可以把财政收入分为税收收入、非税收入和公债收入。

1. 税收收入

税收是国家或政府为了实现其职能，凭借政治权力，按照法律规定的标准和程序，无偿地、强制地取得财政收入的一种形式。它历史悠久，具有强制性、无偿性、固定性的特征，是国家取得财政收入的重要形式。税收在取得财政收入的过程中，还能起到调节经济运行、资源配置和收入分配的重要作用。

税收是最古老的财政范畴，历史上又称赋税、租税、捐税等。早在奴隶社会，税收就已经出现。目前，世界上绝大多数国家的税收收入都占财政收入的90%左右，税收已成为国家组织财政收入的最基本、最主要的形式。不仅如此，政府还把税收作为调节经济、稳定经济的重要政策工具来使用。如在税制设计上，充分发挥累进所得税的内在稳定器作用；在经济运行中，充分利用税收的相机抉择作用，适时地增税和减税，调节总供给和总需求，促进经济的稳定发展。

2. 非税收入

政府非税收入是政府为实现其职能，按照一定规则采取收费、基金等非税方式，由中央和地方分别筹集的用于特定专门用途的财政性资金。

非税收入是相对于税收收入而言的，是由各级政府职能部门、具有行政管理职能的社会团体、行业主管部门（团体）、依法代行政府职能的受委托机构，在履行和代行政府职能过程中，依据国家法律法规和具有法律效力的规章以及国有资产（资源）所有权或政府信誉，所收取的行政事业性收费、政府性基金（附加）、罚没收入、国有资产和资源收入、各种专项收入以及其他税收以外的财政性资金。国有资产收益是国家凭借国有资产所有权获得的利润、租金、股息、红利、资金占用费等收入的总称。

3. 公债收入

公债是政府凭借其信用，采取有借有还的信用方式取得财政收入的一种形式。公债既是一个特殊的财政范畴，也是一个特殊的信用范畴，兼有财政与信用两种属性。

作为财政范畴，公债的出现及其作用比税收晚且弱。据文献记载，公元前4世纪，希腊和罗马就出现了国家向商人、高利贷者和寺院借债的现象；“债台高筑”这一成语来自战国后期伐秦失败无力偿债的周赧王。封建社会，由于战争引起的财政支出的增加，公债有了进一步的发展。不过，封建社会时期，公债在社会经济生活中的作用远不及现代社会，因此那时候公债规模较小，制度也不完善。到了资本主义社会，随着国家干预经济的加强，公债得以发展并发挥出越来越多的经济功能。

### （三）影响财政收入规模的因素

财政收入持续稳定增长是世界各国政府的财政目标之一。财政收入规模受多种政治经济因素的制约，如经济发展水平、经济结构、分配制度和分配政策、价格等因素。

1. 经济发展水平因素

经济发展水平反映一个国家社会产品的丰富程度和经济效益的高低，通常用一国一定时期的社会总产值、国内生产总值、国民收入等指标来表示。一般而言，经济发展水平越高，为财政分配提供的对象——社会产品、国内生产总值或国民收入就越多，财政收入总额就越大，财政收入占国内生产总值或国民收入的比重也就越高。当然，财政收入规模还受其他主客观因素的影响，但是，经济发展水平对财政收入规模的影响是基础性的、决定性的。

从世界范围的现实状况考察，发达国家财政收入规模大多大于发展中国家财政收入规模。而在发展中国家中，中等收入国家的财政收入规模又大多大于低收入国家，绝对数量如此，相对数量亦如此。

2. 经济结构因素

从产业结构来看，各个产业部门创造产值的能力不同，其赢利水平高低不一，对财政收入的贡献大小也存在差异。在现代社会，第二产业、第三产业创造的产值占社会总产值的比重大，赢利能力一般远远高于第一产业，对财政收入的直接贡献率比较大，因此工商业发达的国家或地区的财政收入规模要大于工商业欠发达的国家或地区的财政收入规模。从生产资料所有制结构来看，改革开放后，我国民营经济蓬勃发展，财政收入的来源以国有经济为主逐渐转变为公有制经济和非公有制经济并重。目前，民营经济的发展水平及效益已成为影响财政收入的重要因素之一。

3. 分配制度和分配政策因素

制约财政收入规模的另一个重要因素是政府分配制度和分配政策。经济决定财政，财政收入规模的大小归根结底受经济发展水平的制约。但在经济发展水平既定的情况下，还存在通过分配调节的可能性。所以，经济发展水平相同的国家，财政收入规模未必相同。

分配体制和政治体制的集权与分权程度有直接的联系。比如：英、法两国的财政收入规模较大，主要原因在于其政治体制倾向于集权；瑞典等北欧国家的财政收入规模很大，这是因为这些国家由政府包办的社会福利范围广；美国实施的是联邦制政治体制，倾向于分权，而且政府负责的社会福利水平相对不高，因此美国的财政收入规模不大。

4. 价格因素

财政收入在现代社会主要表现为一定量的货币收入，它是在一定的价格体系下形成的，又是按一定时点的现价计算的，所以，价格变动以及价格变动引起的国民收入再分配必然影响财政收入的规模。

在现代纸币制度条件下，一般不存在价格总水平下跌的趋势。随着价格总水平的上升，财政收入若同比例增长，则表现为财政收入的“虚增”，即名义增长而实际并无增长。从理论上讲，价格总水平变动对财政收入的影响可能出现几种不同的情况：①财政收入增长率高于价格增长率，实际财政收入和名义财政收入都增长；②价格增长率高于财政收入增长率，名义财政收入增长，实际财政收入负增长；③财政收入增长率与价格增长率大体一致，名义财政收入增长，实际财政收入不变。

价格结构变动，即产品比价变动也会影响财政收入。因为产品比价变动会引起国民收入在企业、部门和个人各经济主体之间的再分配，导致财源分布结构发生变化，相关企业、部门和个人上缴的税利就会有增减，而增减的综合结果就是对财政收入的最终影响。

### （四）财政收入规模的合理界限

如何确定财政收入的规模，是财政理论和实践中的重要问题，它涉及国家、企业和个人三个方面的利益关系。财政收入规模，一方面必须保证国家行使其职能的需要，另一方面又不能妨碍企业发展和人民生活水平的改善。如果财政收入占国民收入的比重过大，则会影响企业发展和人民生活水平的提高，但如果这一比重过小，使资金过于分散，则国家行使其职能所需要的资金得不到满足，财政的宏观调控能力削弱，也不利于国民经济持续、稳定、协调地发展，所以必须合理确定财政收入的规模。

财政收入规模是由多种因素综合决定的，不同国家以及同一国家的不同时期均存在差异。因此，很难用一个固定数值或比例来衡量世界各国各个时期财政收入规模的合理性，而主要采用以下三个原则性的客观标准来衡量。

（1）财政收入规模的上限是同期的剩余产品价值总量。根据理论分析，财政收入主要来源于剩余产品价值量，一定时期的财政收入总量不应超过同一时期的剩余产品价值总量。从维持简单再生产和扩大再生产的角度看，财政收入只能是剩余产品价值总量的一部分而不能是全部，因此，剩余产品价值总量是财政收入的最高数量界限。

（2）财政收入规模的下限是满足财政支出的最低需要。在政府职能既定的情况下，财政收入规模的下限应能够维持政府日常职能的经费支出和公共产品最基本供应的资金需要。在合理界定政府职能的基础上，确定财政支出的方向和资金需要量，进而确定财政收入的规模。

（3）财政收入规模的增长应与经济增长协调同步。财政收入来源于经济发展，只有经济增长了，财政收入增长才有充足的物质基础。因此，财政收入应随经济的增长而增长，财政收入的增长速度应与经济的增长速度相适应。这样，才能满足人民群众日益增长的公共需要。

## 知识点二：幸福指数与国民幸福指数

社会经济发展的目的是满足人们多种多样的需要并使其获得幸福感，幸福感是人们对自身存在与外部发展状况的一种切实的、比较稳定的正向心理感受。社会福利增进与否可以通过具有幸福感的人口数量的扩大与否而得到衡量。幸福指数反映特定时期人们或特定社会群体的幸福程度，通过不同国家或一个国家不同时期的比较，可以看出生活质量的差异或变化程度。20 世纪 70 年代由南亚小国不丹政府提出国民幸福总值（gross national happiness，GNH）这一概念，从公正的并且可持续的经济增长、环境保护、传统文化的维护和发展、政府善治等方面，用指数或一定的单位估算一个国家一定时期国民的幸福感。根据这一指标，当时人均 GDP 只有 700 美元的不丹，被认为是幸福指数最高的国家。“不丹模式”引起了世界各国的广泛关注，也促使经济学家反思单纯追求 GDP 增长带来的问题，着手国民幸福指数（GNH）测算方法的研究。当前测算幸福指数的方法众多，其中除了 GNH 指数外，荷兰伊拉斯姆斯大学的世界幸福数据库（World Database of Happiness）和联合国《世界幸福报告》（*World Happiness Report*）也是当前国际上使用最广泛的测算幸福指数方法。

联合国《世界幸福报告》幸福指数变量由人均 GDP、社会支持、健康的生命预期、自由的生活选择、慷慨行为和对腐败的感知六个方面构成，通过采用有关数据和抽样调查获得样本数据汇总统计得分，然后进行排名。以人均 GDP 为标志的物质条件（经济发展水平或富裕程度）仍然是确定幸福指数的最重要的因素，幸福指数排名靠前的国家都是人均 GDP 比较高的国家。《世界幸福报告 2019》列举的排名前 30 位的国家绝大多数是欧美发达国家。少有人均 GDP 很低的国家幸福指数却很高的，前述不丹，因为其人均 GDP 排名很靠后，其幸福指数也排得很靠后。该报告认为，在收入水平达到一定高度前，收入提高会增加幸福；而当收入水平超过一定水平时，收入的进一步提高未必会明显增加幸福感。因此，要提高人们的幸福感，不能仅仅考虑经济增长，还要关注某些非经济因素如价值观、环境、治安、合作等对社会发展进程的影响。

## 知识点三：财政平衡与财政赤字

### 一、财政平衡

财政平衡是指财政收支在量上的对比关系。财政收支对比不外乎三种结果：一是收大于支，表现为结余；二是支大于收，表现为赤字；三是收支相等。从理论上讲，收支相等是可以成立的，但在实际经济生活中，财政收支相等的情况几乎是不存在的。

### （一）财政收支不平衡的原因分析

财政收支之间经常出现矛盾，即经常表现为财政收支不平衡：在一个年度内，要么收入大于支出，要么支出超过收入。其主要原因如下：

（1）外部冲击。外部冲击是指对一国国民收入有很大影响但本国不能左右的外部事件。它来自国际的影响因素，是不可控变量。比如，进出口商品价格的变动、外债成本的变动、国外援助规模的变动等，都会影响本国财政收支状况。

（2）无弹性税制。税收收入弹性小于 1 的税制是无弹性税制。税收收入弹性是指在现行的税率或税法情况下，税收收入变动的百分比与国民收入变动的百分比之间的比例关系。在无弹性税制的情况下，随着生产发展和国民收入的增加，税收收入增加的比例小于国民收入或国内生产总值增加的比例。税收收入占 GDP 的比率无疑会下降，而财政支出一般不会减少反而还要增加。所以，相对减少的税收收入与绝对增加的财政支出不相匹配，最终导致财政不平衡，或继续加大财政赤字规模。

（3）国有企业的经营状况。在我国，国有企业的经营状况是影响财政平衡与否的重要因素。这不仅是因为国有企业的生产经营活动在整个国民经济中占重要地位甚至是主导地位，而且因为来自国有企业的财政收入在财政收入总额中占较大的比重。国有企业生产经营状况的好坏，直接关系到国家财政的平衡状况。国有企业的经营状况，一方面影响其对财政收入的贡献率；另一方面，如果国有企业亏损了，政府需要增加企业亏损补贴。因此，国有企业的经营状况从财政收入和支出两方面增加了财政平衡的压力。

（4）意外事件。当遇到严重自然灾害时，增支减收成为必然，当年财政甚至以后年度的财政平衡与否就要受到影响。

以上因素决定了财政不平衡是财政收支运动的基本形态。但财政收支又是彼此依存、互相统一的。第一，财政收入与财政支出的目的相同，都是满足国家和人民不断增长的需要。第二，财政收入是财政支出的来源，财政支出是对财政收入的使用。财政收入的规模、增长速度决定了财政支出的规模与增长速度。没有收入，就没有支出，多收才能多支，少收只能少支。可见，收入是财政收支矛盾的主要方面，直接制约着支出。因此，要增加财政支出，满足日益增长的需要，就必须大力增加财政收入。第三，财政支出又促进和影响财政收入，它是保证财政收入增加的条件。财政支出的规模、增长速度与支出结构，直接影响到经济增长与经济效益，从而影响财政收入的规模和增长速度。

可见，矛盾着的财政收支双方，不但有对立性，而且有统一性，两者共处于对立统一体之中。财政收支的矛盾性，客观上要求正确认识矛盾，促使矛盾转化，实现财政收支平衡；财政收支的统一性，为财政收支平衡带来了客观可能性。

### （二）财政平衡的含义

（1）财政平衡是一种相对平衡，只要财政结余或赤字不超过一定的数量界限，就可以视为财政收支的平衡形态。一般把财政收支状况概括为三种。一是财政收支平衡、略有结余的稳固平衡。略有结余的数量界限，一般认为以财政结余数占财政总收入的3%左右为度。二是财政收支完全平衡。如前所述，财政收支绝对相等是不存在的，因此，财政收支完全平衡也是财政收支平衡、略有结余的一种形态，只不过略有结余的数量界限不同而已。根据历史经验，财政结余占财政总收入的2%以下可视为财政收支完全平衡。三是财政收支基本平衡。这是指财政收入小于财政支出，略有赤字。略有赤字以财政赤字占财政总收入的3%以内为度。

（2）财政平衡是一种动态平衡。财政平衡不应只局限于一个财政年度内的收支对比状况，还要考虑年度之间的联系和相互衔接，研究未来财政年度收支的发展趋势，研究经济周期对财政的影响及财政对经济周期的调节作用，以求得一个时期的内在平衡。

（3）财政平衡是一种综合平衡，不能就财政平衡去论财政平衡。财政状况是国民经济运行的综合反映，财政收支是宏观经济的重要指标，财政政策又是宏观调控体系的重要组成部分。财政收支作为一种货币收支，同国民经济货币收支体系中的其他货币收支相互交织在一起。财政部门作为一个经济部门，其收支同家庭、企业部门及对外部门的收支有着密切联系，而且是互补余缺的。只有从国民经济全局出发去研究财政平衡，才可能分析财政平衡状况的成果，探求改善财政状况的对策，才可能运用财政政策有效地调节经济运行，达到优化资源配置、公平分配和稳定发展的目标。

（4）财政收支平衡可以从中央预算平衡和地方预算平衡分别考察。根据我国过去的财政体制，一般是把中央财政与地方财政合到一起，从总体上进行考察。这种考察虽可反映国家财政收支的全貌，却不能反映中央与地方政府各自收支的对比情况。比如，1979 年以来出现的财政赤字主要是中央财政赤字，地方财政除少数年份出现赤字外，多数年份均为结余，而地方的结余又可抵补中央财政的赤字，也就是说，中央财政实际存在的赤字比国家公布的财政赤字数要大得多。随着财政体制的改革，地方财政将成为一级独立的财政主体，在中央预算与地方预算分立的情况下，分别考察中央预算的平衡与地方预算的平衡，就显得十分必要。

## 二、财政赤字

### （一）财政赤字的计算口径

财政赤字是和财政平衡相对应的一个概念。谈到财政平衡似乎就是财政收支绝对相等，但实践上几乎不存在这种绝对平衡，而支大于收或收大于支是财政收支运行的常态，支大于收谓之财政赤字，收大于支谓之财政结余。当今世界各国国家预算存在财政赤字甚至扩大赤字规模是普遍现象，但同“水可载舟，亦可覆舟”的道理一样，财政赤字可以大力助推发展经济的各项政策措施的实施，但一旦过度则可能酿成财政危机和金融危机。因此，财政赤字及其规模成为公众高度关注的一个热点话题。

一般而言，财政赤字的概念很简单，财政赤字就是支大于收，收入缺口主要由发行债务来弥补。但世界各国对财政赤字的计量曾存在不同的处理方式，因而存在不同的口径。苏联历来把债务收入视同经常性收入而不作为弥补赤字的来源，所以从其战后的统计数字看，虽然财政年年都是平衡的，但如果把债务收入从经常性收入中扣除，则存在多年的赤字。西方经济发达国家对债务收入的处理也不尽相同。美国等西方国家一般不把债务收入视同经常性收入，而是明确地将其作为弥补赤字的来源，日本则把国债分为建设国债和赤字国债两类，仅将赤字国债收入作为弥补赤字的来源。显然，日本的方式说明，将债务收入分类，将某些如“建设国债”不作为弥补财政赤字的来源，就可以缩小财政赤字的规模。我国《预算法》明确规定，举借的债务应当有偿还计划和稳定的偿还资金来源，且只能用于公益性资本支出，不得用于经常性支出。但我国中央政府债务收入和地方政府一般债务收入不作为经常性收入，而是作为弥补财政赤字的来源。国际货币基金组织编制的《政府财政统计年鉴》曾规范过计量财政赤字的口径，公式如下：

财政赤字或结余=（总收入+无条件赠款）-（总支出+净增贷款）

式中，总收入包括税收收入和非税收入（不含债务收入）；无条件赠款包括各国政府赠款、本国其他各级政府赠款和国际组织赠款；总支出不仅包括行政、国防、文教卫生、社会福利、经济服务、国债利息支出等经常性支出，还包括购置固定资产和购买存货、土地和无形资产以及资本转让等的支出。

从我国的情况看，中华人民共和国成立以来我国对债务收入也曾有两种不同的处理方式。1950 年发行人民胜利折实公债，明确发行国债的目的就是弥补财政赤字。1954 年我国开始发行国家经济建设公债，并仿效苏联的计量方式，将国债收入视同经常性收入，相应地把国债的还本付息列为经常性支出，外债收入也同样被视同经常性收入，外债的还本付息也被列为经常性支出。当时我国只将直接向银行的透支和借款作为弥补财政赤字的资金来源。改革开放以后，我国曾连年出现赤字，除明确 1981 年发行的国库券是为了弥补 1980 年中央财政赤字外，债务收入（不包括向银行的借款）仍被列为经常性收入，在一段时间内仍沿用传统的计量方式。显然，从经济学原理的角度来说，这种计量方式是不科学、不合理的，也不利于财政赤字管理以及防范财政风险。马克思曾经指出：“这种国家负债状态的原因何在呢？就在于国家支出经常超过收入，在于这种不相称的状态，而这种不相称的状态既是国家公债制度的原因又是它的结果。”国家不论对内发行国债还是举借外债，归根结底都是因为财力不足。如果国家的经常性收入足以满足经常性支出的需要，也就没有必要借债了。债务收入虽然被用作当年的财政收入，但毕竟不同于当年的财政收入，借债迟早是要偿还的，会相应地减少以后年度可支配的资金。既然债务收入被列为经常性收入，那么债务所形成的支出以及还本付息就要相应地被列为经常性支出，按这样的计量方式，财政收支将永远是相等的，也就不存在什么财政赤字了。因此，随着改革开放的深入发展，我国从“七五”时期开始改变财政赤字的计量方式，采用国际的通用口径，对债务收入和债务还本支出单列计算和考核，将债务付息支出列入经常性支出；同时，明确财政与银行之间的权责关系，《中华人民共和国中国人民银行法》规定不允许财政向银行透支和借款。

此外，还存在地方政府财政赤字的问题。我国 1994 年实行分税制以后，中央财政与地方财政相对分立，但在财政统计上仍统算包括中央财政收支和地方财政收支在内的国家财政收支，同时，1994 年《预算法》规定地方预算必须按收支平衡原则编制预决算，不得打赤字预算，决算不能有赤字，只能有结余，因此，我国当时的财政赤字仅是中央财政赤字。2014 年修订的新《预算法》第三十五条做出新的规定：地方各级预算按照量入为出、收支平衡的原则编制，除本法另有规定外，不列赤字，但经国务院批准的省、自治区、直辖市的预算中必需的建设投资的部分资金，可以在国务院确定的限额内，通过发行地方政府债券举借债务的方式筹措。举借债务的规模，由国务院报全国人民代表大会或者全国人民代表大会常务委员会批准。省、自治区、直辖市依照国务院下达的限额举借的债务，列入本级预算调整方案，报本级人民代表大会常务委员会批准。按照新规定，我国从此才开始存在地方财政赤字的概念。

我国参照国际货币基金组织《政府财政统计年鉴》规范的计量财政赤字的口径，根据我国的实际情况，建立了具有中国特色的计量财政赤字的公式。我国曾于 2007 年建立预算稳定调节基金制度，通过调节基金的增减保证财政赤字处于相对稳定状态。预算稳定调节基金是各级财政通过年度超收安排的具有储备性质的基金，用于弥补短收年份预算执行的收支缺口，根据年度收支平衡情况，在年初编制预算时调入并安排使用。预算稳定调节基金单设科目，安排或补充基金时在支出方反映，调入使用基金时在收入方反映。在建立预算稳定调节基金后，按当年财政支出总额与财政收入总额的差额计算财政赤字。我国财政赤字的计算公式为

全国一般公共预算支出大于收入的差额
= 支出总量（全国一般公共预算支出 + 补充预算稳定调节基金）
- 收入总量（全国一般公共预算收入 + 全国财政使用结转结余及调入资金）

式中，全国财政使用结转结余及调入资金是中央和地方财政按照建立跨年度预算平衡机制、推进财政资金统筹使用以及盘活财政存量资金等要求，从预算稳定调节基金、政府性基金预算、国有资本经营预算调入的资金，以及地方财政使用的以前年度结转结余资金（按照现行规定，地方财政结转结余资金当年不列预算支出，在以后年度实

际使用用时再列预算支出）。

（二）我国财政赤字动态

财政赤字是一种客观存在的经济范畴。在西方经济发达国家，财政赤字是司空见惯的，可以说是一种世界性经济现象。虽然在自由资本主义时代，以亚当·斯密为代表的经济学家极力主张“廉价政府”，保持财政收支的平衡，但财政赤字已屡见不鲜。到垄断资本主义时期，特别是20世纪30年代以来，资本主义国家的政府公开奉行凯恩斯提倡的财政赤字政策，因而连年的巨额赤字成为当代资本主义经济的一个重要特征。中华人民共和国成立以来我国财政工作中一直坚持“收支平衡，略有结余”的方针，但在不少年份也出现了赤字。按当时的统计口径，在1950—1978年有10年有赤字，而自改革开放以来除1985年外，按现行口径计算，每年都有赤字。

我国的财政赤字和发达国家的财政赤字虽然都是支大于收，但就其原因和后果来看，具有不同的性质。对经济发达国家来说，由于其经济体制和经济结构相对稳定，经济活动主要受市场供求和经济周期的影响，因此将赤字结构划分为结构性赤字和周期性赤字。但对发展中国家来说，这种赤字结构的划分虽有借鉴意义，却不能完全说明发展中国家财政赤字的产生及其政策含义的复杂性，对我国来说也是如此。我国财政赤字的复杂性主要来源于经济改革和经济发展的需要，我国的财政赤字属于改革和发展性赤字。我国的经济体制改革是一个长期的过程，陆续实施了各项改革措施，几乎每项改革措施对财政来说不是减收就是增支，同时，我国仍是一个发展中国家，国家财政既要满足众多人口的民生性支出需求，又要担负繁重的科教兴国和经济建设任务，因此，财政收支不平衡问题始终是改革和发展中的突出矛盾。而财政赤字是调节收支的主要手段，每当出现财政收入增长趋缓而财政支出增长刚性不减的情况时，运用财政赤字甚至适度加大财政赤字以对财政收支缺口做出阶段性的调节是非常必要的。

## 知识点四：转移支付制度

### 一、政府间转移支付制度

分级分税预算管理体制是实行市场经济的国家普遍采取的一种预算体制，在西方财政学中称为财政联邦主义（fiscal federalism）。财政联邦主义不是专指联邦制国家的财政体制，而是有关多级财政体制的概念，也就是分级分税预算管理体制。它的主要特征是中央与地方的事权与支出责任相适应，规范化，法制化，长期相对稳定，地方预算构成名副其实的一级预算主体。

在分级分税预算管理体制下，财政收支一般会形成如下分配格局：收入方偏重于中央，支出方偏重于地方，或者说，中央收大于支，地方支大于收。因此，必须由中央通过转移支付弥补地方财政缺口，均衡地区间的差距。政府间转移支付是指政府间财力的无偿转移，一般是指上级政府（财政）对下级政府（财政）的无偿拨款或补助，而财力无偿转移的方法、规则和程序则构成政府间的转移支付制度。转移支付制度是预算管理体制的一个重要的有机组成部分，转移支付制度的设计是预算管理体制中政策性最强和最为复杂的问题。

转移支付制度具有如下功能：一是弥补纵向财政缺口。纵向财政缺口是指由于中央收入占主导地位而地方又承担更多的支出责任所形成的地方财政的财政缺口，这种缺口要靠中央通过转移支付形式给予弥补。其中也包括地方财政上下级之间，上级（如省）财政对下级（如市）财政缺口的弥补。二是弥补横向财政缺口。横向财政缺口是指由于规范统一的收支划分方法，形成了一些地方的收入能力不能满足支出需要的缺口，转移支付是为了保证各地区间具有大体均衡的最低公共服务水平。三是弥补地方性公共物品辖区间的外部效应。在由地方政府提供地方性公共物品的情况下，可能存在外部效应问题，这就需要上级政府给予一定的配套补助或拨款，弥补正面外溢的成本，从而提高社会资源的配置效率。四是支持落后地区的经济发展。对一个发展中国家特别是对一个由多民族组成的大国来说，均衡地区间的发展是一个发展战略性问题。因此，还需要通过规定用途的专项补助或拨款，支持落后地区和少数民族地区经济的加快发展。

均衡拨款的方式分为无条件均衡拨款和专项拨款。无条件均衡拨款是指一旦确定拨款数额，该拨款就无附加条件地归受补助地区自主使用。专项拨款是一种与无条件均衡拨款相对应的有条件的指定用途的拨款，是转移支付的辅助形式。无条件均衡拨款和有条件的专项拨款涉及集权与分权关系问题。由于接受地区可以自主使用无条件均衡拨款，而有条件的专项拨款的使用则受指定用途的限制，所以接受拨款地区倾向于无条件均衡拨款，而中央为了通过拨款对地方发挥调节作用，则倾向于专项拨款。专项拨款又分为非配套拨款和配套拨款。二者的差别在于，一是前者补偿地方公共物品的全部成本，后者只是补偿地方公共物品的一部分而非全部成本，不足的部分由地方自筹；二是对配套拨款的使用，地方具有一定的自主权，而对非配套拨款的使用，地方基本上没有任何自主权，使用的地方不过是中央的代理。无条件均衡拨款可以有多种确定方式，但从各国的实践来看，许多国家采取测算标准收入和标准支出并运用规范化的公式计算各地区应得的转移支付拨款的方法，如英国、澳大利亚、日本、韩国等国都采用这种方法。

### 二、我国分税制改革中的转移支付制度

分税制改革根据中央与地方财政收入的重新划分和关于原体制中中央补助、地方上解及有关结算事项的规定，相应地形成了多种形式并存的政府间转移支付制度。除

保留了原体制中中央对地方的定额补助、专项补助和地方上解外，新增加了中央对地方的税收返还。此后，为配合国家有关政策的实施，相应地对转移支付进行了调整。

考虑我国地区的实际情况，完全实行规范化、公式化的转移支付制度的条件尚不成熟，因此，我国从 1995 年起实行过渡时期的转移支付办法。基本思路是，从中央财政每年增加的收入中拿出一部分，主要用于对边远的少数民族地区和贫困地区的转移支付，调节这些地区的最低公共服务水平。办法是，借鉴国际通行的做法，按照规范和公平的原则，根据客观因素计算确定各地区的标准收入和标准支出，以标准收支的差额作为转移支付的分配依据。计算标准支出选择的客观因素主要有人口、可居住面积、冬天平均气温、平均海拔高度、行政区划个数、都市化程度、学校及学生人数等。计算标准收入选择的主要因素有该地区的 GDP、产业结构、企业规模、企业盈余、职工平均工资及分组等。几年来，转移支付办法不断改进，转移支付金额不断增加。过渡时期转移支付办法在一定程度上缩小了地区间最低公共服务水平的差距，更重要的意义还在于对中央与地方之间转移支付制度的规范化进行了实验，并推动了地方各级之间转移支付制度的建设。

从 2002 年开始，过渡时期转移支付的概念不再沿用，其资金合并到中央财政因所得税分享改革而增加的收入中分配，统称为一般性转移支付。一般性转移支付额主要按照各地标准财政收入和标准财政支出的差额以及转移支付系数计算确定，凡标准财政收入大于或等于标准财政支出的地区，不纳入转移支付范围。此外，对难以按统一公式量化但又必须解决的特殊问题，增加特殊转移支付。各地区标准财政收入由地方本级标准财政收入、中央对该地区的税收返还和财政转移支付构成，地方本级标准财政收入主要根据各税种的税基和税率计算确定，中央对地方的税收返还和财政转移支付（扣除各地区对中央的上解）按财政部核定数确定。各地区标准财政支出由该地区行政公检法支出、教育部门支出、农林水等其他部门支出等经常性支出构成，根据标准财政供养人数和全国统一支出水平等因素，按人员经费、公用经费和其他经常性支出项目分别计算确定。转移支付系数参照当年一般性转移支付总额、各地区标准支出大于标准收入的收支差总额以及各地区财政困难程度确定。对少数民族地区、革命老区、边缘地区，适当提高转移支付系数。此外，多年来为配合和支持中央实施的一系列政策，我国曾设置多项政策性转移支付，如调整工资转移支付、民族地区转移支付、县乡基本财力保障机制奖补资金、义务教育转移支付及定额补贴等。

目前除税收返还外，转移支付主要包括两类：一类是一般性转移支付，主要功能是缓解地方财力紧张，推进地方间基本公共服务均等化；另一类是专项转移支付，包括预算专项拨款、国债补贴，重点用于教育医疗卫生、社会保障和支农等领域。实行分税制后，我国的财政转移支付制度逐步建立和不断完善，而且已经达到相当规模，其结构也在不断优化。

# 知识点五：国家预算

## 一、国家预算及国家预算制度

国家预算是比税收、公债都要“年轻”的一个财政范畴，是社会经济发展到一定历史阶段的产物。13—17 世纪，封建贵族阶级日趋没落，新兴资产阶级逐渐成为社会财富的代表。为了争夺财政权力并最终打击封建势力，资产阶级提出政府财政收支必须编制计划，而且经议会批准方能生效。经过长达 5 个多世纪的斗争，资产阶级的这一要求得以实现。英国于 17 世纪编制了第一个国家预算，其后其他资本主义国家也陆续接受了这一做法。到 20 世纪，几乎所有的国家都建立了国家预算制度。发达国家的财政预算制度在民主政治制度和市场经济体制中孕育、产生、发展，凝结了发达国家数百年市场经济和公共财政制度发展的智慧和经验。

新中国成立后，根据《中国人民政治协商会议共同纲领》的要求，开始编制 1950 年全国财政收支概算，1951 年政务院又发布了《预算决算暂行条例》，但新中国财政预算制度的真正建立是在 1955 年，因为从那年起国家预决算才开始向全国人民代表大会报告。此前财政预算只是向中央政府报告，并且没有决算制度。始于 1998 年的这场公共财政预算管理改革，严格地说，是从编制部门预算开始，而后向预算执行、监督领域拓展延伸，进而演化成一场财政预算管理制度的全面创新。2010 年 6 月，财政部制发《财政部关于将按预算外资金管理的收入纳入预算管理的通知》，规定自 2011 年 1 月 1 日起，中央各部门各单位的全部预算外收入纳入预算管理，收入全额上缴国库，支出通过公共财政预算或政府性基金预算安排。地方各级财政部门要按照国务院规定，自 2011 年 1 月 1 日起全部预算外收支纳入预算管理，修订《政府收支分类科目》，取消全部预算外收支科目。这次改革在我国预算管理体制上，具有里程碑式的意义。按照国家治理体系和治理能力现代化的要求，素有“经济宪法”之称的《中华人民共和国预算法》（以下简称《预算法》）完成实施 20 年来的首次修订，并于 2015 年 1 月 1 日起施行。这也标志着由公共财政预算、政府性基金预算、国有资本经营预算和社会保险基金预算组成的有机衔接的政府预算体系已经形成，始于 20 世纪末的公共财政预算管理改革，稳步推进。

无论从哪个角度讲，国家预算制度都是公共财政体系建设的核心内容。1949 年，毛泽东在中央人民政府委员会第四次会议上指出，国家的预算是一个重大的问题，里面反映着整个国家的政策，因为它规定政府活动的范围和方向。从财政自身及财政对经济社会作用的基本层面理解，财政预算是政府财政收支的基本计划，是财政资源配置的重要工具，是调控经济社会运行的重要手段。现代财政预算制度的建立，把市场经济的效益原则引入了财政资金分配领域，使财政资金的分配开始兼顾公平与效率。从政治层面理解，财政预算制度是人类政治文明的重要成果，是现代政治文明的重要标志。现代财政预算制度的建立，实现了立法权对政府理财权的法律制约，构建了透明运行、法律制约、民主决策、监督有力的财政权力机制，使公平、公正的资金分配理念和以公众利益为取向的财政资金分配机制得以实现。

## 二、国家预算的主要理论

### （一）均衡预算论

均衡预算论是主张无赤字收支平衡预算的理论，其理论基础是市场竞争原则。这一理论认为以市场竞争为前提设立的各项财政制度本身就是经济内部的“自动稳定器”（built-in-stabilizers），反对任何形式的政府干预。

这一理论认为，税收本身可以作为“自动稳定器”发挥作用。当经济繁荣时，企业和个人收入增加，比例制或累进制税率会使税收增加，使个人可支配收入实际增长低于个人名义收入增长，从而使消费需求受到抑制，这能在一定程度上防止经济过热。反之，当经济萧条时，个人收入下降，比例制或累进制税率，使个人可支配收入的下降低于个人名义收入的下降，从而保持一定的消费需求，维持了一定程度的经济增长。

均衡预算论在实践上有两种体现。一是年度均衡预算，即每个预算年度均是收支相抵，没有赤字，也不发行公债。二是周期均衡预算。这种预算不要求每一年的平衡，而是谋求整个经济循环周期的平衡。不过这种方法带有较强的政府干预色彩，已经比较接近于功能预算论了。

### （二）功能预算论

与均衡预算论不同，功能预算论不拘泥于预算本身平衡与否，而是着眼于预算对整体国民经济的影响，追求没有通货膨胀的充分就业。其核心是实行相机抉择的财政政策，理论基础是凯恩斯主义。

功能预算论的实施过程可以表述为：当国民收入低于充分就业水平时，实行扩张性的财政政策，减少财政盈余或造成财政赤字以刺激经济，达到充分就业。反之，当国民收入高于充分就业水平时，实行紧缩性财政政策——减少赤字或增加盈余，抑制需求，减少通货膨胀压力。

### （三）高度就业预算论

高度就业预算论，即结构性预算理论，在20世纪60年代由美国经济发展委员会提出。它的提出是对凯恩斯主义的反思，是均衡预算论的发展。其核心是政府的财政支出应该由充分就业条件下的净税收来确定，预算要保持一定的财政盈余，用作公债的还本付息，要恢复和发挥财政制度的内在稳定器作用。这种理论强调，预算不只着眼于熨平经济周期，而是要致力于在经济循环中取得动态平衡。这一理论的实施有三个原则：一是高度就业水平下的预算平衡原则，即按95%以上的劳动者有工作的前提来设定税收水平，使预算收入与预算支出保持平衡；二是边际预算平衡原则，即额外支出由额外税源去补，支出盈余通过减税去消除；三是货币当局独立于财政的原则，即政府不可向银行透支。

## 三、国家预算管理

国家预算制度是国家依据法律、法规对预算资金的筹集、分配、使用进行的组织、协调和监督等活动的总称，表现为对预算的管理。预算管理贯穿预（决）算的各个阶段、各个环节，加强预算管理对严肃财经纪律，保证预算任务和宏观调控任务的正确实现有重要意义。国家预算管理的含义需要把握以下几点：

（1）国家预算管理的主体是国家。国家是抽象的，健全国家对预算的管理，要求预算管理职权必须做出科学、合理的划分，各级人民代表大会、各级政府、各级财政部门及各有关主管部门和单位在各自的预算管理职权内进行相应的管理。

（2）国家预算管理的客体是预算资金。预算管理融于预算分配之中，贯穿于预算资金的筹集、分配和使用的全过程。加强对预算资金的管理，首先要积极组织预算收入，确保国家预算收入的实现；其次要妥善安排各项预算支出，及时拨付预算资金，提高预算资金的运行效率；最后要量入为出，努力做到预算收支的平衡。

（3）国家预算管理的依据是国家有关法律、法规及方针政策，特别是《预算法》。《预算法》将预算资金的组织、协调和监督纳入法制轨道，强化预算的法律效力，做到依法理财，依法治财。

（4）国家预算管理的总体目标是完成国家预算收支任务。具体包括：一是加强国家宏观调控，保证经济和社会的健康发展；二是协调各级预算之间的分配关系，特别是正确处理预算资金的集中与分散关系、预算职权的集权与分权关系；三是合理配置资源，不仅要通过预算管理促使预算资金自身高效运行，而且要引导市场资源配置符合国家的宏观调控意图。

## 四、国家预算程序

国家预算程序指预算的周期过程，它起于一个财政年度开始以前，终于一个财政年度结束之后。世界各国的预算程序基本一致，大体可以分为预算的编制、预算的批准、预算的执行和国家决算四个阶段。

### （一）预算的编制

预算的编制是整个预算工作程序的开始。预算的编制是由政府机关负责的，因此预算的编制与政府行政机构体制有着十分密切的关系。预算的编制工作基本上可以分为两大步骤：一是草案的集体编制，二是预算的核定。

根据世界各国主持具体编制工作的机构不同，把编制预算草案分为两种类型。一是由财政部主持预算编制工作，即由财政部负责指导政府各部门编制支出预算草案并审核和协调这些草案；同时根据各种经济统计资料和预测，编制收入预算草案；综合收入和支出两个部分，把预算草案交给有法定预算提案权或国会审议权的个人或机构核定。采用这种预算编制形式的国家有中国、英国、德国等。二是由政府特设的专门预算机关主持预算编制工作，而财政只负责编制收入预算。分开编制预算的原因是保证收入和支出有更多的合理性和科学性，避免财政部统编支出和收入预算可能带来的各种矛盾。采用这种预算编制形式的国家有美国和法国。

预算的核定与国家的政体相联系。西方国家预算的核定有三种类型：由总统核定预算草案，如美国；由内阁核定预算草案，如英国、法国等；由委员会核定预算草案，如瑞士。

### （二）预算的批准

预算的批准是国家预算程序的第二个阶段。在西方国家，预算的批准权力属于议会。在实行一院制的国家中，国家预算直接由其批准，如瑞典、荷兰、西班牙等。在实行两院制的国家中，大部分国家议会的两院都有批准国家预算的权力。一般来说，两院中的下院在预算批准上具有比上院更大的权力，往往拥有预算先议权和最后批准权。美国、法国、德国等国家就属于此类。我国的预算批准权力机构是各级人民代表大会。国家预算经权力机构批准后，才具有法律效力。

### （三）预算的执行

预算的执行是整个预算工作程序的重要环节。收入入库、支付拨付及预算调整都必须按照法律和有关规定的程序进行。各级预算由本级政府组织执行，具体工作由本级财政部门负责。预算收入征收部门，必须依法及时、足额征收应征收的预算收入。有预算收入上缴任务的部门和单位，必须依照法规的规定，将应上缴的预算资金及时、足额地上缴国库。各级政府财政部门必须依照法律和规定及时、定额地拨付预算支出资金，并加强管理和监督。

各级政府预算预备费的动用，由本级政府部门提出方案，报本级政府决定。各级政府预算周转金由本级政府财政部门管理，用于预算执行中的资金周转，不准挪作他用。

预算调整是预算执行的一项重要程序。预算调整是指经过批准的各级预算，在执行中因特殊情况需要增加支出或者减少收入，使总支出超过总收入或使原举借债务的数额增加的部分改变。预算调整，必须经过各级权力机构的审查和批准，未经批准，不得调整预算。各部门、各单位的预算支出，不同科目间需要调整使用的，必须按国务院财政部门的规定报经批准。

### （四）国家决算

决算是整个预算工作执行情况的总结和终结。凡是编制预算的地区、部门、单位都要编制决算。行政单位决算由执行单位预算的国家机关编制；事业单位决算由执行单位预算的事业单位编制；基本建设财务决算由基本建设单位编制。参加组织预算执行，经办预算资金收纳和拨款的机构，如国家金库、税务部门、企业利润监缴机关、建设银行、农业银行等也要编制年报和决算。各级财政部门还要编制预算外收支决算。这些机构、单位和部门编制的各种年报或决算都是各级总决算和政府决算的有关组成部分。我国政府决算按统一的决算体系逐级汇编而成，包括中央级决算和地方总决算。编制决算是一项事业性和政策性很强的工作，是各级政府向人民报账，总结预算执行效果和经验，总结财政预算管理规律的大事。因此，从中央到地方，各地区、各部门、各企业、各事业及行政单位都应该重视决算的编制工作，年度终了，都要按国家的规定，正确、完整、及时地编制决算。

《预算法》第七十六条规定："各部门对所属各单位的决算草案，应当审核并汇总编制本部门的决算草案，在规定的期限内报本级政府财政部门审核。"决算草案的审核主要包括对企业、事业、行政单位和基本建设财务决算草案的审核。

《预算法》第七十七条规定："国务院财政部门编制中央决算草案，经国务院审计部门审计后，报国务院审定，由国务院提请全国人民代表大会常务委员会审查和批准。县级以上地方各级政府财政部门编制本级决算草案，经本级政府审计部门审计后，报本级政府审定，由本级政府提请本级人民代表大会常务委员会审查和批准。乡、民族乡、镇政府编制本级决算草案，提请本级人民代表大会审查和批准。"各级政府财政部门应当在本级人民代表大会常务委员会举行会议审查和批准本级决算草案的 30 日前，将上一年度本级决算草案提交本级人民代表大会有关专门委员会进行初步审查，或者送交本级人民代表大会常务委员会有关工作机构征求意见。

## 项目实施

### 一、收支

### （一）规则

在本项目实验中，仿真实验系统将根据地方政府在这一年的运营过程中所做出的各方面决策，自动生成该地方政府的收支平衡表（如表 2-12-1 所示）。其中，财政盈余=本年收入总额-本年支出总额，当结果大于 0 时，说明该地方政府在本年运营中实现了财政盈余；当结果小于 0 时，说明该地方政府出现财政赤字。在本次实验中，为了保证地方财政收支的平稳，规定地方政府每年财政赤字不应超过当年财政收入的

15%，每超过 1 亿元将扣减该地方政府运营成绩 1%，该成绩扣减不受未来财政盈余的影响，即当年产生财政赤字而扣减的分数，即使后续年份出现财政盈余也不得相应加回所扣减分数。

**表 2-12-1　财税决策仿真综合实验收支平衡表**

| 序号 | 项目 | 计算方法 |
|---|---|---|
| 1 | 收入总计/万元 | =1.1+1.2+1.3+1.4 |
| 1.1 | 税收收入/万元 | =1.1.1+1.1.2+1.1.3+1.1.4+1.1.5-1.1.6 |
| 1.1.1 | 本届政府上任之前的存量企业增值税/万元 | |
| 1.1.2 | 本届政府上任之前的存量企业增值税附加费/万元 | |
| 1.1.3 | 本届政府上任后招商引资的企业增值税/万元 | =1.1.3.1+1.1.3.2 |
| 1.1.3.1 | 劳动密集型企业增值税/万元 | |
| 1.1.3.2 | 资本密集型企业增值税/万元 | |
| 1.1.4 | 本届政府上任后招商引资的企业增值税附加费/万元 | =1.1.4.1+1.1.4.2 |
| 1.1.4.1 | 劳动密集型企业增值税附加费/万元 | |
| 1.1.4.2 | 资本密集型企业增值税附加费/万元 | |
| 1.1.5 | 所有项目的所得税/万元 | |
| 1.1.6 | 上缴中央财政/万元 | |
| 1.2 | 转移补贴/万元 | |
| 1.3 | 税收返还/万元 | |
| 1.4 | 土地收入/万元 | =1.4.1+1.4.2 |
| 1.4.1 | 工业与服务业用地收入/万元 | |
| 1.4.2 | 住宅用地收入/万元 | |
| ※ | 土地收入占比/% | |
| 2 | 支出总计/万元 | =2.1+2.2+2.3+2.4+…+2.12+2.13 |
| 2.1 | 利息支出/万元 | |
| 2.2 | 政府效能改革成本/万元 | |
| 2.3 | 招商奖励支出/万元 | |
| 2.4 | 市政工程购买服务/万元 | |
| 2.5 | 吸引高端人才补贴/万元 | |
| 2.6 | 企业扶持补贴/万元 | |
| 2.7 | 公共事业投资支出/万元 | |

表2-12-1(续)

| 序号 | 项目 | 计算方法 |
|---|---|---|
| 2.8 | 市政工程基础设施建设/万元 | |
| 2.9 | 农村集体用地征地补偿支出/万元 | |
| 2.10 | 农村迁出项目土地回购款/万元 | |
| 2.11 | 其他危机处理开支/万元 | |
| 2.12 | 历年新增公共事业的就业人员财政拨款/万元 | |
| 2.13 | 支付民生与扶贫工程及政府部门运行开支/万元 | |
| 3 | 财政盈余/万元 | =1+2 |
| 4 | 累计资产/万元 | =4.1+4.2+4.3 |
| 4.1 | 本年新增公共事业与市政工程资产/万元 | |
| 4.2 | 累计新增公共事业与市政工程资产/万元 | |
| 4.3 | 本年土地储备资产/万元 | |

## （二）学生端操作

（1）点击年底结算——收支（如图 2-12-1 所示）。

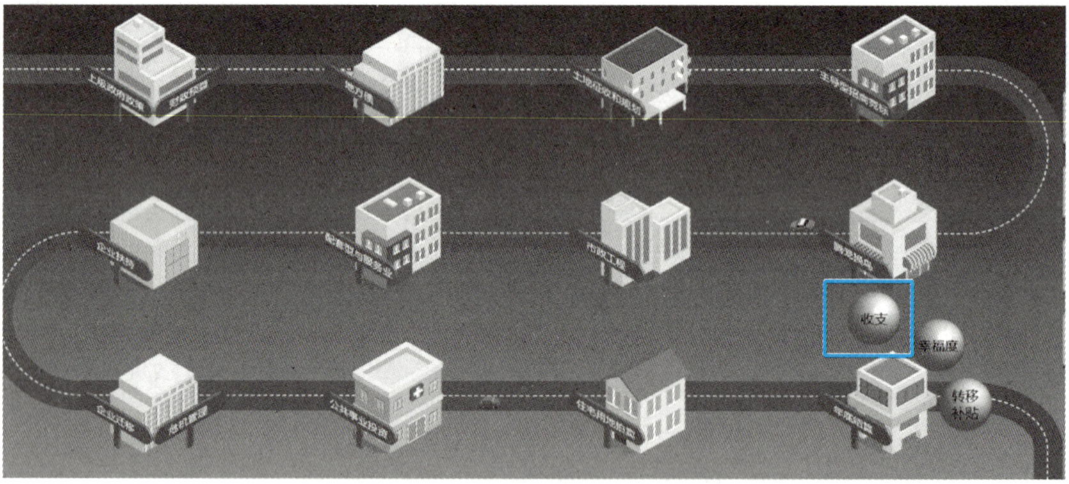


**图 2-12-1　年底结算——收支**

（2）通过全部年份的收支平衡表（如图 2-12-2 所示）分析研究本地方政府本运营年度财政各项收支的具体情况，了解财政盈余/赤字情况，与其他地方政府进行对比评价，反思所有运营决策。

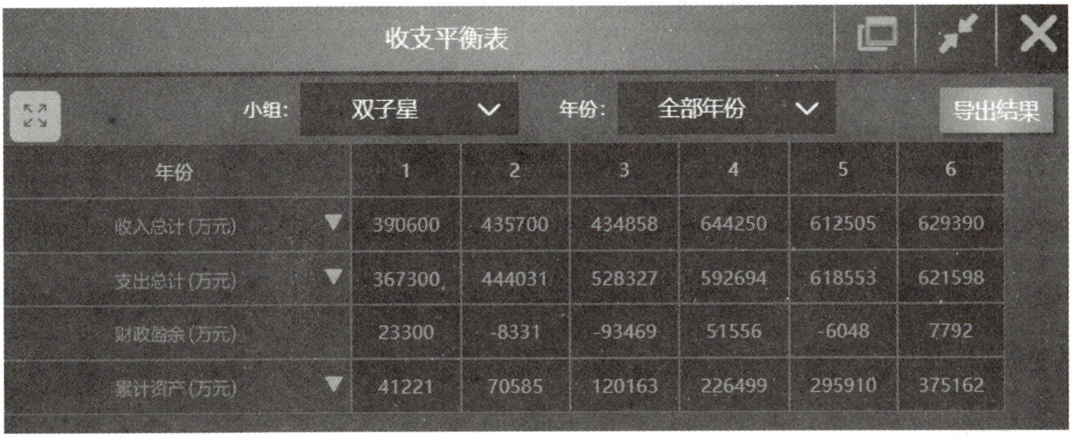


| 年份 | 1 | 2 | 3 | 4 | 5 | 6 |
|---|---|---|---|---|---|---|
| 收入总计（万元） | 390600 | 435700 | 434858 | 644250 | 612505 | 629390 |
| 支出总计（万元） | 367300 | 444031 | 528327 | 592694 | 618553 | 621598 |
| 财政盈余（万元） | 23300 | -8331 | -93469 | 51556 | -6048 | 7792 |
| 累计资产（万元） | 41221 | 70585 | 120163 | 226499 | 295910 | 375162 |

**图 2-12-2　收支平衡表窗口**

### （三）教师端操作

无具体系统操作。教师进入年底结算——收支界面可查看所有地方政府所有年度的收支平衡表，教师可引导学生掌握收支平衡表各项目之间的逻辑关系，并指导学生进行地方政府财政收支情况分析与总结。

## 二、居民幸福度

### （一）规则

在本项目实验中，仿真实验系统将根据地方政府在这一年的运营过程中所做出的各方面决策，自动生成该地方政府的居民幸福度计算表（如表 2-12-2 所示）。在本次实验中，居民幸福值受到六个因素的影响：医院服务能力、文体场馆服务能力、基础教育学校服务能力、征地补偿、市政工程和住宅用地均价。在居民幸福值计算表中会体现本年度这六个指标的得分，但需注意表格最后一栏“本年累计居民幸福值”不是由本年度六个指标得分简单加总，而是考虑到了以前年度影响，因此

本年累计居民幸福值=历年医院、文体场馆和基础学校服务能力得分均值+历年征地补偿得分均值+市政工程幸福值得分+历年住宅用地均价得分

此外，该地方政府在主导型招商竞标实验项目中所做出的“温和型”和“全面型”效能改革决策将使本年度居民幸福值提高 5%；在危机管理实验项目中若遭遇风险 4 没有采取规避手段将使本年度居民幸福值下降 5%。

表 2-12-2 财税决策仿真综合实验居民幸福值计算表

| 项目 | 数值 | 备注 |
| --- | --- | --- |
| 本年实际新增就业/人 | | |
| 累计新增人口/人 | | |
| 医院服务能力/累计新增人口得分(25.00%) | | ①分别计算各地方政府三项服务能力占累计新增人口百分比；(注意当服务能力占累计新增人口百分比超过200%时，超出部分会冲减原比例，如服务能力占比为230%则按170%进行计算)<br>②计算（各地方政府比例/所有地方政府中最大比例）的平方，最高者为满分 |
| 医院服务能力占累计新增人口百分比 | | |
| 文体场馆服务能力/累计新增得分(10.00%) | | |
| 文体场馆服务能力占累计新增人口百分比 | | |
| 基础教育学校服务能力/累计新增得分(20.0%) | | |
| 基础教育学校服务能力占累计新增人口百分比/% | | |
| 本年征地补偿幸福值得分（20.0%） | | 计算（各地方政府征地补偿价格/所有地方政府中最高补偿价格）的平方，最高者为满分。如果该地方政府本年未征地，则取去年该项得分 |
| 征地补偿价格/万元/亩 | | |
| 历年累计征地补偿幸福值得分 | | 过去所有年份征地补偿幸福值均值<br>与本年征地补偿幸福得分在平均后，计入本年度累计居民幸福值 |
| 市政工程幸福值得分（5.0%） | | 累计市政工程投资完成比例越高，居民幸福感越强 |
| 历年住宅用地均价得分（20.0%） | | 地价越低，得分越高<br>如果该地方政府本年未供住宅用地，则取各地方政府最低得分 |
| 住宅用地价格/万元/亩 | | |
| 历年住宅用地均价/万元/亩 | | |
| 本年累计居民幸福值 | | =历年医院、文体场馆和基础学校服务能力得分均值+历年征地补偿得分均值+市政工程幸福值得分+历年住宅用地均价得分<br>若该地方政府进行了温和型和全面型效能改革，则提高5%居民幸福值；若该地区遭遇风险4，则降低5%居民幸福值 |

### （二）学生端操作

（1）进入年底结算——幸福度界面，了解居民幸福度的衡量方法，特别关注各指标所占比例。

在该界面下有两个功能窗口：居民幸福度和参考数据。在居民幸福度窗口可以查看所有地方政府所有年度居民幸福度计算表；在参考数据窗口可以查看所有地方政府所有年度的公共事业投资数据和各个年度执行的效能改革方案。

（2）通过全部年份的居民幸福度计算表（如图 2-12-3 所示）分析研究本地方政府本运营年度辖区内居民幸福值，了解影响居民幸福度的六个指标具体得分，反思运营决策，研究在下一年度提高居民幸福度的途径。

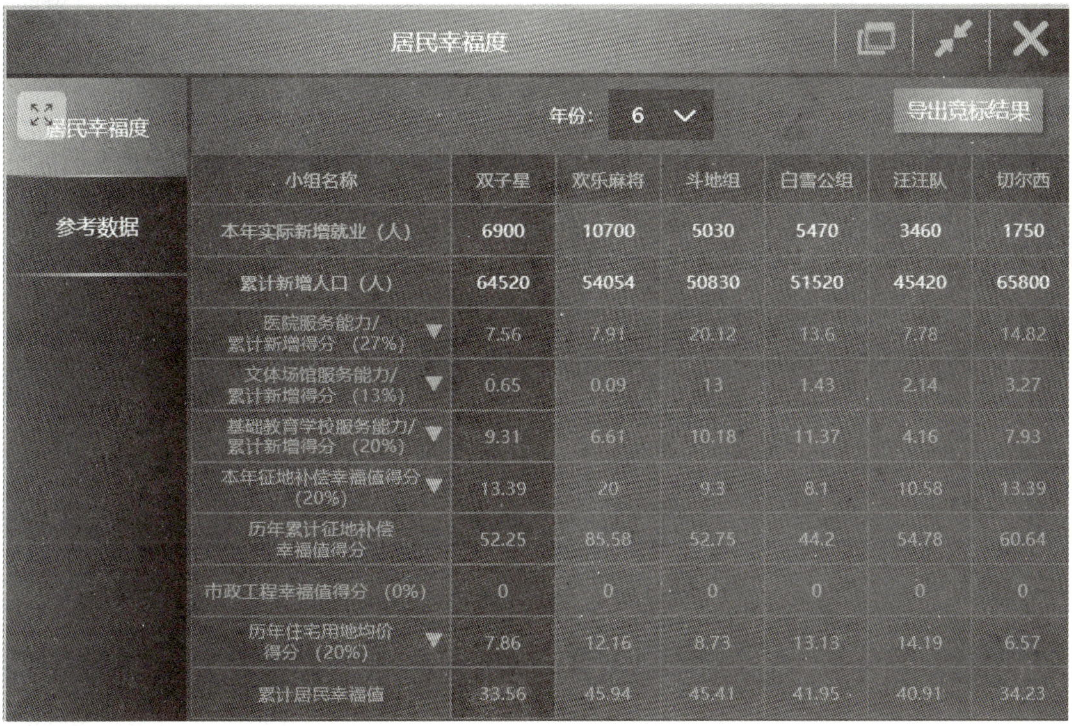


| 小组名称 | 双子星 | 欢乐麻将 | 斗地组 | 白雪公组 | 汪汪队 | 切尔西 |
|---|---|---|---|---|---|---|
| 本年实际新增就业（人） | 6900 | 10700 | 5030 | 5470 | 3460 | 1750 |
| 累计新增人口（人） | 64520 | 54054 | 50830 | 51520 | 45420 | 65800 |
| 医院服务能力/累计新增得分（27%） | 7.56 | 7.91 | 20.12 | 13.6 | 7.78 | 14.82 |
| 文体场馆服务能力/累计新增得分（13%） | 0.65 | 0.09 | 13 | 1.43 | 2.14 | 3.27 |
| 基础教育学校服务能力/累计新增得分（20%） | 9.31 | 6.61 | 10.18 | 11.37 | 4.16 | 7.93 |
| 本年征地补偿幸福值得分（20%） | 13.39 | 20 | 9.3 | 8.1 | 10.58 | 13.39 |
| 历年累计征地补偿幸福值得分 | 52.25 | 85.58 | 52.75 | 44.2 | 54.78 | 60.64 |
| 市政工程幸福值得分（0%） | 0 | 0 | 0 | 0 | 0 | 0 |
| 历年住宅用地均价得分（20%） | 7.86 | 12.16 | 8.73 | 13.13 | 14.19 | 6.57 |
| 累计居民幸福值 | 33.56 | 45.94 | 45.41 | 41.95 | 40.91 | 34.23 |

图 2-12-3　居民幸福度窗口

### （三）教师端操作

（1）教师进入年底结算——居民幸福度界面第一个“权重配置”窗口进行居民幸福度的权重配置，分别为：“医院服务能力”“文体场馆服务能力”“基础教育学校服务能力”“本年征地补偿”“历年累计市政工程投资完成比例”“历年住宅用地均价”。

（2）教师进入居民幸福度界面，可查看所有地方政府所有年度居民幸福度计算表，引导学生掌握居民幸福度的计算方法，提醒学生可在参考数据窗口查看各个地方政府公共事业投资及效能改革方案，指导学生进行地方政府居民幸福度分析与总结。

## 三、转移补贴

### （一）规则

在本项目实验中，转移补贴有两种产生方式：一种因特殊原因由地方政府向上级政府（教师）申请产生，一种由仿真实验系统在政府一年的运营过程中因地方政府入不敷出而自动产生，如图 2-12-4 所示。当地方政府接受转移补贴金额每达到 1 亿元将扣减该地方政府 1%的运营成绩。

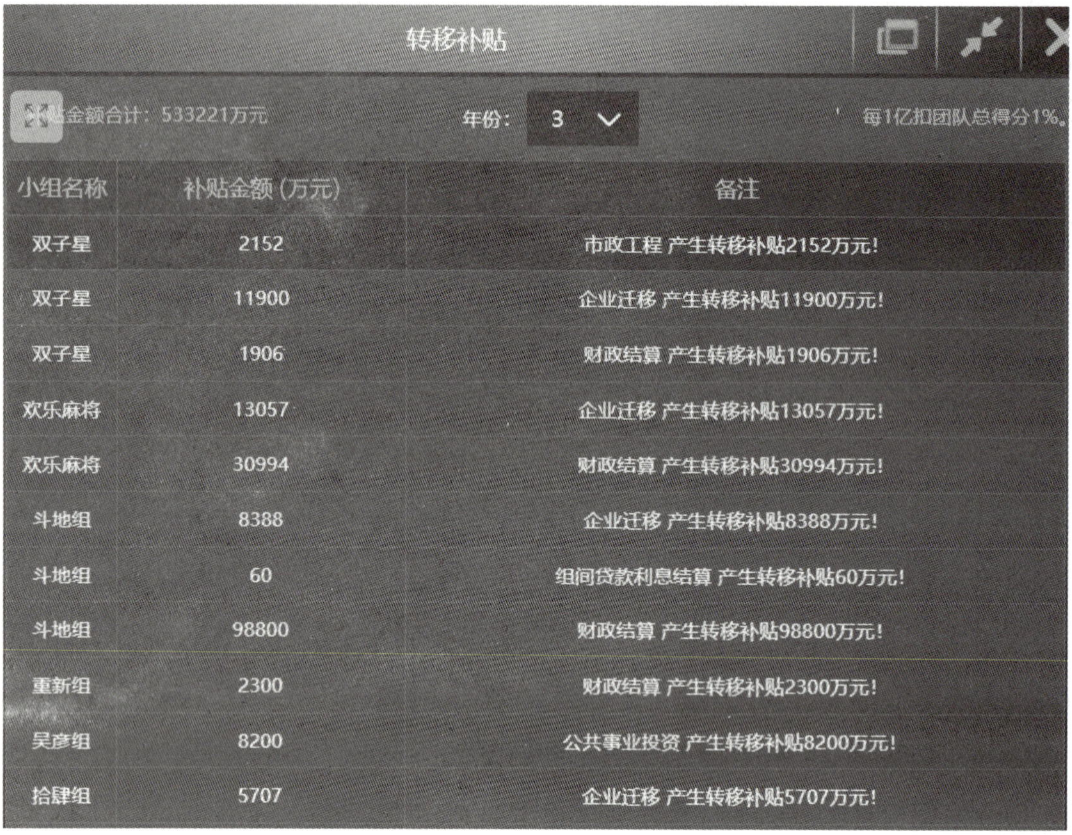


| 小组名称 | 补贴金额(万元) | 备注 |
|---|---|---|
| 双子星 | 2152 | 市政工程 产生转移补贴2152万元! |
| 双子星 | 11900 | 企业迁移 产生转移补贴11900万元! |
| 双子星 | 1906 | 财政结算 产生转移补贴1906万元! |
| 欢乐麻将 | 13057 | 企业迁移 产生转移补贴13057万元! |
| 欢乐麻将 | 30994 | 财政结算 产生转移补贴30994万元! |
| 斗地组 | 8388 | 企业迁移 产生转移补贴8388万元! |
| 斗地组 | 60 | 组间贷款利息结算 产生转移补贴60万元! |
| 斗地组 | 98800 | 财政结算 产生转移补贴98800万元! |
| 重新组 | 2300 | 财政结算 产生转移补贴2300万元! |
| 吴彦组 | 8200 | 公共事业投资 产生转移补贴8200万元! |
| 拾肆组 | 5707 | 企业迁移 产生转移补贴5707万元! |

图 2-12-4　转移补贴窗口

### （二）学生端操作

依次点击“年底结算”“转移补贴”按钮，查看各个地方政府所接受的转移补贴，反思在各个实验项目中的决策过程，总结产生转移补贴的原因。

### （三）教师端操作

无具体系统操作。

## 链接：知识拓展

### 财政赤字的经济效应缝隙

#### 一、财政赤字与社会总量平衡的关系

在分析财政赤字与社会总量平衡的关系及财政赤字的经济影响时，可以采取两种方法：一是运用简单的国民收入决定模型，暂不考虑货币政策的影响，只分析财政赤字对总量平衡的影响；二是引入货币金融市场，运用 IS-LM 模型分析较为复杂的财政赤字影响。这里只介绍运用国民收入决定模型分析简单的财政赤字与社会总量平衡的关系和财政赤字的经济影响。

在国民经济核算中，总量平衡有如下恒等式：

$$C+S+T+M=C+I+G+X \tag{1}$$

恒等式左边代表作为总供给的收入流量，由消费 $C$、储蓄 $S$、税收 $T$ 和进口额 $M$ 组成；右边代表作为总需求的支出流量，由消费 $C$、投资 $I$、政府支出 $G$ 和出口额 $X$ 构成。这个恒等式可以理解为：不论经济处于何种状态，在给定的时期内，作为总供给的收入流量都恒等于作为总需求的支出流量。政府的所有支出，无论是赤字支出还是非赤字支出，都汇入支出流量而构成总需求。根据恒等式（1），我们可以列出描述财政赤字的预算恒等式：

$$G-T=(S-I)+(M-X) \tag{2}$$

恒等式左边表示预算收支平衡状况，当 $G>T$ 时，政府预算出现赤字；当 $G<T$ 时，则有财政结余。恒等式右边由两个部分组成，这两个部分实际上是两个不同的账户，$S$ 和 $I$ 是储蓄、投资账户，$M$ 和 $X$ 是对外贸易经常账户。当 $S>I$ 时，非政府部门的储蓄大于投资，有结余资金；反之，则非政府部门的储蓄、投资账户出现赤字。当 $M<X$ 时，对外贸易经常账户有盈余，资源净出口；反之，则对外贸易经常账户出现赤字，资源净进口。这个预算恒等式可以理解为：财政赤字=储蓄、投资账户结余+对外贸易经常账户赤字。为使该恒等式表达的经济含义更容易解释清楚，从一个封闭型经济开始讨论。

$$13-X=O \rightarrow G-T=S-I \tag{3}$$

即

财政赤字=储蓄、投资账户结余

这个公式表达了一个重要的经济学原理：一个部门的赤字正是另一个部门的结余。政府预算的赤字可以由非政府部门的储蓄结余来抵补。按照恒等式的逻辑，财政赤字

的增加可以不影响需求总量，因为弥补赤字的资金可以来源于民间的储蓄结余。在这种情况下，政府多支出的那一部分正是非政府部门少支出的那一部分。因此，赤字可以在一定条件下以替代支出的方式嵌入总需求，而不改变需求总量；如果财政赤字超过储蓄、投资账户结余，那么赤字就会以增加新的需求的方式叠加在原有的总需求之上扩张总需求。

在一个开放型经济中，财政赤字不仅可以用国内结余资源来弥补，还可以吸收国外资源。假定 $M-X>0$，即对外贸易经常账户处于赤字状态，这表明一部分国外资源流入国内以补充国内总供给。在其他条件不变的情况下，谁动用了这部分资源则取决于 $S$ 和 $I$ 的关系。大体可以分为以下几种情况：

（1）$S>I$，这表示非政府部门有结余，资源净流出。政府既动用了国外资源，也动用了国内结余资金。赤字同时以两种方式加入总需求：用国外资源弥补的赤字，会以增加需求的方式叠加在原有总需求之上，使总需求扩张；用国内结余资金弥补的赤字，会以替代支出的方式嵌入原有总需求中，总需求结构会改变，但总量不变。

（2）$S=I$，这表示非政府部门的储蓄等于投资，这个部门既不占用其他部门的资源，也不为其他部门提供结余资源。在这种情况下，政府动用了全部从国外流入的资源，且国外流入的资源数量与财政赤字相等。这是财政赤字由国外结余弥补的例子，全部赤字都会以新的需求叠加在原有总需求之上。在这种情况下，$S=I$、$M>X$ 与 $G>T$ 的组合，为主张政府赤字会导致对外贸易经常账户赤字的观点提供了理论依据。

（3）$S<I$，这表示非政府部门的储蓄、投资账户也出现赤字，需要筹资弥补。由于政府部门也处于赤字状态，因此两个部门都必须从国外筹集资金，所有的赤字都会使总需求扩张。假定国内的储蓄、投资账户的赤字等于对外贸易经常账户赤字，则财政便无资可筹，这也是一种挤出效应，是民间投资挤出政府支出的挤出效应。

从以上的恒等式分析中，对财政平衡和社会总供求的关系可以得出以下三点简略的结论：①财政平衡是社会总供求平衡的一个组成部分，必须从国民经济的整体平衡角度研究财政平衡，就财政本身研究财政平衡难以得出全面的、正确的结论。②国民经济整体平衡的目标是社会总供求的大体平衡，财政平衡不过是其中的一个局部平衡，因而对社会总供求平衡而言，财政平衡本身不是目的，而不过是调节总供求使之平衡的一种手段。③公式中的消费、储蓄、投资以及进出口属于个人和企业的经济行为，或者说属于市场行为，也就是通过市场实现的，而财政收支属于政府行为，因此财政收支平衡是掌握在政府手中的进行宏观调控的手段。财政平衡既可以调节社会总需求，也可以间接调节社会总供给。

## 二、财政赤字的弥补方式及其经济效应

### （一）财政赤字的不同融资机制

当政府支出超过了收入时，会出现财政赤字，那么政府如何为财政赤字融资呢？与私人一样，当收入不足以弥补开支时政府就必须向公众借钱，即发行国债，通过发行国债为赤字融资被称为债务化融资或赤字债务化。与私人不同的是，政府拥有货币发行垄断权，可以通过货币创造方式弥补财政赤字，这一融资方式被称为货币化融资。而货币化融资又有两种方式：一种是直接的方式，即财政部直接向中央银行借款或透支；另一种是间接的方式，即财政部向公众出售国债，随后中央银行在公开市场上购入国债，即中央银行将债务货币化。这两种方式在本质上是一样的，都是政府通过增加基础货币为财政赤字融资，正是在这个意义上它们又被称为赤字货币化。

债务化融资和货币化融资是弥补财政赤字的两种常规方法。在 1995 年以前，我国的一部分财政赤字是通过向中央银行直接借款或透支弥补的。1995 年通过的《中华人民共和国中国人民银行法》规定，中央银行不得向财政提供借款和透支，亦不得直接购买政府债券。当然，中央银行通过公开市场操作购买国债间接地为财政赤字融资的情况依然存在。通过上述分析可知，如果扣除通过货币化融资弥补的财政赤字，那么国债就是过去所有财政赤字（财政盈余作为财政赤字的负值）累计的总额。用经济学术语来表达就是，国债是一个存量，而赤字则是一个流量。

### （二）债务化融资对经济的影响

如上所述，通过发行国债弥补财政赤字只是资金在部门间的转移，如居民、企业和商业银行购买国债，不过是这些部门暂时不用的资金的使用权被转移给政府部门，不会增加基础货币量，从而也不会扩大货币供给量。因为居民、企业和商业银行购买国债，购买当时都表现为商业银行在中央银行的准备金减少，但财政支出后，准备金又会恢复，准备金不变，货币供给规模也不变，财政赤字只是以替代方式嵌入总需求，并不会增加总需求，因而赤字债务化一般不会导致通货膨胀。

那么，赤字债务化是否就一定不会导致通货膨胀呢？答案不是绝对的，在下面两种情况下通过发行国债融资的财政赤字仍然可能导致通货膨胀。①当政府通过出售国债为财政赤字融资时，在利率市场化的条件下，就可能推动利率上升。如果中央银行要维持利率的稳定，就会通过公开市场操作买进国债，也就是将赤字债务化转变为赤字货币化，这会导致基础货币增加，因此举债弥补财政赤字的净效应将是货币供应量的增加。如果财政赤字持续不断，国债供应量会不断增加，推动利率上升的压力持续增强，那么中央银行就会不断地购买国债，货币供应会不断增加，最终将导致通货膨胀。尽管发达国家具有发达的国债市场和金融市场，但巨额的财政赤字和国债也有可能导致通货膨胀。②在国债市场和金融市场不完善的发展中国家，由于国债市场不发

达，当政府出现财政赤字时，政府无法通过发行国债来为赤字融资，或者是国债的规模过于庞大，使得政府和国债丧失信誉，人们对政府的偿债能力失去信心，那么政府会不得不印刷钞票或向中央银行借款，结果也是赤字债务化转变为赤字货币化。

此外，发行国债是世界各国弥补财政赤字的普遍做法，而且被认为是一种最可靠的弥补途径。但是，债务作为弥补财政赤字的来源，会随着财政赤字的增长而增长。另外，债务是要还本付息的，债务的增加也会反过来加大财政赤字。当前有些国家，有发达国家也有发展中国家，面临着赤字与债务同时增长的困境。发达国家主要担心的是债务带来的挤出效应以及巨额债务终将导致债务货币化的前景。发展中国家也担心会产生不良后果，如国债信誉下降，债券不易发行，出现债务危机，被迫发行货币来偿还本息等。在已经存在赤字的情况下，一般是靠发新债还旧债，而每年连续发行，每年都要还本付息。财政实际可支配的债务收入是当年发行数减去当年还本付息的净收入，为了保持和加大净收入，就必须加大发行额，导致未偿还债务规模随之逐年扩大，自然地利息支出也不断加大。国债利率是国债发行中的一个重要问题。利率低甚至出现负利率，会加大发行的难度，但高利率又会加大发行成本，并构成扩大财政赤字的因素。在发展中国家，迫于政府急需资金和市场利率的压力，国债利率一般呈上升趋势。国债利息支出应计入经常支出，只有利率低于国内生产总值的增长速度，才有可能靠税收的自然增长支付利息，否则也要靠借新债来偿还旧债的利息。在这种情况下，必将出现扩大债务规模与控制利率的两难选择。因此，发行国债虽是弥补财政赤字的一种可靠来源，但对发展中国家来说，对国债的发行和管理绝不可掉以轻心。

### （三）货币化融资对经济的影响

一般认为，巨额财政赤字通过扩张总需求必将导致通货膨胀，这种观点在理论界和政府决策部门都很流行，世界上一些经历过恶性通货膨胀的国家的实际经验似乎也证明了这个观点。曾经经历过恶性通货膨胀之苦的国家，如20世纪70年代拉丁美洲的一些国家以及20世纪90年代俄罗斯和苏联的其他成员国，发生恶性通货膨胀的最终原因就是它们庞大的预算赤字和过高的债务率。我国经济界过去也有一种流行的说法：财政有赤字，银行发票子。这个简单定式是用来说明财政赤字与现金发行的关系的，而且往往被认为是一种固定的因果关系。但只要经过分析就可以发现，这一论点绝非在任何情况下都是适用的，甚至可以说在现代经济生活中基本是不适用的。财政赤字对经济的影响和赤字规模的大小有关，但更主要的还是取决于赤字的弥补方式。赤字与刺激需求和通货膨胀的关系十分复杂，简单化的结论往往是不可靠的。高预算赤字对总需求具有很大的扩张作用，有可能导致通货膨胀，但不是必然导致通货膨胀，必须具体情况具体分析。

通过货币创造为财政赤字融资会直接增加基础货币量，进而按照货币乘数的作用扩大货币供应量，因而通过货币创造为财政赤字融资，是将新的需求叠加在原有需求之上，从而对总需求具有较强的扩张作用，有极大的可能导致通货膨胀。但是否真的导致通货膨胀，还需要进行具体分析。通货膨胀被定义为物价总水平的全面的、持续的上涨过程。因此，只有财政赤字在一段时间内持续地存在，而且通过赤字货币化持续地为财政赤字融资，才有可能导致通货膨胀。在初期，如果赤字是靠货币化来融资的，那么基础货币量增加，货币供应量也会按照货币乘数相应地增加，货币供应量的增加将导致物价水平上涨。如果财政赤字在下一个时期仍然存在，而且靠货币化来为赤字融资，那么这一过程将会持续。这个持续过程的关键是赤字持续存在，而且持续采取货币化方式融资。如果下一个时期预算平衡，没有赤字，政府不需要再通过发行货币为赤字融资，那么物价水平也就不会继续上涨。因此，为弥补暂时性的财政赤字而一次性增加的货币供给，只能引起物价水平的一次性上涨，而不会引发通货膨胀。

但是，上述情况仅仅是财政赤字导致通货膨胀的必要条件，并不是充分条件。这里可能有两种不同的情况：第一种情况，一般而言，只有货币供应超过货币需求才可能导致通货膨胀。而货币供应量的变化不仅取决于基础货币的变化，而且取决于通过商业银行发生的货币乘数的变化。货币供应量等于基础货币乘以货币乘数，即 $M=Bm$，其中 $M$ 为货币供应量，$B$ 为基础货币，$m$ 为货币乘数。政府通过货币创造弥补财政赤字只能影响基础货币，对整个货币供应量的影响还要看货币乘数的变化。如果政府通过货币创造弥补财政赤字增加了基础货币，但同时由于种种原因，货币乘数在降低，而且货币乘数降低的幅度等于（或超过）基础货币增加的幅度，那么货币供应量不但不会增加，反而可能减少。如果这种情况发生，那么政府为弥补财政赤字而增加基础货币就不会导致通货膨胀。第二种可能发生的情况是，尽管货币供应量增加，但货币需求也在增加，而且货币需求增加的幅度等于或大于货币供应增加的幅度，那么也不会导致通货膨胀。随着经济的增长，货币需求必然相应增加。如果政府通过货币创造增加的货币供应量没有超过经济增长所要求的货币需求的增量，那么也不会导致通货膨胀。

资料来源：陈共. 财政学［M］. 10 版. 北京：中国人民大学出版社，2020.

## 项目评价

在仿真实验系统中完成地方政府年底结算实验，根据表 2-12-3 对所学内容进行自检。

**表 2-12-3　年底结算实验操作评价表**

| 序号 | 鉴定评分点 | 分值 | 评分 |
|---|---|---|---|
| 1 | 完成本地方政府财政收支分析与总结，形成图文成果 | 3 | |

表2-12-3(续)

| 序号 | 鉴定评分点 | 分值 | 评分 |
|---|---|---|---|
| 2 | 完成本地方政府辖区内居民幸福度分析与总结，形成图文成果 | 3 | |
| 3 | 未发生转移补贴 | 2 | |
| 4 | 积极参与财政赤字相关主题讨论 | 2 | |
| 总结（收获与反思）： | | | |

## 延展探索

1. 现实中，政府预算与政府决算分别起到了什么作用？

2. 现实中，居民幸福度具体包括哪些内容？是怎样进行计算的？

3. 现实中，还有哪些如同居民幸福度一般用于衡量政府政绩的指标？

4. 现实中，财政赤字有哪些弥补方式？各自的利弊是什么？我国是否存在财政赤字？是如何弥补的？

# 模块三

# 财税决策分析、应用与评价

# 项目 地方政府财税决策运营情况分析与汇报

## 学习目标

- 能对地方政府运营数据进行分析，对决策得失进行总结。
- 能够归纳地方政府进行财税决策过程中的难点，并联系实际进行对比分析。
- 能够撰写完成地方政府财税决策运营情况实验报告。
- 能够借助 PPT 等多媒体完成实验成果汇报。

## 项目描述与分析

在该项目中，学生将通过分析仿真实验系统中的相关运营数据，对自己所做出的政府目标、财政预算、市政工程、公用事业机构投资等决策的得失进行分析总结，形成财税决策运营情况实验报告，并完成现场汇报。

## 项目准备

为了更好地达到本项目实训的目的，需要做如下准备：
- 熟悉本地方政府各项决策过程及结果。
- 已具备基本 Office 办公软件的使用能力。
- 确保电脑等设备能正常使用。
- 确保网络正常且稳定。

## 项目实施

### 一、地方政府财税决策运营情况实验报告

搜集整理本次仿真实验中自己所代理的地方政府财税决策经济数据和资料，分析

本组决策得失，内容包括但不限于：①本组政府目标；②财政预算；③主导型制造业竞标；④市政工程；⑤配套型制造业竞标；⑥公用事业机构投资；⑦高端人才引进与企业扶持补贴；⑧政府财政收入；⑨实验结果与目标的比较；⑩经验总结。

从模块一的5个区县中选择2个，结合在仿真实验系统中进行的地方政府财税虚拟决策过程及结果，对所选择的2个区县的区域概况、政府财政预算执行情况、优惠政策、招商引资、人才引进、市政建设等进行对比分析；或者结合实验过程对现实经济环境中人才流失、营商环境优化、人才引进、财政职能实现困境、土地财政等相关财税主题进行探讨。

### 二、地方政府财税决策运营情况实验汇报

每个地方政府进行实验成果现场汇报，可借助PPT、小视频等多媒体工具。要求在汇报中要展现在本次实验过程中对财政学等相关专业课程知识的运用以及重要决策过程，要有数据分析、有图表展示。

## 项目评价

在本项目中，实验报告由教师评分，成果汇报由小组互评和教师评分组成，各占50%，评分标准见表3-1-1。

**表3-1-1 实验报告评分标准**

| 序号 | 标准 | 分值 | 评分 |
|---|---|---|---|
| 1 | 报告格式规范，内容齐全，合理运用图表 | 20分 | |
| 2 | 报告语言表达通顺，条理清楚，观点明确 | 20分 | |
| 3 | 分析深入，采用了对比分析、趋势分析等多种方式 | 30分 | |
| 4 | 分析能结合实际经济环境，分析过程能体现对相关专业知识的运用能力 | 30分 | |

**表3-1-2 成果汇报评分标准**

| 序号 | 标准 | 分值 | 评分 |
|---|---|---|---|
| 1 | 多媒体运用熟练，效果良好 | 20分 | |
| 2 | 汇报者表达准确、流畅，精神饱满，声音洪亮圆润，落落大方 | 20分 | |
| 3 | 汇报内容体现该小组决策过程中对专业知识的运用 | 30分 | |
| 4 | 汇报内容能充分展现该小组在实验过程中的反思与收获 | 30分 | |

笔·记·用·纸

# 笔 · 记 · 用 · 纸